合 同 法

原理·案例·资料

翟新辉◎著

Contract Law:Theory,Cases and Materials

中国政法大学出版社

2021·北京

图书在版编目（ＣＩＰ）数据

合同法：原理·案例·资料/翟新辉著.—北京：中国政法大学出版社，2021.12
ISBN 978-7-5764-0221-6

Ⅰ.①合…　Ⅱ.①翟…　Ⅲ.①合同法—中国　Ⅳ.①D923.6

中国版本图书馆CIP数据核字(2021)第277258号

书　　名	合同法：原理·案例·资料
	HE TONG FA YUAN LI AN LI ZI LIAO
出　版　者	中国政法大学出版社
地　　址	北京市海淀区西土城路 25 号
邮　　箱	fadapress@163.com
网　　址	http://www.cuplpress.com (网络实名：中国政法大学出版社)
电　　话	010-58908435(第一编辑部) 58908334(邮购部)
承　　印	固安华明印业有限公司
开　　本	720mm×960mm　1/16
印　　张	24
字　　数	462 千字
版　　次	2021 年 12 月第 1 版
印　　次	2021 年 12 月第 1 次印刷
印　　数	1~5000 册
定　　价	66.00 元

◥ 使用说明

本书依据我国民法典合同编的章节顺序撰写，并包含了截止于 2021 年 5 月的法律、法规及最高人民法院的司法解释。

本书除了原理部分，书中正文中还穿插有【资料】、【讨论】、【案例】。【资料】部分一般系摘取作者认为有价值的经典文献的相关文字，供读者作拓展阅读；【讨论】系针对相关疑难或易混淆的问题做稍微深入的讨论；【案例】绝大多数系摘取现实裁判文书中说理部分原文，并且多数为最高人民法院的裁判文书，一般未经说明均来源于"中国裁判文书网"（https://wenshu.court.gov.cn/）。

对于【案例】的内容，虽系裁判文书摘取，但一般可以从摘取的文字部分推断出相应法律关系、归纳出相应法律事实。一方面通过研读摘取的这些裁判文书原文可以训练读者阅读、归纳法律文书的能力，另一方面将其与相关原理部分结合研读，以期克服学习抽象原理及成文法抽象条文而脱离司法实践的弊端。当然，如果读者确实认为阅读这些摘取的文字困难，可以根据注释索引相关裁判文书原文。

需要说明的是，我国民法典在 2020 年 5 月 28 日颁布并于 2021 年 1 月 1 日起实施，而【案例】中选取的裁判文书多为民法典实施之前的裁判文书。

本书绪论及前几章由于有较强理论性，每章末有推荐阅读文献，但后面的大部分章节，由于实务性较强，并未再推荐学术、理论方面的文献。

另，本书整理的法律法规表仅包含本书引用的法律、行政法规及司法解释，并未纳入规章及地方性法规。

本书适合作为高年级本科生或硕士研究生研读中国合同法的参考用书。

关于我国法学教育及民商法教材的几点思考

——代自序

前段时间，本人所在的上海政法学院法律学院民商法教研室在民法分论教材撰写体例上，有同事和我发生了争执。这引起了我的思考，觉得有必要把自己之前的一些关于民商法教育和教材的想法及体会进行整理，与大家分享。

朱锦清先生对中国法学教育和法学教材的现状，有极为直率的评价——落后及脱离实务。有感于此，朱先生自己撰写了公司法和证券法教材[1]，在中文世界颇有影响（该影响不限于中国大陆）。虽然我和朱先生一样，同为副教授，但朱先生已经退休，年长我不少，我曾邀请朱先生到校讲学，有些交往。朱先生经历传奇，我对朱先生率真坦直的赤子性格很是敬佩。

关于朱先生对中国法学教育和教材的评价，我也深有同感。因此，我从撰写《中国物权法的过去、现在与未来》（中国政法大学2016版）开始，到撰写《中国合同法：理论与实践》（北京大学出版社2017版），再到撰写《民法总则：原理·案例·资料》（中国政法大学出版社2019版），自己也一直试图做些改变。这些改变主要体现为：一是将原理部分作为正文，尽量简洁；二是在正文之中的适当位置，插入大量【资料】、【讨论】及【案例】。

这些改变受到一些指责，褒贬不一：褒者认为很有启发，贬者指出这些改变"花里胡哨"、"片段化"、"过于美式"（可能与本人曾经在美国访学一年的影响有关）。也有读者指出，书中案例是直接摘取判决书原文中的部分说理段落，没有交代事实，阅读困难。

上述指责中所提及的在著作中的改变，其实都是作者"故意"为之，下面简要解释一下作者的相关考虑，也方便读者使用本书。

一、关于【资料】：眼界比知识更重要

上述著作正文中穿插的各种【资料】，一般是作者认为相关问题的经典文献

---

[1]　朱锦清：《公司法学》，清华大学出版社2019年版；朱锦清：《证券法学》，北京大学出版社2019年版。

的经典表达（一般不超过一页），比如在论及法人起源时，摘取了方流芳关于公司起源的相关段落[1]和波斯纳法律的经济分析中关于公司对契约生产模式替代讨论的段落[2]以及科斯关于企业的性质的思想[3]；在论及法律行为构成要件时，摘取了苏永钦著作中的相关讨论；在论及处分行为与负担行为的区分时，摘取了拉伦茨经典著作的相关段落；在论及关于债与责任的区别时，摘录了张俊浩先生关于"债抑责任？"的讨论；在论及合同的含义时，摘录了贺卫方关于"契约"与"合同"语义的考证，等等。此外，在论及某些议题时，摘录了本人的一些研究，比如在论及现代民法理念的演进时，加入了作者对美国 20 世纪初到 30 年代左右的洛克纳时代美国联邦最高法院对契约自由态度的转变[4]。

这些【资料】的摘录，要么是期待读者能够关注这些经典文献"原汁原味"的经典论述，并附作者、文献名及出版信息，以供读者索引；要么是拟扩大读者视野，增加其背景知识信息。

对经典文献相关段落的摘录，不算创新，在我的印象中拉伦茨的民法著作也这么干。这种做法对读者的益处已如上述，主要目的是提供索引和方便读者阅读及鼓励读者做扩展阅读。我认为这不多余。

眼界比知识更重要。了解这些貌似远离民商法基础知识的文献，可以拓展读者的视野，了解这些思想巨人的视角。

二、关于【案例】：法律职业者必备技能的训练比法律知识的传授更重要

与王泽鉴著作中的"实例演习"不同，作者上述著作中的【案例】内容几乎都是现实判决书中相关说理段落的摘录。这一点受到不少非议，也有读者对此提出阅读方面的困难——为什么不经编辑而摘录原文或简要介绍事实？

这确实是作者"故意"为之。主要考虑如下：

1. 王泽鉴先生著作中的所谓"实例"不少为设计的例子（当然也有不少司法判例），其主要目的是说明某个规则或理论，也可以说，王泽鉴先生的主要目的是解说或者训练读者的"逻辑"。而本书作者认为，法律有"逻辑"，其类似于大陆法系的成文民法或美国法中的"法律重述"，但在法律实务中起作用的更多是"经验"——因为成文法出于语言或语词本身的局限，导致这些"逻辑"

---

〔1〕 方流芳："中西公司法律地位历史考察"，载《中国社会科学》1992 年第 4 期。

〔2〕 [美] 理查德·A. 波斯纳著，蒋兆康译：《法律的经济分析》，中国大百科全书出版社 1997 年版，第 513～516 页。

〔3〕 [美] 罗纳德·哈里·科斯著，盛洪、陈郁等译：《论生产的制度结构》，上海三联书店 1994 年版，第 5～7 页。

〔4〕 这些资料的摘录散见于作者所著的《中国物权法的过去、现在与未来》（中国政法大学 2016 年版）、《中国合同法：理论与实践》（北京大学出版社 2017 年版）及《民法总则：原理·案例·资料》（中国政法大学出版社 2019 年版），以下不再一一详注。

（包括法条、有权解释和法律重述）面对具体纠纷总会显得"苍白"和无力，这也是中国最高人民法院逐渐开始重视判例的原因，也是为什么普通法系中虽有成文法和法律重述（美国），但判例仍起决定性作用。这同样是作者为什么要在上述著作中摘录判决原文的原因之一。

2. 作者的上述著作预设读者为法律研习者，其目标是要成为法律职业人士，从事法律实务。而法律职业者，除了要求其掌握法律的"逻辑"，对其有关法律文献（文书）的阅读、提炼、检索、写作等表达技能，有较高要求。虽然上述案例是对裁判文书原文说理段落的摘录，但作者在摘录过程中，一般均会能够让读者从这些说理段落中提炼出相关法律事实和法律关系，并不影响读者对判决逻辑的理解。这么做的目的，一是著作篇幅所限，不可能详细列举事实；二是不愿意通过编辑归纳让读者接受经过"咀嚼"的资料；三是可以训练读者，提高那些潜在的法律职业从业人员提炼法律事实和归纳法律关系的能力。

3. 美国法学院给法律专业学生的案例教材里大多是大量对判决原文的摘录，而在非法学专业人士培养的著作或教材（比如商科的法律教材）里才会有编辑过的案例。大量检索和阅读判决书并编写摘要，是法科学生[1]的必备作业和技能。这样不单可以培养训练法科生的阅读能力，对训练其能够进行"法言法语"的表达也不无裨益。

4. 对于中国的法科生而言，其研读的判决书太少了，而不是太多了。作者上述著作摘录的判决不是太多，而是太少。但由于篇幅所限，只能选取部分作为范例，供学生举一反三。作者期待以后能够不断更新、完善选取的相关【案例】。

5. 中国最高人民法院对判例逐渐重视，一是于2010年左右开始的指导性案例制度，二是2020年7月最高法院颁布的关于类案检索的试行意见[2]，要求法院对相关案件进行类案检索，顺序依次是指导性案例——最高法院公布案例和最高法院生效判决——高级法院公布的参考性案例和生效判决——上一级法院的生效判决。因此，作者上述著作中摘录的【案例】多为指导性案例或最高法院的生效判决，也包括一些有较大影响或有意思的低级法院的生效判决，尽管其中有些判决的说理值得商榷。

基于以上考虑，作者会在以后的著作中改进和加强对判决原文的摘录，而不是拒绝摘录判决书原文。对于法律职业者必备的一些技能，比如检索法律文献（包括法规、裁判文书、研究文献等），快速阅读这些文献，快速、准确归纳观点，找准法律事实、厘清法律关系，并且能够流畅、简洁地进行口头及书面的表

---

〔1〕 在美国主要是JD学位攻读者，LLM学位攻读者多为国际学生，也会经历类似训练。
〔2〕 《最高人民法院关于统一法律适用加强类案检索的指导意见（试行）》，2020年7月。

达，只能通过大量的训练才能有效果。而这些训练要贯穿在平时的教学之中，不是说仅仅依靠集中上个法律文书写作课，或者法律文献检索课就可以加以解决。

曾有老师抱怨说，有学生提出看不懂那些判决摘录，无法从摘录的片段中推断相关法律事实，老师只能自己到裁判文书网下载了裁判文书给学生，这太麻烦了。作者的看法是，如果连自己到裁判文书网上下载裁判文书都不愿自己去做，这个学生最好的选择是换个专业，因为对于法科生而言，检索裁判文书是平时的基本作业。

三、关于【讨论】：单列理论或实务难点予以重点解说

对于在上述著作正文中作者认为有理论或实务意义（特别是实务意义）的论题，以及作者根据教学经验认为读者会感觉困惑的论题，会作单独讨论。

比如要式或要物到底是影响法律行为（合同）的成立还是生效，会单设【讨论】议题指出民法典相较之前担保法、合同法就定金、自然人间借贷、保管合同等的不同表述，以及不满足要式或要物导致合同不成立通过判例说明司法上会如何处理。

另外一个例子是自己基于实务的有感而发，即【讨论：诉讼时效是实体法规范还是程序法规范】[1]。

也许有人会认为这个讨论似乎没什么意义。我在约 15 年前给本科生上课时，布置这个作业让大家回去研究。一个学生打电话问她爸（她的爸爸是个律师），她说她爸第一反应认为诉讼时效当然是程序性规定，但后来琢磨说这好像不对，诉讼时效是在民法里面讲而且规定在当时的《民法通则》中，而不是在民事诉讼法的课程讲授内容、也不规定在民事诉讼法中。

民法学人对此稍加思考，即可得知：诉讼时效适用于请求权，诉讼时效完成的效果，既包括之前的胜诉权消灭也包括现在的抗辩权发生，此时，当事人的民事权利（实体权利）发生了变动，因此，诉讼时效是民法（作为实体法）的制度，而不是程序法制度，因为程序法是由某种事实引起诉讼程序中的程序性权利（如要求辩论、上诉、质证、要求回避等）的变动，程序法不会规定某种事实直接引起民事权利变动。

之所以讨论这个问题，是因为约 20 年前作者被所在的律师事务所指派到北京某中院立案，代理一个新加坡银行诉北京的某公司的案件。在交了立案材料且回到上海约一周后，立案庭法官通过电话告知我，说因为贷款合同约定适用新加坡法，要求提供新加坡法来证明这个北京中院对案件有管辖权。印象中我当时在出租车里，听到法官这个要求一愣，想着之前在其他法院没遇到过这种要求啊

---

[1] 见作者《民法总则：原理·案例·资料》，中国政法大学出版社 2019 年版，第 285 页。

（这个律所代理多起类似案件），我当时回复说研究一下再给回复。

回去经思考讨论，认为：一般来说民事纠纷中当事人选择适用法律只能选择实体法，涉外民事关系选择法律适用的相关规定在民法通则和合同法中（涉外民事关系法律适用法是于2010年左右颁布的），法院管辖应该是个程序法问题，最后找到了民事诉讼法第4条，说在中华人民共和国领域内进行诉讼，必须遵守"本法"即中国的民事诉讼法，而法院的管辖权是由程序法规定的，不容选择，法理上强调这有关一国主权。最后我凭此说服了立案庭法官，不再提新加坡法的事。

在该案件审理中，涉及提供新加坡法的事。因为外国法的证明及提供非常麻烦（新加坡又是普通法），双方当事人同意适用中国法；但是，就诉讼时效问题，因为我们代理原告，还款时限已超过3年，而当时中国法规定的时效是2年，要求客户提供催款函或其他引起诉讼时效中断的证据非常麻烦，境外形成的证据还要经公证认证。因此，我们查询了新加坡法，关于诉讼时效，新加坡有成文法，我印象中有关合同或侵权的诉讼时效是6年，因此，我方虽然同意本案其他实体法问题适用中国法，但就诉讼时效问题（这是个实体法问题，可以选择适用），我方坚持适用原约定的新加坡法即6年的规定，遂避免了诉讼时效问题及相关证据方面的纠缠。

可以说，作者对相关讨论中论题的选取要么存有理论疑难，要么具有实务意义（比如上述关于诉讼时效的讨论，当然也与一些基础问题比如实体法与程序法的区分，涉外民事关系的法律适用等相关），不能说这些论题没有意义。

四、关于英文资料的摘录

在上述合同法著作中，作者曾摘录王利明在 UNCITRAL（联合国国际贸易法委员会）年会上关于中国合同法和 CISG（联合国国际货物销售合同公约）关系的演讲部分段落，说明中国合同法与 CISG 的脉络联系；在上述民法总则著作中（现代民法理念的演进）作者曾摘录美国联邦最高法院的同性婚姻案（Obergefell v. Houdges576 U. S. 2015）判决摘要中的部分段落，考虑到这是英文判决，作者专门写了中文的案件背景，根据编辑要求还简要翻译了部分内容。而对之后的欧盟人权法院的同性婚姻判决（Oliari And Others v. Italy），书中只是提到该案及其编号和意大利政府的败诉结果，并未摘录判决书内容。

加入英文资料或判例，目的之一是有感于目前的英语教育，多数同学（法学院的学生应该90%以上是学英语的）不能学以致用，希望能让读者能够接触英语文献，训练一下英文判决、资料检索和阅读技能；二，这个判决是一个争议极大的5∶4的判决，首席大法官也提交了作为少数意见的异议意见，希望通过介绍能够扩大读者视野，了解域外法院判决的形成。仲裁裁决有少数异议意见的情况在实务中不罕见，而在中国法院中的类似判决则很罕见，不过反映少数意见的判决似乎也已在中国知识产权相关判决中开始出现。了解域外判决形成的过程，对扩大读者视野很有帮助，所以有以上少量摘录。

五、总结：法律的生命不在于逻辑而在于经验，法律职业者的培养在于技能的训练而非知识的记忆

综合以上，作者认为，在上述著作正文中插入无论是【资料】还是【讨论】或摘录判决书相关说理段落的【案例】，对于扩大读者视野，训练潜在法律职业者实务操作技能（包括检索、阅读、提炼法律文书以及用"法言法语"进行表达等技能）而言都必不可少，所以作者在以后的著作中会坚持这点，当然，插入的这些材料见仁见智，作者只能不断对其进行改进、补充，争取与时俱进。

当然，如果认为没有合适的资料和论题，没有这些材料也无妨；但对于法学教材，在具体制度的章节拒绝用一切裁判文书关键段落的摘录作为辅助范例，本人认为是有缺憾的。

应该说，中国目前法学院中的多数法学教育从业者并无法律实务经验，对实务从业者需要的技能可能感受不深，不能说不是个缺憾。网上流传的中国法官、检察官、公安、律师及法学院学者互相之间的鄙视链条，从某种程度上说明了中国法学教育的这种撕裂。

最后，本书的写作得到上海政法学院 2019 级法学硕士俞越、2019 级法律硕士许炼诚、2020 级法律硕士刘嘉熙、高美丽等同学的协助，他们对全书初稿进行了校对及对法规、案例表进行了编辑整理，在此致谢。另外，本书的保理合同及融资租赁章的撰写得到了隆安（上海）律师事务所陈会平律师的帮助，其协助搜集了部分案例和资料，在此一并致谢。

必须感谢本书的编辑，本书品质的提升离不开他的严谨和辛苦的工作！

另外，感谢我的太太及小仔，他们让我少操了不少心。

对于民法学者来说，合同法犹如一座巍峨大山，值得一生研习。由于时间仓促（特别是考虑到民法典颁布后最高人民法院又颁布、修订了超过百篇的司法解释），作者水平有限，错误难免，欢迎批评指正，这个不是套话。

翟新辉

2021 年 5 月于上海

法规及司法解释缩略表

名　　称	颁布机关	颁布年代及修订	简　　称
中华人民共和国民法典	全国人民代表大会	2020 年颁布	民法典
中华人民共和国物权法	全国人民代表大会	2007 年颁布，2021 年废止	物权法
中华人民共和国合同法	全国人民代表大会	1999 年颁布，2021 年废止	合同法
中华人民共和国民法通则	全国人民代表大会	1986 年颁布，2009 年修正，2021 年废止	民法通则
中华人民共和国公司法	全国人民代表大会常务委员会	1993 年颁布，1999、2004、2005、2013、2018 年修正	公司法
中华人民共和国商业银行法	全国人民代表大会常务委员会	1995 年颁布，2003、2015 年修正	商业银行法
中华人民共和国合伙企业法	全国人民代表大会常务委员会	1997 年颁布，2006 年修订	合伙企业法
中华人民共和国个人独资企业法	全国人民代表大会常务委员会	1999 年颁布	个人独资企业法
中华人民共和国证券法	全国人民代表大会常务委员会	1998 年颁布，2004、2005、2013、2014、2019 年修订	证券法
中华人民共和国保险法	全国人民代表大会常务委员会	1995 年颁布，2002、2009、2014、2015 年修正	保险法

名　　称	颁布机关	颁布年代及修订	简　　称
最高人民法院关于审理买卖合同纠纷案件适用法律问题的解释（法释〔2020〕17号）	最高人民法院	2012 年颁布，2020 年修正	买卖合同司法解释
中华人民共和国中外合资经营企业法	全国人民代表大会常务委员会	1979 年颁布，1990、2001、2016 年修正，2020 年废止	中外合资经营企业法
中华人民共和国婚姻法	全国人民代表大会常务委员会	1980 年颁布，2001 年修正，2021 年废止	婚姻法
中华人民共和国专利法	全国人民代表大会常务委员会	1984 年颁布，1992、2000、2008、2020 年修正	专利法
中华人民共和国商标法	全国人民代表大会常务委员会	1982 年颁布，1993、2001、2013、2019 年修订	商标法
中华人民共和国著作权法	全国人民代表大会常务委员会	1990 年颁布，2001、2010、2020 年修正	著作权法
中华人民共和国继承法	全国人民代表大会	1985 年颁布，2021 年废止	继承法
中华人民共和国外资企业法	全国人民代表大会常务委员会	1986 年颁布，2000、2016 年修正，2020 年废止	外资企业法
中华人民共和国中外合作经营企业法	全国人民代表大会常务委员会	1988 年颁布，2000、2016、2017 年修正，2020 年废止	中外合作经营企业法
中华人民共和国海商法	全国人民代表大会常务委员会	1992 年颁布	海商法

名　称	颁布机关	颁布年代及修订	简　称
中华人民共和国收养法	全国人民代表大会常务委员会	1991 年颁布，1998 年修正，2021 年废止	收养法
中华人民共和国担保法	全国人民代表大会常务委员会	1995 年颁布，2021 年废止	担保法
中华人民共和国票据法	全国人民代表大会常务委员会	1995 年颁布，2004 年修正	票据法
中华人民共和国证券投资基金法	全国人民代表大会常务委员会	2003 年颁布，2012、2015 年修正	证券投资基金法
中华人民共和国企业破产法	全国人民代表大会常务委员会	2006 年颁布	企业破产法
中华人民共和国侵权责任法	全国人民代表大会常务委员会	2009 年颁布，2021 年废止	侵权责任法
中华人民共和国涉外民事关系法律适用法	全国人民代表大会常务委员会	2010 年颁布	涉外民事关系法律适用法
最高人民法院关于适用《中华人民共和国合同法》若干问题的解释（一）（法释〔1999〕19 号）	最高人民法院	1999 年颁布，2021 年废止	合同法司法解释（一）
中华人民共和国外商投资法	全国人民代表大会	2019 年颁布	外商投资法
最高人民法院关于审理外商投资企业纠纷案件若干问题的规定（一）（法释〔2020〕18 号）	最高人民法院	2010 年颁布，2020 年修正	外商投资企业纠纷司法解释（一）
最高人民法院关于审理商品房买卖合同纠纷案件适用法律若干问题的解释（法释〔2020〕17 号）	最高人民法院	2003 年颁布，2020 年修正	商品房买卖合同司法解释

名　　称	颁布机关	颁布年代及修订	简　　称
最高人民法院关于适用《中华人民共和国合同法》若干问题的解释（二）（法释〔2009〕5号）	最高人民法院	2009年颁布，2021年废止	合同法司法解释（二）
最高人民法院关于当前形势下审理民商事合同纠纷案件若干问题的指导意见*（法发〔2009〕40号）	最高人民法院	2009年颁布	合同纠纷指导意见
最高人民法院关于印发《全国法院民商事审判工作会议纪要》的通知*（法〔2019〕254号）	最高人民法院	2019年颁布	九民纪要
最高人民法院关于适用《中华人民共和国行政诉讼法》的解释（法释〔2018〕1号）	最高人民法院	2018年颁布	行政诉讼法司法解释
最高人民法院关于审理建设工程施工合同纠纷案件适用法律问题的解释（法释〔2004〕14号）	最高人民法院	2004年颁布，2021年废止	建设工程施工合同司法解释
最高人民法院关于审理建设工程施工合同纠纷案件适用法律问题的解释（一）（法释〔2020〕25号）	最高人民法院	2020年颁布	建设工程施工合同纠纷解释（一）
最高人民法院关于审理城镇房屋租赁合同纠纷案件具体应用法律若干问题的解释（法释〔2020〕17号）	最高人民法院	2009年颁布，2020年修正	城镇房屋租赁合同司法解释

名　称	颁布机关	颁布年代及修订	简　称
最高人民法院关于适用《中华人民共和国外商投资法》若干问题的解释（法释〔2019〕20号）	最高人民法院	2019年颁布	外商投资法司法解释
最高人民法院关于适用《中华人民共和国民法典》有关担保制度的解释（法释〔2020〕28号）	最高人民法院	2020年颁布	民法典担保制度解释
中华人民共和国民法总则	全国人民代表大会	2017年颁布，2021年废止	民法总则
最高人民法院关于新民间借贷司法解释适用范围问题的批复（法释〔2020〕27号）	最高人民法院	2020年颁布	民间借贷适用范围批复
最高人民法院关于审理民间借贷案件适用法律若干问题的规定（法释〔2020〕17号）	最高人民法院	2015年颁布，2020年2次修正	民间借贷司法解释
最高人民法院关于审理融资租赁合同纠纷案件适用法律问题的解释（法释〔2020〕17号）	最高人民法院	2014年颁布，2020年修正	融资租赁司法解释
中华人民共和国建筑法	全国人民代表大会常务委员会	1997年颁布，2011、2019年修正	建筑法
中华人民共和国招标投标法	全国人民代表大会常务委员会	1999年颁布，2017年修正	招标投标法
中华人民共和国招标投标法实施条例（国务院令第709号）*	国务院	2011年颁布，2017、2018、2019年修正	招标投标法实施条例

名　　称	颁布机关	颁布年代及修订	简　　称
建设工程质量管理条例（国务院令第714号）*	国务院	2000年颁布，2017、2019年修订	建设工程质量管理条例
国务院关于实施动产和权利担保统一登记的决定（国发〔2020〕18号）*	国务院	2020年颁布	动产和权利担保统一登记决定
中华人民共和国不动产登记暂行条例（国务院令第710号）*	国务院	2014年颁布，2019年修订	不动产登记暂行条例
中华人民共和国船舶登记条例（国务院令第155号）*	国务院	1994年颁布，2014修订	船舶登记条例
中华人民共和国仲裁法	全国人民代表大会常务委员会	1994年颁布，2009、2017修正	仲裁法
中华人民共和国城市房地产管理法	全国人民代表大会常务委员会	1994年颁布，2007、2009、2019修正	城市房地产管理法
物业管理条例（国务院令第698号）*	国务院	2003年颁布，2007、2016、2018修订	物业管理条例
最高人民法院关于适用《中华人民共和国物权法》若干问题的解释（一）（法释〔2016〕5号）	最高人民法院	2016年颁布，2021年废止	物权法司法解释（一）

注：＊不是司法解释，但对合同法司法实践有指导意义。

本书引用判例表

序号	案号	审判法院	案名	裁判年份	备注
【案例0-1】		宁夏高级人民法院	宁夏银海保丽板厂诉内蒙古明耀特种灯具有限公司购销合同纠纷案	1994	载《人民法院案例选》1994年第3辑
【案例1-1】	（2020）最高法民终 580 号	最高人民法院	孔凡靓与长城新盛信托有限责任公司执行异议纠纷案	2020	
【案例1-2】	（2019）最高法民再 379 号	最高人民法院	河南恒昌房地产开发有限公司、李炳红合同纠纷再审案	2020	
【案例3-1】	（2014）民提字第 125 号	最高人民法院	莆田市中医院与福建省莆田市闽中田野汽车贸易有限公司、莆田市志强汽车贸易有限公司建设用地使用权纠纷案	2014	
【案例3-2】	（2017）最高法民终 45 号	最高人民法院	榆林市常乐堡矿业有限公司与神木县永兴乡圪针崖底村办煤矿企业借贷纠纷案	2017	
【案例3-3】	（2013）民提字第 90 号	最高人民法院	成都讯捷通讯连锁有限公司与四川蜀都实业有限责任公司、四川友利投资控股股份有限公司房屋买卖合同纠纷再审案	2013	公报案例/载《中华人民共和国最高人民法院公报》2015年第1期

序号	案号	审判法院	案名	裁判年份	备注
【案例 3-4】	（2011）泉商初字第 240 号	徐州市泉山区人民法院	刘超捷诉中国移动通信集团江苏有限公司徐州分公司电信服务合同纠纷案	2011	最高人民法院 64 号指导案例
【案例 4-1】	（2013）民提字第 239 号	最高人民法院	加拿大麦迪斯达公司与湖南康润药业有限公司、湖南景达生物工程有限公司中外合作经营企业合同纠纷再审案	2014	
【案例 4-2】	（2016）最高法民申 1036 号	最高人民法院	蒋舟敏诉上海市公安局悬赏广告合同纠纷再审案	2016	
【案例 4-3】	（2018）赣民申 783 号	江西省高级人民法院	杨根元与瑞金市旅游发展委员会合同纠纷再审案	2018	
【案例 4-4】	（2013）民申字第 1881 号	最高人民法院	兴业全球基金管理有限公司与江苏熔盛重工有限公司缔约过失责任纠纷再审案	2014	
【案例 4-5】	（2018）最高法民申 6041 号	最高人民法院	湖北省东安工贸有限公司、武汉汽车零部件股份有限公司缔约过失责任纠纷再审案	2018	
【案例 5-1】	（2012）民四终字第 1 号	最高人民法院	福建金石制油有限公司、中纺粮油（福建）有限公司、漳州开发区汇丰源贸易有限公司、嘉吉国际公司（CargillInternationalSA）买卖合同纠纷二审案	2012	最高法指导案例 33 号

序号	案号	审判法院	案名	裁判年份	备注
【案例 5-2】	（2019）最高法民申 6851 号	最高人民法院	广发银行股份有限公司郑州商鼎支行与刘国民追偿权纠纷再审案	2020	
【案例 5-3】	（2019）最高法民终 1791 号	最高人民法院	山西商融融资担保股份有限公司、陕西博融中创科技有限公司金融借款合同纠纷二审案	2020	
【案例 5-4】	（2019）最高法民终 1535 号	最高人民法院	青海宏信混凝土有限公司、海天建设集团有限公司青海分公司民间借贷纠纷二审案	2019	最高人民法院第六巡回法庭 2019 年度参考案例之十三
【案例 5-5】	（2020）最高法民申 1596 号	最高人民法院	淮安民贸物流有限公司、中国银行股份有限公司淮安分行金融借款合同纠纷再审案	2020	
【案例 5-6】	（2018）最高法民申 155 号	最高人民法院	西安凯威实业有限公司与苏炜商品房预售合同纠纷再审案	2018	
【案例 6-1】	（2015）杭拱民初字第 1154 号	杭州市拱墅区人民法院	虞德明、陈建红与王远明、林春凤房屋买卖合同纠纷案	2015	
【案例 6-2】	（2014）浙金民终字第 847 号	金华市中级人民法院	应婉琦与王路成、应泽美房屋买卖合同纠纷上诉案	2014	
【案例 6-3】	（2015）民申字第 1895 号	最高人民法院	张玉航与中太建设集团股份有限公司、张玉民间借贷纠纷再审案	2015	

序号	案号	审判法院	案名	裁判年份	备注
【案例6-4】	（2019）最高法民申 5243号	最高人民法院	利川市创格尔房地产开发有限公司、重庆石船建设开发有限公司建设工程施工合同纠纷再审案	2020	
【案例7-1】	（2016）沪民终 513 号	上海市高级人民法院	中海供应链管理（上海）有限公司与上海升厚国际物流有限公司海运集装箱租赁合同纠纷上诉案	2017	
【案例7-2】	（2015）民申字第 1579 号	最高人民法院	吉林日升木业有限公司、抚松县春龙房地产开发有限公司与抚松县春龙房地产开发有限公司建设用地使用权纠纷申请再审案	2015	
【案例7-3】	（2016）最高法民申 1854号	最高人民法院	河北省商务厅驻广州办事处与广州银通房地产开发有限公司房屋买卖合同纠纷申诉案	2016	
【案例7-4】	（2013）民二终字第 26 号	最高人民法院	浙江宋都控股有限公司与百科投资管理有限公司、宋都基业投资股份有限公司股权转让纠纷二审案	2013	
【案例7-5】	（2015）民提字第 126 号	最高人民法院	中国建设银行股份有限公司广州荔湾支行与广东蓝粤能源发展有限公司、惠来粤东电力燃料有限公司等信用证开证纠纷申请再审案	2015	最高法指导案例 111 号

序号	案号	审判法院	案名	裁判年份	备注
【案例 8-1】	（2015）民提字第 186 号	最高人民法院	辉南县汇丰煤炭生产有限公司（以下简称汇丰公司）因债权人代位权纠纷再审案	2015	
【案例 8-2】	（2012）民申字第 582 号	最高人民法院	福州市鼓楼区中福西湖花园小区业主委员会诉福建中福实业股份有限公司、一审第三人福建省中福置业发展有限公司代位权纠纷再审案	2013	
【案例 8-3】	（2016）最高法民再 387 号	最高人民法院	赵和平等四人与中卫市嘉兰花纸业有限公司、宁夏贝隆房地产开发有限公司撤销之诉纠纷再审案	2016	
【案例 8-4】	（2016）最高法民申 657 号	最高人民法院	杨天时等与李小军、李彩玲债权人撤销权纠纷再审案	2016	
【案例 9-1】	（2014）民申字第 1163 号	最高人民法院	刘文荣与陈飞、绵阳市海峰建设有限公司债权转让纠纷再审案	2014	
【案例 9-2】	（2020）最高法民申 4844 号	最高人民法院	杭州临安远景投资有限公司、北京育华嘉程投资有限公司股权转让纠纷再审案	2020	
【案例 9-3】	（2014）民一终字第 37 号	最高人民法院	海南南大高新股份有限公司、中托华泰投资集团有限公司与海口市房产开发经营公司企业承包经营合同纠纷二审案	2014	

序号	案号	审判法院	案名	裁判年份	备注
【案例10-1】	（2012）民申字第1542号	最高人民法院	再审申请人天圣制药集团股份有限公司与被申请人海南国栋药物研究所有限公司、海南欣安生物制药有限公司技术转让合同纠纷再审案	2012	
【案例10-2】	（2013）民申字第1102号	最高人民法院	再审申请人林山与覃世松以及田东县桂松酒精有限责任公司股东出资纠纷再审案	2014	
【案例10-3】	（2016）最高法执监83号	最高人民法院	赵世俊与邱铁军合伙协议纠纷案	2016	
【案例10-4】	（2013）民申字第34号	最高人民法院	再审申请人大洲控股集团有限公司等与被申请人台湾吉丰建设股份有限公司债权纠纷再审案	2013	
【案例10-5】	（2016）最高法民申1231号	最高人民法院	李仕权诉潮州市慧如公园管理处承包经营合同纠纷案	2016	
【案例10-6】	（2016）最高法民申3544号	最高人民法院	王振碰与长春华建房地产开发有限公司、吉林省金盛房地产开发有限公司股权转让纠纷再审案	2016	
【案例10-7】	（2015）民申字第2532号	最高人民法院	汤长龙诉周士海股权转让纠纷案	2015	最高人民法院指导案例67号
【案例11-1】	（2013）民提字第170号	最高人民法院	郭跃峰、张红朝因与被申请人刘艳伟股权转让纠纷提审案	2014	

序号	案号	审判法院	案名	裁判年份	备注
【案例 11-2】	（2020）湘民申 1692 号	湖南省高级人民法院	湖南湘立房地产开发有限公司、陆聘商品房销售合同纠纷再审案	2020	
【案例 11-3】	（2013）民提字第 233 号	最高人民法院	爱普生（中国）有限公司合同纠纷提审案	2014	
【案例 11-4】	（2020）最高法行申 2856 号	最高人民法院	湛江喜强工业气体有限公司、广东省湛江市遂溪县人民政府资源行政管理：其他（资源）再审案	2020	
【案例 11-5】	（2020）鲁民再 386 号	山东省高级人民法院	李沧区多美好批发超市、韩付坤产品责任纠纷再审案	2020	
【案例 11-6】	（2016）最高法民申 1695 号	最高人民法院	突泉泰银矿业有限责任公司与浙江天城建设集团有限公司建设工程施工合同纠纷再审案	2016	
【案例 11-7】	（2008）二中民终字第 00453 号	北京市第二中级人民法院	张莉诉北京合力华通汽车服务有限公司买卖合同纠纷案	2008	最高人民法院 17 号指导案例
【案例 11-8】	（2012）江宁开民初字第 646 号	南京市江宁区人民法院	孙银山诉南京欧尚超市有限公司江宁店买卖合同纠纷案	2012	最高人民法院 23 号指导案例
【案例 11-9】	（2014）民申字第 2045 号	最高人民法院	成玉彪与新疆丽润房地产开发有限责任公司、杨沛利股权转让纠纷再审案	2014	

续表

序号	案号	审判法院	案名	裁判年份	备注
【案例 11-10】	（2011）民监字第 482 号	最高人民法院	光荣、林金美因与被申诉人周鸿祎、胡欢房屋买卖合同纠纷申诉再审案	2011	
【案例 11-11】	（2016）最高法民申 3378 号	最高人民法院	孙维良与东莞市明政塑胶五金制品有限公司、东莞鸿铨光电科技有限公司股权转让合同纠纷再审案	2016	
【案例 12-1】	（2015）民一终字第 180 号	最高人民法院	汤龙、刘新龙、马忠太、王洪刚诉新疆鄂尔多斯彦海房地产开发有限公司商品房买卖合同纠纷案	2015	最高人民法院指导案例 72 号
【案例 12-2】	（2015）民申字第 3051 号	最高人民法院	黑龙江申腾房地产开发有限公司、贾炳艺等与黑龙江申腾房地产开发有限公司、贾炳艺等民间借贷纠纷再审案	2015	
【案例 13-1】	（2012）最高法民再申字第 316 号	最高人民法院	银川泽翔供热有限公司（以下简称泽翔公司）因与被申请人宁夏育才中学（以下简称育才中学）供用热力合同纠纷案	2013	
【案例 13-2】	（2016）最高法民终 51 号	最高人民法院	吴善媚、李耀生因与上诉人梁新业、宋汉之、王兆远股权转让合同纠纷二审案	2016	

序号	案号	审判法院	案名	裁判年份	备注
【案例 13-3】	（2012）民监字第 402 号	最高人民法院	严石韫琪与朱毅颖及严嘉洵、严嘉濋、严嘉浩所有权确认纠纷案	2012	该案适用合同法颁布之前的法律
【案例 13-4】	（2009）民二终字第 43 号	最高人民法院	柴国生与李正辉股权转让纠纷案	2009	该案被媒体称为"首例上市公司股权激励案"
【案例 13-5】	（2014）民申字第 57 号	最高人民法院	山东启德置业有限公司与山东鑫海投资有限公司、齐鲁银行股份有限公司济南城西支行、山东三威置业有限公司、山东大地房地产开发有限公司、张辉、张浩委托贷款纠纷案	2014	
【案例 13-6】	（2014）民申字第 922 号	最高人民法院	四川达盛隆商贸有限公司与达州市渠江铸管有限公司、余正斌民间借贷纠纷再审案	2014	
【案例 14-1】	（2016）最高法民终 18 号	最高人民法院	毛光随与焦秀成、焦伟等股权转让纠纷二审案	2016	该判决系适用担保法的结果
【案例 14-2】	（2016）最高法民终 687 号	最高人民法院	江苏省金陵建工集团有限公司与沛县汉之源商贸有限公司、沛县国有资产经营有限公司等建设工程施工合同纠纷二审案	2016	

序号	案号	审判法院	案名	裁判年份	备注
【案例14-3】	（2016）最高法民申2784号	最高人民法院	大同北都农村商业银行股份有限公司与大同市南郊区新旺乡新胜村村民委员会、大同市新胜农工商总公司债务转移合同纠纷申诉案	2016	
【案例14-4】	（2015）最高法民二终字第251号	最高人民法院	中国农业发展银行灯塔市支行与辽阳宾馆有限责任公司、辽阳罕王湖农业集团有限公司金融借款合同纠纷二审案	2015	
【案例14-5】	（2015）民二终字第125号	最高人民法院	中航惠德风电工程有限公司与辽宁高科能源集团有限公司保证合同纠纷二审案	2015	
【案例14-6】	（2016）最高法民申3256号	最高人民法院	上海浦东发展银行股份有限公司沈阳分行与黑龙江农垦北大荒商贸集团有限责任公司、昌图生化科技有限公司等金融借款合同纠纷申诉案	2016	
【案例15-1】	（2012）民申字第1550号	最高人民法院	三和创建有限公司与何志文、梁伟达租赁合同纠纷案	2012	
【案例15-2】	（2016）最高法民申1223号	最高人民法院	大连顺达房屋开发有限公司与瓦房店市泡崖乡人民政府土地租赁合同纠纷案	2016	

序号	案号	审判法院	案名	裁判年份	备注
【案例15-3】	（2012）民申字第1055号	最高人民法院	新疆爱家超市集团有限公司与新疆昊泰实业发展有限公司房屋租赁纠纷案	2012	
【案例15-4】	（2016）最高法民申700号	最高人民法院	潘炎江与浙江运业建筑工程有限公司及绍兴益析光电科技有限公司、杭州银行股份有限公司绍兴分行执行异议之诉	2016	
【案例16-1】	（2016）最高法民申204号	最高人民法院	曲直、孙志财、曲艺因与被申请人江苏徐工工程机械租赁有限公司融资租赁合同纠纷案	2016	
【案例16-2】	（2017）最高法民申111号	最高人民法院	山东飞达集团有限公司与北京国资融资租赁股份有限公司、中澳控股集团有限公司等融资租赁合同纠纷案	2017	
【案例16-3】	（2020）浙民终1286号	浙江省高级人民法院	陕西必康制药集团控股有限公司、必康制药新沂集团控股有限公司融资租赁合同纠纷上诉案	2021	
【案例17-1】	（2018）最高法民再100号	最高人民法院	深圳市核电工程建设有限公司、中国民生银行股份有限公司武汉分行金融借款合同纠纷再审案	2018	

序号	案号	审判法院	案名	裁判年份	备注
【案例17-2】	（2020）最高法民终 155 号	最高人民法院	河南奇春石油经销集团有限公司、中国工商银行股份有限公司延安分行金融借款合同纠纷案	2020	最高人民法院第六巡回法庭2020年度参考案例之二
【案例18-1】	（2015）最高法民申字第1048号	最高人民法院	上海金茂建筑装饰有限公司与孙开华、骆国生定作合同纠纷案	2015	
【案例18-2】	（2013）最高法民提字第71号	最高人民法院	福州浩航船务有限公司与浙江七里港船业有限公司及陈华平船舶建造合同纠纷案	2013	
【案例19-1】	（2015）最高法民申字第31号	最高人民法院	内蒙古玉王生物科技有限公司、江苏鼎泽环境工程有限公司与内蒙古玉王生物科技有限公司、江苏鼎泽环境工程有限公司建设工程施工合同纠纷再审案	2015	
【案例19-2】	（2014）最高法民一终字第310号	最高人民法院	中国建筑股份有限公司与昆山市超华投资发展有限公司建设工程施工合同纠纷二审案	2016	
【案例19-3】	（2013）最高法民申字第1608号	最高人民法院	云南建工集团第十建筑有限公司与胡洪、保山市伟业房地产开发有限公司建设工程施工合同纠纷案	2013	

序号	案号	审判法院	案名	裁判年份	备注
【案例19-4】	（2015）民申字第2311号	最高人民法院	王春霖与辽宁万泰房地产开发有限公司、盛京银行股份有限公司沈阳市泰山支行、沈阳维士金盛房地产开发有限责任公司第三人撤销之诉	2015	
【案例20-1】	（2006）沪一中民一（民）终字第609号	上海市第一中级人民法院	阿卜杜勒·瓦希德诉中国东方航空股份有限公司航空旅客运输合同纠纷案	2006	最高人民法院指导案例51号
【案例20-2】	（2012）最高法民监字第389号	最高人民法院	大连保税区源盛化工贸易有限公司与被申请人东莞市辉明石化产品有限公司以及深圳市永丰海实业有限公司、乐清市东方海运有限公司水路货物运输合同货差纠纷案	2012	
【案例20-3】	（2011）最高法民申字第417号	最高人民法院	北京和风国际物流有限公司与宜兴市明月建陶有限公司多式联运合同纠纷案	2011	
【案例21-1】	（2015）最高法民三终字第8号	最高人民法院	钦州锐丰钒钛铁科技有限公司与北京航空航天大学技术合同纠纷案	2015	公报案例/《中华人民共和国最高人民法院公报》2018年第1期

序号	案号	审判法院	案名	裁判年份	备注
【案例21-2】	（2013）最高法民申字第718号	最高人民法院	北京福瑞康正医药技术研究所与济川药业集团股份有限公司技术转让合同纠纷案	2013	
【案例21-3】	（2015）最高法民申字第608号	最高人民法院	北京瑞华赢科技发展有限公司与江苏新世界信息科技有限公司技术咨询合同纠纷案	2015	
【案例22-1】	（2013）最高法民申字第1065号	最高人民法院	庆丰集团松原嘉丰粮食经贸有限公司与营口港务股份有限公司、营口港务股份有限公司第四分公司港口货物保管合同纠纷案	2013	
【案例22-2】	（2013）最高法民申字第920号	最高人民法院	湛江市凯利佳有限公司与广东储备物资管理局八三〇处、湛江市商业银行股份有限公司乐都支行仓储合同纠纷案	2013	
【案例22-3】	（2015）最高法民申字第3086号	最高人民法院	中国外运天津集团新河储运公司与义联国际货运代理有限公司、天津宝翔钢材市场管理有限公司仓储合同纠纷案	2015	
【案例23-1】	（2015）最高法民申字第990号	最高人民法院	湖南康帅房地产开发有限公司与深圳天鹜投资策划有限公司（以下简称天鹜公司）委托合同纠纷案	2015	

序号	案号	审判法院	案名	裁判年份	备注
【案例23-2】	（2013）最高法民申字第2256号	最高人民法院	衡水中直房地产开发有限公司与天津创致房地产销售有限公司委托销售合同纠纷案	2013	
【案例23-3】	（2011）最高法民申字第1410号	最高人民法院	广东群兴玩具股份有限公司与汕头市航星国际物流有限公司、阳明海运股份有限公司货运代理合同纠纷案	2011	
【案例24-1】	（2014）最高法民提字第184号	最高人民法院	佛山市丽园物业管理有限公司与广发银行股份有限公司开平支行物业服务合同纠纷案	2015	
【案例24-2】	（2020）苏民申6089号	江苏省高级人民法院	肖吕宏与龙湖物业服务集团有限公司南京分公司物业服务合同纠纷案	2021	
【案例24-3】	（2018）沪01民终12377号	上海市第一中级人民法院	杨昌胜诉上海华高物业有限公司物业服务合同纠纷上诉案	2018	
【案例24-4】	（2018）闽民申4257号	福建省高级人民法院	厦门世家物业管理服务有限公司、高金荣物业服务合同纠纷案	2018	
【案例24-5】	（2018）川民再478号	四川省高级人民法院	刘红于、李伟明物业服务合同纠纷再审案	2018	

序号	案号	审判法院	案名	裁判年份	备注
【案例 25-1】	（2014）最高法民提字第 23 号	最高人民法院	中地种业（集团）有限公司与黑龙江省鹤山农场合同纠纷案	2014	
【案例 25-2】	（2014）最高法民申字第 262 号	最高人民法院	徐德全与四川万禾中药饮片股份有限公司行纪合同纠纷案	2014	
【案例 25-3】	（2009）沪二中民二（民）终字第 1508 号	上海市第二中级人民法院	上海中原物业顾问有限公司诉陶德华居间合同纠纷案	2009	最高人民法院指导案例 1 号
【案例 26-1】	（2017）最高法民再 228 号	最高人民法院	林为曾、陈永河合伙协议纠纷再审案	2018	
【案例 26-2】	（2020）最高法民终 904 号	最高人民法院	北京鼎典泰富投资管理有限公司、邢福荣合伙协议纠纷、合伙企业财产份额转让纠纷上诉案	2020	
【案例 26-3】	（2020）沪执复 36 号	上海市高级人民法院	吴惠龙仲裁裁决其他执行纠纷案	2020	
【案例 27-1】	（2019）最高法民申 4796 号	最高人民法院	沈阳恒宇房地产开发有限公司、沈阳市大东区城市建设局无因管理纠纷再审案	2019	
【案例 27-2】	（2020）黔 05 民终 2832 号	贵州省毕节市中级人民法院	郑绍军、苏桂飞生命权、健康权、身体权纠纷上诉案	2020	

序号	案号	审判法院	案名	裁判年份	备注
【案例27-3】	（2020）渝04民终33号	重庆市第四中级人民法院	谭千雍、谭千正与邓菊香、马世琼等生命权纠纷上诉案	2020	
【案例27-4】	（2020）最高法民申3004号	最高人民法院	大连天洋污水处理有限公司、欧阳志诚不当得利纠纷再审案	2020	
【案例27-5】	（2020）最高法民申3422号	最高人民法院	中广核实华燃气有限公司、江西实华燃气集团有限公司不当得利纠纷再审案	2020	
【案例27-6】	（2020）最高法民申4467号	最高人民法院	北京银行股份有限公司中关村支行、营口万都房地产综合开发有限公司不当得利纠纷再审案	2020	

目　录

第三分编 准合同

合同法的经济意义

　　中国的民法典自 2021 年 1 月 1 日起施行，其第三编为"合同"，1999 年颁布的合同法及之前的民法通则等合同法相关规则同时废止。

　　合同法规则是民法典的重要部分，是市民社会运行的重要规则，与经济社会密切相关。讨论合同法规则的经济意义，有助于理解合同法规则的内容。

　　交易促进效率，而交易是通过合同完成的。

　　合同制度，经济学著作一般将其称之为合约或合约安排，是人类文明的重要成果。自由的交易或者合同是一种双赢，不同于零和博弈（如赌博，有人赢则必然有人输），自由的交易改善交易双方或者合同双方的福利，增进双方的福祉，从而促进效率，优化社会资源的配置。

　　经济学原理可以帮助我们更好地理解合同法规则。因此，我们可以从经济学的角度来理解合同法规则的重要性。

一、交易促进效率——自由的交易促进社会财富

　　一项自由交易的达成，可以促进社会财富的增加。这是自亚当·斯密以来经济学上的重大发现。亚当·斯密的《国富论》就是在阐述这个道理：交易源于分工，交易产生财富。

　　但是很多人可能觉得这个道理不靠谱。怎么是交易创造财富？不是劳动或者生产活动创造财富吗？难道财富不是由农民种地生产粮食、工人生产出产品来创造的吗？"无商不奸"，商人在人们的心目中总是与奸诈、盘剥联系在一起，在近代以前，商人的地位往往不高，重商主义时期也会对商人严加管制。

　　但是，自由的交易确实创造财富。让我们举一个常见的例子来进行分析。例如，小明到餐馆花 1 元钱买了一个包子，那么这个交易如何促进双方的财富和社会的财富增加的呢？

1

表 0-1 显示了交易前后小明和餐馆各自的财富：

表 0-1

	小明的财富	餐馆的财富
交易前：	1 元+X	包子+Y
交易后：	包子+X	1 元+Y

餐馆肯定是赚钱的，一般对这点不会有疑问。对于餐馆而言，这个包子的价值小于 1 元（假定餐馆卖一个包子赚 0.1 元），因此，通过交易，餐馆的财富增加了：（1 元+Y）>（包子+Y）。

我们来看小明的财富变化。在这个例子里，小明肯定认为包子的价值对他而言至少是大于或等于 1 元的，否则小明不会进行这个交易，这个交易也不会发生。因此，小明的财富通过交易也增加了：（包子+X）>（1 元+X）。这个交易的实质是，让小明在 1 元钱和包子之间进行选择，而且只能选一样，小明会选择对他而言价值更大的东西。此时，小明选择了包子，放弃了 1 元钱，因此包子对小明的价值大于 1 元钱，这一点是显而易见的。新古典经济学中有关于"经济人"和资源稀缺性的假定，"经济人"就是理性人的意思，即他可以判断自己的利益，如果其理性有欠缺、不能独自判断自己的利益，则需要监护人来代他判断。

因此上表的结果如下（表 0-2）：

表 0-2

	小明的财富	餐馆的财富
交易前：	1 元+X	包子+Y
	∧	∧
交易后：	包子+X	1 元+Y

此时，小明和餐馆的财富都增加了，这个社会的财富自然就增加了，国家也

可以通过这个交易收到税款，从而用于增进社会公共福利。

肯定还会有人对此有所疑问，包子和 1 元钱只不过换了个地方，双方的财富、社会的财富怎么就增加了呢？确实是增加了的。

同样一件物品，对于不同的人、在不同的时间、地点，其价值或者效用都是不同的。举个稍极端的例子：你的身份证件丢了，被别人捡到，你的身份证件对你的价值和对拾得者的价值肯定是不一样的。经济学认为，同样是 10 元钱，对于一个月收入 1000 元的人和一个月收入 10000 元的人而言，其价值或效用是不同的。

受剩余价值理论及价值-价格波动理论影响，有些人可能会觉得这个常识很难理解。应该说，这是不同的范式系统。确实需要打破一个旧的范式系统，他们的思维才能转过弯来。

如果说对双方的自由交易增加了双方的财富这一点有点难理解，我们可以换种说法：通过交易，资源得到了更优的配置。通过交易，一样东西到了出价更高的人那里，它就发挥了更大的效用，从而资源得到了更优的配置。

中国自 20 世纪 80 年代以来所取得的经济成就有目共睹，而这个过程是在中国的经济体制变革过程中实现的：从计划经济，到有计划的商品经济，再到市场经济。现在中国已经结束了关于计划与市场的争论，认为计划和市场都是配置资源的手段，而市场是配置资源的更优的手段。中国正是通过市场经济改革，不断地放松对经济的管制，使资源不断得到优化配置，从而让经济得到了发展，进而取得了今天的经济成就。

自由的交易促进资源的优化配置，自由的交易改善交易双方的福利，合同的结果就是双赢。因此，我们应该鼓励交易。非有重大理由，不能禁止或抑制某种交易。

二、帕累托改进与帕累托最优

帕累托（Vilfredo Federico Damaso Pareto，1848～1923）是位意大利的经济学家，而帕累托改进和帕累托最优是以其名字命名的两个经济学名词。帕累托改进是指一项交易或政策，至少使一个人得益且没有任何人受损失。帕累托最优是指不可能再发生任何帕累托改进，资源已经得到了最优的配置。一个合同的达成及履行，就是一次帕累托改进。

帕累托最优是指一种理想状态：在一个固定区域有一个固定的人群，他们各有资源，人们会通过进行各种交易来改善各自的情况，直至不会发生任何交易，即再进行任何交易都不会对任何人的情况有进一步的改进，换句话说，这已经达到了"物尽其用"的状态，资源得到了最佳的配置。

帕累托最优在现实中不可能达到，因为存在很多现实的原因，比如：信息的不完全（如市场中交易对手的数量，产品或服务的质量、成本及价格等信息），交易成本的存在，理性的局限性，等等。帕累托最优作为一种理想状态，永远不可能达到，当然由于技术的进步（比如互联网技术的出现）和制度的改进（比如征信制度的建立、信息的进一步透明和自由流动等），市场会趋近帕累托最优这一状态。因此，在现实中，交易在不断地进行。

三、市场与政府管制

交易促进效率和财富，因此应当鼓励交易而不是抑制交易。

市场经济体制，是与计划经济体制相对的配置资源的制度体系。市场经济体制通过各市场主体的自主决定和自由竞争，通过价格机制（即价高者得）实现对资源的优化配置——资源到了出价最高的人那里，自然就发挥了最高的效用，资源也就得到了最优的配置。

但政府可能基于对历史、文化及社会公共利益等因素的考量，禁止某种交易，或对市场进入进行限制，或对缔约自由甚至价格进行管制。两个人之间的自由交易，虽然会改善双方的福利，但也存在外部性，即对他人或社会产生影响。在多数情况下，自由的交易会产生正的外部性——即对他人和社会产生好的影响，但有些情况，则会被认为产生负的外部性——即对社会和他人产生坏的影响。那么在市场之外，政府会对那些被认为产生负的外部性的交易进行管制或禁止。

比如对枪支和毒品交易、卖淫嫖娼甚至外汇、贵金属的交易等行为，不少国家或地区可能基于公共安全及社会善良风俗予以禁止或其他管制。我国通常在以下方面实施管制：出租车、金融保险、电信、石油等交易；教育、医疗服务、新闻出版等；房地产市场，包括建筑市场；最低工资、最长工时等劳动保障以及消费者权益保护方面。不过，我们也可以看到世界不同的司法区域可能会对此采取不同的态度。

一般地，交易越自由顺畅，交易越频繁、容易，一个社会就越繁荣、富强；反之，一个社会中的条条框框过多，即这也不能干、那也不能干，交易受到不正常的抑制，这个社会就会贫困，物资匮乏。

当然，市场也不能离开政府而自足。市场需要政府制定规则、保护产权，另外，市场需要政府的补足。比如某些公共品很难依靠市场提供，需要由政府提供；又比如，两个人的交易可能会给第三人造成损失，即存在负的外部性，因此，政府会禁止恶意串通损害他人利益的行为。

市场与管制、市场与政府各自的边界何在，是经济学和法学的重大课题。

【案例 0-1】宁夏银海保丽板厂诉内蒙古明耀特种灯具有限公司购销合同纠纷案（宁夏高级人民法院再审案，1994）[1]

本案一审原告为宁夏银海保丽板厂（下称"保丽板厂"，二审被上诉人，再审被申请人），一审被告为内蒙古明耀特种灯具有限公司（下称"灯具公司"，二审上诉人，再审申请人）。双方当事人因三合板购销合同诉至法院。

1992 年 7 月灯具公司作为中外合资企业经国家工商总局登记依法成立，核准的经营范围是：生产销售特种灯泡，广告、装潢装饰灯、舞台艺术灯。1993 年 5 月，灯具公司职员获悉山东泰安某公司（下称"泰安公司"）有一批三合板待售，同时又得知保丽板厂急需三合板，灯具公司遂于 5 月 27 日与泰安公司签订合同购进三合板 2 万张，每张 45.5 元，灯具公司依据合同规定预付总货款的 30%即 28 万元作为定金。5 月 28 日，灯具公司又与保丽板厂签订购销三合板合同，规定：灯具公司供给保丽板厂三合板 2 万张，单价 52.5 元/张；保丽板厂预付定金 30 万元，灯具公司收到定金后 25 日内交货，货到后保丽板厂付余款。5 月 29 日，灯具公司从保丽板厂取得 30 万元汇票并入账。

后灯具公司得知泰安公司无货，遂于 6 月 22 日将 30 万元汇票交回保丽板厂，保丽板厂将汇票款项存入银行并要求灯具公司承担违约责任。7 月 8 日，保丽板厂诉至法院要求灯具公司双倍返还定金。

【一审判决】

一审判决认为：原、被告签订的购销合同有效，灯具公司作为被告应双倍返还定金给原告保丽板厂共计 60 万元。

【二审判决】

被告灯具公司以该公司经营范围不包括三合板购销为由，主张合同无效并提起上诉。

保丽板厂辩称，依据最高人民法院（1993）8 号通知即《全国经济审判工作座谈会纪要》（下称《纪要》），购销合同有效。该《纪要》提出："合同约定一般违反行政管理规定的，例如一般地超越经营范围，违反经营方式等，并不是违反专营、专卖及法律禁止性规定，合同标的物也不属于限制流通的物品的，可按照违反有关行政管理规定进行处理，而不因此确认合同无效。"

据此，二审终审判决认为：关于上诉人（一审被告，灯具公司）超越经营

---

[1] 见最高人民法院中国应用法学研究所编：《人民法院案例选》，人民法院出版社 1994 年第 3 辑（总第 9 辑），第 124 页始，文字有删改。

范围问题，因合同没有违反专营、专卖及法律禁止性规定，合同标的物也不属于限制流通物品，故上诉人仅一般超越经营范围，依前引《纪要》，不能因此确认合同无效。上诉人灯具公司先通过签订合同获得货源，又通过签订合同销售获得的货源，符合市场经济条件下商业经营的习惯，不属于买空卖空。判决驳回上诉，维持一审判决。

【再审判决】

灯具公司仍不服，又向上一级法院申请再审。

再审法院认为：根据《民法通则》、《经济合同法》（注：当时有效）及有关司法解释，灯具公司没有在工商行政管理部门核准登记的经营范围内从事经营活动，超越经营范围、违反经营方式，对外签订购销三合板合同，应认定为无效合同。原一、二审法院认定本案三合板购销合同有效的依据，即前引《纪要》，只是最高人民法院下发的一般工作性文件，尚不属于司法解释。因该《纪要》还提出：本《纪要》中的意见可通过审判实践继续探索，不断总结提高，有的还要作出相应的司法解释。因此，灯具公司提出的合同无效理由成立，应予支持。

再审判决撤销了一、二审法院的民事判决，判令灯具公司返还保丽板厂预收定金30万元，赔偿保丽板厂生产损失及利息损失总计不足2万元。

【案例思考】 你怎么看待这个案件？就这个案件而言，法院现在还会作出同样的判决吗？为什么？法院的裁判对市场的交易会有怎样的影响？

四、为达成自由的交易，合同法可以做什么？

民商法是市场经济的基本法，它为交易的达成提供了一个基本的框架。

要达成一个自由的交易，需要三方面的规则：一是交易的人，即谁可以进行交易；二是交易的东西，即什么东西可以交易，以及交易的结果会得到怎样的保障；三是怎样达成一个自由的交易以及确保达成的交易实现、履行，并排除那些有欺诈、胁迫、重大误解（错误）和显失公平的交易。

这三方面的规则，分别就是民事主体法、物权法（或者财产法）及合同法的内容，实际上就是人、物、债的三分法。

民事主体法规定了什么是民法上的人（包括自然人、法人和非法人团体[1]）、他们中哪些人可以交易、可以进行怎样的交易。对于自然人中那些不能对自己的利益作出合适判断的人，行为能力制度或禁治产制度会加以规制——他

---

〔1〕 我国《民法典》在第一编总则第四章专设"非法人组织"一章。

们不能进行重大的交易，需由其监护人代理进行。法人依据其目的的不同（我国民法典将法人分为营利法人、非营利法人和特别法人），可以进行不同类型的交易。比如，依据《民法典》第683条，"机关法人不得为保证人，但是经国务院批准为使用外国政府或者国际经济组织贷款进行转贷的除外。以公益为目的的非营利法人、非法人组织不得为保证人。"中国的民法典第一编总则规定了各种民事主体，包括各类法人和非法人组织，还有诸多的单行法予以调整，如公司法、商业银行法、合伙企业法、个人独资企业法等。此外，在诸如证券法、保险法中也有关于证券市场主体和保险市场主体的相关规则。

物权法或财产法，提供了交易的前提并保障交易的后果。首先，什么东西可以交易、什么东西不可以交易、你可以对拥有的东西做什么，这些是交易的前提。而这些都由物权法规定，即什么是物、什么是物权、有哪些物权以及你有物权可以做什么（物权的内容及效力为何）。其次，物权何时变动以及如何变动，或者说通过交易，具体在什么时候、通过何种方法才可以拿到交易标的的物权，而你只有拿到了交易标的的"权"，你对交易标的的利益才会受到法律的保护，才有法律的力量。我国民法典第二编为"物权"，即规定物权的种类、效力和变动。英美法系一般没有民法典，但会有以判例法为主的财产法规则。

合同法，则是有关交易具体如何达成及履行的规则。要约、承诺方式是合同订立的主要方式。合同法将合同或交易的订立拆解为要约和承诺的过程。一般来说，承诺生效时合同成立（《民法典》第483条），依法成立的合同自成立时生效（《民法典》第502条）。欠缺能力的人进行的交易，有待追认（《民法典》第144条）；欺诈、胁迫、乘人之危或显失公平的交易，受害方有权请求撤销（《民法典》第148~151条）；恶意串通损害他人合法权益的交易无效（《民法典》第154条）[1]。而依法成立的合同，对当事人有相当于法律的效力，好似一条无形的锁链将交易双方联系在一起，债务人未适当、全面履行债务就要承担违约责任，直至合同终止、债权消灭。

此外，我国民法典合同编分为通则、典型合同和准合同三个分编。其中第二分编"典型合同"，总结了各种最常见的交易模型，厘清各种常见交易中双方的权利和义务，这是历史和经验的总结，以方便各市场主体进行交易，节省其交易成本。

---

[1] 需说明的是，该等交易的可撤销或无效，规定在民法典第一编总则中有关民事法律行为一章中，这是因为中国的民法典延续了德国民法典的逻辑，抽象出各种民事权利变动的最重要的法律事实——法律行为，并置于第一编"总则"中，其中，"合同"系最重要的法律行为，因此，相关规则适用民法典总则中关于民事法律行为的相关规定。此外，《民法典》第464条（第三编合同第一分编通则第一章）第2款称"婚姻、收养、监护等有关身份关系的协议，适用有关该身份关系的法律规定；没有规定的，可以根据其性质参照适用本编规定"，也可看出合同作为最重要的法律行为，其原理对通过法律行为变动其他权利的参考意义。

五、科斯定理：因为交易成市的存在，制度才有意义

R. H. 科斯（R. H. Coase）是位非常伟大的经济学家，于 1991 年获诺贝尔经济学奖。其最重要的两篇论文分别是《企业的性质》和《社会成本问题》，可以说，他开创了 20 世纪的制度主义经济学或者说产权学派，并因之派生出法律经济学或法律的经济分析方法。

新制度主义经济学认为，古典经济学关于"交易促进效率"的观点没错，但古典经济学是"理论"或"理想"的经济学，新制度主义经济学才是"现实"的经济学。由于信息不对称（信息不完全）、有限理性、交易成本、垄断及外部性等的存在，凭市场自身无法实现帕累托最优。

科斯发现了"交易成本"（或"交易费用"），并被世人总结为著名的"科斯定理"。科斯定理的主要内容是，如果交易费用为零，则无论制度或产权如何确定，总可通过市场交易达到帕累托最优或者说效率或资源的优化配置。"他含蓄地表明：各种法律对行为产生影响的主要因素是交易成本，而法律的目的正应是推进市场交换，促成交易成本最低化。"[1]

以"所有权人有权要求拾得人返还遗失物"的规则为例，依据科斯定理：如果交易费用为零，则无论法律是否赋予所有权人要求拾得人返还遗失物的权利，均可通过市场的自由交易使资源得到最优配置。

假定遗失物对所有权人的价值为 100 元、对拾得人的价值为 1 元，如果法律不规定所有权人有权要求拾得人返还，所有权人只能从拾得人处购回该遗失物，理论上，所有权人支付 2 元（或大于 2 小于 100 的其他金额）给拾得人，拾得人就会把遗失物交易给所有权人。

依据科斯定理，我们看在遗失物遗失前、拾得后及交易后，所有权人、拾得人及社会的财富变化，见表 0-3：

表 0-3

	所有权人的财富	拾得人的财富	社会财富	社会财富比遗失前增减
遗失前	S+100	T	S+100+T	0
拾得后	S	T+1	S+T+1	−99
交易后	S−2+100	T+2	S+T+100	0

---

[1] [美] 理查德·A. 波斯纳著，蒋兆康译：《法律的经济分析》，中国大百科全书出版社 1997 年版，第 6 页。

（注：假定所有权人在遗失物遗失前的财富为 S+100；遗失物对所有权人的价值为 100；对拾得人的价值为 1；拾得人在拾得遗失物前财富为 T，所有权人以 2 元价格购回遗失物；社会财富为所有权人与拾得人财富之和。）

通过上表，可见科斯定理的正确。但科斯定理的推论为，基于交易成本的存在，法律、制度、规则以及产权的确定对资源的优化配置非常重要。而现实世界是有交易成本的，而且有时候交易成本会大到无法达成交易。

仍以上述遗失物规则为例，所有权人怎么才能找到拾得人呢？理论上，拾得人和所有权人应该在 1 和 100 之间的价格达成交易，但拾得人总想通过交易多要些钱，所有权人总想少付些钱，他们需要进行谈判或者讨价还价，而双方可能互相不知道对方的底价，如果拾得人要价大于或等于 100，交易就不会达成，这会是个艰难的过程。更不要说，双方还互相担心对方欺骗自己，说不定还要为此再找个律师或见证人；甚至有可能存在东西有损坏、交付有迟延等情形，双方还可能因此要诉诸法庭……

因此，法律需要对遗失物制定规则，比如，绝大多数的司法区域会赋予所有权人要求拾得人返还遗失物的权利。但同时，不少司法区域会赋予拾得人可以要求所有权人支付一定报酬的权利（当然，作为权利，拾得人可以不行使或干脆放弃该权利），而且一定期间内若无人领取遗失物则其所有权归拾得人所有[1]。如果能有不同规则下所有权人找回遗失物的统计数据比较，那么就能够更加清楚地说明这些问题。

上述这些有关寻找交易对手、谈判与讨价还价、监督合同履行与纠纷解决等而发生的时间、精力、金钱，都是交易成本。有人比喻交易成本就好像是物理世界的摩擦力，在理想世界中，不存在摩擦力，而现实世界是存在摩擦力的，有时候摩擦力大得惊人，需要用很大力气才能推动一个物体。交易成本主要包括"度量、界定和保证产权（即提供交易条件）的费用，发现交易对象和交易价格的费用，讨价还价的费用，订立交易合约的费用，执行交易的费用，监督违约行为并对之制裁的费用，维护交易秩序的费用"，"交易费用是经济制度的运行费用"。[2] 完全竞争的世界类似于物理学家所提出的无摩擦模型或真空状态，"这不是当我们走出图书馆同街上的真实的、活的、呼吸着的人接触时我们所认识的

---

〔1〕　例如，我国台湾地区"民法"第 803 条~第 807 条及第 807-1 条有关遗失物拾得的相关规定。

〔2〕　[美] 罗纳德·哈里·科斯著，盛洪、陈郁等译：《论生产的制度结构》，上海三联书店 1994 年版，"译者的话"第 8 页。另可参见，[美] 尼古拉斯·L. 吉奥加卡罗斯著，许峰、翟新辉译：《法律经济学的原理与方法：规范推理的基础工具》，复旦大学出版社 2014 年版，第一部分，第 5 章。此外，关于制度变迁对经济增长的影响，可以参阅 [美] 道格拉斯·C. 诺斯著，陈郁、罗华平等译：《经济史中的结构与变迁》，上海三联书店、上海人民出版社 1994 年版。

那种真实世界的画面"[1]。

交易自由达成，会产生利人利己的结果；由于交易成本的存在，交易不能达成，就会有"损人不利己"的情况出现。

合同法规则具有节省交易成本的作用，特别是合同法分则，其通过对历史经验的提炼，总结了各种常见交易中双方的权利、义务。合同纠纷处理的规则适用，一般是有约定按约定，合同双方没有特别约定则适用合同法的规定。合同法分则中的绝大多数内容都是选择适用的补充性规则，它可以使合同各方在没有特别考虑的情况下，不再对交易中双方的权利、义务进行复杂的谈判，因此，我们日常生活中在超市、饭店等场所进行的交易才会如此快捷。[2]

【本章思考题】

1. 交易促进效率的提高或者促进社会财富的增加吗？为什么？

2. 你认为什么交易应该被禁止或者限制？为什么？

3. 我国法律对石油、电信、金融、房地产、建筑、军工甚至出租车、网约车等行业或市场有怎样的限制？我国国务院近年来对于去除市场的不当管制现象，采取了哪些举措？

4. 合同法规则有怎样的经济意义？

【本章推荐阅读文献】

1. ［美］罗纳德·哈里·科斯著，盛洪、陈郁等译：《论生产的制度结构》，上海三联书店1994年版。

2. ［美］保罗·A.萨缪尔森、威廉·D.诺德豪斯著，高鸿业等译：《经济学》，中国发展出版社1992年版；该书第19版已有中译本，见萧琛等译，商务印书馆2012年版。

3. 陈郁编：《企业制度与市场组织——交易费用经济学文选》，上海三联书店、上海人民出版社1996年版。

4. ［美］罗伯特·考伦、托马斯·尤伦著，张军等译：《法和经济学》，上海三联书店、上海人民出版社1994年版。

5. ［美］R.科斯、A.阿尔钦、D.诺斯等：《财产权利与制度变迁——产权学派与新制度学派译文集》，上海三联书店、上海人民出版社1994年版。

---

［1］ ［美］保罗·A.萨缪尔森、威廉·D.诺德豪斯著，高鸿业等译：《经济学》，中国发展出版社1992年版，第1135~1136页。该书第19版已有中译本，见萧琛等译，商务印书馆2012年版。

［2］ 关于美国契约法（合同法）的法律经济分析，可以参见［美］理查德·A.波斯纳著，蒋兆康译：《法律的经济分析》，中国大百科全书出版社1997版。

6. 茅于轼：《生活中的经济学》，暨南大学出版社 2008 年版。

7. ［美］理查德·A. 波斯纳著，蒋兆康译：《法律的经济分析》，中国大百科全书出版社 1997 年版。

8. ［美］道格拉斯·C. 诺斯著，刘守英译：《制度、制度变迁与经济绩效》，上海三联书店 1994 年版。

9. 推荐阅读中文世界其他经济学家的文献：吴敬琏，盛洪，张维迎，周其仁，钱颖一，田国强，樊纲，许小年，张五常，杨小凯等。

第一分编　通　则

合同与合同法

一、合同的含义

"合同"作为一个语词，已经深入人们日常生活，人们在日常的自然语言中大量使用"合同"一词。而自然语言与人工语言的重要区别，在于前者具有"能指"的丰富。就"合同"一词，在自然语言中，我们可以指称一份文件，比如"刚刚签署了合同"；也可能指称一种关系，比如"合同关系"；也可能指称行为，如"合同行为"。

我们需要讨论"合同"在中国法律中的含义，准确把握中国民法中合同概念的使用。

（一）合同是一种法律事实

对词下定义有列举的方法和"属加种差"的方法。

目前几乎所有的中国民法教科书都是采取民法总论（民法总则）或民法分论的模式，将合同法或者作为分论中的一编，或者作为分论中债编的一部分。

中国民法从大清民律草案、民国时期民法典到新中国的民法，德国民法和日本民法对中国民法影响深远。我国目前的民法典于 2021 年 1 月 1 日起施行，合同系独立的一编，即作为中国民法典的第三编。以德国民法典"五编制"编纂体参考的民法典，其合同法[1]通常位于债编之中。而我国民法典不设债编，而设独立的合同编与侵权责任编，这与德国民法典、日本民法典以及我国台湾地区"民法"和我国澳门特别行政区民法典均有所不同。

虽然中国的民法典将合同法及侵权法独立成编，而不是如那些五编制的民法典那样将合同法置于债编之中，但是其仍遵循了德国民法典编制的基本逻辑，即

---

〔1〕 合同法，在本章泛指合同有关的规则（包括合同的订立、效力、履行、终止、违约责任等等）；已废止的 1999 年的《中华人民共和国合同法》则表述为"1999 年《合同法》"。

15

以法律关系—法律事实这对范式以及物权和债权的区分为基础进行逻辑展开，编制体系化的民法典。

民法应当规范所有民事法律关系或者民事权利的变动，而所有民事法律关系的变动（或民事权利的变动）均由一定法律事实引起。

德国民法典的传统或逻辑，就是设置一个总则，其主要内容是：规定法律关系的三个要素，即人（民事法律关系的主体或谓民事主体）、权利客体及民事权利；规定权利变动的一般规则，即引起权利变动的最重要的法律事实——法律行为，以及代理、诉讼时效等典型内容。而其分则各编，则分别规范各种具体民事权利的变动（分则的编制仍然隐含法律行为引起的变动及法律行为以外的法律事实引起的变动这一逻辑），但限于民法典的篇幅，通常并不包含知识产权、社员权（或投资者权利）的变动，而仅包含物权、债权（或者如中国民法典的做法，拆分债编为合同、侵权责任两编）、婚姻家庭、继承各编，与人身权、财产权这一民事权利的基础分类相契合。而在德国民法典传统中，分编不单独设人格权一编，将人格权（特别是自然人的人格权）内容置于总则中有关自然人的部分，是因为人格权不会"变动"，因为人格不可抛弃、转让或被剥夺，而对人格权的利用或侵害，由合同和侵权制度加以解决。

而合同，作为债权发生的重要法律事实，是债的重要发生原因之一。这种对债的发生原因或债的渊源的总结，来源于罗马法——罗马法将债的渊源或发生原因总结为契约（即合同）和准契约（主要包括不当得利和无因管理）、私犯及准私犯（相当于侵权）等[1]，由于中国民法典不设债编或债的统一规则，而将合同、侵权相关规则独立成编，所以其在合同编中包含部分债法总则的内容（比如多数人之债和债的担保、保全等内容），并且在合同编专设第三分编"准合同"，规定了无因管理和不当得利的相关规则。

法律事实分类表见图 1-1[2]：

---

〔1〕 参见［意］彼得罗·彭梵得著，黄风译：《罗马法教科书》，中国政法大学出版社 1992 年版，第 306 页；周枏：《罗马法原论》，商务印书馆 1994 年版，第 654 页。

〔2〕 参见翟新辉主编：《民法学总论：理论·实务·案例》，中国政法大学出版社 2015 年版，第 47 页；另参见王泽鉴：《民法总则》，北京大学出版社 2009 年版，第 193 页；张俊浩主编：《民法学原理》，中国政法大学出版社 1997 年版，第 44 页。应该说，国内学界对于表示行为（法律行为，基于意思表示发生法律效果）和事实行为（非基于意思表示而是基于法律规定发生法律效果）的概念、外延还有争议。不过，即使基于民法典对民事法律行为的定义，避免了所谓的法律行为的"合法性矛盾"，合同作为法律事实的一种，属于法律行为，对此应该说较少争议。

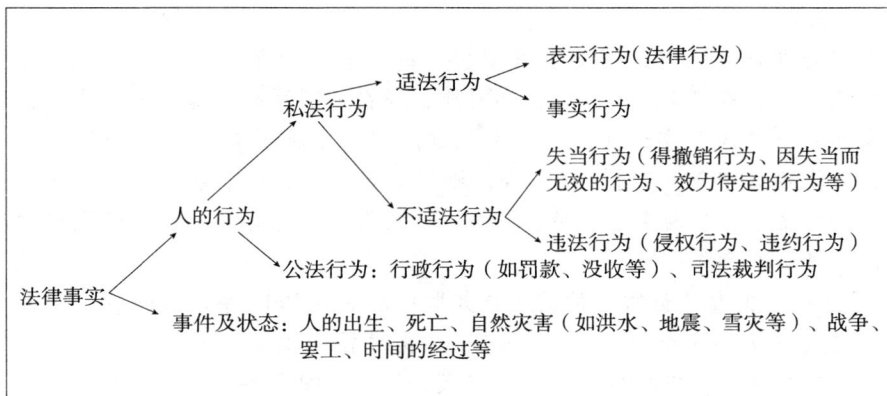

图 1-1

　　而合同是法律事实中的一种，属于表示行为即法律行为的一种，是双方或多方法律行为。

　　（二）最广义的合同：双方或多方法律行为

　　在中国大陆当代汉语中，"合同""契约""合约""协议"混用。

　　"协议"具有更广泛的含义，泛指各方达成的"一致意见"，国际法主体（比如国家）或政党间也会使用协议一词，在中国的法律文本中常见用"协议"来定义"合同"，可见"合同"为"协议"之一种。"合约"更常被非法律专业人士及经济学界所使用。在中国大陆，"合同"是官方法律文本中的用语，如1999 年之合同法及新的中国的民法典。在中国大陆当代的法学界，"合同"和"契约"交替使用，意义相当。贺卫方曾对"契约"与"合同"做过有趣的考证研究，并批评了"合同"与"契约"的混用现象[1]。

　　【资料】

　　"'契约'与'合同'都是中国古已有之的术语，但是在传统中国它们却不是一回事。"

　　"周代的契约根据立约人的不同的关系分为三种，取予受入关系称书契，买卖、抵押、典当关系称质剂。到了战国时期，契约成了广泛使用的信用标志。……在此后的漫长年代里，契约的称谓和种类包括券契、祖契、遗令（关于遗产继承的片务契约）、私约、券书、文契（又称红契，加盖官印以征契税）、白契、官契（北宋后期出现的约文规范化契约，可能是世界上最早的'标准契

---

　　〔1〕　贺卫方："'契约'与'合同'的辨析"，载《法边馀墨》，法律出版社 1998 年版，第 93 页，原文刊载于《法学研究》1992 年第 2 期。

约'）、纸契等。"

而"合同是古代契约演变过程中出现的一种表现形式。……后来，发明了纸，并在纸上书写契文。为了取信和对质，便在分别写有全部契文的左右两契并合处大书一个'同'字这样，立约人双方的契纸上便各有半个'同'字。遇有争议，便将两契相合，'同'字齐合，则属原契无疑。后来索性将'合同'两字并书，两契之上各有两字之一半，'合同'之谓，由是而来。合同契也成为广泛使用的一种契约形式。"[1]

"'合同'成为'契约'的同义词并取代后者是1949年以后的事。50年代的若干立法文件以及翻译作品显示了这一变化过程的轨迹。……据所能见到的材料，在我国立法文件中最后一次使用'契约'，是1957年4月1日竣事的《买卖契约第六次草稿》，这是50年代起草民法典工作的一个重要组成部分。这部民法典终于未能颁布，'契约'之称也成为绝响。"

贺先生认为，"用'合同'取代'契约'是不必要的，甚至可以说是概念上的误导。""古代的所谓'合同契'译成白话便是'可以把'同'字合起来【加以验证】的契约'。"弃"契约"这样含义准确的术语而用赋予新义的"合同"，似无必要。而且，"'合同'之称在实际使用中很不经济"。比如，契约可以简称为约，合同却不能作类似的省略。"立约人"的表述，现在却必须用"合同当事人"五个字来表达。"'要约''违约''违约金'这类术语虽然今天依然得到保留，但毕竟与'合同'之称不相匹配"。而且，"改'合同'为'契约'会给学术研究带来方便和益处"。梅因的"从身份到契约"（from status to contract）和卢梭的"社会契约论"（du contract social），如果用"合同"取代，会让我们感觉"这两个名字的辨析与选择已不仅仅是一个术语学上的问题了"。

我国台湾地区现行"民法"，沿用大清民律草案及民国时期的民法，使用"契约"一词；而我国澳门特别行政区民法典则使用"合同"一词。

在中国民法学界，"合同"或"契约"一词，其最广义的含义，指一种法律事实，即双方或多方法律行为。而依其产生的法律效果不同，可分为物权合同（其结果是依据双方意思变动物权，如所有权、抵押权、质权及用益物权），和债权合同（即狭义的合同，合同法所说的合同）及身份合同（如婚姻、收养）。

我们当然也可以采用英美法对"合同（contract）"的定义，"合同是双方或

---

〔1〕 在该论文中关于古代契约的考证，贺卫方称其参考了张传玺的"中国古代契约发展的四个阶段"，载张传玺：《秦汉问题研究》，北京大学出版社1985年版，第140~187页。

多方之间的协议，该协议产生可予执行或为法律所承认的义务"[1]，或者，"合同是一个或一系列承诺，违反该等承诺法律会给予救济，而对该等承诺的履行在某种程度上被法律认为是一种责任。"[2] 但英美法没有像继受德国民法典逻辑的中国法那样，将"合同"置于法律事实的逻辑体系中，事实上，因为受经验主义哲学影响的英美法习惯于归纳，没有编纂宏大民法典的欲望和需求，因此少有法律关系—法律事实这样的概念逻辑体系的研究和分类。

而继受德国民法典传统的中国民法，为编制体系化的民法典，需要概念的逻辑体系，因为法典编纂需要严密的逻辑以避免漏洞。而作为最重要的法律事实，依法律行为所包含的意思表示的方向，法律行为可以分为单方法律行为和双方（或多方）法律行为。而最广义的合同，一般为双方或多方法律行为，即两方或以上当事人意思表示一致、意在发生某种法律效果的行为。

（三）中国合同法所说的"合同"：债权合同与负担行为

法律行为的分类见图1-2：

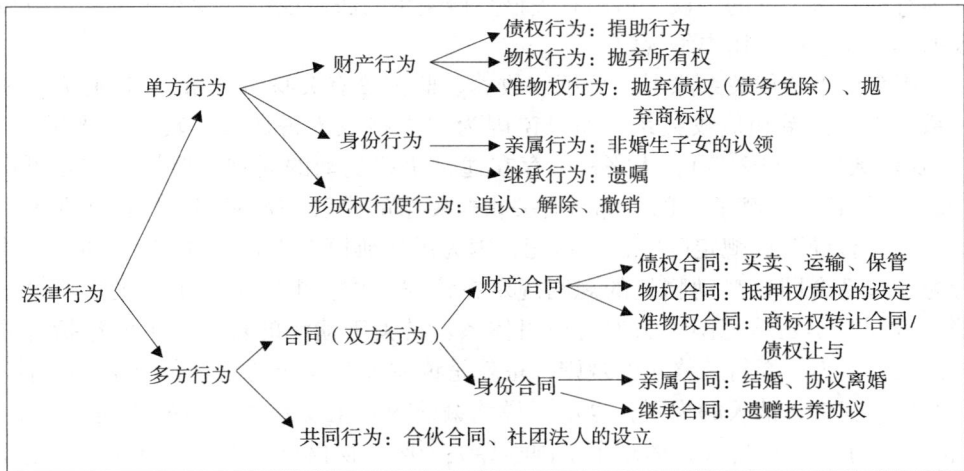

图1-2

如上图分类，基于人身权与财产权的区分，法律行为可以分为身份行为和财产行为；依据物权与债权的区分，法律行为又可以分为处分行为（包括物权行为

〔1〕 Bryan A. Garner, Black's Law Dictionary, 2004 West, a Thomason business, p. 341. 其原文为："An agreement between two or more parties creating obligations that are enforceable or otherwise recognizable at law."

〔2〕 美国《合同法重述（第2版）》，第1条。其原文为："A contract is a promise or a set of promises for the breach of which the law gives a remedy, or the performance of which the law in some way recognizes as a duty."

和准物权行为）及负担行为（债权行为），见下图1-3。

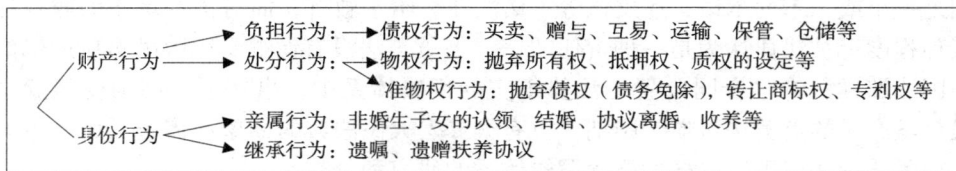

```
┌─────────────────────────────────────────────────────────────────────┐
│          ┌→ 负担行为：→ 债权行为：买卖、赠与、互易、运输、保管、仓储等      │
│  财产行为 ─┤                ┌→ 物权行为：抛弃所有权、抵押权、质权的设定等      │
│          └→ 处分行为：─┤                                                  │
│                        └→ 准物权行为：抛弃债权（债务免除），转让商标权、专利权等│
│          ┌→ 亲属行为：非婚生子女的认领、结婚、协议离婚、收养等               │
│  身份行为 ─┤                                                              │
│          └→ 继承行为：遗嘱、遗赠扶养协议                                    │
└─────────────────────────────────────────────────────────────────────┘
```

图 1-3

而在中国学者（包括我国台湾学者）的民法著述中，常见物权合同或物权契约的表述，这里的"合同"或"契约"是广义的合同概念。

而中国合同法语境下所述的"合同"，即狭义的合同，仅包括上图中的负担行为，即双方（或多方）法律行为中的债权合同。

但我国《民法典》第464条的规定明显是一个"合同"的广义定义——"合同是民事主体之间设立、变更、终止民事法律关系的协议。婚姻、收养、监护等有关身份关系的协议，适用有关该身份关系的法律规定；没有规定的，可以根据其性质参照适用本编规定。"

因为民事法律关系除了"婚姻、收养、监护等有关身份关系"，还有人格权关系、物权关系和债权关系，如果说因为"人格权不得放弃、转让或者继承"（《民法典》第992条），人格权不存在通过协议变动的问题；但物权却是可以"放弃、转让或者继承"的。那么有关物权关系的协议是否能够适用民法典第三编关于"合同"的规定呢？显然不能，因为民法典第二编是"物权"，通过法律行为（包括合同）变动物权的规则规定在该编之中。事实上，中国民法典第三编"合同"是延续德国民法典的逻辑体系，是关于债法的规则，主要包括合同的订立、效力、履行、终止的规则，也就是说主要是关于意定之债（合同之债）的产生、变更、消灭的规则，也可以说该编的内容主要是关于债权合同的规则。民法典关于合同的定义，体现了中国学界关于区分物权与债权相关争议的结论缺失，以及立法上的不明确。但经过对民法典合同法规则的仔细梳理，可以看出合同法仍然是主要的债权合同相关规则，即有关因合同所生之债权债务的产生、变更和消灭，而与之牵连的物权的变动规则则置于民法典第二编"物权"之中。

应该说，民法典关于合同的定义没有揭示出合同法所说的合同与法律行为的关系，可以说未向民法初学者揭示其继受德国民法逻辑的体系化思维，这不是一个好的定义。该定义系援引《民法通则》有关"合同"的定义。《民法通则》虽然在第5章民事权利的"债权"一节对"合同"作出了定义，却对合同作的是"广义"的定义，其第85条规定："合同是当事人之间设立、变更、终止民事关系的协议。依法成立的合同，受法律保护。"有学者指出，"《民法通则》把合同的上位概念定位'协议',而在总则却规定了'民事法律行为',全部条文未见对'协议'作任何说明","此'协议'一词有违《民法通则》的定义体系,不适合作合同的属概念"[1]。目前《民法典》第 464 条关于"合同"的定义沿用了《民法通则》和 1999 年《合同法》第 2 条的定义。但是,民法典修正了之前民法通则关于"法律行为"的定义,规定"民事法律行为是民事主体通过意思表示设立、变更、终止民事法律关系的行为"(《民法典》第 133 条),并且"民事法律行为可以基于双方或者多方的意思表示一致成立,也可以基于单方的意思表示成立。法人、非法人组织依照法律或者章程规定的议事方式和表决程序作出决议的,该决议行为成立。"(《民法典》第 134 条)民法典显然将民事法律行为作为合同的属概念[2]。

理解民法典中合同法所述之"合同"与民法典第一编民法总则中"民事法律行为"的关系,对于理解体系化的中国民法典或者说中国民法体系有重要意义。

同 1999 年《合同法》第 2 条对"合同"的定义一样,《民法典》第 464 条明显排除了合同法对身份"合同"的适用,但没有区分物权合同与债权合同,体现了我国民法学界对处分行为与负担行为、物权行为与债权行为的区分存在理论上的争议,尚未有定论。但《民法典》第 597 条对《合同法》第 132 条的修改[3],还是吸收了我国最高人民法院 2012 年颁布的"买卖合同司法解释"第 3 条中关于买卖他人之物的处理规则,一方面,应该说是对常识的回归——至少要支持"说话要算话"的底线;另一方面,也印证了民法典中的买卖合同系债权合同,即仅有债的效果,与订立合同时物权的有无及物权的变动规则无关。当然,卖方移转标的物的所有权这一行为有物权法的意义(变动所有权),也有债法(合同法)的意义,即其系债的履行行为(构成清偿)、从而消灭债权债务。

【案例 1-1】孔凡靓与长城新盛信托有限责任公司执行异议纠纷案[4](合同

---

[1] 张俊浩主编:《民法学原理》,中国政法大学出版社 2000 年版,第 645 页脚注。

[2] 《民法典》第 118 条规定:"民事主体依法享有债权。债权是因合同、侵权行为、无因管理、不当得利以及法律的其他规定,权利人请求特定义务人为或者不为一定行为的权利。"第 129 条规定:"民事权利可以依据民事法律行为、事实行为、法律规定的事件或者法律规定的其他方式取得。"根据这两条,可以推断出合同与民事法律行为的关系。值得一提的是,学理上关于各种概念的争论,如果没有最终达成一致,立法上避免作出定义,是个不错的选择。比如沿用民国时期民法的我国台湾地区"民法"之于"法律行为"及"契约",我国澳门特别行政区民法典之"法律行为"及"合同"。

[3] 《合同法》第 132 条:"出卖的标的物,应当属于出卖人所有或者出卖人有权处分。法律、行政法规禁止或者限制转让的标的物,依照其规定。"《民法典》第 597 条:"因出卖人未取得处分权致使标的物所有权不能转移的,买受人可以解除合同并请求出卖人承担违约责任。法律、行政法规禁止或者限制转让的标的物,依照其规定。"

[4] 最高人民法院(2020)最高法民终 580 号民事判决书。

仅有债的效力）

[最高人民法院]认为，本案争议的焦点问题是：孔凡靓对案涉房产是否享有足以排除人民法院强制执行的民事权益。

根据查明事实，新盛公司与中银公司、杨岩森、赵心、华厦公司合同纠纷案中，经新盛公司申请，法院于2015年1月20日对中银公司名下呼国用（2008）第00137号土地使用权及位于内蒙古呼和浩特市赛罕区的相关房产办理了财产保全，其中20层查封的范围为1-25号房产。在上述查封期限即将届满时，法院又根据新盛公司的申请办理了续封手续，孔凡靓提出执行异议，在异议被驳回后提起本案诉讼。新盛公司辩称其申请查封的系20层1-25号房产，根据孔凡靓的购房合同显示，其购买房产的房号为20层20071号、20072号、20076号、20077号、20086号、20087号，故新盛公司并未申请查封孔凡靓所诉房产。经查，根据孔凡靓提供的《商品房买卖合同》所附20层平面图及中银公司所作广告的20层平面图显示，20层整层共计25套房产，新盛公司总计查封了该层25套房产，系整层查封，孔凡靓所诉房产位于20层，包括在被查封房产范围之内。新盛公司该辩称意见系因中银公司对20层房产的编号与房产管理部门的编号不同导致，且新盛公司亦无证据证明该层除25套房产之外还存在其他房产的事实，故其该辩称意见不能成立，本院不予支持。

根据《执行异议和复议规定》第二十八条规定，孔凡靓虽然与中银公司已签订书面《商品房买卖合同》并全额交付了购房款项，但在合同约定交房时间2015年5月1日之前，即2015年1月20日，执行法院已对案涉房产采取了查封措施，在法院查封之前孔凡靓并未合法占有该房产，更未办理相关房产登记手续，不符合该条规定的情形，一审判决据此未支持孔凡靓排除执行的诉讼请求，事实及法律依据充分，并无不妥。 孔凡靓上诉认为一审适用《执行异议和复议规定》第二十八条错误，本案应适用该规定第二十九条确认其对案涉房产享有物权期待权，足以排除法院强制执行。经审查，根据孔凡靓与中银公司签订的《商品房买卖合同》约定，案涉房产的用途为"仅作商业使用"，并非用于居住。孔凡靓上诉主张其购买上述房产系为了居住，该主张与《商品房买卖合同》载明的房屋用途矛盾，亦与其一次性购买六套房产的行为相矛盾，且二审庭审中，孔凡靓称其经常居住地在宁夏回族自治区银川市，并非呼和浩特市，据此本案亦不符合《执行异议和复议规定》第二十九条规定的情形，孔凡靓主张适用该条规定排除法院强制执行的上诉理由不能成立，本院不予支持。

另，依据《中华人民共和国物权法》第九条规定，因案涉房屋并未办理所有权过户登记，孔凡靓仅享有依据《商品房买卖合同》要求中银公司履行相关合同义务的请求权，尚不享有案涉房屋所有权，故一审法院未予支持其确认对案

涉房产享有所有权的诉讼请求，并无不妥，本院对此予以维持。

综上，孔凡靓的上诉理由不能成立，应予驳回。

二、合同法在民法（私法）中的地位及合同法的主要内容

（一）合同法在民法（私法）中的地位

"民法是私法的核心部分"[1]，而合同法是民法中的重要内容。

英美法系虽然没有民法典，但仍有公法与私法的基本学理分类，而合同法仍是其私法的重要和基础的内容，虽然其中有国际公约及成文法的努力［比如美国的统一商法典（UCC）］，但普通法或判例法仍起决定性作用。

在成文法系、民法法系、法典法系或大陆法系的司法区域，一般会有民法典（这些区域的标志之一就是有民法典），合同法通常是民法典的重要部分之一。

法国民法典包括三编，合同法的相关内容位于第三编"取得财产的各种方法"之中，合同法的相关条文数量占到整个法典条文总数（近2300条）的1/4以上；德国民法典包括五编，合同法位于债编之中，但合同法的相关条文数量也占到整个法典条文总数（近2400条）的近1/4；继受德国民法逻辑的民国时期民法典亦包括五编，合同法同样位于第二编"债"之中，合同法的相关条文数量占法典总条文（1225条）的1/3以上；我国澳门特别行政区民法典同样为类似的五编，合同法同样位于第二卷"债法"之中，合同法的相关条文数量也占到法典总条文（2161条）约1/5。

就我国民法典，总计1260条，其中第三编合同计526条（即《民法典》第463~988条），占民法典条文总数的1/3以上，超过40%。

（二）合同法与债法

罗马法已经总结出"债"这一抽象概念，"优帝《法学纲要》称：'债是依国法使他人为一定给付的法锁。'"[2]罗马时期的法学家保罗在《法学阶梯》第二编中精彩地将债与物权关系的基本之处表述为，"债（obligatio）的实质不是带给我们某物或某役权，而是要他人给予某物、做某事或履行某项义务。"[3]

在罗马法时期已经有债的总论和分论，"在总论中将介绍关于债的标的、主

---

〔1〕　［德］卡尔·拉伦茨著，王晓晔等译：《德国民法通论》，法律出版社2004年版，第10页。

〔2〕　周枬：《罗马法原论》，商务印书馆1994年版，第628页。

〔3〕　［意］桑德罗·斯奇巴尼选编，丁玫译：《民法大全选译 Ⅳ.1债　契约之债》，中国政法大学出版社1992年版，第1页。不过，黄风的翻译似乎更准确："债的本质不在于我们取得某物的所有权或者获得役权，而在于其他人必须给我们某物或者做或履行某事。"见［意］彼得罗·彭梵得著，黄风译：《罗马法教科书》，中国政法大学出版社1992年版，第283页。

体、关系以及设立和变更债关系的一般原则。分论将论述各个以债关系为基础的制度"。[1] 罗马法已经将契约（合同）总结为债的发生原因（债因）之一。契约的一般规则及各种契约属于债法分论的内容。

德国民法典是按照学说汇纂或潘德克吞法学在 19 世纪发展起来的民法系统学说来安排结构和划分编章的[2]。如上所述，德国民法典分为五编，债法为其中一编，而合同法规则规定在债法编中。受德国民法影响的大清民律草案及民国时期民法典也分为同样的五编，合同法同样也位于债编。民国时期民法典债编分为"通则"和"各种之债"两章，其各种之债主要为各种有名契约。自此，民国时期大多数民法教科书均有债法总论、债法各论，比如曾参与编纂民国时期民法典的著名法学家史尚宽就著有《债法总论》和《债法各论》[3]。

我国大陆的民法教学及教科书，在 1999 年《合同法》颁布之前，一般也是讲债法总论，包括债的性质、债的种类、债的发生、担保、保全、履行、消灭等债法的一般规则，然后会有合同法和侵权法的内容，即使是到了今天，仍有部分高校开设债法总论的课程。我国于 2021 年 1 月 1 日起施行的民法典不设债法总则，设第三编为合同、第七编为侵权责任，但有关债的保全、履行、消灭等一般规则都规定于合同编之中，位于合同编第一分编"通则"第一章"一般规定"的第 468 条，即："非因合同产生的债权债务关系，适用有关该债权债务关系的法律规定；没有规定的，适用本编通则的有关规定，但是根据其性质不能适用的除外。"比如在第四章"合同的履行"中关于多数人之债、选择之债等规则以及关于合同权利义务终止的大多数规则，可以说是关于债的一般规则。

（三）合同法的主要内容

如前所述，合同编为 526 条，占民法典 1260 条中的比重超过 40%，其在民法典中占有重要分量。

合同法之所以在民法典中占据如此重要的分量，原因在于合同是民事主体构建法律关系的重要手段，在市民社会中构成民事活动的重要部分；相应地，合同相关纠纷也相对更多。

据最高人民法院统计，2019 年全国法院审结、执结案件共计 2902.2 万件，其中民商事案件共计 1617.7 万件，占审执结案件的 55.7%；而在 2019 年一审民

---

[1] ［意］彼得罗·彭梵得著，黄风译：《罗马法教科书》，中国政法大学出版社 1992 年版，第 285~286 页。

[2] 陈卫佐译注：《德国民法典》，法律出版社 2006 年版，第 3~5 页。

[3] 史尚宽所著的《债法总论》于 1954 年初版于台湾，其《债法各论》于 1960 年初版于台湾，该两书在 2000 年中国政法大学出版社再版。

商事案件中，合同、无因管理、不当得利纠纷占 66.13%[1]。据裁判文书网，截至 2020 年 7 月 8 日，该网站文书总量为 96 675 102 篇，其中民事文书 60 165 285 篇，以"合同"为关键字搜索有 39 863 224 篇文书，其中民事案由的文书为 29 349 234 篇[2]。

又比如，2015 年全国法院新收刑事、民事、行政（含行政赔偿）一审案件共计 11 444 950 件，其中，刑事一审案件 1 126 748 件，占一审案件总数的 9.84%；民商事一审案件 10 097 804 件，占 88.23%；行政一审案件 220 398 件，占 1.93%。而民商事一审、二审、再审案件共计 11 044 739 件，其中，合同纠纷案件有 6 631 249 件，占所有民商事案件总数的 60.04%。[3]

中国民法典合同编包括三个分编：第一分编为通则，包括一般规定和关于合同成立、生效、履行、保全、违约责任、合同权利义务终止的一般规则，其中有些规则也适用于契约之债以外的其他类型的债的关系（比如上述关于选择之债和多数人之债及债的消灭的规则）；第二分编为典型合同，相较之前 1999 年《合同法》规定的 15 种有名合同，民法典规定了 19 种典型合同，新增加了保证合同、保理合同、物业服务合同和合伙合同四种典型合同，另外，1999 年《合同法》规定的居间合同在民法典中被更名为中介合同；第三分编为"准合同"，规定了无因管理和不当得利相关规则。这样的处理，体现了中国民法典不设债法总则、只能将一些有关债的一般规则置于合同编中的考虑。

三、合同法与物权法

民法之目的在于规范何种事实，可引起如何的民事法律关系或者民事权利的变动。藉此视角，对法律事实、法律关系及民事权利进行类型化，并在法律关系及民事权利与法律事实之间建立起科学的联系，是大陆法系或者具有民法典思维传统的民法学研究的重要课题。民法作为私法，用于规范市民社会中的哪些人，这些人可能拥有哪些权利，这些权利如何得、丧以及变更。根据将民事权利划分为人身权和财产权的传统分类，财产权又分为物权和债权，物权的变动由物权法规范，知识产权及社员权（或成员权、投资者权利）参照物权变动规则加以调

---

〔1〕　周强："最高人民法院工作报告——2020 年 5 月 25 日在第十三届全国人民代表大会第三次会议上"，载最高人民法院官方网站，http：//www.court.gov.cn/zixun-xiangqing-231301.html，访问日期：2020 年 7 月 8 日。

〔2〕　裁判文书网，http：//wenshu.court.gov.cn/，访问日期：2020 年 7 月 8 日。

〔3〕　见"2015 年全国法院审判执行情况"，载最高人民法院官方网站，http：//www.court.gov.cn/fa-bu-xiangqing-18362.html，访问日期：2016 年 9 月 26 日。

整，而债权的发生主要由合同法和侵权法加以规范。

我们前面提到，交易促进效率，而达成一个交易，必须有三方面的规则：一是交易的人，即谁可以进行交易；二是交易的东西，即什么东西可以交易，以及交易的结果会得到怎样的保障（即如何取得交易标的的"权"，从而得到国家权力的背书支持）；三是怎样达成一个自由的交易以及确保达成的交易实现、履行，并排除那些有欺诈、胁迫、重大误解（错误）和显失公平的交易。

这三方面的规则，分别就是民事主体法、物权法（或者财产法）及合同法，实际上就是人、物、债的三分法。当然，尽管物的交易（买卖合同）非常重要，但仍然有很多交易可能并不是交易某种东西（物），而是交易某种服务或完成某项工作，而这些交易是参照买卖合同进行交易的。对此，《民法典》第 646 条规定："法律对其他有偿合同有规定的，依照其规定；没有规定的，参照适用买卖合同的有关规定。"

可以说，民商法是市场经济的基本法，它为交易的实现提供了一个基本的框架。

但基于债权与物权的区分，合同法和物权法有着不同的规范功能：物权法规定有哪些物、有哪些物权以及何时取得或失去物权、物权如何保护以及物权有什么样的效力，物权法规则是交易的前提和结果的保障；而合同法则是有关交易具体如何达成及履行的规则，它规定交易如何达成（合同的成立）、何时生效、如何履行及交易如何结束（合同的终止）。用民法学的术语来讲，就是物权法规范物权的变动，而合同法规范债权（意定之债）的发生与消灭。**但是需要注意的是，这些规范功能的不同，可能会导致现实生活中的同一个行为，具有不同的规范意义（或者说会依据不同规范群产生几方面的法律效果）——比如，在一般动产买卖合同中，卖方向买方移转所有权的交付行为，就合同法规则而言是合同的履行行为、清偿行为，有消灭债权债务的效果；就物权法规则而言，会有变动物权的效果。**

四、物权与债权、处分行为与负担行为

把财产权区分为对世权与对人权，是从罗马法就开始的二分法。处分行为与负担行为的区分是物权（作为绝对权、对世权）与债权（作为相对权与对人权）的区分的自然逻辑结果。

理解继受德国法基因的中国《民法典》，应当对物权和债权的区分、处分行为与负担行为的区分有所了解和掌握。

如上所述，依法律行为的效果即所变动的权利的不同，可将法律行为分为身

份行为与财产行为。比如《民法典》第 464 条第 2 款特别规定"婚姻、收养、监护等有关身份关系的协议，适用有关该身份关系的法律规定；没有规定的，可以根据其性质参照适用本编规定"，说明民法典合同编仅规范法律行为中的财产行为（而且主要应该是债权行为或负担行为）。需说明的是，由于人格不得抛弃、转让、剥夺，因此不存在"人格行为"，但诸如姓名、肖像的许可使用等，实际上是处分自然人人格权的财产利益，可将其归入财产行为。当然若混用两种标准，单方行为、多方行为可以再各自划分为身份行为、财产行为；财产行为、身份行为也可各自划分为单方行为、多方行为。

将财产行为划分为负担行为与处分行为，对于财产法乃至整个民法而言都有重要的意义。王泽鉴先生曾形象地称，我国台湾地区现行"民法""系以'权利'与'法律行为'为核心概念，而建立其体系结构。法律行为上最重要的分类是'负担行为'及'处分行为'，二者贯穿整部民法，可称为民法的任督二脉，必须打通，始能登入民法的殿堂"[1]。

合同法所述的各种合同，均为负担行为，即单单引起新的债权债务的发生，因此，自罗马法始，合同即作为债的重要发生原因，债也因此分为意定之债和法定之债。而对于物权变动而言，法律行为是引起物权变动的最重要法律事实，而引起物权直接变动的法律行为即处分行为，其中又以双方法律行为居多，故存在物权合同或物权契约，但除了处分行为引起的物权变动，还有事实行为和公法行为也可以引起物权变动。

负担行为使一方负担义务、他方取得请求（Anspruch），处分行为则使一方权利丧失或减少（对权利丧失或减少的该方而言为处分行为）、而由他方取得某种权利（Recht）（如果有人取得权利的话，对该取得权利的一方而言则为取得行为）。负担行为仅为特定人之间"关系"的调整，故其行为的后果必然只发生债权债务关系。处分行为则为特定权利与特定人之间"归属"的调整，故在以物权为标的的情形，处分行为的结果是物权另有归属（抛弃或另归他人），在以债权为标的的情形，又发生债权另有归属的结果（债权的抛弃或转让），以知识产权或社员权为标的的情形亦同。

【资料】

"区分负担行为和处分行为，除了可以明确处分权利必须具备相应的处分权限外，在整个法律体系中也具有重大的意义。最重要的处分行为是转让权利的行为。这些行为具有某种分配的属性：它们的法律后果对权利的归属作了变更，进

---

〔1〕　王泽鉴：《法律思维与民法实例：请求权基础理论体系》，中国政法大学出版社 2001 年版，第 323~324 页。

而改变了财物的归属。对这种财物归属的变化，任何人都必须予以尊重。这也就是说，这类处分行为的效果可以对抗任何人，这种效果是'绝对的'。与处分行为相反，负担行为使行为人仅仅相对于另一个人或另一些特定的人承担义务，因此它们只具有'相对'的效果。一个人可以承担任意多次的义务，虽然他无法履行所有这些义务。而有效地转让权利，一个人只能进行一次，因为他一旦进行了转让，他就丧失了这项权利，他也就不再具有处分的权限。一个人可以多次出卖同一件物。在这种情况下，出卖人对每一个买受人都负有转移物之所有权并交付物的义务，虽然他只有能力履行一次这样的义务。而如果他将物之所有权转移给他人，那么他就失去了物之所有权，因而也失去了处分权限。他无法再次从事移转所有权和交付的行为。"（［德］卡尔·拉伦茨，王晓晔等译：《德国民法通论（下册）》，法律出版社 2003 年版，第 439~440 页。另参见该书第十八章法律行为的概念和种类、第二节法律行为的种类之第二部分"债法上的行为、物权法上的行为、亲属法上的行为和继承法上的行为"及第三部分"负担行为、处分行为和取得行为"等内容。）

负担行为只会发生新的债权债务，故又称为债权行为；处分行为则会使"既有"的物权、债权或其他财产性质的权利（比如知识产权）减少或消灭（就处分一方而言），在物权的情形下有一般所称之物权行为，在非物权的情形下有称之为"准物权行为"者。适用于物权的原则，如公示、特定，基本上也适用于动态的物权行为，始称一贯。至于物权行为的形态可为单独行为、合同或共同行为，效果可能为物权移转、设定、变更或消灭[1]。

负担行为与处分行为、债权行为与物权行为的区分，实际上是绝对权与相对权、物权与债权区分的自然逻辑结果；清晰的区分有助于法律对现实生活（特别是现代日趋复杂的交易）进行规范，实际上也是物权法和合同法分立，并且物权法遵循物权法定、公示公信等原则，而合同法则需贯彻契约自由的原则的原因所在。

负担行为以双方行为（契约）为原则，合同法规定的合同均为负担行为、债权合同，以单方行为为例外，单方行为仅有悬赏广告、捐助行为与遗赠；处分行为亦以双方行为为原则，单方行为为例外，单方行为仅包括抛弃权利（如所有权、债权及知识产权、股权等）[2]。

处分行为与负担行为区分的意义，在于：①处分行为的标的须为特定的或至

---

〔1〕 参见苏永钦："物权行为的独立性与无因性"，载《私法自治中的经济理性》，中国人民大学出版社 2004 年版，第 123 页。

〔2〕 参见朱庆育：《民法总论》，北京大学出版社 2013 年版，第 149~153 页。

迟于处分行为生效时须为特定的，并须就一个标的作成一个处分行为；负担行为则不必。②处分行为的生效以处分人有处分权为要件，无处分权则指"处分"标的者为"无权处分"，效力待定；但负担行为不以行为人有处分权为必要，如出卖他人之物的（债权）合同应当有效。③处分行为包括物权行为（如果处分的是物权的话）和准物权行为（如果处分的标的是物权以外的其他权利的话，如知识产权、股权、债权），需公示，比如物权有公示公信原则，该等处分行为所生的权利变动的后果须有足以从外界可以辨认的事实，以维护交易安全，避免第三人遭不测损害。就物权的处分而言，不动产物权的处分须登记，动产须交付。④对处分行为和负担行为的区分，在法律上泾渭分明，法律关系明晰，具有相当的说明价值。[1]

但作为负担行为的合同，如果其履行行为牵涉物权（或其他财产性质的权利，如债权、知识产权或股权）的变动，该等履行行为则构成处分行为，并且之前的负担行为或债权行为便构成作为该履行行为的处分行为的"原因"，从而又引发关于物权行为是否"无因"的争议。

我国台湾地区比较彻底地继受德国法，对处分行为、负担行为的区分均有清醒的认识和清晰的评论，王泽鉴、苏永钦等学者对该区分及物权行为（无因性）理论均有清楚的论述。在我国大陆学者中，谢怀栻、张俊浩、孙宪忠及李永军、田士永、朱庆育等学者也对来自德国法的该区分及物权行为理论有清楚的认识及分析。

近年来国内民法教科书几乎都会介绍处分行为与负担行为这种区分，有学者声称"通说认为，我国现行民事立法不认可负担行为与处分行为的区分"[2]，虽然这种观点颇为武断，但我国民事立法因此产生了混乱和法律适用上的尴尬倒是事实。

不可否认，我国大陆学界对该区分及物权行为理论仍然存在争议。"2007年，《物权法》颁行，然而，争论并未消弭，甚至几乎没有学者因此改变之前择定的立场。这部法律的意义，似乎仅仅为不同立场提供解释与印证的材料而已。此亦表明，在学术未予澄清之处，理论分歧不可能借助立法而获得消除。"[3]

学者间存在观点争议且各有话语权，而这实则反映了立法上的混乱及法律适用中的尴尬。最显著者，莫过于1999年《合同法》第51条关于无权处分合同的

〔1〕 田士永：《物权行为理论研究》，中国政法大学出版社2002年版，第205~206页；张俊浩主编：《民法学原理》，中国政法大学出版社2000年版，第241~243页。

〔2〕 王利明主编：《民法》，中国人民大学出版社2007年版，第147页。

〔3〕 见朱庆育：《民法总论》，北京大学出版社2013年版，第160~162页；又见该书第2版，即朱庆育：《民法总论》，北京大学出版社2016年版，第164~166页。

效力和 2007 年《物权法》第 106 条关于善意取得规定的体系矛盾。

关于所谓"无处分权人订立的合同", 1999 年《合同法》第 51 条规定,"无处分权的人处分他人财产, 经权利人追认或者无处分权的人订立合同后取得处分权的, 该合同有效。"

在最高人民法院 2012 年"买卖合同司法解释"出台之前的民法教科书, 通常依据该条, 将"无处分权人订立的合同"列为"效力待定"之列, 认为无处分权人订立的合同,"经权利人追认或者无处分权的人订立合同后取得处分权的, 该合同有效"; 如果未经权利人追认或者无处分权的人订立合同后不能取得处分权的, 则该合同无效, 而依据中国大陆民法关于合同无效或法律行为无效时双方当事人相互返还、依过错确定责任的规则, 因此在现实的法律适用中造成法律保护"说话不算数"的违背常识的结果。

1999 年《合同法》第 51 条的错误, 在于立法者没有搞清楚处分行为与负担行为的区别——处分行为要求处分人有处分权, 否则不生效力; 负担行为则不要求行为人有处分权。而合同法规定的合同应该都是负担行为、债权行为, 与物权或处分权无关, 不应要求负担人有处分权, 因为负担人(在买卖合同则为卖方)只是通过负担行为、债权合同为自己设定了一个请求权负担、相对人取得了一个请求权而已。如果合同法规定的合同(典型是买卖合同), 要求卖方须有处分权, 否则合同无效, 那么对于买卖他人之物的合同、一物多卖的多个合同、买卖未来物、卖方在订立买卖合同后又丧失处分权的合同等均会出现荒谬的法律适用结果。[1]

针对这种情况, 最高人民法院 2012 年《买卖合同司法解释》第 3 条规定: **"当事人一方以出卖人在缔约时对标的物没有所有权或者处分权为由主张合同无效的, 人民法院不予支持。出卖人因未取得所有权或者处分权致使标的物所有权不能转移, 买受人要求出卖人承担违约责任或者要求解除合同并主张损害赔偿的, 人民法院应予支持。"**

可以说最高人民法院从实务的角度, 基于"说话要算话"的常识在法律适用上进行了纠偏。[2]

随后, 最高人民法院于 2016 年颁布的《物权法司法解释(一)》(法释

---

〔1〕 1999 年《合同法》第 51 条的错误在于写错了地方, 表述也不正确: 无处分权人的处分行为效力待定(有待处分权人的追认或嗣后取得处分权才有效, 否则不生处分效力), 而不是(债权)合同效力待定; 合同法作为债权合同的规则, 与处分无关, 债权合同的效力更不应与处分权相关联。1999 年《合同法》第 51 条显示了大陆学界对"处分"一词及"处分行为"与"负担行为"区分的认识混乱。

〔2〕 关于 1999 年《合同法》51 条与 2007 年《物权法》第 106 条的体系矛盾以及物权行为理论的讨论, 另见翟新辉:《中国物权法的过去、现在与未来》, 中国政法大学出版社 2016 年版, 第 8 章, 本节部分内容亦参见该章。

〔2016〕5 号）第 21 条规定，"具有下列情形之一，受让人主张根据物权法第106 条规定取得所有权的，不予支持：①转让合同因违反合同法第 52 条规定被认定无效；②转让合同因受让人存在欺诈、胁迫或者乘人之危等法定事由被撤销。"该解释解决了 1999 年《合同法》第 51 条和 2007 年《物权法》106 条的体系矛盾。

而这种混乱，在于学界对处分行为与负担行为的区分尚有争议，从而导致对合同法和物权法各自的规范目的认识不清，导致立法及法律适用的混乱。

值得一提的是，民法典删除了 1999 年《合同法》第 51 条关于所谓欠缺处分权的合同效力规则，并且在第 597 条规定："因出卖人未取得处分权致使标的物所有权不能转移的，买受人可以解除合同并请求出卖人承担违约责任。法律、行政法规禁止或者限制转让的标的物，依照其规定。"可以说中国《民法典》在合同法领域进一步厘清了债权合同的规则，不过遗憾的是，《民法典》物权编部分的第 311 条照搬了 2007 年《物权法》第 106 条的内容，没有作出改变，改革不够彻底。[1]

【案例 1-2】 河南恒昌房地产开发有限公司、李炳红合同纠纷再审案（债权合同与物权变动，最高人民法院再审案，2020 年 3 月 31 日）[2]

河南省高级人民法院二审经审理……认为：本案争议焦点是案涉《联合开发协议》《补充协议》及《补充协议二》的性质及效力问题。……案涉协议虽名为"房地产联合开发协议"，但实为"土地使用权转让协议"。……《中华人民共和国物权法》第十五条规定，当事人之间订立有关设立、变更、转让和消灭不动产物权的合同，除法律另有规定或者合同另有约定外，自合同成立时生效；未办理物权登记的，不影响合同的效力。《最高人民法院关于审理买卖合同纠纷案件适用法律问题的解释》第三条第一款规定，当事人一方以出卖人在缔约时对标的物没有所有权或者处分权为由主张合同无效的，人民法院不予支持。**根据以上规定，我国在立法上确立了物权变动的区分原则，即将不动产物权变动的原因与结果予以区分，物权变动的原因为合同，合同的结果为物权变动。以发生物权变动**

---

〔1〕　2005 年的《物权法（征求意见稿）》在第 111 条曾规定善意取得的要件包括"转让合同有效"，但立法者应该是注意到这与当时的 1999 年《合同法》第 51 条有体系矛盾，而在 2007 年《物权法》颁布时其第 106 条删除了善意取得制度对转让合同有效的要求，2007 年《物权法》这一表述延续到了《民法典》第 311 条。不过善意取得为物权法制度，虽与债权合同牵连，但本书为合同法著作，因此不再赘述。

〔2〕　最高人民法院（2019）最高法民再 379 号民事判决书。该案中最高人民法院关于土地使用权转让合同效力及相关司法解释的说理值得推敲，可见司法解释也不免成文法的僵化，不似判例灵活以及可以与时俱进，但司法实践中关于债权合同与物权变动区分的认识，似乎是较为普遍的认识。

为目的的债权合同，其成立及生效应当依据合同法的规定，标的物是否成就、能否交付只是合同履行的结果问题，并非当然是合同的生效要件，不能以合同不能履行或物权没有发生变动反推合同无效。且未取得土地使用权证书的土地使用权转让合同被认定无效，不仅不利于解决当事人之间的争议和维护交易安全，而且还可能助长不诚信行为。本案中，案涉土地使用权转让合同系当事人之间的真实意思表示，且无法定无效之情形，对李炳红和恒昌公司应当具有法律拘束力。因此，一审法院认定案涉土地使用权转让合同无效错误。但由于恒昌公司目前尚未取得案涉土地使用权证书，履行合同的条件尚不具备，因此，李炳红要求办理土地使用权登记手续等其他诉讼请求不能得到支持。……

……

关于案涉《联合开发协议》《补充协议》及《补充协议二》的效力问题。本院[1]认为，首先，根据《最高人民法院关于审理涉及国有土地使用权合同纠纷案件适用法律问题的解释》第二十四条规定，合作开发房地产合同约定提供土地使用权的当事人不承担经营风险，只收取固定利益的，应当认定为土地使用权转让合同。……因此，案涉协议名为"联合开发"实为"土地使用权转让"。其次，《最高人民法院关于审理涉及国有土地使用权合同纠纷案件适用法律问题的解释》第九条规定，转让方未取得出让土地使用权证书与受让方订立合同转让土地使用权，起诉前转让方已经取得出让土地使用权证书或者有批准权的人民政府同意转让的，应当认定合同有效。恒昌公司虽主张根据该条解释应认定案涉协议无效，但该条解释仅就"转让方未取得出让土地使用权证书与受让方订立合同转让土地使用权，起诉前转让方已经取得出让土地使用权证书或者有批准权的人民政府同意转让"的合同效力作了规定，并未对"起诉前转让方未取得出让土地使用权证书或者未经有批准权的人民政府同意转让"情形下的合同效力作出规定。而且，根据《中华人民共和国物权法》第十五条规定，当事人之间订立有关设立、变更、转让和消灭不动产物权的合同，除法律另有规定或者合同另有约定外，自合同成立时生效；未办理物权登记的，不影响合同的效力。**具体到本案**，案涉协议中，土地使用权转让作为物权变动的一种形态，其转让行为适用物权法规定的物权变动原则，恒昌公司能否取得案涉土地使用权证书或经有批准权的政府同意转让，属于合同履行问题，并非合同的生效要件。此外，原审已查明案涉相关协议均系当事人之间的真实意思表示，亦无《中华人民共和国合同法》第五十二条规定的合同无效情形，故原审认定案涉《联合开发协议》《补充协议》及《补充协议二》有效，适用法律并无不当。因恒昌公司尚未取得案涉土

---

〔1〕 即最高人民法院，作者注。

地使用权证书，履行合同的条件尚不具备，原审对李炳红要求办理土地使用权登记手续等诉讼请求不予支持，亦无不当。恒昌公司关于原审适用法律错误的再审理由亦不能成立。

综上，原审判决认定事实清楚，适用法律正确，恒昌公司的再审理由均不能成立。

五、合同法基本理念与功能

（一）合同法的基本理念

合同法的基本理念，无疑是"契约自由"或"合同自由"。

所有权神圣、契约自由、过错责任是近代民法的三大基本理念。契约自由是民法"私法自治"或谓"意思自治"（《民法通则》及《民法总则》的表述是"自愿"）原则的具体体现。

苏永钦把民法典比喻成由各新旧民法制度（建筑）组成的城堡（建筑群），私法自治是民法这座城堡上高树的迎风招展的"大纛"。"私法自治始终还是支撑现代民法的基础，它的经济意义可以上溯至亚当·斯密的国富论，伦理内涵则又源于康德理性哲学中的自由意志。"[1]

意思自治或谓自由，颇具人性基础——人们喜欢自由，不喜欢被强迫或强制；同时具有经济价值，其对市场、效率的达成至关重要，也是创新的动力和源泉。因此意思自治作为市民社会的运行特点，成为民法或私法的基本原则。市民社会中的民事活动，一般由当事人自行协商，国家一般不予干涉，而且赋予当事人自由协商的结果（合同）以相对于法律的效力（即具有法律约束力），未经对方当事人（权利人）的允许，不允许单方变化，否则即须承担责任。从这个角度看，意思自治、自主决定，又称为私法自治，即当事人自己为自己"立法"。

《民法典》第 465 条规定："依法成立的合同，受法律保护。依法成立的合同，仅对当事人具有法律约束力，但是法律另有规定的除外。"《民法典》第 136 条规定："民事法律行为自成立时生效，但是法律另有规定或者当事人另有约定的除外。行为人非依法律规定或者未经对方同意，不得擅自变更或者解除民事法律行为。"可以说这是"契约自由"、私法自治的具体体现，契约自由或私法自治包含两面——自己选择，自己负责。

合同自由，包括选择合同对象的自由、合同内容的自由以及合同形式的自由。强迫交易须承担有期徒刑或者拘役、罚金的刑事责任（《刑法》第 226 条）。

---

[1] 苏永钦：《走入新世纪的私法自治》，中国政法大学出版社 2002 年版，第 3 页。

合同法规则保障当事人真实、自由地表达意思，对于意思表示错误或不自由的情况有相应的救济规则（撤销制度）。而且，当事人订立合同，可以采用书面形式、口头形式或者其他形式（《民法典》第 469 条）。

如前所述，交易促进效率。促进交易，也是合同法的功能或目标之一。合同法关于典型合同或有名合同的规则，本身就具有节省交易成本、促进交易的作用。《民法典》第 135 条规定，"民事法律行为可以采用书面形式、口头形式或者其他形式；法律、行政法规规定或者当事人约定采用特定形式的，应当采用特定形式。"《民法典》第 490 条规定，"当事人采用合同书形式订立合同的，自当事人均签名、盖章或者按指印时合同成立。在签名、盖章或者按指印之前，当事人一方已经履行主要义务，对方接受时，该合同成立。法律、行政法规规定或者当事人约定合同应当采用书面形式订立，当事人未采用书面形式，但是一方已经履行主要义务，对方接受时，该合同成立。"该条显然表达了合同法促进交易、尽量让交易达成的目标。

最高人民法院在司法过程中制定的司法解释，也体现了促进交易的理念。比如《合同法司法解释一》第 3 条规定："人民法院确认合同效力时，对合同法实施以前成立的合同，适用当时的法律合同无效而适用合同法合同有效的，则适用合同法。" 又比如第 4 条："合同法实施以后，人民法院确认合同无效，应当以全国人大及其常委会制定的法律和国务院制定的行政法规为依据，不得以地方性法规、行政规章为依据。"该条更加严格了判断合同无效的依据。该解释第 9、10条也体现了最高人民法院在司法过程中的态度。

（二）二十世纪契约法的改变

20 世纪以来，由于经济学说的影响及经济社会情况的变化，各国加强了对契约的规制。

比如在劳动法和消费者保护领域，劳动法规范劳动者与用人单位之间的关系；消费者权益保护法规范消费者与商家或厂家（产品销售者与产品制造者）之间的关系。这两类关系本属市民社会中平等主体的关系，由民法加以规范（即一般的雇佣合同和买卖合同）。但在现实中，劳动者与用人单位，消费者与商家、厂家，无论是在经济实力方面还是在信息资源方面，二者都无法比拟。为追求实质上的平等和自主决定，平衡双方力量，劳动法和消费者权益保护法在制度上特别向劳动者和消费者一方做一定的利益倾斜，因此也有人将劳动法、消费者权益保护法称为公法、私法之外的"社会法"。我国颁布了《劳动法》、《劳动合同法》和《消费者权益保护法》。

在大陆法系方面，一方面，受瑞士民法典的影响，诚实信用原则普遍确立，由之发展而出的缔约过失责任被广泛采用。另一方面是对格式合同或定型化合同的规制[1]。我国民法典也采纳了诚信原则（《民法典》第7条），并在合同编规定了缔约过失责任（《民法典》第500条），并且对格式合同进行规制（《民法典》第496、497、498条）。

在美国，于罗斯福新政时期及以后，美国合同法也有较大变化，并对其他法域产生深远影响。

【资料】"洛克纳时代"（Lochner Era）的终结与罗斯福新政：美国对契约自由的规制

1. 走向洛克纳时代

在 Munn v. Illinois 案（1876）[2]与 Mugler v. Kansas 案（1887）[3]中，尽管美国联邦最高法院支持了两项州法对市场经济的规制，但美国联邦最高法院指出：在与公共利益（public interest）无关时，单纯的私人合同必须得到司法的支持；并不是每一项声称为了促进"公共道德、公共卫生或公共安全"的立法都会被法院支持，如果州政府根据其警察权进行的立法与上述公共目的没有真实或实质的关系，或者明显侵犯宪法这一基本法律保障的权利，则法院有责任予以救济。

Allgeyer v. Louisana 案（1897）[4]是美国联邦最高法院第一个判决经济立法内容违反宪法第14修正案正当程序条款并予以说理的案件。大法官们在该判决中一致裁决路易斯安那州的一项立法因违宪而无效，而该项立法禁止未经许可在该州营业的公司对位于该州的财产进行承保。法院认为该项立法超出了州的警察权限，剥夺了当事人根据宪法第14修正案享有的自由，而该项自由包括缔结合同的自由[5]。该判决指出："第十四修正案所谓之'自由'，不仅意味着公民身体的自由、不受非法禁制；而且包含公民有权充分利用其各种技能的自由，以各种合法方式利用该等技能的自由，按其自己的意愿选择其生活和工作地的自由，从事任何合法职业以谋取生计的自由，去追求任何生活方式或嗜好的自由，并且，为达致上述目标而签署任何对他而言可能是适当、必要和至关重要的各种

---

〔1〕　傅静坤：《二十世纪契约法》，法律出版社1997年版，第15页。

〔2〕　94 U. S.（4 Otto）133.

〔3〕　123 U. S. 623.

〔4〕　165 U. S. 578.

〔5〕　以上内容参见，Jwssw H. Choper, LEADING CASES IN CONSTITUTIONAL LAW, 2012Ed, 2012 Tomson Reuters, pp. 181~182。另，美国宪法第十四修正案第1款规定："All persons born or naturalized in the United States, and subject to the jurisdiction thereof, are citizens of the United States and of the State wherein they reside. No State shall make or enforce any law which shall abridge the privileges or immunities of citizens of the United States; nor shall any State deprive any person of life, liberty, or property, without due process of law; nor deny to any person within its jurisdiction the equal protection of the laws." 其中，"nor shall any State deprive any person of life, liberty, or property, without due process of law" 被称为"正当程序"（due process）条款。

合同的自由。"1897年的该案件判决被认为是"洛克纳时代"的开端。

在洛克纳案（Lochner v. New York, 1905）[1]中，美国联邦最高法院判决纽约州的一项立法无效，该项立法禁止面包房的雇工每周工作超过60小时或每天超过10小时。该判决指出：该项立法限制了雇主和雇工的合同自由。而ALLGEYER案已经确认，合同自由属于宪法第十四修正案所保护的个人自由。购买与出售劳力，属于该修正案保护的个人自由，除非存在排除该自由的理由。美国联邦最高法院在很多情形都支持了州政府行使其警察权，比如在Holden v. Hardy案（169 U. S. 366, 1898），法院认为州政府在采矿和冶炼及类似行业对雇工进行相关限制是合适和适当的，但本案中（指洛克纳案）不存在Holden案的情况。然而，州政府行使其警察权必然有一定的界限，否则宪法第十四修正案就没有意义了，州政府就会有无限的权力。法院认为，作为一项保护公众健康抑或面包工身体健康的立法，该法案对面包工工时的限制没有合理的基础。该项立法是对个人合同自由不合理、不必要的武断的干涉。

2. 洛克纳时代30年[2]

从1905年的洛克纳案（以及更早的1897年的ALLGEYER案）开始，到1934年的 Nebbiav. New York 案[3]（及之后1937年的 West Coast Hotel Co. v. Parrish 案[4]）为止的30年左右的时间（如果从1897年的ALLGEYER案算则40年左右），被称为洛克纳时代（Lochner Era）。

从1905年的洛克纳案到1934年的 Nebbia 案的30年内，美国联邦最高法院经常以干涉合同及财产自由为由，以其判决来替代国会及州基于经济规制目的进行的立法。此间，美国联邦最高法院最常用的武器是宪法第五及第十四修正案的正当程序条款，有时也会用宪法第十四修正案的平等保护条款（Equal Protection Clause）。自1899至1937年间，除去民权案件，美国联邦最高法院有159项判决基于宪法第十四修正案的正当程序条款和平等保护条款而裁决相关州立法违宪，有25项判决基于正当程序条款及宪法的其他条款裁决相关立法因违宪而无效。美国联邦最高法院经常以其判决来替代有关劳动立法、价格管制及商业准入限制的立法，其判决涉及限制最高工时的立法、反工会歧视立法（限制雇主禁止雇员加入工会的立法）、最低工资立法及价格管制立法。

---

[1] 198 U. S. 45. 25 S. Ct. 539, 49 L. Ed. 937（1905）. 在该案中，哈兰大法官（Justice Harlan）（得到 Justice White 和 Justice Day 的协同）和霍姆斯大法官（Justice Holmes）分别提出了异议意见。

[2] 见前引 Jwssw H. Choper, LEADING CASES IN CONSTITUTIONAL LAW, 2012Ed, 2012 Tomson Reuters, P185。维基百科，Lochner Era 词条，https://en.wikipedia.org/wiki/Lochner_era#cite_note-4，访问日期：2016年10月17日。

[3] 291 U. S. 502, 54 S. Ct. 505, 78 L. Ed. 940（1934）.

[4] 300 U. S. 379（1937）.

洛克纳时代的美国联邦最高法院，被认为秉承司法能动主义［Judicial Activism，与司法克制主义（Judicial Restriant）相对］和政治保守主义。现任美国联邦最高法院首席大法官约翰·罗伯茨（John Roberts）在其任职确认听证会上称，洛克纳时代的联邦最高法院是以司法判决替代立法决定，"他们不是在解释法律，他们是在立法。"

3. 洛克纳时代的终结

1934 年的 Nebbia 案和 1937 年的 West Coast Hotel 案标志着洛克纳时代的终结。

在 1934 年的 Nebbia v. New York 案中，纽约州通过立法设立了一个牛奶控制委员会，其有权设定牛奶的最低和最高零售价。该委员会设定商店牛奶的最低零售价为 9 美分。杂货店主 Nebbia 被抓到以低于最低限价销售牛奶。在该判决中，美国联邦最高法院支持了该项价格管制立法（尽管九名大法官中有四人提出了异议意见）。美国联邦最高法院在该判决中的观点较洛克纳案已经有所变化。该判决指出，正当程序仅要求法律不应当是不合理的、武断的或捉摸不定的，选择之手段应与期待达到之目的要有真实及实质的关联；尽管有正当程序条款的规定，州可以采取那些被认为可能合理促进公共福利的经济政策，并通过立法保障这些政策的实施。

在之后 1937 年的 West Coast Hotel Co. v. Parrish 案中，美国联邦最高法院推翻了之前的 Adkins 案（Adkins v. Children's Hospital，261 U.S. 525，1923）的判决，再次以 5∶4 的微弱多数支持了华盛顿州的有关妇女最低工资的立法。原告 Elsie Parrish 是旅馆的女服务员，起诉旅馆要求按华盛顿州法律规定的妇女最低工资（每周工作 48 小时，共 14.50 美元）支付其报酬，被告则以该州法律违反宪法第十四修正案的正当程序条款为由予以拒绝。初审法院支持了被告，而华盛顿州最高法院推翻了初审法院的判决，支持了原告，被告提起上诉，该案到了联邦最高法院。联邦最高法院根据之前的判决，再次确认了国会及州政府受到十四修正案的约束，但联邦最高法院在该案中指出："什么是自由？宪法并未提到合同自由。宪法提到了自由及禁止未经法律的正当程序剥夺自由。虽然提到了禁止剥夺自由，但宪法并不承认有不受控制的自由。任何方面的自由均有其内涵和历史。受保护之自由，是在社会组织中的自由，而社会要求法律保护人民的健康、安全、道德观念及福祉不受威胁。因此，宪法所谓之自由受到正当程序的必要限制，而合理契合其目标的，以及为社区利益进行的规制，就是正当程序。这一对自由的普遍的限制尤其适用于对契约自由的限制。"联邦最高法院在该判决中指出：保护妇女之健康及让她们不受不择手段的雇主之压榨，属于公共利益；州立法机构有权力考虑妇女在劳动市场的具体情况——她们拿最低的工资，谈判能力相对弱势，其贫困的境遇易为他人所趁；立法机构有权采取措施减少"血汗工厂"的压榨，立法机构有权将最低工资制度作为其采取的保护措施之一；尽管该政策存有争议并且效果也不确定，立法机构仍有权作出其判断。

1937 年的 West Coast Hotel 案之后，又有一连串的联邦最高法院判决开始支持"罗斯福新政"的相关立法，20 世纪 40、50、60 年代之后，大量的州的相关经济立法也获得了司法上的支持，而且是从之前判决的 5 : 4 的微弱多数开始逐渐成为绝对多数，不少是没有异议意见的一致判决。

4. 罗斯福新政与美国联邦最高法院的转变[1]

美国对契约自由进行限制的经济立法及联邦最高法院对限制契约自由的经济立法态度的转变，需要结合美国当时的社会经济、政治背景来加以理解。

1929 年美国发生经济危机，出现了大萧条。1932 年富兰克林·德拉诺·罗斯福以巨大优势当选总统。罗斯福上台后开始颁布一系列法令，构成"罗斯福新政"的一部分，由于罗斯福所在的民主党控制了美国参众两院，罗斯福总能从国会那里得到其所需要的措施，国会沦为总统的橡皮图章。由于法律诉讼从一审法院启动到联邦最高法院作出裁判一般需要 1~2 年的时间，所以上述宣布部分"新政"措施违宪的判例是在 1935 年左右，而这之前，美国联邦最高法院一般会判决政府及国会干涉合同自由的政策及法令由于违宪而无效（即洛克纳时代最高法院的立场）。1935~1937 年间，政府及国会分支虽然在部分案件获胜，但不少"新政"立法被联邦最高法院判决因违宪而无效。

"行政官员继续批评最高法院，而最高法院继续宣布新政立法无效"[2]。

1936 年 11 月，罗斯福在总统大选中再次以压倒多数的选票获胜。其中很大原因系其"新政"措施的实施重振了美国经济、降低了失业率。

罗斯福上任后仅数天，就建议"重组"政府的司法分支，因为"现在的联邦最高法院接连不断地宣布新政措施违宪，它实际上已成为进步主义改革的拦路石，而美国在 11 月的选举中已坚定地表明了人民的希望。"[3]

---

〔1〕 本段背景资料参见 ［美］威廉·哈布斯·伦奎斯特（Willime Hubbs Rehnquist）著，于霄译：《伦奎斯特谈最高法院》，上海三联书店 2014 年版第 5~7 章。伦奎斯特于 1972 年 1 月就任美国联邦最高法院大法官，从 1980 年起担任第 16 任首席大法官，直至 2005 年去世，现任首席大法官为约翰·罗伯茨（John Roberts），于 2005 年在伦奎斯特去世后就任；以及参见维基百科（https://en.wikipedia.org）以下词条："Judicial Procedures Reform Bill of 1937"，"Franklin D. Roosevelt"，"New Deal"，"The switch in time that saved nine"，访问时间：2017 年 3 月 9 日。

〔2〕 ［美］威廉·哈布斯·伦奎斯特（Willime Hubbs Rehnquist）著，于霄译：《伦奎斯特谈最高法院》，上海三联书店 2014 年版，第 93 页。

〔3〕 见前引 ［美］威廉·哈布斯·伦奎斯特（Willime Hubbs Rehnquist）著，于霄译：《伦奎斯特谈最高法院》，上海三联书店 2014 年版，第 94 页。

罗斯福提出了一个"司法程序改革法案"的法律草案。美国国会 1869 年的"司法法"规定联邦最高法院由一名首席大法官及八名联席大法官共九名大法官组成。但联邦最高法院大法官为终身制，除非自己提出退休或在任上死亡，才有机会再由总统提名经国会同意后替换。罗斯福的法律草案中的主要条款是：只要联邦最高法院大法官中有人年龄大于 70 岁零 6 个月，总统就有权再任命一位大法官，但最多任命不超过 6 名。

而当时联邦最高法院大法官就有 6 人年过 70，如果他们在罗斯福拟提起的重组法案通过后不选择退休的话，总统就可以立刻依法获得授权，另外任命 6 名大法官，这样，联邦最高法院将由 9 名大法官扩充为 15 名。

上述 1937 年的 West Coast Hotel 案判决就是罗斯福提出"重组"最高法院的计划后不超过 2 个月内作出的。而在该案中，联席大法官罗伯茨（Owen J. Roberts）被认为转变了其之前的立场——才最终让该案以 5：4 的微弱多数支持了政府方面的立法。而在 1935~1936 的最高法院开庭季，罗伯茨大法官在几个 5：4 微弱多数判决"新政"立法违宪的案件中是关键的一票，尽管其在有些案件中曾支持政府的经济规制立法，属于典型的"摇摆票"（swing vote）。尽管罗伯茨大法官后来声称总统的行动与其在 Parrish 案中的决断无关，但还是有人认为罗伯茨大法官在该案立场的及时转变拯救了 9 人的最高法院（"The switch in time that saved nine"）。

罗斯福提出的"重组"最高法院的计划震惊了美国国人，该计划即使在其所在的民主党内部也受到阻力。而最高法院又"恰巧"转变了立场，开始由之前经常判决相关新政立法违宪无效，转而支持政府的"新政"立法，最终罗斯福的"重组"最高法院的法案没有通过。

虽然罗斯福"重组"最高法院的法案没能通过，罗斯福最终还是得到了自己想要的结果，最高法院逐步转变了立场，而且他当了 12 年多的总统，在此期间，他任命了 8 名联席大法官，并将其中 1 名联席大法官升为首席，这是华盛顿总统之后任何一位总统都无法超越的。

2005 年在任上去世的美国联邦最高法院首席大法官伦奎斯特对此评论："对联邦最高法院在判定新政立法违宪时阐述的特定原则，我们没有理由认为美国公众中的多数人是理解或同情的，但从法院改组计划的失败，显然可以看出公众并不希望总统干预美国联邦最高法院，哪怕他是一位很受欢迎的总统。在公众的心目中，无论最高法院的原则有着怎样的缺点，都不能通过创设新的法官职位、用

内阁支持者来填充这样简单的权宜之计来推翻它的判决。"〔1〕

值得一提的是，中国民法典也加入了强制缔约的规则，算是对契约自由的一种规制。《民法典》第 494 条规定："国家根据抢险救灾、疫情防控或者其他需要下达国家订货任务、指令性任务的，有关民事主体之间应当依照有关法律、行政法规规定的权利和义务订立合同。依照法律、行政法规的规定负有发出要约义务的当事人，应当及时发出合理的要约。依照法律、行政法规的规定负有作出承诺义务的当事人，不得拒绝对方合理的订立合同要求。"

（三）合同法的功能

如上所述，合同法为市场交易提供基本的规则，具有促进效率的经济功能，但同时，合同法制度也是保障个人选择自由的基本规则。"英国法制史学家缅因（Maine）氏曾谓，人类进步社会的发展是由身份到契约，形成了伟伯（Weber）所谓的契约社会。在早期社会，债的关系通常系依习俗及身份而决定，多非基于当事人的自由意思。在集权的社会，统治者自认万能，专权决定一切，个人自由选择的权利未获尊重，契约的机能甚属有限。契约制度乃在肯定个人自由选择的权利，期能促进经济发展与社会进步。"〔2〕

合同法规则应有促进交易、为交易的达成及其履行提供规则的作用，但合同法的规则应是从交易实践中总结或"发现"的，有其客观规律性和科学性，否则，就可能阻碍交易的进行，导致经济运行不畅和物质匮乏。

【本章思考题】

1. 什么是合同？什么是我国《民法典》合同编所述的合同？

2. 合同与契约是什么关系？

3. 处分行为和负担行为分别是什么？你认为这种区分有何意义？它们与我国《民法典》合同编所说的合同是什么关系？

4. 合同法规则主要规定些什么内容？合同法规则与物权变动的规则是什么关系？

5. 合同法的理念是什么？你怎么看待合同自由与政府管制？

---

〔1〕 ［美］威廉·哈布斯·伦奎斯特（Willime Hubbs Rehnquist）著，于霄译：《伦奎斯特谈最高法院》，上海三联书店 2014 年版，第 104 页。

〔2〕 王泽鉴：《债法原理（一）基本理论·债之发生》，中国政法大学出版社 2001 年版，第 70~71页。其中对于"Maine"，大陆通常将其译为梅因；对于"Max Weber"大陆通常将其译为马克思·韦伯。——本书作者注。

【本章推荐阅读文献】

1. 史尚宽:《债法总论》,中国政法大学出版社 2000 年版。

2. 王泽鉴:《法律思维与民法实例:请求权基础理论体系》,中国政法大学出版社 2001 年版。

3. 苏永钦:"物权行为的独立性与无因性",载《私法自治中的经济理性》,中国人民大学出版社 2004 年版。

4. 苏永钦:《走入新世纪的私法自治》,中国政法大学出版社 2002 年版。

5. 傅静坤:《二十世纪契约法》,法律出版社 1997 年版。

6. 王泽鉴:《债法原理(一)基本理论·债之发生》,中国政法大学出版社 2001 年版。

第二章

中国合同法的过去与中国民法典合同编

一、1949 年代之前的中国合同法

中国古代"诸法合体,民刑不分",并无传统的私法理念和单独的民法,就合同法(或契约法)而言,虽然会有相应的契约制度,但并无独立的民法或合同(契约)法,如前所述,"契约"为中国古汉语的表述,"合同"是 20 世纪 50 年代中期以后的官方用语。

(一) 大清民律草案(民律第一次草案)

清末中国积弱,拟"变法图强",清王朝曾设立修订法律馆,组织起草"大清民律草案",被称为中国的民律第一次草案。

光绪三十三年间(1907 年),当时的民政部奏请厘定民律:"各国民法,编制各殊,而要旨宏纲,大略相似。举其荦荦大者,如物权法,定财产之主权;债权法,坚交际之信义;亲族法,明伦理之关系;相续法,杜继承之纷争,靡不缕析条分,着为定律。中国律例,民刑不分,而民法之称,见于尚书孔传。历代律文,户婚诸条,实近民法,然缺焉不完。……因时制宜,折衷至当,非增删旧律,别着专条,不足以昭书。"[1] 就民律的起草,系延聘日本法学博士志田钾太郎、松岗义正专任起草民律,完成民律总则、债权、物权三编草案。而亲属编由章宗元、朱陷温主编,继承编则由高种、陈录主编。大清民律草案于宣统三年(1911 年)完成,共 5 编 1316 条。全案大体仿德日民法,未及颁行而清亡。

大清民律草案凡 5 编,第一编总则共 8 章;第二编债权共 8 章;第三编物权共 7 章;亲属法 7 章;继承法 6 章。

其中,第二编债权包括通则、契约、广告、发行指示证券、发行无记名证

---

[1] 转引自谢振民编著:《中华民国立法史》,中国政法大学出版社 2000 年版,第 743 页以下。本段就大清民律起草的史料亦依据该书。

券、管理事物、不当得利及侵权行为共 8 章。契约一章，计 20 节，包括：通则、买卖、互易、赠与、使用赁贷权、用益赁贷借、使用贷借、消费贷借、雇佣、承揽、居间、委任、寄托、合伙、隐名合伙、终身定期金契约、博戏及赌事、和解、债务约束及债务任诺、保证。[1]

由于大清民律草案债权编由日本人起草，该编亦仿德日民法典架构，基本上是债法总则，然后依债的发生原因，分别规定契约、无因管理、不当得利及侵权行为[2]。契约制度（合同法）是作为债法分则（债之一种）存在的。

（二）民国民律草案（民律第二次草案）

民国成立后，民国四年（1915 年）曾编订完成《民律亲属编草案》，后在此基础上，由五位本国法律家负责起草民国《民律草案》，其中余棨昌（负责总则编）、黄右昌（负责物权编）、高种（负责亲属、继承两编）曾留学日本；应时与梁敬镦负责债编，前者获法国巴黎大学博士学位，后者曾留学英国；于民国 14 年至 15 年（1925～1926 年）完成民律总则、债、物权、亲属、继承各编草案，是为民律第二次草案。惟适值政变，法统废弃后，国会迄未恢复，此草案未能成为正式法典[3]。

该草案的总则编、物权编变更较少。债权编改为债编。

（三）民国民法

1927 年当时的国民政府设都南京，于 1928 年成立立法院，积极编制民法典，1929 年 1 月 29 日，民国立法院会议议决指定傅秉常、史尚宽、焦易堂、林彬、郑毓秀组织民法起草委员会，并聘司法院院长王宠惠、考试院院长戴传贤及法国人宝道（Padoux）为顾问[4]。1929 年始，共 1225 条的"中华民国民法典"各编陆续颁布：

（1）总则编：1929 年 5 月 23 日公布，全文 152 条；自 1929 年 10 月 10 日施行；

（2）债编：1929 年 11 月 22 日公布，全文 604 条；自 1930 年 5 月 5 日施行；

（3）物权编：1929 年 11 月 30 日公布，全文 210 条；自 1930 年 5 月 5 日施行；

（4）亲属编：1930 年 12 月 26 日公布，全文 171 条；并自 1931 年 5 月 5 日

---

〔1〕　参见杨立新点校：《大清民律草案·民国民律草案》，吉林人民出版社 2002 年版。以下有关大清民律草案条文均出自该书。

〔2〕　这影响了中国的民事立法和法律教育。中国 2009 年侵权责任法颁布之前的民法教科书，以债法、侵权行为法等作为书籍名称甚至课程名称的情况非常普遍。

〔3〕　张生：《中国近代民法法典化研究》，中国政法大学出版社 2004 年版，第 155 页；谢振民编著：《中华民国立法史》，中国政法大学出版社 2000 年版，第 747 页以下。

〔4〕　谢振民编著：《中华民国立法史》，中国政法大学出版社 2000 年版，第 755 页以下。

施行；

（5）继承编：继承编全文 88 条，与亲属编同时公布、施行。

"中华民国民法典"作为我国历史上第一部民法典，大体采自德国民法典体系，并吸收日本及瑞士民法成果，语言隽秀典雅、概念精当准确，体系完备严谨，"可谓采各国立法之长，堪称完善"[1]。谢怀栻对该法典也有极高的评价："这部民法即使在当时，与同时代各国民法，也可并肩而立。至于它在改革中国数千年的法治方面，在中国开创私法制度与私法文化方面，较之法国民法（拿破仑法典）犹有过之。这是中华民族可以引以自豪的一部民法典"[2]。之后中国大陆虽废除民国的六法（包括该民法典），但迄今大陆的民事立法、民商法研究、教学，仍然来自该法典的薪火传承，2020 年通过的中国《民法典》亦不可避免有其深刻的烙印。

但当时中国战乱不断，在军阀割据后，经历了 8 年抗战等，实际上该法典在当时中国大陆并未起到重大作用。"中华民国民法典"债编计两章，分别为通则及各种之债，学界通常以债法总论或债法分论（各论）予以解说。"通则"规定债之发生（包括契约、代理权之授与、无因管理、不当得利、侵权行为）、债之标的、债之效力、多数债务人及债权人、债之移转、债之消灭计六节。"各种之债"计 24 节，大体沿用了大清民律草案的各种契约，包括：买卖、互易、交互计算、赠与、租赁、借贷（包括使用借贷和消费借贷）、雇佣、承揽、出版、委任、经理人与代办商、居间、行纪、寄托、仓库、运送营业、承揽运送、合伙、指示证券、无记名证券、终身定期金、和解、保证。

二、新中国的合同法及中国民法典

1949 年，中华人民共和国在大陆成立，废除了国民政府的"六法"，包括其民法典，如上所述，官方文本中弃"契约"而用"合同"就是这个大变革的一个缩影。至 1986 年民法通则颁布之前，中国大陆动荡不断，经济上实行"计划经济"模式，市民社会空间被极度压缩，私法极不发达；且当时"极左"思潮横行，以"平等""自由""自治"为原则的民法自是难以发展甚至立足。1978 年改革开放前，民商事法律方面仅颁布有《婚姻法》（1950 年 5 月 1 日公布实施）。

1978 年后，中国开始改革开放，确立以经济建设为中心的国策，并逐步由

---

〔1〕 王泽鉴：《民法总则》，北京大学出版社 2009 年版，第 15 页。

〔2〕 谢怀栻：《大陆法国家民法典研究》，中国法制出版社 2004 年版，第 124 页。

"计划经济"过渡至"有计划的商品经济",最终确立实行"社会主义市场经济"。改革 30 余年来,国家经济取得显著成果,国民生活水平也大幅提高,市民社会得以逐步培育,期间有关重要民事法律(如民法通则等)先后颁布,民商法研究也开始兴盛、发达,随后有《合同法》(1999 年)、《物权法》(2007 年)、《侵权责任法》(2009 年)、《涉外民事关系法律适用法》(2010 年)等的颁布,我国民商事法律体系可说基本建立,虽说远未完善。

1978 年后至民法典颁布期间的重要民商事法律表(含知识产权法)如下(表 2-1):

表 2-1

颁布年代	法律名称
1979 年	中外合资经营企业法(2020 年 1 月 1 日废止)
1980 年	婚姻法(2021 年 1 月 1 日随民法典施行而废止)
1981 年	经济合同法(已废止)
1982 年	商标法(2019 最新修正)
1984 年	专利法(1992、2000、2008、2020 年分别修正),2021 年 6 月 1 日生效
1985 年	继承法(2021 年 1 月 1 日随民法典施行而废止)、涉外经济合同法(已废止)
1986 年	民法通则(2009 年修正,2021 年 1 月 1 日随民法典施行而废止)、外资企业法(2020 年 1 月 1 日废止)
1987 年	技术合同法(已废止)
1988 年	中外合作经营企业法(2020 年 1 月 1 日废止)
1990 年	著作权法(2001 年、2010 年、2020 年分别修正),2021 年 6 月 1 日生效
1992 年	海商法
1991 年	收养法(1998 年修正,2021 年 1 月 1 日随民法典施行而废止)
1993 年	公司法(2018 年最新修正)
1995 年	担保法(2021 年 1 月 1 日随民法典施行而废止)、票据法(2004 年修正)、保险法(2018 年最新修正)

颁布年代	法律名称
1997 年	合伙企业法（2006 年修订）
1998 年	证券法（2019 年最新修订）
1999 年	个人独资企业法、合同法（2021 年 1 月 1 日随民法典施行而废止）
2003 年	证券投资基金法（2012 年修订，2015 最新修正）
2006 年	企业破产法
2007 年	物权法（2021 年 1 月 1 日随民法典施行而废止）
2009 年	侵权责任法（2021 年 1 月 1 日随民法典施行而废止）
2010 年	涉外民事法律关系适用法
2017 年	民法总则（2021 年 1 月 1 日随民法典施行而废止）
2020 年	民法典（2021 年 1 月 1 日施行，婚姻法、继承法、民法通则、收养法、担保法、合同法、物权法、侵权责任法同时废止）

1999 年颁布《合同法》，该法律自 1999 年 10 月 1 日起施行，而之前的《中华人民共和国经济合同法》（1981 年）、《中华人民共和国涉外经济合同法》（1985 年）、《中华人民共和国技术合同法》（1987 年）同时废止。中国的《合同法》受到"联合国国际货物销售合同公约"的较大影响。

【资料 2-1】

"合同法的通过对中国民事立法的完善和经济体制的顺利运行具有非常重要的意义。它结束了我国'三足鼎立'式的合同立法模式，提供了市场交易的统一规则。目前，我国的合同法主要由三部调整领域各不相同、相互之间存在不一致和不协调的法律——《经济合同法》、《涉外经济合同法》和《技术合同法》构成，《民法通则》、《海商法》、《保险法》、《担保法》、《电力法》、《商业银行法》等法律也都有关于合同的内容，另外还有一批直接规范或者部分内容涉及合同的行政法规。这样一种立法态势不仅不能满足我国发展社会主义市场经济、建立全国统一大市场的需要，而且还在学术界引起一些不必要的争论。合同法的及时通过，将极大地改变这一混乱局面。"（江平主编，《中华人民共和国合同法精解》，中国政法大学出版社 1999 年版，第 2 页）

【资料 2-2】联合国国际货物销售合同公约（CISG）与国际统一私法协会

（UNDROIT）

联合国国际货物买卖合同公约，又称"维也纳公约"，简称 CISG，即"United Nations Convention on Contracts forthe International Sale of Goods"，中国在 1986 年 12 月 11 日核准了该公约，该公约于 1988 年 1 月 1 日生效。

UNDROIT，即"International Institute for the Unification of Private Law"（国际统一私法协会），UNDRIOT 系该协会的法语简称，中国系该协会成员，该协会曾于 1930 年开始致力于起草国际货物买卖的示范法，由于二战的耽搁，其于 1964 年才通过了国际货物买卖及国际货物买卖合同的订立两个公约。但这两个公约在通过之初即受到广泛批评，被认为主要反映了其起草者（即欧洲大陆的西欧国家）的经济现实。

于是，UNCITRAL（即 United Nations Commissionon International Trade Law，联合国国际贸易法委员会）在 1968 年成立后根据各国的反馈，起草了 CISG，并被国际社会更加广泛地接受。迄今，CISG 有 85 个缔约方[1]，包括了大部分普通法系和大陆法系的主要贸易国家，另中国已于 2013 年 1 月 16 日撤回关于 CISG "书面形式"的保留声明，从而其与大多数缔约方一样，不再要求国际货物买卖合同必须采取书面形式，该撤回文件于 2013 年 8 月 1 日生效。[2]

1986 年《民法通则》的颁布是中国大陆民事立法中具有划时代意义的里程碑事件，它基本终结了民法、经济法之规范领域及理论研究领域的争论。但《民法通则》仅 156 条，与其他成熟的上千条甚至两千多条的民法典不能同日而语，因此它注定只是一个阶段性的法律；随后《担保法》《合同法》《物权法》《侵权责任法》等一系列民商事法律的颁布实施，虽说让中国大陆的民商事法律体系基本建立，但法律漏洞及体系之间的矛盾不少，亟待体系化和合理化——即法典化。

由表 2-1 可知，在 1999 年《合同法》颁布之前，我国存在"经济合同法"、"技术合同法"、"涉外经济合同法"三部"合同法"。"经济合同"，其主要特征是体现"社会主义计划经济"，而合同主体之"经济合同"是在执行计划委员会的"计划"，合同主体在合同的订立、内容、履行方面并不像一般的市场主体进行自主选择、自主决定。随着中国进入"社会主义市场经济"，遂有 1999 年

---

〔1〕 见联合国国际贸易法委员会官方网站，http：//www. uncitral. org/uncitral/en/uncitral_texts/sale_goods/1980CISG_status. html，访问日期，2017 年 4 月 15 日。

〔2〕 见"China Withdraws'Written Form'Declaration Under the United Nations Convention on Contracts for the International Sale of Goods（CISG）"，http：//www. unis. unvienna. org/unis/pressrels/2013/unisl180. html，访问日期：2017 年 4 月 15 日。

"统一"《合同法》的颁布。[1]

1999 年颁布的《合同法》，较之前的民事法律有较大进步，但其中仍有理论问题尚未厘清，导致在法律适用中出现困难。比如前述处分行为与负担行为的区分，在理论上存在争议，遂有《合同法》第 51 条及买卖合同相关条文的表述。随着物权法的颁布，合同法凸显了与《物权法》第 106 条善意取得制度的体系矛盾，遂有之后的"买卖合同司法解释"及"物权法司法解释（一）"的矫正。

新中国曾经四次努力试图编纂民法典，分别是 1956 年的《民法（草稿）》（"民法新一草"）、1964 年的《中华人民共和国民法（试拟稿）》（"民法新二草"）、1982 年的《中华人民共和国民法草稿（四稿）》（"民法新三草"）及 2002 年的《民法典草案》[2]，但均未果。

2015 年 3 月，中国全国人大常委会法制工作委员会启动了民法典编纂工作。2017 年 3 月通过了《民法总则》，随后开展了作为民法典编纂第二步的各分编编纂，"以现行物权法、合同法、担保法、婚姻法、收养法、继承法、侵权责任法等为基础，结合我国经济社会发展对民事法律提出的新需求，最后形成了包括物权、合同、人格权、婚姻家庭、继承、侵权责任等 6 个分编在内的民法典各分编草案"[3]。最终，我国《民法典》于 2020 年 5 月 28 日通过并颁布。此次通过的《民法典》包括了总则、物权、合同、人格权、婚姻家庭、继承及侵权责任共七编 1260 条，于 2021 年 1 月 1 日起施行，"《中华人民共和国婚姻法》、《中华人民共和国继承法》、《中华人民共和国民法通则》、《中华人民共和国收养法》、《中华人民共和国担保法》、《中华人民共和国合同法》、《中华人民共和国物权法》、《中华人民共和国侵权责任法》、《中华人民共和国民法总则》同时废止"（《民法典》第 1260 条）。

---

[1]　关于 1999 年《合同法》与 CISG 的联系，参见王利明，The United Nations Convention on Contracts forthe International Sale of Goods and China's Contract Law，*Thirty-five Yearsof Uniform Sales Law：Trends and Perspectives*，UNITED NATIONSNew York，2015。该文系王利明于 2015 年 7 月 6 日在维也纳召开的联合国国际贸易法委员会第 48 届大会（the 48th Session of UNCITRAL）上举行的 CISG35 周年纪念会议上的发言。关于 CISG，另参见，陈治东、吴佳华："论《联合国国际货物销售合同公约》在中国的适用——兼评我国《民法通则》第 142 条"，载《法学》2004 年第 10 期；韩世远："中国合同法与 CISG"，载《暨南学报（哲学社会科学版）》2011 年第 2 期。

[2]　参见张俊浩主编：《民法学原理》，中国政法大学出版社 2000 年版，第 49~50 页。张新宝："中国民法和民法学的现状与展望"，载《法学评论》2011 年第 3 期。另，参见全国人民代表大会常务委员会副委员长王晨："关于《中华人民共和国民法典（草案）》的说明——2020 年 5 月 22 日在第十三届全国人民代表大会第三次会议上"，载新华网 http：//www.xinhuanet.com/politics/2020lh/2020－05/22/c_1126021017.htm，访问时间：2020 年 7 月 15 日。

[3]　全国人民代表大会常务委员会副委员长王晨："关于《中华人民共和国民法典（草案）》的说明——2020 年 5 月 22 日在第十三届全国人民代表大会第三次会议上"。

如上所述，合同编共 526 条，占民法典 1260 条的三分之一。合同编与 1999 年《合同法》（共 428 条）相较，其中过半条文未作修改或者仅是标点符号和文字表达等非实质性的修改，另有约 100 条有实质性的修改并且新增了部分条文，如部分适用于其他种类债的债法通用规则（如有关多数人之债和选择之债的规则），又如新增的保证、保理、物业服务及合伙合同四种典型合同。其中，保证合同是由于担保法的废除，因而将保证合同规则纳入合同编之中；合伙合同可以说是对法律漏洞的补充；保理合同和物业服务合同是对现实中这两类日益重要的典型交易立法回应。当然，对于应将何种典型合同纳入民法典，学理上一直存有争议。

【本章思考题】

1. 合同法规则在我国民法典中处于什么地位？

2. 我国大清民律草案及民国民法典中，合同法规则处于什么地位？

3. 合同法与债法是什么关系？

4. 《民法典》合同编与 1999 年《合同法》相比，主要有哪些变化？

5. 你如何理解合同法与债法的关系？

【本章推荐阅读文献】

1. 张生：《中国近代民法法典化研究》，中国政法大学出版社 2004 年版。

2. 谢振民编著：《中华民国立法史》，中国政法大学 2000 年版。

3. 全国人民代表大会常务委员会副委员长李建国："关于《中华人民共和国民法总则（草案）》的说明"。

4. 黄茂荣："台湾地区'民法'债编部分修正条文要论（债各部分）"，载杨振山、［意］桑德罗·斯奇巴尼主编：《罗马法·中国法与民法法典化——物权和债权之研究》，中国政法大学出版社 2001 年版。

5. 谢怀栻：《大陆法国家民法典研究》，中国法制出版社 2004 年版。

6. 王泽鉴：《债法原理（一）基本理论·债之发生》，中国政法大学出版社 2001 年版。

7. *Thirty-five Years of Uniform Sales Law：Trends and Perspectives*，UNITED NATIONS New York，2015.

8. 全国人民代表大会常务委员会副委员长王晨："关于《中华人民共和国民法典（草案）》的说明——2020 年 5 月 22 日在第十三届全国人民代表大会第三次会议上"。

第三章

合同的种类

依据不同标准，可以对合同进行不同的分类，通过掌握这些分类，可以更加深入地了解合同法规则。另外，需注意的是，了解合同的分类，必须把握这种分类的法律意义及其实定法依据。这里择其要者介绍几种合同的分类。

一、广义的合同与合同法所说的合同

广义的合同，指双方或多方法律行为，首先将其分为财产行为和身份行为。而财产行为（财产合同）包括物权合同（直接变动物权的双方法律行为）、债权合同及准物权合同（直接变动物权、债权以外的既存的财产权的双方法律行为，比如知识产权、社员权或谓投资者权利的合同）。合同法规则所说的合同，是最狭义的合同，单指债权合同，其单单引起债权债务的发生。这也是对处分行为和负担行为的区分，已如前述。

这种区分的意义在于，合同法所说的合同遵循合同法规则，主要是关于（债权）合同的订立、生效（债权债务的发生）、履行、违约责任、终止或消灭的规则；而物权合同或准物权合同除了遵循法律行为的一般规则，其效力（即物权或其他财产权的变动）适用或准用物权法规则。

《民法典》第 215 条延续了 2007 年《物权法》第 15 条的立法精神，严格区分了合同法规则中合同的效力与物权变动的效力："当事人之间订立有关设立、变更、转让和消灭不动产物权的合同，除法律另有规定或者当事人另有约定外，自合同成立时生效；未办理物权登记的，不影响合同效力。"

下文如无特别说明，"合同"一词单指合同法所说的合同，即负担行为或债权行为，并且在此意义上"契约"与"合同"混用。

二、要式合同与不要式合同

要式合同，是法律规定或当事人约定意思表示必须以特定方式作出才成立的合同。不要式合同，这是对双方当事人的意思表示形式没有特别要求即告成立的合同。其中之要式，一般为要求意思表示须以书面为之，有时候可能还要求进行公证或见证。

契约自由是合同法的基本理念，其中包括合同形式的自由，因此，合同以不要式为原则，要式为例外。另外，古时经济不发达，要式契约较多，近现代的经济发展强调交易的快捷和效率，则以不要式为原则、要式为例外。要式契约所强调的对意思表示形式的要求一般针对重大交易，也有提醒重大交易的当事人慎重考虑的意思。

对于书面订立的合同，《合同法》第 32 条规定："当事人采用合同书形式订立合同的，自双方当事人签字或者盖章时合同成立。"《民法总则》第 135 条规定："民事法律行为可以采用书面形式、口头形式或者其他形式；法律、行政法规规定或者当事人约定采用特定形式的，应当采用特定形式。"

不过，《民法典》第 490 条延续了 1999 年《合同法》第 36、37 条的规定："当事人采用合同书形式订立合同的，自当事人均签名、盖章或者按指印时合同成立。在签名、盖章或者按指印之前，当事人一方已经履行主要义务，对方接受时，该合同成立。法律、行政法规规定或者当事人约定合同应当采用书面形式订立，当事人未采用书面形式但是一方已经履行主要义务，对方接受时，该合同成立。"这体现了合同法促进交易的理念。

【讨论】

要式合同之"要式"是对什么对象形式的要求？

该"要式"系对意思表示形式的要求，后面我们会看到合同订立的过程系要约和承诺的过程，而要约与承诺均系意思表示。采用合同书的形式、由双方当事人签字或盖章，均系意思表示。不少人也表述为其系对合同形式的要求。

若已满足了意思表示的形式，合同是成立还是生效？或者说对意思表示的形式要求系合同成立要件还是合同生效要件？

该"要式"系对意思表示形式的要求，而意思表示应系合同的成立要件。不满足意思表示的形式要求，合同在原则上应不成立。上引《民法典》第 490 条可资实定法的佐证。而合同不成立与合同不生效或合同无效，在司法实践中的处理或者产生的法律效果不同，需要注意。

【案例3-1】 莆田市中医院与福建省莆田市闽中田野汽车贸易有限公司、莆田市志强汽车贸易有限公司建设用地使用权纠纷案[1]（要式合同）

在该案中，最高人民法院认为，《中华人民共和国城镇国有土地使用权出让和转让暂行条例》第二十条、《中华人民共和国物权法》第一百四十四条，均规定土地使用权转让应当采用书面形式签订转让合同，尽管原告与被告曾就土地转让事宜进行协商，土地也已经交付、原告也收取了被告支付的款项，但"**在本案中据此得出双方当事人之间最终确立的就是土地使用权转让法律关系的结论，并不妥当。**""**土地使用权转让系重大交易，前述法律、行政法规明确规定土地使用权转让应当签订书面转让合同，故该法律行为在性质上属于要式法律行为。书面合同不仅能够体现双方当事人有关土地使用权转让主要内容的合意，对实际履行亦具有重大意义。**"

最高人民法院认为，尽管原告承认其与被告曾经就土地使用权转让进行磋商，且双方当事人也有一定的履行行为，但在原告明确否认其与被告之间最终确立的就是土地使用权转让法律关系的情况下，可以认定双方当事人订立书面合同的可能性已经不存在。"如果直接确认双方当事人之间已经确立了土地使用权转让法律关系，则有可能出现通过司法手段强制当事人缔结要式合同的后果"，"**审查本案双方当事人实际履行事实，认定双方当事人未就土地使用权转让最终达成一致，双方法律关系实为期限未定的土地有偿使用，即不定期租赁更加符合本案实际情况。**在欠缺法律规定的形式要件，且法律、行政法规对违反特定法律行为应当具备书面合同这一形式要件要求的法律后果未作明确规定的场合中，通过解释当事人实际履行行为确定其间法律关系的性质，既要综合探究双方履行行为的真实意思，也要充分考量法律、行政法规规定的立法目的，同时还要对当事人违反法律、行政法规规定的法律后果作出准确认定。**如当事人履行行为存在多种解释的可能性和合理性，应当将欠缺法律规定形式要件的原因作为重要判断因素，**尽量避免解释结果在客观上虚置法律规定的后果发生。"

最终，最高人民法院将双方的法律关系认定为不定期租赁法律关系，"至于双方当事人之间不定期租赁法律关系的效力，因未违反法律、行政法规的效力性强制性规定，故应认定有效。"

三、有偿合同与无偿合同、单务合同与双务合同

有偿合同系就对方的给付需支付对价的合同，无偿合同则就对方的给付无需

---

〔1〕 最高人民法院（2014）民提字第125号审判监督民事判决书。

支付对价。一般地，有偿合同与无偿合同中当事人的注意义务标准不同。比如，保管合同，《民法典》第889条规定"寄存人应当按照约定向保管人支付保管费。当事人对保管费没有约定或者约定不明确，依据本法第510条的规定仍不能确定的，视为无偿保管。"第897条规定："保管期内，因保管人保管不善造成保管物毁损、灭失的，保管人应当承担赔偿责任。但是，无偿保管人证明自己没有故意或者重大过失的，不承担赔偿责任。"而租赁、承揽、行纪等合同一般均系有偿合同，其相应规则均为"妥善保管"[1]，一般过失亦不免责。

单务合同即仅有一方负有义务的合同，双务合同则是双方均负有债权债务的合同。该区分的意义在于是否享有合同履行中的抗辩权，如《民法典》第525、526及527条规定的合同履行中的先履行抗辩权、顺序履行抗辩权和不安抗辩权，均存在于双务合同中。

四、诺成合同与实践合同或要物合同

诺成合同，系意思表示一致即告成立的合同；而实践合同，又称要物合同，是不但需有一致的意思表示，而且同时需有标的物的交付方告成立的合同。[2]

"说话要算话"是个常识、美德，也是民法意思自治或私法自治的要求。合同以诺成为原则，要物为例外。我国法律关于要物是合同的成立要件还是生效要件，表述稍显混乱。比如，"自然人之间的借款合同，自贷款人提供借款时生效。"（《民法典》第679条）；"保管合同自保管物交付时成立，但当事人另有约定的除外。"（《民法典》第890条）；"当事人可以约定一方向对方给付定金作为债权的担保。定金合同自实际交付定金时成立。"（《民法典》第586条第1款）最高人民法院在相关判例中的表述是，"自然人之间的借款合同系实践合同，不

---

〔1〕　例如《民法典》第714条规定的租赁合同，第750条规定的融资租赁合同，第784条规定的承揽合同，第953条行纪合同等。

〔2〕　周枏在介绍罗马法对"诺成行为与要物行为"的分类时说，"当事人一方的意思表示被他方当事人承诺，法律行为即告成立，权利义务亦随之产生的行为为诺成行为，如买卖、租赁；反之，除当事人意思表示一致外，还须交付实物，法律行为才能成立，仅凭合意不能产生权利义务关系，为要物行为。"参见周枏：《罗马法原论》，商务印书馆1994年版，第584页。本书以为，合同（或法律行为）之成立或生效，区分有理论及实践意义，成立系生效之前提，而成立主要反映当事人意志，标的物之交付应为实践合同或要物合同成立之特别要件。另参见张俊浩主编：《民法学原理》，中国政法大学出版社2000年版，第728页。另参见程维云："要物合同分析及立法完善"，河南大学2007年硕士学位论文。

仅需要当事人之间达成借款合同关系的合意，还需要实际履行款项交付义务。"[1]

需说明的是，我国《民法典》延续 1999 年《合同法》的规定，将赠与合同设计为诺成合同，但一般的赠与合同在交付赠与物之前，赠与人得随时撤销赠与合同。《民法典》第 658 条规定："赠与人在赠与财产的权利转移之前可以撤销赠与。经过公证的赠与合同或者依法不得撤销的具有救灾、扶贫、助残等公益、道德义务性质的赠与合同，不适用前款规定。"

【**案例 3-2**】榆林市常乐堡矿业有限公司与神木县永兴乡圪针崖底村办煤矿企业借贷纠纷案[2]（实践合同）

本院认为，上诉人圪针崖底村办煤矿与被上诉人常乐堡矿业公司签订的《借款协议书》，系双方当事人的真实意思表示，内容不违反法律、行政法规的强制性规定，为有效协议。……

本案二审争议的焦点问题是：……3. 一审法院对上诉人圪针崖底村办煤矿在一审提出的要求被上诉人常乐堡矿业公司承担 100 万元违约金的反诉请求没有支持，一审该项判决是否正确？……

关于第三个焦点问题。上诉人圪针崖底村办煤矿认为，虽然《借款协议书》没有约定被上诉人常乐堡矿业公司如未按约履行出借义务，应承担违约责任，但协议书对借款人未按期还款应承担违约责任有约定，根据对等原则，被上诉人常乐堡矿业公司未按约出借款项，应承担同样的违约责任。被上诉人常乐堡矿业公司认为，上诉人圪针崖底村办煤矿至今没有举证证明其有损失，且从未向被上诉人常乐堡矿业公司主张支付按约应出借的剩余款项，早已超过诉讼时效期间，其主张不应得到支持。**本院认为，无论根据以下哪一条理由，上诉人圪针崖底村办煤矿要求被上诉人常乐堡矿业公司承担未按约履行出借义务应承担 100 万元违约金的请求，都不应得到支持。**一、本案所涉《借款协议书》第一条第一款对出借人常乐堡矿业公司未全部履行出借款项是否承担违约责任未做约定，但同条第三款却对借款人如违约，应承担违约责任则有明确约定。**将同在一条中的第一款和第三款对比，根据文义解释和体系解释规则，应当理解为，当事人的真实意思表示是，出借人常乐堡矿业公司如果不按照约定出借款项，不承担违约责任，但**

---

〔1〕 最高人民法院民事裁定书（2016）最高法民申 397 号、（2016）最高法民申字 396 号；最高人民法院在另一案件［最高人民法院民事裁定书（2014）民申字第 00895 号］中称"代物清偿契约为实践合同，其生效以当事人实际履行为条件，当事人一方必须履行实际交付代偿标的物的行为，才能产生消灭原有债务的法律效果。"似乎又认为标的物的交付或实际履行构成实践合同的生效要件。

〔2〕 最高人民法院（2017）最高法民终 45 号民事判决书。

借款人圪针崖底村办煤矿不按照约定还款，则要承担违约责任。二、协议签订后，截至 2012 年 10 月 8 日被上诉人常乐堡矿业公司共计支付借款 23930 万元，之后再未支付。但直到本案诉讼发生时，上诉人圪针崖底村办煤矿从未要求被上诉人常乐堡矿业公司支付按照《借款协议书》的约定支付的剩余借款，故上诉人圪针崖底村办煤矿要求被上诉人常乐堡矿业公司承担违约责任的诉讼时效期间已经经过。三、**本案是民间借贷纠纷，在《借款协议书》中并没有明确约定出借人未按合同约定出借款项应承担违约责任的前提下，应当认为出借人即使没有按照《借款协议书》出借款项，也不承担违约责任，因为在此前提下，要求出借人承担违约责任，不仅不符合合同的文义，也不符合民间借贷是临时帮助解决困难的性质，因为出借人也有可能因自己原因没有多余的资金出借，如果这时让其承担违约责任，不符合民间借贷双方的真实意思表示。更进一步的理由是，如果在没有明确约定出借人未按合同约定出借款项应承担违约责任的前提下，认为出借人应当承担违约责任，则极有可能导致出借人不愿意出借款项，导致民间借贷不能充分发挥其应有的作用。**四、本案不适用《中华人民共和国合同法》（以下简称《合同法》）第二百零一条第一款关于"贷款人未按照约定的日期、数额提供借款，造成借款人损失的，应当赔偿损失"的规定。原因在于，1999 年《合同法》颁布施行时，该法第十二章"借款合同"调整的对象是金融借款合同和民间借款合同两类，其中民间借款合同限于自然人之间，"自贷款人提供借款时生效"，是实践合同，不存在违约的问题。当时企业之间的借贷是非法的，不在《合同法》该章的调整范围之内。金融借款合同的贷款人限于金融机构，该合同是诺成合同，存在违约的问题。因此，只有金融借款合同才有适用《合同法》第二百零一条第一款的可能。**本案不属于金融借款合同，不能适用该条款处理本案。**综上，上诉人圪针崖底村办煤矿的上诉请求不能成立，应予驳回；一审判决认定事实基本清楚，程序合法，应予维持。

五、主合同与从合同

可以独立存在、不以其他合同或其他法律关系之存在为前提的合同为主合同；以主合同或其他法律关系之存在为前提、不能独立存在的合同为从合同。典型的从合同就是担保合同（定金、保证、抵押、质权合同），担保合同作为从合同，不能独立存在，并且随着主合同的消灭而消灭，主合同无效，从合同亦无效。但需注意的是，主合同无效，担保合同无效，担保人并不一定因此不承担责任。

《民法典》第 388 条规定，"设立担保物权，应当依照本法和其他法律的规定订立担保合同。担保合同包括抵押合同、质押合同和其他具有担保功能的合同。担保合同是主债权债务合同的从合同。主债权债务合同无效的，担保合同无效，但是法律另有规定的除外。担保合同被确认无效后，债务人、担保人、债权人有过错的，应当根据其过错各自承担相应的民事责任。"最高人民法院在相关判例[1]中也指出："在主从合同关系中，主合同处于主导地位，从合同处于从属地位，从合同的存在是以主合同的存在为前提的，主合同无效时，从合同亦不发生法律效力。从合同因其成立和效力依附于主合同而不具有独立性，从属性、依赖性是其根本属性。"

六、有名合同与无名合同、典型合同与非典型合同

有名合同又称典型合同，即在法律（《民法典》或《合同法》）中明确规定了的合同类型，法律规定了该类合同双方的权利义务；无名合同，又称非典型合同，系指在法律中并未明确规定的合同类型。

典型合同一般系现实生活中最常见、发生相对频繁的合同类型。但因现实生活纷繁多样，会有各种各样的特殊交易类型。

1999年《合同法》规定了15种有名合同或典型合同，即：买卖合同，供用电、水、气、热力合同，赠与合同，借款合同，租赁合同，融资租赁合同，承揽合同，建设工程合同，运输合同，技术合同，保管合同，仓储合同，委托合同，行纪合同，居间合同（民法典将其名称更改为"中介合同"）。《民法典》又增加了四种，即保证、保理、物业服务和合伙合同，将典型合同种类增加为19种。

而"民国时期民法典"第二编债之第二章"各种之债"则规定了26种合同类型，即：买卖、互易、交互计算、赠与、租赁、借贷、雇佣、承揽、旅游、出版、委任、经理及代办、居间、行纪、寄托、仓库、运送、承揽运送、合伙、隐名合伙、合会、指示证券、无记名证券、终身定期金、和解、保证、人事保证。

对典型合同与非典型合同的区分有重要意义。合同法规则的适用，特别是分则中典型合同的规则，绝大多数为补充性或选择适用的规则（又称任意性规则，即可以通过约定来排除其适用），即有约定按约定，没有约定才会适用这些规则。因此，有关典型合同的规则必须贴近生活、符合人们的习惯和常识，或者说，这些规则必须是从交易实践中"发现"的，只有这样法律中有关典型合同的规则才会起到节省交易成本、使交易更加快捷、便利的作用——这样我们去买个早餐就不需要就买卖双方的权利义务再进行特别的约定，仅需要简单几句话就可以

---

[1] 最高人民法院（2014）民一终字第184号民事裁定书。

搞定。

《民法典》第 467 条第 1 款规定："本法或者其他法律没有明文规定的合同，适用本编通则的规定，并可以参照适用本编或者其他法律最相类似合同的规定。"第 646 条规定："法律对其他有偿合同有规定的，依照其规定；没有规定的，参照适用买卖合同的有关规定。"

因此，遇到合同纠纷，首先需要确定合同类型。其次看双方的约定（如果有合同书，则是双方约定的重要证据）：没有约定或约定无效，如果属于典型合同，则适用该典型合同的规则，属于非典型合同则参照最相类似的规定，而其中买卖合同的规则对双务有偿的合同类型来说有特别的意义。

七、预约与本约

《民法典》第 495 条规定"当事人约定在将来一定期限内订立合同的认购书、订购书、预订书等，构成预约合同。当事人一方不履行预约合同约定的订立合同义务的，对方可以请求其承担预约合同的违约责任。"1999 年《合同法》并无预约与本约的规定。《民法典》该条内容系对最高人民法院《买卖合同司法解释》第 2 条的吸收。

【案例 3-3】成都讯捷通讯连锁有限公司与四川蜀都实业有限责任公司、四川友利投资控股股份有限公司房屋买卖合同纠纷再审案[1]（预约与本约）

申请再审人成都讯捷通讯连锁有限公司（一审原告、反诉被告，二审被上诉人，下称原告）作为甲方与申请再审人四川蜀都实业有限责任公司（一审被告、反诉原告，二审上诉人，下称被告）作为乙方签订《购房协议书》约定："甲乙双方按照互惠、互利的原则，经多次协商，就蜀都大厦北一楼及中庭售房事宜形成如下一致意见：1. 乙方购买甲方所拥有的蜀都大厦北一楼及中庭建筑面积 2100 平方米，总价格 6750 万元（最后按照房管部门办理的产权证为准进行结算）。2. 本协议签订之日起，甲方收到乙方预计购房定金 1000 万元，待购房合同签订时，该定金自动转为购房款。3. 甲、乙双方应就购房合同及付款方式等问题在本协议原则下进行具体磋商。4. 甲、乙双方均应遵守本协议所确定的原则，违反则违约方向守约方支付违约金 1000 万元。5. 甲乙双方就该宗房屋买卖合同签订时，本协议自动失效。"

后原告依约支付了 1000 万元，被告向原告交付了房屋，但后来一直未签订

---

〔1〕　最高人民法院（2013）民提字第 90 号再审民事判决书。

正式的购房合同。原告起诉要求被告办理房屋产权过户登记，并同意登记后 5 日内支付余款。被告则要求解除《购房协议书》、要求原告退还房屋并支付房屋使用费。一审法院认为："合同有预约与本约之分，预约的目的在于有事实或法律上的障碍，暂无法订立主合同时，约定将来订立一定合同，预约合同的权利人仅得请求对方履行订立本约合同的义务，而不得迳行依照预约合同的内容请求履行。"但一审法院认为《购房协议书》为购房合同而非预约合同或定金合同。

最高人民法院在再审判决中指出："仅就案涉《购房协议书》而言，其性质应为预约。预约是指将来订立一定契约的契约。预约的形态多种多样，有的预约条款非常简略，仅表达了当事人之间有将来订立本约的意思，至于本约规定什么内容留待以后磋商决定；有的预约条款则非常详尽，将未来本约应该规定的内容几乎都在预约中作了明确约定。而若仅从内容上看，后者在合同内容的确定性上几乎与本约无异，即使欠缺某些条款，往往也可以通过合同解释的方式加以补全。因此，仅根据当事人合意内容上是否全面，并不足以界分预约和本约。判断当事人之间订立的合同系本约还是预约的根本标准应当是当事人的意思表示，也就是说，当事人是否有意在将来订立一个新的合同，以最终明确在双方之间形成某种法律关系的具体内容。如果当事人存在明确的将来订立本约的意思，那么，即使预约的内容与本约已经十分接近，即便能够通过合同解释，从预约中可以推导出本约的全部内容，也应当尊重当事人的意思表示，排除这种客观解释的可能性。"并最终确定"案涉《购房协议书》的性质为预约合同，一审、二审判决认定该《购房协议书》的性质为本约是错误的，应予纠正。"

同时，最高人民法院认为："在签订《购房协议书》的三个多月后，蜀都实业公司将合同项下的房屋交付给了讯捷公司，讯捷公司接受了该交付。而根据《购房协议书》的预约性质，蜀都实业公司交付房屋的行为不应视为对该合同的履行，在当事人之间不存在租赁等其他有偿使用房屋的法律关系的情形下，蜀都实业公司的该行为应认定为系基于与讯捷公司之间的房屋买卖关系而为的交付。据此，由于蜀都实业公司在该房屋买卖法律关系中的主要义务就是交付案涉房屋，根据《合同法》第三十六条、第三十七条的规定，可以认定当事人之间达成了买卖房屋的合意，成立了房屋买卖法律关系。"原告与被告"之间存在房屋买卖法律关系，当事人均应本着诚实信用的原则履行各自义务，在履行过程中，若当事人之间就对方的履行行为是否构成违约以及应否承担违约责任等问题发生争议，可自行协商或者另寻法律途径解决。"

八、格式化合同

近代以来，随着大企业的出现，格式化合同开始大量出现。格式化合同，又称定型化合同、定式合同等，是指合同条件为一方当事人拟定，对方当事人只有接受或不接受的选择，而少有就合同具体内容进行协商、谈判的选择。

格式化合同常见于铁路、航空、海运以及银行、保险、电信等行业，其他面对众多交易对手的大企业往往也会制定格式化合同。格式化合同具有节省交易费用、加快交易的作用，但往往这些大企业会利用其优势地位加入一些不利于对方当事人的内容，甚至加入有违公平、加重对方责任、减轻自己责任的内容。

《民法典》第496、497、498条对采用格式条款订立合同的情形进行了必要的限制。

此外，也有地方法规对格式合同作出了监管规定，如"上海市合同格式条款监督条例"（2000年颁布，2020年最新修正），该条例规定的格式条款，提供方应当在合同订立之前将合同文本报市市场监管局备案（第11条），否则会有行政责任，但经备案及听证的格式条款，不排除提供方因格式条款损害消费者权益应当承担的民事责任（第17条）。

【案例3-4】刘超捷诉中国移动通信集团江苏有限公司徐州分公司电信服务合同纠纷案[1]（格式合同）

2009年11月24日，原告在被告营业厅申请办理"神州行标准卡"，付费方式为预付费。原告当场预付话费50元，并参与移动徐州分公司充50元送50元的活动。在业务受理单所附《中国移动通信客户入网服务协议》中，双方对各自的权利和义务进行了约定，其中第四项特殊情况的承担中的第1条为：在下列情况下，乙方（即被告）有权暂停或限制甲方的移动通信服务，由此给甲方造成的损失，乙方不承担责任：（1）甲方银行账户被查封、冻结或余额不足等非乙方原因造成的结算时扣划不成功的；（2）甲方预付费使用完毕而未及时补交款项（包括预付费账户余额不足以扣划下一笔预付费用）的。

2010年7月5日，原告在中国移动官方网站网上营业厅通过银联卡网上充值50元。2010年11月7日，原告在使用该手机号码时发现该手机号码已被停机，原告到被告的营业厅查询，得知被告于2010年10月23日因话费有效期到期而

---

〔1〕　最高人民法院颁布之指导案例64号，徐州市泉山区法院（2011）泉商初字第240号民事判决书。

暂停移动通信服务，此时账户余额为 11.70 元。原告认为被告单方终止服务构成合同违约，遂诉至法院。

一审法院支持了原告的请求，判决被告取消原告相应号码的话费有效期的限制，恢复该号码的移动通信服务。一审宣判后，被告提出上诉，二审期间申请撤回上诉，一审判决已发生法律效力。

法院生效裁判认为：**依据《中华人民共和国合同法》第三十九条[1]的规定，采用格式条款订立合同的，提供格式条款的一方应当遵循公平原则确定当事人之间的权利和义务，并采取合理的方式提请对方注意免除或者限制其责任的条款，按照对方的要求，对该条款予以说明。电信业务的经营者作为提供电信服务合同格式条款的一方，应当遵循公平原则确定与电信用户的权利义务内容，权利义务的内容必须符合维护电信用户和电信业务经营者的合法权益、促进电信业的健康发展的立法目的，并有效告知对方注意免除或者限制其责任的条款并向其释明。**业务受理单、入网服务协议是电信服务合同的主要内容，确定了原被告双方的权利义务内容，入网服务协议第四项约定有权暂停或限制移动通信服务的情形，第五项约定有权解除协议、收回号码、终止提供服务的情形，均没有因有效期到期而中止、解除、终止合同的约定。而话费有效期限制直接影响到原告手机号码的正常使用，一旦有效期到期，将导致停机、号码被收回的后果，因此**被告对此负有明确如实告知的义务，且在订立电信服务合同之前就应如实告知原告。**如果在订立合同之前未告知，即使在缴费阶段告知，亦剥夺了当事人的选择权，有违公平和诚实信用原则。被告主张"通过单联发票、宣传册和短信的方式向原告告知了有效期"，但未能提供有效的证据予以证明。综上，**本案被告既未在电信服务合同中约定有效期内容，亦未提供有效证据证实已将有效期限制明确告知原告，被告暂停服务、收回号码的行为构成违约，应当承担继续履行等违约责任，**故对原告主张"取消被告对原告的话费有效期的限制，继续履行合同"的诉讼请求依法予以支持。

九、其他合同分类

除上述分类，合同还可以分为一时性合同与持续性合同，涉他合同与束己合同，确定合同与射幸合同等，此处不再赘述。

---

[1] 现为《民法典》第 496 条。

【本章思考题】

1. 对要式合同与不要式合同的区分有何意义？我国法律及行政法规规定何种合同为要式合同？

2. 对诺成合同与实践合同的区分有何意义？什么合同是实践合同？

3. 主合同与从合同是什么关系？

4. 我国合同法对格式合同有何限制？

5. 预约与本约有何区别？

6. 有名合同与无名合同的区别有何实益？

第四章

合同的成立及缔约过失责任

一、合同的成立与生效

《民法典》第 471 条规定："当事人订立合同，可以采取要约、承诺方式或者其他方式。"要约、承诺的方式，这是绝大多数合同订立的方式。与 1999 年《合同法》相比，民法典补充了有关悬赏广告的规则，系吸收了《合同法司法解释二》第 3 条的规定，可以说是根据生活实践进行的法律漏洞补充。《民法典》第 499 条规定："悬赏人以公开方式声明对完成特定行为的人支付报酬的，完成该行为的人可以请求其支付。"

合同的订立是合同缔结的过程，其结果则是合同的成立（或不成立）。

合同订立的过程，主要是要约和承诺的过程，详见后述。要约和承诺均为合同当事人的意思表示，因此，合同的成立，系当事人意思表示一致（合意）的结果，主要体现**当事人的意志**。合同成立后，合同却不一定生效，还需衡量是否满足合同的生效要件，是否符合**国家意志**。已成立的合同符合国家意志，满足合同的生效要件，或者说国家评价其符合国家意志，则会让该已成立的合同生效。

合同生效，是一个时点，合同生效后，我们会说这个合同有效、产生约束力。关于合同生效，对其的直接解释就是一个合同产生了法律效果，具体产生了什么法律效果呢？就是产生了**合同当事人期待产生的法律上的权利与义务**。依据前述，此处的合同为债权合同或负担行为，那么这个合同的生效，就是产生了当事人一致同意的或者说双方期待产生的**债权与债务**，而该等债权受到法律的保护；相反，如果合同无效或未生效，即使当事人一致认为他们有"债权"或"债务"，这些债权、债务也不受到国家、法律的保护，或者说法律不承认这些权利义务的存在。当然，有时候合同已经成立甚至生效，但当事人就合同的有关具体内容尚未约定清楚，则法律提供了进一步明确债权债务的规则，比如《民法典》第 510、511 条的规定。此外，如前所述，《民法典》在物权编第 215 条严格区分了（债权）合同的效力与物权变动的效力——"当事人之间订立有关设立、变更、转让和消灭不动产物权的合同，除法律另有规定或者当事人另有约定外，自合同成立时生效；未办理物权登记的，不影响合同效力。"

因此，一个已经生效的合同在合同当事人之间有相当于法律的效力，因为这个合同产生了受到法律保护的权利与义务，也可以说产生了一个受到法律保护的**法律关系（即权利义务关系）——一个生效的合同产生的该等权利、义务，具有"法律之力"**。《民法典》第 119 条的表述是："依法成立的合同，对当事人具有法律约束力。"《法国民法典》（即拿破仑法典）第 1134 条第 1 款规定："依法成立的契约，在缔结契约的当事人间有相当于法律的效力。"

合同的成立是生效的前提，体现当事人的意志，合同不成立的，当然谈不上生效；但已成立的合同是否生效，还要看国家的意志，国家会根据其政策、当时的社会、道德条件及其价值观，衡量该合同对他人、对社会的影响，通过法律来确立合同的生效要件，甚至要求某些合同需要经过政府机关的审批或登记方才生效[1]。

【案例 4-1】加拿大麦迪斯达公司与湖南康润药业有限公司、湖南景达生物工程有限公司中外合作经营企业合同纠纷再审案[2]（合同成立但未生效）

最高人民法院认为："**本案为中外合作经营合同纠纷，一、二审法院适用我国法律审理本案是正确的。本案争议的焦点问题在于《合作协议》效力的认定。案涉《合作协议》是各方当事人真实意思的一致表示，合同依法成立**。"但"案涉《合作协议》为一份设立合作企业的协议"，而"《中华人民共和国中外合作经营企业法实施细则》第十一条规定：'合作企业协议、合同、章程自审查批准机关颁发批准证书之日起生效。在合作期限内，合作企业协议、合同、章程有重大变更的，须经审查批准机关批准。'本案当事人在签订《合作协议》后，未再就设立合作企业进一步签订合同、章程等，亦未将《合作协议》报审查批准机

---

〔1〕　关于合同的成立与生效，可以参见［德］迪特尔·梅迪库斯著，邵建东译：《德国民法总论》，法律出版社 2001 年版，第 17、18 及第 33 章；赵旭东："论合同的法律约束力与效力及合同的成立与生效"，载《中国法学》2000 年第 1 期；孙永全："审判实践中关于合同的成立、生效和效力的疑难问题"，载《人民司法》2013 年第 5 期；尹飞："合同成立与生效区分的再探讨"，载《法学家》2003 年第 3 期。

〔2〕　最高人民法院（2013）民提字第 239 号民事判决书。需要说明的是，依据 2020 年 1 月 1 日起施行的《中华人民共和国外商投资法》第 42 条，《中华人民共和国中外合资经营企业法》、《中华人民共和国外资企业法》、《中华人民共和国中外合作经营企业法》已经同时废止。其第 4 条规定："国家对外商投资实行准入前国民待遇加负面清单管理制度。"此处引用该判决，主要是说明合同成立但未生效时司法实践的处理方式。

关审查批准。《中华人民共和国合同法》第四十四条第二款规定：'法律、行政法规规定应当办理批准、登记等手续生效的，依照其规定。'最高人民法院《关于适用＜中华人民共和国合同法＞若干问题的解释（一）》第九条规定：'依照合同法第四十四条第二款的规定，法律、行政法规规定合同应当办理批准手续，或者办理批准、登记等手续才生效，在一审法庭辩论终结前当事人仍未办理批准手续的，或者仍未办理批准、登记等手续的，人民法院应当认定该合同未生效。'最高人民法院《关于审理外商投资企业纠纷案件若干问题的规定（一）》第一条规定：'当事人在外商投资企业设立、变更等过程中订立的合同，依法律、行政法规的规定应当经外商投资企业审批机关批准后才生效的，自批准之日起生效；未经批准的，人民法院应当认定该合同未生效。当事人请求确认该合同无效的，人民法院不予支持。'**由于案涉《合作协议》未经审查批准机关审查批准，依据上述规定，该协议虽成立但未生效。一、二审判决认定该协议有效，属适用法律不当。"**

最终最高人民法院认为，**"鉴于《合作协议》未生效，麦迪斯达公司和康润药业公司以合同有效为前提，各自要求对方承担违约责任的本诉和反诉请求，均缺乏事实和法律依据，不应予以支持。"**并判决解除《合作协议》，驳回了原告及被告要求对方承担违约责任的请求。

二、要约、承诺与悬赏广告

一般来说，合同订立的过程就是要约和承诺的过程。《民法典》第471条规定："当事人订立合同，可以采取要约、承诺方式或者其他方式。"

CISG 第二部分规定了合同的订立（Formation of the contract），定义了要约（offer）、要约邀请（invitation）、反要约（counter-offer）和承诺（acceptance），规定了要约的生效、撤回（withdraw）、撤销（revoke），承诺的生效及撤回，以及合同的成立。《民法典》关于以要约、承诺方式订立合同的内容与 CISG 的该等规定基本一致。

【资料】

从要约承诺理论与罗马法的继承关系上看，罗马法没有形式意义上的要约承诺制度，也没有直接贡献要约与承诺这两个术语。实际上，罗马法大陆法系和英美法系都采纳要约承诺理论主要与波蒂埃对两大法系合同法的影响有关。此外，要约承诺理论是因为邮政制度的完善和远距交易流行而成为重要法律论题的；普通法的"邮箱理论"以及德国法的"受信主义"就是证明。但是现代欧美合同法的要约承诺制度和不少理论节点都是历代法学家在讨论罗马法不同论题时总结出来的。也就是说，要约承诺论题在后来的发展中与传统的罗马法论题合流了。

在合同理论的发展过程中，要约承诺究竟是不是合同缔结的一个必要步骤问题一直存在争议。从宏观层面看，合同理论从罗马法发展到近现代法颇能体现出一种去形式化的趋势；按此，合同的缔结方式应该是自由的。可是，也是在合同理论逐渐完善的中世纪末，开始有一种意见（如奥雅特）认为，要约承诺是缔结合同的必要步骤；而另一种意见则继续强调合同缔结的方式自由。在近现代的立法实践中，立法者大部分都没有对这个问题直接表态。问题是，这些立法很多都对要约承诺制度作了规范；而除了要约承诺外，再也没有其他关于缔约过程的规定。当要约承诺成为法典唯一主动描述的缔约流程时，解释者就容易推导出要约承诺是法典唯一允许的缔约流程。更重要的是，这一见解在中国法学界已被普遍接受。从二十世纪下半叶开始，欧洲很多法学者又重新接受要约承诺不是缔结合同唯一方式的思想。例如，葡萄牙人阿森瑟（José Oliveira Ascensao）就认为，要约与承诺的缔约规则只适用于"非对话人之间的合同"（contrato entre ausentes）。

尽管欧洲法学家都已经察觉到要约承诺的缔约模式不能有效反映现代多种多样的缔约实务，但是要为各种各样的缔约方式制定合适的规则却有很大的困难。于是，在欧洲私法统一运动的背景下，CISG 和 UNIDROIT 等示范法所提供的模式越来越受到重视，成为各国缔约制度差异进一步整合的推手。对于积极准备制定民法典的中国立法者而言，欧洲法学者对要约承诺理论的新理解颇具参考价值。（摘自唐晓晴："要约与承诺理论的发展脉络"，《中外法学》2016 年第 5 期）

（一）要约

1. 要约的定义及形式。依据《民法典》第 472 条，要约系希望和他人订立合同的意思表示，但作为要约的意思表示应当符合下列规定：①内容具体确定；②表明经受要约人承诺，要约人即受该意思表示约束。关于要约的形式，参见之前关于要式合同的讨论。

2. 民法典总则编关于意思表示的规定。《民法典》第 137~142 条规定了意思表示的形式、生效、撤回及解释。"以对话方式作出的意思表示，相对人知道其内容时生效"（第 137 条第 1 款）。"无相对人的意思表示，表示完成时生效。法律另有规定的，依照其规定"（第 138 条）。"以公告方式作出的意思表示，公告发布时生效"（第 139 条）。意思表示可以通过明示或默示作出，但以明示为原则，默示为例外——"沉默只有在有法律规定、当事人约定或者符合当事人之间的交易习惯时，才可以视为意思表示"（第 140 条第 2 款）。

3. 要约邀请。要约邀请是指邀请对方向自己发出要约的意思表示。要约与要约邀请的区别在于，要约邀请的意思不如要约清晰。根据《民法典》第473条：要约邀请是希望他人向自己发出要约的意思表示。拍卖公告、招标公告、招股说明书、债券募集办法、基金招募说明书、商业广告和宣传、寄送的价目表等为要约邀请；商业广告和宣传的内容符合要约条件的，构成要约。

4. 要约的生效。依据《民法典》第474和第137条，一般来说，要约到达受要约人时生效。《民法典》第137条对采用数据电文形式的意思表示的生效作了较详细的规定：以非对话方式作出的采用数据电文形式的意思表示，相对人指定特定系统接收数据电文的，该数据电文进入该特定系统时生效；未指定特定系统的，相对人知道或者应当知道该数据电文进入其系统时生效。当事人对采用数据电文形式的意思表示的生效时间另有约定的，按照其约定。

5. 要约的撤回与撤销。要约可以撤回，但撤回要约的通知应当在要约到达受要约人之前或者与要约同时到达受要约人（《民法典》第475条、第141条）。要约的撤销不同于撤回，撤销是在要约生效后使之效力消灭，撤销需满足一定条件。根据《民法典》第476、477条，要约可以撤销，但撤销要约的意思表示应当在受要约人作出承诺之前为受要约人知道或到达受要约人。但有下列情形之一的，要约不得撤销：

（1）要约人以确定承诺期限或者其他形式明示要约不可撤销。

（2）受要约人有理由认为要约是不可撤销的，并已经为履行合同做了合理准备工作。

6. 要约的失效。根据《民法典》第478条，有下列情形之一的，要约失效：①要约被拒绝；②要约被依法撤销；③承诺期限届满，受要约人未作出承诺；④受要约人对要约的内容作出实质性变更。

但何谓"受要约人对要约内容作出**实质性变更**"？详见下述。

7. 要约的要素。一般来说，包括了标的和数量，即可构成要约。已废止的《合同法司法解释二》第1条第1款规定："当事人对合同是否成立存在争议，人民法院能够确定当事人名称或者姓名、标的和数量的，一般应当认定合同成立。但法律另有规定或者当事人另有约定的除外。"[1] 又依据《民法典》第510条，"合同生效后，当事人就质量、价款或者报酬、履行地点等内容没有约定或者约定不明确的，可以协议补充……"

---

〔1〕 该解释已废止，但其实务观点值得加以关注，并且需关注随后最高人民法院新的相关司法解释观点。

（二）承诺

1. 承诺的定义及方式。承诺系受要约人同意要约的意思表示（《民法典》第479条）。承诺应以通知方式作出，但根据交易习惯或者要约表明可以通过行为作出承诺的除外（《民法典》第480条）。

2. 承诺的生效。以通知的方式作出承诺，一般通知到达要约人时生效。承诺不需要通知的，根据交易习惯或者要约的要求作出承诺的行为时生效（《民法典》第484条第2款）。对于迟到的承诺，"受要约人在承诺期限内发出承诺，按照通常情形能够及时到达要约人，但因其他原因承诺到达要约人时超过承诺期限的，除要约人及时通知受要约人因承诺超过期限不接受该承诺外，该承诺有效"（《民法典》第487条）。

3. 承诺的变更及新要约或反要约。受要约人超过承诺期限发出承诺，或者在承诺期限内发出承诺，按照通常情形不能及时到达要约人的，为新要约；但是，要约人及时通知受要约人该承诺有效的除外（《民法典》第486条）。承诺的内容应当与要约的内容一致；受要约人对要约的内容作出实质性变更的，为新要约；有关合同标的、**数量、质量、价款或者报酬、履行期限、履行地点和方式、违约责任和解决争议方法**等的变更，是对要约内容的实质性变更（《民法典》第488条）。其他变更则为"非实质性变更"，承诺对要约的内容作出非实质性变更的，除要约人及时表示反对或者要约表明承诺不得对要约的内容作出任何变更外，该承诺有效，合同的内容以承诺的内容为准（《民法典》第489条）。

4. 承诺的撤回。与要约不同，承诺不可以撤销——因为承诺通知到达即生效并且合同从而成立（而且一般情况下合同成立即生效），但承诺可以撤回。承诺及要约的撤回均适用《民法典》第141条关于意思表示撤回的规则：行为人可以撤回意思表示。撤回意思表示的通知应当在意思表示到达相对人前或者与意思表示同时到达相对人。该规则与原合同法第17条、27条关于要约、承诺撤回的规则一致。

（三）悬赏广告

《民法典》第499条规定："悬赏人以公开方式声明对完成特定行为的人支付报酬的，完成该行为的人可以请求其支付。"之前的合同法并无这一规定，只是在《物权法》第112条第2款规定了悬赏寻找遗失物的情形，"权利人悬赏寻找遗失物的，领取遗失物时应当按照承诺履行义务"（现该规定见《民法典》第317条）。

就悬赏寻找遗失物情形下拾得人对悬赏人的承诺履行请求权，曾有人以此有违中华民族"拾金不昧"美德为由予以反对，殊不知否认该请求权会鼓励悬赏人的"说话不算话"，而有违"说话算话"这一更低的道德底线。

《民法典》第 499 条肯认了悬赏广告情形下完成悬赏行为之人的支付请求权，值得肯定，因为悬赏广告在民间确实普遍存在，这正说明民法的规则确实大多是从生活实践中发现的。不过，相较我国大清民律草案于"第二编债权"专设的"第三章广告"中的七个条文，以及我国台湾地区现行"民法"第 164 条同样七个条文，《民法典》第 499 条这一单独条文略显单薄[1]，也许是立法上沿用我国立法惯例的做法、留足司法解释空间的考虑。

关于悬赏广告的法律性质，理论上存在两种主要学说，即：单独行为说与契约说。契约说认为悬赏广告系要约，完成悬赏行为系承诺，但无法解释行为人不知悬赏广告存在以及行为人有行为能力欠缺（如我国台湾地区有禁治产制度存在）的情形。而单独行为说认为债之发生原因除契约（法律行为）外，尚有单独行为及其他法定原因，悬赏广告系广告人单独的意思表示，一旦行为人完成悬赏行为，即产生债之关系。我国台湾学者王泽鉴持单独行为说[2]。

我国司法实践中存在法院判决就悬赏广告持契约说。

【案例 4-2】 蒋舟敏诉上海市公安局悬赏广告合同纠纷再审案[3]（悬赏广告的性质）

本院审查认为，根据案情及法律规定，蒋舟敏的申请再审事由不能成立，理由如下：

最高人民法院《关于适用〈中华人民共和国合同法〉若干问题的解释（二）》第三条规定："悬赏人以公开方式声明对完成一定行为的人支付报酬，完成特定行为的人请求悬赏人支付报酬的，人民法院依法予以支持。"**依照上述法律规定，悬赏广告合同应当具备以下特点：特定的悬赏人，以广而告之的形式要求不特定的对象完成某一行为，不特定的行为人按照悬赏人的要求实施某一行为，并因此而取得了向悬赏人索要报酬或奖金的权利。一般的悬赏广告纠纷，悬赏广告的发布即为悬赏人发出的要约，完成特定行为的人其行为即为承诺，双方形成合同关系，属于民事纠纷处理范畴。** 而本案中上海市公安局发布的《公开奖励群众举报违法犯罪通告》要求举报人获得奖励的前提必须是：（一）提供违法犯罪事实、线索或证据，对案件破获或处置起到作用的；（二）提供的证据或线索事先未被公安机关掌握的；（三）举报违法犯罪被查证属实的。上述条件的达成，需要以公安局行使其公权力为前提，即蒋舟敏是否履行了所谓合同义

---

〔1〕 比如在完成悬赏行为之人不知悬赏广告存在，数人完成悬赏行为，悬赏广告得否撤回，评优悬赏广告等情形下的纠纷，单独依靠《民法典》第 499 条无从解决。

〔2〕 王泽鉴：《民法学说与判例研究（第 2 册）》，中国政法大学出版社 1998 年版，第 56 页以下。

〔3〕 最高人民法院（2016）最高法民申 1036 号民事裁定书。

务，不能以合同纠纷的民事案件直接审查，而需要上海市公安局侦查核实，核实后是否支付奖金，则属于悬赏广告合同纠纷所调整的范围。根据《中华人民共和国民事诉讼法》第一百一十九条第三项的规定，起诉必须有"具体的诉讼请求和事实、理由"。蒋舟敏起诉请求判令上海市公安局支付报酬，但其主张的事实和理由则是认为其邮寄的举报材料足以证明被举报人构成犯罪，公安机关对其举报未予查证，故未向其发放奖金。蒋舟敏所主张的诉讼请求，实际上需要公安机关行使刑事侦查权为前提，该事实和理由并非《民事诉讼法》规定的作为起诉条件的"事实和理由"，因此，蒋舟敏的起诉不属于人民法院受理民事诉讼的范围。原审裁定不予受理其起诉，适用法律正确。

【案例4-3】杨根元与瑞金市旅游发展委员会合同纠纷再审案[1]（悬赏广告的性质）

［江西省高级人民法院］经审查认为，（一）关于原判决适用法律是否错误的问题。《中华人民共和国合同法》第十四条规定……。第十五条第一款规定……。根据上述规定可知，要约的内容必须具体确定，不得保留条件，否则受要约人根本不能做出承诺，要约必须具有明确的订约意图并表明经承诺即受此意思表示的拘束；而要约邀请则是一方邀请对方向自己发出要约，要约邀请大多向不特定的人发出，当事人之间最终是否成立合同，要约邀请人具有最后确认的权利。本案中，瑞金市旅发委在官网对外发布的《瑞金市十万重金征集罗汉岩古今绝对启事》中，明确提出：1、向全国征集罗汉岩这幅古今绝对（蜡烛峰，峰上生枫，蜂筑巢，风吹枫叶闭蜂门）的对联。2、奖项和版权：设绝对1个，奖金100000元，版权归瑞金市旅发委。3、专家评选：由活动组委会邀请专家组成评委会，对所有来稿进行客观、公平评审。由上述启事内容可知，**该启事是向不特定的人发出，所征集的稿件，最终能否获评为"绝对"，需活动组委会组织评审后确定。因此，应认定瑞金市旅发委发布上述启事的行为，构成要约邀请，而非要约。原审法院依据《中华人民共和国合同法》第十五条的规定，认定瑞金市旅发委发布的上述启事为要约邀请，符合本案事实，适用法律并无不当。**

三、合同的成立

1. 承诺生效时合同成立（《民法典》第483条第1句）。CISG第23条规定：

---

[1]　江西省高级人民法院（2018）赣民申783号民事裁定书。该裁定由上海政法学院2019级经济法学院本科生范钰涵协助搜集。需要注意的是，该判决将优等广告认定为要约邀请，这点值得讨论。我国台湾地区现行"民法"第165-1条至165-4条规定了"优等悬赏广告"的相关规则，可资借鉴。

"A contract is concluded at the moment when an acceptance of an offer becomes effective in accordance with the provisions of this Convention." 对于采取合同书形式订立合同的，合同"自当事人均签名、盖章或者按指印时合同成立。在签名、盖章或者按指印之前，当事人一方已经履行主要义务，对方接受时，该合同成立"（《民法典》第 490 条）。

2. 合同成立的地点。"承诺生效的地点为合同成立的地点。采用数据电文形式订立合同的，收件人的主营业地为合同成立的地点；没有主营业地的，其住所地为合同成立的地点。当事人另有约定的，按照其约定"（《民法典》第 492 条）。"当事人采用合同书形式订立合同的，最后签名、盖章或者按指印的地点为合同成立的地点，但是当事人另有约定的除外"（《民法典》第 493 条）。《民事诉讼法》第 34 条规定，"合同或者其他财产权益纠纷的当事人可以书面协议选择被告住所地、合同履行地、合同签订地、原告住所地、标的物所在地等与争议有实际联系的地点的人民法院管辖，但不得违反本法对级别管辖和专属管辖的规定。"

3. 要式合同之成立。《民法典》第 490 条沿袭了《合同法》第 36 条的规定，"法律、行政法规规定或者当事人约定合同应当采用书面形式订立，当事人未采用书面形式但是一方已经履行主要义务，对方接受时，该合同成立。"该条体现了合同法合同自由及鼓励交易的理念。而且，采用合同书形式订立合同，"在签名、盖章或者按指印之前，当事人一方已经履行主要义务，对方接受时，该合同成立"（《民法典》第 490 条）。

【讨论：要约与承诺】

如上所述，合同订立的过程是要约和承诺的过程，具有科学性。

分析日常生活中的各种交易如何达成，很有意义。比如学生到食堂就餐，到饭店吃饭，乘公交车、出租车以及拍卖、招投标等交易，均值得以要约-承诺理论来分析该等交易的过程。

梅迪库斯曾对将商品陈列于橱窗、拍卖、设置自动售货机、自助商店购物等交易进行分析。比如自动售货机，如果该机器货品充足且能够正常运作，多数人会认为设置自动售货机为要约，顾客投币为承诺。但如果自动售货机中商品缺货，则顾客投币行为并不导致合同成立，自动售货机的设置公司亦不承担违约的损害赔偿责任；如果自动售货机不能正常工作，虽然货品充足，顾客投币也不导致合同成立。因此，梅迪库斯认为顾客投币为要约，"设置自动售货机只是一种预备行为"[1]。对于在超市（自助商店）购物，一般情况下认为超市放置商品、标明价格待购的行为构成要约，顾客在付款处出示商品的行为构成承诺，除非超市标明"特价商品、限量供应"或该商品仅作为陈列品。

四、缔约过失责任

《民法典》第 500 条和第 501 条规定了两类缔约过失责任的规则。其中第 500 条规定的情形是：当事人在订立合同过程中，假借订立合同，恶意进行磋商；故意隐瞒与订立合同有关的重要事实或者提供虚假情况；或者具有其他违背诚实信用原则的行为，而给对方造成损失的，要承担损害赔偿责任。第 501 条规定的情形是：当事人泄漏或者不正当使用在订立合同过程中所知悉的商业秘密或其他应当保密的信息而给对方造成损失的，要承担损害赔偿责任。

《民法典》第 502 条第 2、3 款吸收了已废止的《合同法司法解释二》第 8 条规定，其规定了"依照法律、行政法规的规定，合同应当办理批准等手续的，依照其规定。未办理批准等手续影响合同生效的，不影响合同中履行报批等义务条款以及相关条款的效力。应当办理申请批准等手续的当事人未履行义务的，对方可以请求其承担违反该义务的责任"，并且"依照法律、行政法规的规定，合同的变更、转让、解除等情形应当办理批准等手续的，适用前款规定"。

《民法典》第 118 条规定，"民事主体依法享有债权。债权是因合同、侵权行为、无因管理、不当得利以及法律的其他规定，权利人请求特定义务人为或者不为一定行为的权利。"缔约过失责任，可以视为基于法律的其他规定所生之债。

【资料】缔约过失责任之 1

缔约过失责任制度，起源于德国，就其法律基础，有侵权行为说、法律行为说及法律规定说，后一般认为缔约过失责任的实体法基础，系德国民法第 242 条之诚实信用原则，"基此原则，从事缔约磋商之人，应善尽交易上必要的注意，维护相对人的利益，于违反时，应就所生的损害负赔偿责任"[2]。我国民国时期的民法，仍在我国台湾地区施行，师承德国，亦就缔约过失责任设有规定。"缔约过失责任的基础在于违反通知、阐明、保护及照顾等义务。"[3]

【资料】缔约过失责任之 2

我国《合同法》第 42 条、第 43 条规定了缔约过失责任。学界通常将缔约过

---

〔1〕　［德］迪特尔·梅迪库斯著，邵建东译：《德国民法总论》，法律出版社 2001 年版，第 269~272 页。

〔2〕　王泽鉴：《民法学说与判例研究（第 1 册）》，中国政法大学出版社 1998 年版，第 92 页。

〔3〕　王泽鉴：《民法学说与判例研究（第 1 册）》，中国政法大学出版社 1998 年版，第 97 页。

失责任作为一种独立责任对待，也即认为缔约过失责任是一种与合同责任、侵权责任并列的民事责任形式。在我国学者所著的债法总论类著作中，常将缔约过失作为一种独立的债的发生原因对待，从而与合同、侵权行为、无因管理、不当得利等相并列。在学者主持的中国民法典建议稿中，也可看到将缔约过失与合同、侵权行为、无因管理、不当得利等并列为债的发生依据的立法建议。

缔约过失责任为何独立于其他责任形式，尤其是独立于侵权责任？对此，学者通常指出缔约过失责任与侵权责任存在如下四点区别：第一，缔约过失责任中的注意义务比侵权责任的注意义务重；第二，缔约过失责任的归责事由为过错，而侵权责任还存在大量无过错责任；第三，缔约过失责任以双方存在特别结合关系，即为订立合同而接触磋商为基础，而侵权责任不需要这个前提；第四，缔约过失责任的赔偿范围通常是信赖利益，侵权责任的赔偿范围是固有利益与完全性利益。

然而，即使仅就我国现行法规定来观察，缔约过失责任与侵权责任之间的界限也远非不言自明。这里提出以下三点可推敲之处：

1. 依《合同法》第 43 条，泄露或者不正当地使用他人商业秘密的损害赔偿，属于我国立法明文规定的缔约过失责任的一种。这里一个很直白的问题是，该责任为什么不是一种侵权责任？

2. 依《合同法》第 92 条，合同权利与义务终止后当事人之间仍有"通知、协助、保密"等后合同义务。由于此时并非处于"缔约"阶段，故违反后合同义务不可能产生缔约过失责任。但是，缔约阶段的"通知、协助、保密"义务与合同履行完毕的"通知、协助、保密"义务有本质区别吗？为什么在产生的责任上会有性质上的不同？

3. 更根本的，我国侵权法在过错责任一般条款上采取了类似法国式的"一个大概括条款"模式，也即用一个"过失致损须赔偿"条款（《侵权责任法》第 6 条第 1 款、《民法通则》第 106 条第 2 款）包打天下；问题在于，所有的缔约过失责任案件不都符合"过失致损须赔偿"中的"过错"、"损害"、"因果关系"要件吗？那么，我国的缔约过失责任案件与我国的侵权责任案件是什么关系，是否一律构成竞合？

正是由于我国的缔约过失责任与侵权责任之间存在着诸多含混难明之处，因此，我国有一些学者对缔约过失责任的独立性提出质疑，认为缔约过失责任实质上为侵权责任的一种，但整体而言该观点属于少数说。（摘自于飞："我国《合同法》上缔约过失责任性质的再认识"，载《中国政法大学学报》2014 年第 5 期，总第 43 期，92~93 页）。

【案例4-4】 兴业全球基金管理有限公司与江苏熔盛重工有限公司缔约过失责任纠纷再审案[1]（缔约过失责任）

兴业基金（一审原告、二审上诉人、再审申请人）申请再审称：（一）二审判决将熔盛重工（一审被告、二审被上诉人、再审被申请人）的先合同义务仅归纳为告知义务，并认定其适当履行了先合同义务，不违背诚实信用原则，证据不足，适用法律错误。被告于2011年6月29日发布一份《关于延期上报有关补正材料的公告》，承诺待取得国资委、商务部相关批复文件后立即将有关补正材料上报中国证监会。但被告取得国资委、商务部相关批复文件后，直至取消要约收购之日，未将补正材料上报中国证监会。据此，应认定被告严重违反先合同义务，违背诚实信用原则，应承担缔约过失责任。（二）二审判决认定被告于2012年8月17日向中国证监会撤回要约收购申请，自行取消全面要约收购安徽全柴动力股份有限公司（以下简称全柴动力）股份计划，不违背诚实信用原则，适用法律错误。被告与安徽省全椒县人民政府于2011年4月26日签订一份《产权交易合同》，约定安徽省全椒县人民政府所持安徽全柴集团有限公司（以下简称全柴集团）100%股权转让给被告。而全柴集团持有全柴动力44.39%股权。可见，被告通过《产权交易合同》，间接持有全柴动力44.39%股份，超过该公司已发行股份的30%。依照《中华人民共和国证券法》第八十八条规定，应当强制被告向原告发出全面收购全柴动力股份要约。因此，被告向中国证监会撤回要约收购申请，自行取消收购计划，违背诚实信用原则，应承担缔约过失责任。

一、就被告在订立合同过程中履行先合同义务是否违背诚实信用原则的问题，最高人民法院认为：根据《合同法》第四十二条规定，当事人在订立合同过程中，不得故意隐瞒与订立合同有关的重要事实或者提供虚假情况。否则，给对方造成损失的，应当承担缔约过失责任。这就要求当事人在订立合同过程中，应履行通知、说明、保密等义务，亦即通常所说的先合同义务。

本案中：首先，被告主要履行的先合同义务，应结合案中拟订合同的性质、目的和交易习惯进行认定。从二审查明的案件事实来看，被告于2011年4月28日发布公告，提示其计划全面要约收购全柴动力股份，实际系向全柴动力的股东表达缔约意向。此后，原告从证券交易市场买进全柴动力股票，从而持有全柴动力股份，成为全柴动力的股东，一定程度上系向被告传递缔约意向。自此，双方实际已进入接触、磋商阶段，构成缔约关系，具有信赖利益。因此，遵循诚实信用原则，双方均应履行通知、说明、保密等先合同义务，不得故意隐瞒与订立合同有关的重要事实或者提供虚假情况。由于原告在订立合同过程中是否继续持有

---

[1] 最高人民法院（2013）民申字第1881号民事裁定书。

全柴动力股票，以维系自己的缔约意向，很大程度上要依赖与被告收购全柴动力股份有关的重大信息。因此，对被告而言，二审判决认定其应履行的先合同义务主要为通知义务，即告知与收购全柴动力股份有关的重要信息，并无不当。至于被告于2011年6月29日发布一份《关于延期上报有关补正材料的公告》，称待取得国资委、商务部相关批复文件后立即将补正材料上报等，系其在订立合同过程中，与原告进行磋商的行为，并非被告应予履行的先合同义务。对此，原告申请再审提出的理由，缺乏法律依据，不能成立。

其次，被告履行上述先合同义务是否违背诚实信用原则，应根据相关法律规定进行判断。从二审查明的案件事实来看，被告自己或通过全柴动力先后多次以公告、报告的形式，真实、准确、完整地披露了与收购全柴动力股份有关的重要信息，符合《上市公司收购管理办法》第三条关于"上市公司的收购及相关股份权益变动活动，必须遵循公开、公平、公正的原则；上市公司的收购及相关股份权益变动活动中的信息披露义务人，应当充分披露其在上市公司中的权益及变动情况，依法严格履行报告、公告和其他法定义务；在相关信息披露前，负有保密义务；信息披露义务人报告、公告的信息必须真实、准确、完整，不得有虚假记载、误导性陈述或者重大遗漏"之规定。本案中，并无直接有效的证据证明被告披露的信息有虚假记载、误导性陈述、重大遗漏，或违反公开、公平、公正原则，二审判决认定被告适当履行了告知与收购全柴动力股份有关重要信息的先合同义务，不违背诚实信用原则，并无不当。原告申请再审提出被告履行先合同义务违背诚实信用原则的理由，缺乏事实根据，不能成立。

二、就被告在订立合同过程中是否有其他违背诚实信用原则行为的问题，最高人民法院认为，根据《合同法》第四十二条规定，当事人在订立合同过程中不得有其他违背诚实信用原则的行为。否则，给对方造成损失的，应当承担缔约过失责任。对此，主要系规定当事人在订立合同过程中，行使权利不得违背诚实信用原则。

本案中：首先，根据《合同法》第四条规定，被告依法享有自愿订立合同的权利。从二审查明的案件事实来看，安徽省全椒县人民政府持有全柴集团100%股权，全柴集团持有全柴动力44.39%股权。2011年4月26日，被告与安徽省全椒县人民政府签订一份《产权交易合同》，约定安徽省全椒县人民政府所持全柴集团100%股权转让给被告。如果该份《产权交易合同》最终得以履行，则被告间接持有全柴动力44.39%权益，超过该公司已发行股份的30%，依照《上市公司收购管理办法》第五十六条有关收购人虽不是上市公司的股东，但通过投资关系、协议、其他安排导致其拥有权益的股份超过该公司已发行股份的30%的，应当向该公司所有股东发出全面要约之规定，被告在中国证监会行政许可后，应当向全柴动力所有股东发出全面收购股份要约。对此，即系所谓的强制要约收购。**但是，从全柴动力公开发布的公告来看，上述《产权交易合同》在国资委、商务部相关批准文件有效期内并未实施，至今亦无直接有效的证据显示被告通过其他投资关系、协议、安排，间接拥有全柴动力权益的股份超过该公司已发行股份的30%。这种情况下，强制被告发出全面收购要约的条件尚不具备，依法其仍享有自愿订立合同的权利。因此，二审判决认定被告向中国证监会撤回行政许可申请材料，取消全面要约收购全柴动力股份计划，不违背诚实信用原则正确。**原告申请再审提出被告违背诚实信用原则的理由，缺乏法律依据，不能成立。

其次，根据《上市公司收购管理办法》第三十一条关于"收购人向中国证监会报送要约收购报告书后，在公告要约收购报告书之前，拟自行取消收购计划的，应当向中国证监会提出取消收购计划的申请及原因说明，并予公告；自公告之日起12个月内，该收购人不得再次对同一上市公司进行收购"之规定，被告于2012年8月17日向中国证监会撤回行政许可申请材料，自行取消全面要约收购全柴动力股份计划，也就没有必要再依2011年6月29日发布的《关于延期上报有关补正材料的公告》所称，立即向中国证监会补正上报国资委、商务部相关批复文件等材料。原告申请再审提出被告至今未向中国证监会补正上报国资委、商务部相关批复文件等材料，违背诚实信用原则的理由，缺乏法律依据，不能成立。

【案例4-5】湖北省东安工贸有限公司、武汉汽车零部件股份有限公司缔约过失责任纠纷再审案[1]（缔约过失责任）

本院经审查认为，综合再审申请人的主张及理由，确定本案的焦点问题是：1. 关于武汽零公司与湖北东安公司签署的《合资协议书》等系列案涉合同的效力问题。2. 武汽零公司应当承担的赔偿损失范围及责任。

……

赔偿责任划分。依据《最高人民法院关于适用〈中华人民共和国合同法〉若干问题的解释（二）》第八条关于"依照法律、行政法规的规定经批准或者登记才能生效的合同成立后，有义务办理申请批准或者申请登记等手续的一方当事人未按照法律规定或者合同约定办理申请批准或者未申请登记的，属于合同法第四十二条第（三）项规定的，其他违背诚实信用原则的行为。基于对方当事人对由此产生的费用和给相对人造成的实际损失，应当承担损害赔偿责任"的规

---

〔1〕 最高人民法院（2018）最高法民申6041号民事裁定书。

定，对于成立但未生效合同，可再依缔约过失责任的相关规定，认定双方的损失及赔偿责任。

缔约过失责任以当事人在订立合同过程中存在违背诚实信用原则的行为为前提，致使合同不成立、无效、被撤销或未生效的，应对给对方造成的信赖利益损失予以赔偿。存在过错，违反法定随附义务或先合同义务，造成对方的信赖利益损失，行为与损失之间存在因果关系。在双方均有过错的情形下，应分清双方过错程度，按比例划分，对损失各自承担相应的责任。本案中，武汽零公司作为以划拨土地使用权出资义务方，其法定随附义务为完成划拨土地使用权出资的批准手续和涤除物上抵押担保，但其始终未予履行，构成《中华人民共和国合同法》第四十二条第三项"其他违背诚实信用原则的行为"。二审法院认为："2003 年 6 月 13 日的《报告》表明，在《合资协议书》签订后的一个月之内，东安公司已经注意到土地上有权利负担可能影响双方合作，要求武汽零公司作出承诺，对东安公司的投资予以保护，并对损失予以赔偿，武汽零公司在《报告》上加盖印章的行为，加深了东安公司对于《合资协议书》能够如约履行的信赖"，该认定并无不当。同时，二审法院认为"即使存在东安公司在合同签订前已经知晓土地性质的事实，武汽零公司就其违反法定随附义务和承诺的行为应承担主要过错责任，东安公司未尽职了解土地性质及轻信武汽零公司能够履行其合同义务亦存在一定过错"，并据此将双方过错程度划分为 80% 和 20%，该认定属于法官的自由裁量，有关过错责任分担比例的裁量并无明显不当。湖北东安公司提出"武汽零公司严重违反《合资协议书》约定，应该承担全部责任"的再审申请理由，没有事实依据。同时，《中华人民共和国合同法》第一百一十三条之规定是以合同有效为基本事实前提。如上所述，由于案涉合同成立但未生效，故不能适用该条规定判定武汽零公司应当承担的赔偿责任。因此，湖北东安公司该项再审申请理由亦不能成立。

【本章思考题】

1. 合同的成立与合同的生效是什么关系？

2. 什么是要约，其与要约邀请、反要约有什么不同？要约如何撤回及撤销？

3. 什么是承诺？承诺如何撤回？

4. 你如何看待悬赏广告的法律性质，其是单独行为还是契约（或合同）？为什么？

5. 什么是缔约过失责任？

【本章推荐阅读文献】

1. ［德］迪特尔·梅迪库斯著，邵建东译：《德国民法总论》，法律出版社2001年版。

2. 赵旭东："论合同的法律约束力与效力及合同的成立与生效"，载《中国法学》2000年第1期。

3. 孙永全："审判实践中关于合同的成立、生效和效力的疑难问题"，载《人民司法》2013年第5期。

4. 尹飞："合同成立与生效区分的再探讨"，载《法学家》2003年第3期。

5. CISG：PART II，Article 14-24。

6. 唐晓晴："要约与承诺理论的发展脉络"，《中外法学》2016年第5期。

7. 王泽鉴：《民法学说与判例研究（第1册）》，中国政法大学出版社1998年版；王泽鉴：《民法学说与判例研究（第2册）》，中国政法大学出版社1998年版。

8. 钱玉林："缔约过失责任与诚信原则的适用"，载《法律科学（西北政法大学学报）》1999年第4期。

9. 于飞："我国《合同法》上缔约过失责任性质的再认识"，载《中国政法大学学报》2014年第5期。

第五章

合同的生效与合同的无效

一、合同生效的意义

承诺生效时合同成立，但是法律另有规定或者当事人另有约定的除外（《民法典》第483条）；依法成立的合同，自成立时生效，但是法律另有规定或者当事人另有约定的除外。依照法律、行政法规的规定，合同应当办理批准等手续的，依照其规定。未办理批准等手续影响合同生效的，不影响合同中履行报批等义务条款以及相关条款的效力。应当办理申请批准等手续的当事人未履行义务的，对方可以请求其承担违反该义务的责任。依照法律、行政法规的规定，合同的变更、转让、解除等情形应当办理批准等手续的，适用前款规定（《民法典》第502条）。

《民法典》第483、502条的规定与《民法典》总则编第136条的表述一致："民事法律行为自成立时生效，但是法律另有规定或者当事人另有约定的除外。行为人非依法律规定或者未经对方同意，不得擅自变更或者解除民事法律行为。"

合同生效，一般解释为发生法律效力、产生约束力，其清晰的含义，应当是：**产生了合同双方当事人期待产生的法律上的权利与义务**。就负担行为、债权合同而言，就是产生了当事人期待产生的债权、债务；如果是物权契约，则是发生了当事人期待发生的物权变动。《法国民法典》第1134条规定"依法成立的契约，在缔结契约的当事人间有相当于法律的效力。"[1]

合同作为最重要的法律行为，因生效产生了受法律保护的权利，这是民事主体私法自治的重要手段，即所谓的"自己为自己立法"。一个有效的合同，就是当事人之间的"法律"——当事人通过合意为自己设定了有法律约束力的权利与义务。

---

〔1〕 李浩培等译：《拿破仑法典（法国民法典）》，商务印书馆1979年版，第152页。

二、合同生效的要件

民法典第一编总则、第六章"民事法律行为"中的第三节"民事法律行为的效力",规定了民事法律行为有效的条件及法律行为无效的情形。合同作为最重要的法律行为,当然适用这些规定。

《民法典》第 143 条规定:"具备下列条件的民事法律行为有效:①行为人具有相应的民事行为能力;②意思表示真实;③不违反法律、行政法规的强制性规定,不违背公序良俗。"

法律行为以意思表示为要素和成立要件。合同作为最重要的法律行为,意思表示一致时(即承诺生效时),合同即告成立,主要体现了当事人的意志,但其是否能如合同当事人所愿,产生当事人期待产生的权利义务,国家会衡量其是否违反社会公共利益及社会基本理念,从而决定是否让该合同生效。

民法典总则编在"民事法律行为"一章中的"民事法律行为的效力"一节,吸收、修正了《合同法》第 52 条关于合同无效的相应规定。

就合同及其他法律行为的生效要件,其一是行为人须有相应的行为能力,即独立作出意思表示的能力。其二是意思表示的品质须没有瑕疵,须自由、真实,不存在被胁迫、欺诈、危难被乘或虚假意思表示。这两个要件是近代民法的理性主义基础的要求,也是私法自治、意思自治的理念基础。其三是合同(或其他法律行为)"不违反法律、行政法规的强制性规定,不违背公序良俗",否则无效,从而不会产生合同当事人期待产生的权利义务。公序良俗系民法的基本原则,已为我国《民法总则》第 8 条确认,但"公序良俗"的内容高度抽象而且可能随社会情况变迁而变化,只能待司法解释或判例、学说予以解说。

就法律、行政法规的强制性规定,须注意:①已废止的《合同法司法解释一》第 4 条特别强调,"合同法实施以后,人民法院确认合同无效,应当以全国人大及其常委会制定的法律和国务院制定的行政法规为依据,不得以地方性法规、行政规章为依据。"②并非违反任何强制性规定的合同均无效,《民法典》第 153 条规定:"违反法律、行政法规的强制性规定的民事法律行为无效。但是,该强制性规定不导致该民事法律行为无效的除外。"

【讨论】合同违反法律、行政法规的强制性规定的后果

《民法典》第 153 条的规定,是我国之前立法技术粗糙的无奈之举。我国法律(包括民商事法律)及行政法规包含大量的"不得""禁止""应当"等规范词,但大多情况下并未在每个规范词的使用后仔细规定违反相应规范的法律后果,特别是民事后果。因此会导致尽管违反相应的"强制性规定",但并不一定

必然导致合同无效。

另一个重要原因是，我国正处于社会转型时期，一方面虽已确立了市场经济取代计划经济，及依法治国的国策，但另一方面，之前的立法技术粗糙，各种性质的法律规范混杂在一部法律之中，导致难以区分违反相应强制性规定的民事后果或行政后果，同时，各种法规之中的众多管制规范也有待梳理其合宪性或合法性，而我国目前并无违宪审查制度，法院最多可以在行政诉讼中一并审查"规章以下的规范性文件"的合法性[1]。再加上近年来国务院推行的行政审批制度及权力清单制度改革，国家总的趋势是放松对市场的管制、规范政府权力、进一步激发市场活力、促进经济发展。

针对这种情况，学界对法律、行政法规中"强制性规定"进行"效力性强制规定"和"管理性强制规定"的区分——合同违反效力性强制规定才会无效，而违反一般的管理性强制规定，并不导致合同无效的民事后果。因此，才会有《民法典》第 153 条第 1 款后句的但书。最高人民法院在《合同法司法解释二》第 14 条规定："合同法第 52 条第 5 项规定的'强制性规定'，是指效力性强制性规定。"而在《民法总则》之前的不少法院判决也依据该解释，将不少强制性规定认定为管理性强制性规定，违反这些强制性规定并不影响合同的民事效力。

最高人民法院在《关于当前形势下审理民商事合同纠纷案件若干问题的指导意见》（法发〔2009〕40 号）中指出要"正确适用强制性规定，稳妥认定民商事合同效力"：

"正确理解、识别和适用合同法第 52 条第 5 项中的'违反法律、行政法规的强制性规定'，关系到民商事合同的效力维护以及市场交易的安全和稳定。人民法院应当注意根据《合同法解释（二）》第 14 条之规定，注意区分效力性强制规定和管理性强制规定。违反效力性强制规定的，人民法院应当认定合同无效；违反管理性强制规定的，人民法院应当根据具体情形认定其效力。"

"人民法院应当综合法律法规的意旨，权衡相互冲突的权益，诸如权益的种类、交易安全以及其所规制的对象等，综合认定强制性规定的类型。如果强制性规范规制的是合同行为本身即只要该合同行为发生即绝对地损害国家利益或者社会公共利益的，人民法院应当认定合同无效。如果强制性规定规制的是当事人的'市场准入'资格而非某种类型的合同行为，或者规制的是某种合同的履行行为而非某类合同行为，人民法院对于此类合同效力的认定，应当慎重把握，必要时应当征求相关立法部门的意见或者请示上级人民法院。"

---

　　〔1〕　行政诉讼法司法解释（2015）第 2 条，行政诉讼法司法解释（2018）第 68 条；最高人民法院在其第 5 号指导案例裁判要点指出：地方政府规章违反法律规定设定许可、处罚的，人民法院在行政审判中不予适用。

最高人民法院的这一态度，有对行政权力干预市场进行司法审查的意味；这也是我国立法粗糙、多数情况下并未明确违反相关强制性规定的民事效果的结果。但由于在中国，判例没有约束力，而指导性案例的出台程序、速度不能令人满意，现实中必然存在司法不统一的结果。

所幸，最高人民法院于 2020 年 7 月再次发布了《**最高人民法院关于统一法律适用加强类案检索的指导意见（试行）**》，要求人民法院办理案件时在满足特定情形时"应当进行类案检索"，以**"统一司法适用"**、**"提升司法公信力"**。相信，在之后的民商事审判中，最高人民法院发布的指导性案例、典型案例及裁判生效的案件，以及高级法院发布的参考性案例及裁判生效的案件和上一级法院及本院裁判生效的案件，会发挥越来越大的影响。

【资料】 苏永钦论法律行为的成立与生效要件

"民法中有时定为'不成立'，有时定为'无效'或'不生效力'，结果都是否定当事人所欲形成的效力，并无二致。故学者对于是否应该区分为两种或三种情形，意见相当分歧。然而任何一个法律行为，最终在法律上既只能得到一个判断-有无法律效力，则纵使构成判断基础的法律规定性质不同，有无必要据此再对最终无效力的结果加以区分，表明为不同的判断——如不成立、不生效力或无效，应端视判断基础的区隔是否够明确，及不同的判断在法律效果上可否作更精致的划分而定，否则就是学者穷极无聊的文字游戏，不玩也罢。"

"一般所谓的成立要件，指的应该是一个法律行为达到可以为效力判断最基础的部分，期待得到法律承认其效力的交易者，必须先完成行为的这一部分，未满足这部分要件，就是行为不成立。"

"然而，若交易双方已经满足了法律对法律行为的基本要求，从私法自治、国家干预越少越好的角度来看，原则上就应该肯定其效力，为什么还要另设效力的要件呢？一个很简单的回答，就是套用本文前面的分析：在通过狭义民法的检验后，还需要从法律秩序整体，也就是广义民法来作检验，看看这个法律行为如果被赋予法律效力，会不会在政策上，或法律价值上，和民法以外的其他法律或社会价值相扞格。这种由内而外的分阶段思考，在法典化的领域其实是相当普遍的模式，……，民法对于'成立'的法律行为，是否违反强制或禁止的规定，是否违反公序良俗，也必须从整体法秩序再作第二道的判断。……此一整体法秩序的第二次判断，具有调和法典和整体法秩序的功能，在民法则有调和自治和管制理念的功能，十分明显。因此若把这个基于不同基础，而从法律行为'以外'的因素去作判断，可直接确定有无效力的要件，称为生效要件，以与先前的成立要件相对立，**我们也可以这样总结：同属强制规定，成立要件是针对行为人可以控制的范畴，就'自治'应具有的行为要素所设的强制规定，只有'符不符合'**

而'是否生效'的问题；生效要件则是从行为以外整个法律秩序的角度，为贯彻国家的行为'管制'而对私行为加以评价所设的强制规定，只有'是否违反'，以致'是否无效'的问题。前者或生效力或不生效力，后者视情形则还会有有效或全部无效、一部无效乃至相对无效的选择，因此，无论就判断基础或效果而言，都不能说是没有意义的区分。"

"一个初步的建议，是把法律行为的成立，依其'共通'的要件和针对某些行为'特别'设定的要件，再分为（狭义）成立要件与特别生效要件，加上成立后法律秩序对该行为所作的第二道判断——称为'阻却生效要件'，共有三种性质不同的法律行为强制规定。其中成立要件与特别生效要件是单纯就行为发生效力所设的最低要求，都是积极的要件；阻却生效要件则是为了排除反社会的行为，阻却生效只是避免民法挖公法的墙角，因此是消极的要件。前者是从落实私法自治考量，后者则是从落实国家管制考量。"

"以基于程序经济考量而规定的'转换'制度而言，未成立的行为既无任何行为存在，即无转换的可能性。无效的行为则因为行为本身具有反社会性而不能见容于法律秩序，也不可能藉转换而继续生效。因此只有因为不具特别生效要件的行为，有转换生效的可能。……但一般认为无效原因如为违反法律或善良风俗，即不容许为转换的解释，故实际上也只有因为欠缺形式或其他特别生效要件者，始得转换。同理，尚未成立的行为，无所谓'补正'或'治愈'的问题，违反强行规范而无效，则因为无效的原因既不在当事人所能控制的范畴，且属于整体法秩序的非难评价，根本无从补正。只有已成立而因欠缺特别生效要件未生效的行为，当该要件可经由当事人、第三人或国家为一定行为而嗣后具备时，有补正的问题。"[1]

三、合同的无效

合同无效或者说无效的合同，又涉及对"合同"一词的理解。之前的《民法通则》第 54 条将民事法律行为定义为合法行为，为避免"无效的法律行为"、"可撤销的法律行为"等"逻辑矛盾"，又生造出"民事行为"一词。张俊浩先生指出，这些使用类似于"假革命"、"假党员"、"未婚妻"，"具有储藏特别信息的修辞价值，而不存在什么自相矛盾"[2]。确实，法律行为与无效的法律行为、合同与无效合同确实类似于"苹果"与"坏苹果"的关系，系正常的语言

---

〔1〕 苏永钦：《私法自治中的国家强制》，中国法制出版社 2005 年版，第 35~46 页。
〔2〕 张俊浩主编：《民法学原理》，中国政法大学出版社 2000 年版，第 227 页。

现象。现在《民法典》第 133 条将法律行为定义为"民事主体通过意思表示设立、变更、终止民事法律关系的行为"，可以说解决了理论上一直存在的法律行为或者说合同的"合法性"问题[1]。

无效合同以及被撤销的合同的"效力"或者说民事法律效果，被直接置于民法典第一编总则之中，"无效的或者被撤销的民事法律行为自始没有法律约束力"（《民法典》第 155 条），"民事法律行为部分无效，不影响其他部分效力的，其他部分仍然有效"（《民法典》第 156 条）。而原《合同法》第 56 条的规定，"无效的合同或者被撤销的合同自始没有法律约束力。合同部分无效，不影响其他部分效力的，其他部分仍然有效"，则不再在合同编中出现了。

合同无效，只是说不产生当事人期待产生的法律效果，并不是说没有任何法律效果——"民事法律行为无效、被撤销或者确定不发生效力后，行为人因该行为取得的财产，应当予以返还；不能返还或者没有必要返还的，应当折价补偿。有过错的一方应当赔偿对方由此所受到的损失；各方都有过错的，应当各自承担相应的责任。法律另有规定的，依照其规定"（《民法典》第 157 条）。这是原《合同法》第 58 条的规定，现直接将其规定于《民法典》总则编，则合同编中亦不再重复规定了。

理论上，一般认为法律行为或合同的无效，该无效是自始、确定、当然无效，应当按照《民法典》第 157 条（参见《合同法》第 58 条）处理。

但是在中国的司法实践中，某些情况下合同虽然无效，但相关处理却类似于合同有效的处理。比如，《建设工程施工合同司法解释（一）》第 24 条规定："当事人就同一建设工程订立的数份建设工程施工合同均无效，但建设工程质量合格，一方当事人请求参照实际履行的合同关于工程价款的约定折价补偿承包人的，人民法院应予支持。实际履行的合同难以确定，当事人请求参照最后签订的合同关于工程价款的约定折价补偿承包人的，人民法院应予支持。"依据《民法典》第 793 条，"建设工程施工合同无效，但是建设工程经验收合格的，可以参照合同关于工程价款的约定折价补偿承包人。"[2] 又比如，《城镇房屋租赁合同司法解释》第 4 条："房屋租赁合同无效，当事人请求参照合同约定的租金标准

---

　　[1]　需要说明的是，《民法典》沿用了之前《民法通则》以及合同法中关于"合同"的定义，即"合同是民事主体之间设立、变更、终止民事法律关系的协议"，从而模糊了合同与民事法律行为之间的关系。详见本书第一章"合同与合同法"中关于"合同"含义的讨论。

　　[2]　可以看出《民法典》第 793 条及《建设工程合同司法解释（一）》的规定与之前的司法解释有所区别：已失效的"关于审理建设工程施工合同纠纷案件适用法律问题的解释"（法释〔2004〕14 号）第 2 条的规定是"建设工程施工合同无效，但建设工程经竣工验收合格，承包人请求参照合同约定支付工程价款的，应予支持"；目前的规定是会支持当事人折价补偿承包人的请求，一般会比约定的工程价款低，应该有强调管制的效果。

支付房屋占有使用费的，人民法院一般应予支持。"

合同无效与合同成立但未生效不同——无效合同从本质上来说是欠缺合同的有效要件，或者具有合同无效的法定事由，自始不发生法律效力。而未生效合同已具备合同的有效要件，对双方具有一定的拘束力，任何一方不得擅自撤回、解除、变更，但因欠缺法律、行政法规规定或当事人约定的特别生效条件，在该生效条件成就前，不能产生请求对方履行合同主要权利义务的法律效力。[1]

此外，在各种管制政策下，我国的最高人民法院在其众多的司法解释及有关合同纠纷的意见中有尽量促使合同有效的趋势。这符合促进交易的原则。

【讨论】无效合同的类型

原《合同法》第 52 条规定了合同无效的情形。除了欺诈、胁迫损害国家利益，恶意串通，以合法形式掩盖非法目的，损害社会公共利益，还有违反法律、行政法规的强制性规定。现该等规定亦置于民法典总则编中："无民事行为能力人实施的民事法律行为无效"（《民法典》第 144 条）；"行为人与相对人以虚假意思表示实施的民事法律行为无效"（《民法典》第 146 条第 1 款）；"违反法律、行政法规的强制性规定的民事法律行为无效。但是，该强制性规定不导致该民事法律行为无效的除外。违背公序良俗的民事法律行为无效"（《民法典》第 153 条）；"行为人与相对人恶意串通，损害他人合法权益的民事法律行为无效"（《民法典》第 154 条）。

如上所述，依据民法总则及最高人民法院的合同纠纷指导意见，对于法律、行政法规的强制性规定又作出了效力性强制规定和管理性强制规定。

结合最高人民法院相关司法解释，违反法律、行政法规的效力性强制规定，表现为以下几种类型：

第一是对市场准入方面的要求，相当于对自然人行为能力的要求。比如根据《建设工程施工合同司法解释（一）》第 1 条，建筑施工企业资质会影响建设工程合同的效力；第 4 条规定，"承包人超越资质等级许可的业务范围签订建设工程施工合同，在建设工程竣工前取得相应资质等级，当事人请求按照无效合同处理的，人民法院不予支持。"又比如，《国有土地使用权合同纠纷司法解释》（法释〔2005〕5 号，2020 年修正）第 13 条规定："合作开发房地产合同的当事人一方具备房地产开发经营资质的，应当认定合同有效。当事人双方均不具备房地产开发经营资质的，应当认定合同无效。但起诉前当事人一方已经取得房地产开发经营资质或者已依法合作成立具有房地产开发经营资质的房地产开发企业的，应当认定合同有效。"但在目前司法实践中，大部分资质或行政许可方面的要求并

---

〔1〕 见《九民纪要》第 37 条。

不影响合同的效力。

第二是标的非法对合同效力的影响。比如根据《城镇房屋租赁合同纠纷司法解释》第3条，"出租人就未经批准或者未按照批准内容建设的临时建筑，与承租人订立的租赁合同无效。但在一审法庭辩论终结前经主管部门批准建设的，人民法院应当认定有效。租赁期限超过临时建筑的使用期限，超过部分无效。但在一审法庭辩论终结前经主管部门批准延长使用期限的，人民法院应当认定延长使用期限内的租赁期间有效。"需说明的是，依据该解释，该等非法之标的可以因随后取得批准而合法，从而认定相关租赁合同为有效；此外，"房屋租赁合同无效，当事人请求参照合同约定的租金标准支付房屋占有使用费的，人民法院一般应予支持"（该解释第4条）。

第三是行为需取得行政许可或登记备案的。比如《商品房买卖合同纠纷司法解释》第2条："出卖人未取得商品房预售许可证明，与买受人订立的商品房预售合同，应当认定无效，但是在起诉前取得商品房预售许可证明的，可以认定有效。"而《外商投资企业纠纷司法解释（一）》第1条规定："当事人在外商投资企业设立、变更等过程中订立的合同，依法律、行政法规的规定应当经外商投资企业审批机关批准后才生效的，自批准之日起生效；**未经批准的，人民法院应当认定该合同未生效**。当事人请求确认该合同无效的，人民法院不予支持。前款所述合同因未经批准而被认定未生效的，不影响合同中当事人履行报批义务条款及因该报批义务而设定的相关条款的效力。"但中国的《外商投资法》已于2020年1月1日生效，之后的外商投资合同只有违反外商投资准入负面清单禁止投资的或者违反限制投资的管制措施且判决前不能补正的，法院才会认定为无效。[1]

---

〔1〕　需要说明的是，中国的《外商投资法》已于2019年3月15日通过并于2020年1月1日生效，依据该法第42条规定，"本法自2020年1月1日起施行。《中华人民共和国中外合资经营企业法》、《中华人民共和国外资企业法》、《中华人民共和国中外合作经营企业法》同时废止。"依据该法第4条规定，"国家对外商投资实行准入前国民待遇加负面清单管理制度"，"国家对负面清单之外的外商投资，给予国民待遇。"相应地，依据《最高人民法院关于适用〈中华人民共和国外商投资法〉若干问题的解释》（法释〔2019〕20号）规定了外商投资准入负面清单制度对投资合同效力的影响。其第2条规定，"对外商投资法第4条所指的外商投资准入负面清单之外的领域形成的投资合同，当事人以合同未经有关行政主管部门批准、登记为由主张合同无效或者未生效的，人民法院不予支持。前款规定的投资合同签订于外商投资法施行前，但人民法院在外商投资法施行时尚未作出生效裁判的，适用前款规定认定合同的效力"。第3条规定，"外国投资者投资外商投资准入负面清单规定禁止投资的领域，当事人主张投资合同无效的，人民法院应予支持"。第4条规定，"外国投资者投资外商投资准入负面清单规定限制投资的领域，当事人以违反限制性准入特别管理措施为由，主张投资合同无效的，人民法院应予支持。人民法院作出生效裁判前，当事人采取必要措施满足准入特别管理措施的要求，当事人主张前款规定的投资合同有效的，应予支持。"第5条则规定，"在生效裁判作出前，因外商投资准入负面清单调整，外国投资者投资不再属于禁止或者限制投资的领域，当事人主张投资合同有效的，人民法院应予支持。"可见，中国的最高人民法院在对待外商投资合同效力认定方面，亦采取了务实灵活的态度。

此外，还有格式条款无效的情形（《民法典》第 497 条）、合同免责条款无效的情形（《民法典》第 506 条）、合同法分则各有名合同有合同无效的具体情形的规定。

另外，值得一提的是《九民纪要》[1] 在其第三部分"关于合同纠纷的审理"中，专门就合同效力作出规定。依据《九民纪要》第 30 条内容，下列强制性规定，应当认定为"效力性强制性规定"：强制性规定涉及金融安全、市场秩序、国家宏观政策等公序良俗的；交易标的禁止买卖的，如禁止人体器官、毒品、枪支等买卖；违反特许经营规定的，如场外配资合同；交易方式严重违法的，如违反招投标等竞争性缔约方式订立的合同；交易场所违法的，如在批准的交易场所之外进行期货交易。关于经营范围、交易时间、交易数量等行政管理性质的强制性规定，一般应当认定为"管理性强制性规定"。

【案例 5-1】 福建金石制油有限公司、中纺粮油（福建）有限公司、漳州开发区汇丰源贸易有限公司、嘉吉国际公司（CargillInternationalSA）买卖合同纠纷二审案[2]（恶意串通）

该案系最高人民法院二审终审判决。

关于本案中福建金石公司、田源公司、汇丰源公司相互之间订立的合同是否构成恶意串通、损害嘉吉公司利益的合同，最高人民法院指出：

"首先，福建金石公司、田源公司在签订和履行《国有土地使用权及资产买卖合同》的过程中，**其实际控制人之间系亲属关系，且王晓琪和柳锋分别作为福建金石公司与田源公司的法定代表人在《国有土地使用权及资产买卖合同》上签署，王晓琪和柳锋系夫妻关系，因此，可以认定福建金石公司与田源公司在签**署以及履行转让福建金石公司国有土地使用权、房屋、设备的合同过程中，田源公司对福建金石公司的状况是非常清楚的，对包括福建金石公司在内的金石集团因'红豆事件'被仲裁裁决确认对嘉吉公司形成 1337 万美元债务的事实是清楚的。"

"在受让人田源公司明知债务人福建金石公司欠债权人嘉吉公司巨额债务的情况下，其以不合理低价购买福建金石公司的主要资产，足以证明田源公司与福建金石公司在签订《国有土地使用权及资产买卖合同》时具有主观恶意，属恶

---

[1] 即《最高人民法院关于印发〈全国法院民商事审判工作会议纪要〉的通知》（法〔2019〕254 号）。根据该通知，"纪要不是司法解释，不能作为裁判依据进行援引。《会议纪要》发布后，人民法院尚未审结的一审、二审案件，在裁判文书'本院认为'部分具体分析法律适用的理由时，可以根据《会议纪要》的相关规定进行说理。"

[2] 最高人民法院（2012）民四终字第 1 号民事判决书，该案系最高人民法院颁布之指导性案例 33 号。

意串通，该合同的履行足以损害债权人嘉吉公司的利益。"

"综上，福建金石公司与田源公司于 2006 年 5 月 8 日签订的《国有土地使用权及资产买卖合同》、田源公司与汇丰源公司于 2008 年 2 月 21 日签订的《买卖合同》属于恶意串通、损害嘉吉公司利益的合同。根据《中华人民共和国合同法》第五十二条第（二）项的规定，均应当认定无效。"

四、合同效力认定的特别规则

（一）表见代表情形下合同对被代表人发生效力

依据《民法典》第 504 条，法人的法定代表人或者非法人组织的负责人超越权限订立的合同，除相对人知道或者应当知道其超越权限外，该代表行为有效，订立的合同对法人或者非法人组织发生效力。

【案例 5-2】广发银行股份有限公司郑州商鼎支行与刘国民追偿权纠纷再审案[1]（表见代表）

本院经审查认为，本案的焦点问题是刘国民代偿的 3602 万元应否由广发银行偿还。

首先，已生效的河南省郑州市中级人民法院（2015）郑刑一初字第 43 号刑事判决查明：为了弥补炒股亏损、偿还购买股票时的借款及利息，被告人王洪新采用假冒广发银行名义向他人借款，或者假借其他单位的名义借款、以广发银行名义进行担保的形式，向被害单位河南省工商联投资担保有限公司等公司以及被害人林杰等人借款，在被害公司或个人将款项转入王洪新指定的公司或个人账户后，王洪新将借款用于投资股票、归还到期借款或利息。……**根据该刑事判决确认的事实，王洪新系使用伪造的广发银行的印章，假冒该行的名义，与林杰签订了案涉借款 4000 万元的《合作协议》，且该行为构成合同诈骗罪。因此，案涉《合作协议》的签订不是广发银行的真实意思表示，也不属于王洪新履行其职务的行为。**

其次，已生效的河南省高级人民法院（2015）豫法民二终字第 209 号民事判决查明：2012 年 7 月 18 日，林杰与"广发银行"签订编号为 2012718 的《合作协议》一份，约定广发银行共计使用林杰 4000 万元，自 2012 年 7 月 18 日至 2012 年 8 月 19 日。《合作协议》上有王洪新的签字及加盖"广发银行"印章，但《合作协议》上"广发银行"印章经鉴定不是该行真实印章。王洪新在《合

---

[1]　最高人民法院（2019）最高法民申 6851 号民事裁定书。

作协议》上书写，我行指定的账号：62×××99，户名：刘双军，汇入金额叁仟万元整；账号 62×××67，户名：王正洋，汇入金额壹仟万元整。同日，勍香公司、刘双军、刘国民作为保证人与债权人林杰签订《保证合同》一份，主要约定：为保障债权人与主合同债务人广发银行所签订的编号为 2012718 的借款合同项下的债权，保证人愿意为主合同项下的债权向债权人提供连带责任保证担保；主债权为本金 4000 万元，利率为月息 5%，贷款期限自 2012 年 7 月 18 日始至 2012 年 8 月 19 日止。该《保证合同》签订时，刘双军、刘国民是勍香公司的股东。协议签订后，2012 年 7 月 19 日，林杰向刘双军的账户 62×××99 转款 1500 万元，梁艳受林杰委托向刘双军的账户 62×××99 转款 500 万元，孔威受林杰委托分别向刘双军的账户 62×××99 及王正洋的账户 62×××67 各转款 1000 万元。

对此本院认为，广发银行作为金融机构，其经营范围是法定、明确的，主要为吸收公众存款、发放贷款、办理结算等业务。**从案涉《合作协议》约定的高息（月息 5%）内容以及款项不是支付到广发银行的单位账户，而是支付到个人账户看，这并不符合金融机构经营范围的外观特征；且刘国民、刘双军均是担保人勍香公司的股东，刘双军既是担保人，也是《合作协议》中的指定收款人，收款金额为 3000 万元。故刘国民应当知道该借款不属于金融机构经营范围的业务，在此情况之下，其仍然提供担保，未尽到应有注意义务、存在过错，不属于善意相对人。因此，王洪新的行为不符合《合同法》第四十九条、第五十条规定的表见代理、表见代表之情形，不构成表见代理或表见代表。**

至于已生效的河南省高级人民法院（2015）豫法民二终字第 209 号民事判决认定："与林杰签订《合作协议》的广发银行原法定代表人王洪新虽然涉嫌合同诈骗，但其诈骗行为并非《中华人民共和国合同法》第五十二条所规定的导致合同无效的情形，《合作协议》为有效协议"的内容。该生效判决所表述的《合作协议》签订主体是林杰与广发银行原法定代表人王洪新，并未认定广发银行是《合作协议》的签订主体。**因案涉《合作协议》是王洪新使用伪造的广发银行印章，假冒该行的名义与林杰签订，该协议不是广发银行的真实意思表示，也不属于王洪新履行其职务的行为，且王洪新的行为亦不构成表见代理或表见代表，故该《合作协议》对广发银行不产生法律拘束力。原审法院以该《合作协议》有效，进而判令广发银行偿还刘国民代偿款 3602 万元及利息，缺乏事实及法律依据。**

再次，《最高人民法院关于在审理经济纠纷案件中涉及经济犯罪嫌疑若干问题的规定》第五条规定："行为人盗窃、盗用单位的公章、业务介绍信、盖有公章的空白合同书，或者私刻单位的公章签订经济合同，骗取财物归个人占有、使用、处分或者进行其他犯罪活动构成犯罪的，单位对行为人该犯罪行为所造成的经济损失不承担民事责任。**行为人私刻单位公章或者擅自使用单位公章、业务介绍信、盖有公章的空白合同书以签订经济合同的方法进行的犯罪行为，单位有明显过错，且该过错行为与被害人的经济损失之间具有因果关系的，单位对该犯罪行为所造成的经济损失，依法应当承担赔偿责任。**" 根据该司法解释的规定，行为人私刻单位的公章签订经济合同，以签订经济合同的方法进行的犯罪行为，单位无过错，则对行为人该犯罪行为所造成的经济损失不承担民事责任；**单位有明显过错，且该过错行为与被害人的经济损失之间具有因果关系的，单位对该犯罪行为所造成的经济损失，依法承担赔偿责任。即，单位对行为人的犯罪行为所造成的经济损失，依法承担的是过错赔偿责任。**而原审法院关于"刘国民的损失与王洪新作为广发银行负责人的特殊身份有关，也与广发银行制度不健全、用人失察，公章管理不善密不可分，广发银行应当承担相应的民事责任，依据《最高人民法院关于在审理经济纠纷案件中涉及经济犯罪嫌疑若干问题的规定》第五条第二款规定，判令广发银行偿还刘国民代偿款 3602 万元及利息"的认定，是判令广发银行承担全部的赔偿责任，该认定缺乏相应事实及法律依据，且广发银行是否存在过错，应否承担过错赔偿责任需进一步审理查明。

【案例 5-3】 山西商融融资担保股份有限公司、陕西博融中创科技有限公司金融借款合同纠纷二审案[1]（表见代表）

关于商融担保公司与民生银行太原分行所签《最高额保证合同》的效力问题。原审中，**民生银行太原分行提交了 2014 年 5 月 11 日商融担保公司董事会决议，证明商融担保公司董事会"授权法定代表人刘利子 3000 万以下对外提供贷款担保及其他法律规定的担保并签署与担保事宜有关的合同和文件"，商融担保公司对该决议的真实性提出异议，主张刘利子系越权代表，且该证据系刘利子通过拼接方式伪造，并申请对证据进行鉴定。对此本院认为，上述《最高额保证合同》除具备有效的形式要件（加盖商融担保公司有效公章，并由时任法定代表人刘利子签字）外，商融担保公司另向民生银行太原分行提供了加盖该公司公章的董事会决议复印件，可以证明民生银行太原分行在签订上述《最高额保证合同》时对商融担保公司董事会决议进行了形式审查，已尽到必要的注意义务，应当认定其构成善意。即使刘利子的行为越权，因其当时作为商融担保公司的法定代表人，在民生银行太原分行为善意的情况下，也应认定其行为构成表见代表，对商融担保公司仍发生法律效力。且商融担保公司性质系以为他人提供担保为主营业务的担保公司，案涉担保业务属于商融担保公司主要业务范围，无论商融担**

---

[1]　最高人民法院（2019）最高法民终 1791 号民事判决书。

保公司机关决议是否对刘利子进行了授权，均不能认定担保合同的签订违反了商融担保公司的真实意思表示。故有关商融担保公司董事会决议的真实性问题，对案涉《最高额保证合同》的效力并不构成影响，因此原审判决就此问题不存在可能影响案件正确处理的违反法定程序之情形，商融担保公司二审中就此提出的鉴定申请亦缺乏必要性，本院不予准许。

【案例5-4】青海宏信混凝土有限公司、海天建设集团有限公司青海分公司民间借贷纠纷二审案[1]（表见代表·合同成立与无效）

本院认为，根据各方当事人的诉辩意见，本案二审争议焦点为：1. 海天集团公司、海天青海分公司对案涉债务应否承担连带保证责任或民事责任。2. 安多汇鑫公司对案涉债务应否承担连带保证责任。……

……本案中，案涉《协议书》中有海天青海分公司负责人崔文辉签字并加盖海天青海分公司印章。**虽然经鉴定案涉《协议书》中海天青海分公司的印章印文与备案印章印文不一致，但因同一公司刻制多枚印章的情形在日常交易中大量存在，故不能仅以合同中加盖的印章印文与公司备案印章或常用业务印章印文不一致来否定公司行为的成立及其效力，而应当根据合同签订人盖章时是否有权代表或代理公司，或者交易相对人是否有合理理由相信其有权代表或代理公司进行相关民事行为来判断。**本案中，崔文辉作为海天青海分公司时任负责人，其持海天青海分公司印章以海天青海分公司名义签订案涉《协议书》，足以令作为交易相对人的青海宏信公司相信其行为代表海天青海分公司，并基于对其身份的信任相信其加盖的海天青海分公司印章的真实性。而事实上，从海天集团公司单方委托鉴定时提供给鉴定机构的检材可以看出，海天青海分公司在其他业务活动中亦多次使用同一枚印章。因此，**海天集团公司、海天青海分公司以案涉《协议书》中海天青海分公司印章印文与其备案印章印文不一致为由认为海天青海分公司并未作出为案涉债务提供担保的意思表示的主张不能成立。青海宏信公司与海天青海分公司在案涉《协议书》上签章时，双方当事人之间的担保合同关系成立。**

（二）关于海天青海分公司与青海宏信公司之间担保合同效力及相应的责任承担问题

一方面，《中华人民共和国担保法》第十条规定："企业法人的分支机构、职能部门不得为保证人。企业法人的分支机构有法人书面授权的，可以在授权范围内提供保证。"《最高人民法院关于适用〈中华人民共和国担保法〉若干问题的

---

[1] 最高人民法院（2019）最高法民终1535号民事判决书。

解释》第十七条第一款规定："企业法人的分支机构未经法人书面授权提供保证的，保证合同无效。因此给债权人造成损失的，应当根据担保法第五条第二款的规定处理。"**本案中，虽然青海宏信公司与海天青海分公司就案涉债务的担保问题达成一致意见，但海天青海分公司作为海天集团公司的分支机构，未取得海天集团公司的书面授权，而海天集团公司事后亦未对该担保行为进行追认，因此，根据前述法律和司法解释的规定，青海宏信公司与海天青海分公司之间的担保合同无效。**青海宏信公司请求海天集团公司、海天青海分公司承担连带保证责任的主张不能成立。

另一方面，《中华人民共和国担保法》第五条第二款规定："担保合同被确认无效后，债务人、担保人、债权人有过错的，应当根据其过错各自承担相应的民事责任。"第二十九条规定："企业法人的分支机构未经法人书面授权或者超出授权范围与债权人订立保证合同的，该合同无效或者超出授权范围的部分无效，债权人和企业法人有过错的，应当根据其过错各自承担相应的民事责任；债权人无过错的，由企业法人承担民事责任。"《最高人民法院关于适用〈中华人民共和国担保法〉若干问题的解释》第十七条第四款规定："企业法人的分支机构提供的保证无效后应当承担赔偿责任的，由分支机构经营管理的财产承担。企业法人有过错的，按照担保法第二十九条的规定处理。"**本案中，首先，在法律和司法解释对于企业法人分支机构担保条件有明确规定的情况下，青海宏信公司未审查海天青海分公司是否得到海天集团公司书面授权便接受海天青海分公司提供担保，未尽合理注意义务，其自身对于担保合同无效具有一定过错。其次，海天青海分公司在明知未获得海天集团公司书面授权的情况下，对外提供担保，对于担保合同的无效明显具有过错。再次，海天集团公司作为法人，对其设立的分支机构海天青海分公司及选任的负责人崔文辉负有管理义务。但从查明的事实来看，海天集团公司因公司名称变更收回海天青海分公司备案印章后，未及时对外公示，在崔文辉持与海天青海分公司备案印章不一致的印章进行日常经营活动时未予制止。故海天集团公司对于海天青海分公司及其时任负责人崔文辉的行为未能尽到一般善良管理人的审慎注意义务，对于案涉担保合同的无效亦具有过错。因此，**根据上述法律及司法解释以及《中华人民共和国民法总则》第七十四条第二款"分支机构以自己的名义从事民事活动，产生的民事责任由法人承担；也可以先以该分支机构管理的财产承担，不足以承担的，由法人承担"的规定，结合各方当事人的过错程度，本院酌定由海天青海分公司以其经营管理的财产对于青海宏信公司案涉债权不能清偿部分的50%承担赔偿责任，海天青海分公司经营管理的财产不足以承担前述赔偿责任的，由海天集团公司承担。

二、关于安多汇鑫公司对案涉债务是否承担连带保证责任的问题虽然经鉴定案涉《协议书》中安多汇鑫公司的印章印文与安多汇鑫公司提交的样本印章印文不一致，但如前所述，不能仅以合同中加盖的印章印文与公司备案印章印文或常用业务印章印文不一致来否定公司行为的成立及其效力，而应当根据合同签订人是否有权代表或代理公司进行相关民事行为来判断。根据查明的事实，案涉《协议书》签订时，崔文辉为安多汇鑫公司的股东，但并非安多汇鑫公司法定代表人，亦无证据证明其在安多汇鑫公司任职或具有代理安多汇鑫公司对外进行相关民事行为的授权。而仅因崔文辉系安多汇鑫公司股东，不足以成为青海宏信公司相信崔文辉有权代理安多汇鑫公司在案涉《协议书》上签字盖章的合理理由，故崔文辉的行为亦不构成表见代理，对安多汇鑫公司不具有约束力。因此，青海宏信公司与安多汇鑫公司之间并未形成有效的担保合同关系，其主张安多汇鑫公司承担连带保证责任的请求不能成立。一审判决对该问题认定并无不当。

（二）合同不单纯因超越经营范围而无效

《民法典》第505条特别规定，当事人超越经营范围订立的合同的效力，应当依照《民法典》第一编总则第六章第三节（民事法律行为的效力）和第三编的有关规定确定，不得仅以超越经营范围确认合同无效。

该条可以说是中国彻底抛弃计划经济体制下政府对企业经营范围控制的体现。

（三）人身损害以及故意或重大过失造成对方财产损失免责条款的无效

《民法典》第506条规定，"合同中的下列免责条款无效：①造成对方人身损害的；②因故意或者重大过失造成对方财产损失的。"

该条系对现实中由于合同双方在经济地位等事实上的不平等或存在不平等的格式条款实行的必要调整。

（四）格式条款无效的特别规则

《民法典》第497条规定了格式条款无效的三种情形：一是具有《民法典》总则编第六章第三节关于民事法律行为无效的情形和《民法典》第506条关于免责条款无效的情形；二是"提供格式条款一方不合理地免除或者减轻其责任、加重对方责任、限制对方主要权利"；三是提供格式条款一方排除对方主要权利。

【案例5-5】淮安民贸物流有限公司、中国银行股份有限公司淮安分行金融借款合同纠纷再审案[1]（格式条款）

---

〔1〕 最高人民法院（2020）最高法民申1596号民事裁定书。

关于民贸公司的连带清偿责任问题。《中华人民共和国合同法》第三十九条规定，采用格式条款订立合同的，提供格式条款的一方应当遵循公平原则确定当事人之间的权利和义务，并采取合理的方式提请对方注意免除或者限制其责任的条款，按照对方的要求，对该条款予以说明。格式条款是当事人为了重复使用而预先拟定，并在订立合同时未与对方协商的条款。第四十条规定，格式条款具有本法第五十二条和第五十三条规定情形的，或者提供格式条款一方免除其责任、加重对方责任、排除对方主要权利的，该条款无效。《最高人民法院关于适用〈中华人民共和国合同法〉若干问题的解释（二）》第十条规定，提供格式条款的一方当事人违反合同法第三十九条第一款的规定，并具有合同法第四十条规定的情形之一的，人民法院应当认定该格式条款无效。《最高额保证合同》关于**"主债务同时存在其他物的担保或保证的，不影响银团抵押权人在本合同项下的任何权利及其行使，银团抵押权人有权决定各担保权利的行使顺序，保证人应按照本合同约定承担担保责任，不得以存在其他担保行使顺序等抗辩债权人"**约定，民贸公司已向高新支行出具确认书，确认其充分理解并接受《最高额保证合同》，不得以存在其他担保及行使顺序等抗辩。由此可见，高新支行、农商行已就上述格式条款向民贸公司履行提示和说明义务，依照前述法律规定，该格式条款有效。

【案例5-6】 西安凯威实业有限公司与苏炜商品房预售合同纠纷再审案[1]（格式条款无效）

本院经审查认为，……（二）关于本案第五、第六层商品房买卖合同解除及购房款本息的返还问题。该部分合同的解除及购房款本息的返还问题具体涉及如下几个方面：1、**本案商品房买卖合同及附件认定为格式合同是否恰当问题。**经查，涉案商品房买卖合同及附件虽与西安市房管局下载的合同文本内容高度一致，但凯威公司提供的文本内容以打印方式将房管局预留的当事人灵活协商部分的文本固定，苏炜在签订合同时并不能自由选择相应条款。原审据此认定涉案合同是格式合同且附件六、附件七及违约金条款属格式条款，并无不当。2、**本案苏炜是否具有解除权问题。**经查，涉案合同第九条约定，出卖人逾期交房90日后，买受人有权解除合同。另外，附件七的内容对买受人行使解除权的期间进行了限制，且同等条件下买受人的责任高于出卖人的责任，使得双方权利义务不对等，加重了苏炜的责任。原审据此认定附件七中对于买受人行使解除权期间的限制无效，依法有据。凯威公司认为合同违反公平原则应属可变更可撤销的合同而

---

〔1〕　最高人民法院（2018）最高法民申155号民事裁定书。

非无效条款，没有事实和法律依据。另外，商品房买卖合同的有效与加重对方责任的格式条款无效并不冲突，凯威公司认为原审对合同效力的认定前后矛盾，于法无据。据此，原审认定苏炜于凯威公司逾期交房 90 天后即 2014 年 2 月 1 日后依约享有合同解除权，并无不当。……

五、合同的附条件与附期限

合同之附条件或附期限，参照《民法典》第一编总则中关于法律行为附条件及附期限的规则。

《民法典》第 158 条规定："民事法律行为可以附条件，但是根据其性质不得附条件的除外。附生效条件的民事法律行为，自条件成就时生效。附解除条件的民事法律行为，自条件成就时失效。"第 159 条规定："附条件的民事法律行为，当事人为自己的利益不正当地阻止条件成就的，视为条件已经成就；不正当地促成条件成就的，视为条件不成就。"

需注意的是，条件为将来发生与否不确定的合法的事实。而期限是将来确定要发生的事实。

《民法典》第 160 条规定："民事法律行为可以附期限，但是根据其性质不得附期限的除外。附生效期限的民事法律行为，自期限届至时生效。附终止期限的民事法律行为，自期限届满时失效。"

【本章思考题】

1. 合同生效是什么意思？

2. 合同生效需要满足什么条件？

3. 哪些情形下合同无效？在中国目前的司法实践中，合同无效是否意味着其绝对、自始、确定无效？

4. 关于效力性强制规定和管理性强制规定你怎么看？

5. 合同不成立、合同成立但未生效与合同无效在处理上有什么不同吗？

【本章推荐阅读文献】

1. 姚明斌："'效力性'强制规范裁判之考察与检讨以《合同法解释二》第 14 条的实务进展为中心"，载《中外法学》2016 年第 5 期。

2. 蓝海："效力性强制规定和管理性强制规定与合同效力探析"，载《广西社会科学》2011 年第 9 期。

3. 徐干忠："识别效力性强制性规定的方法"，载《人民司法》2011 年第

6 期。

4. 张华："效力性强制性规定的类型化识别"，载《人民司法》2013 年第
23 期。

5. 苏永钦：《私法自治中的国家强制》，中国法制出版社 2005 年版。

第六章

合同的可撤销及效力待定

合同成立后，满足合同的生效要件则成为有效的合同，即按照合同当事人的意思产生权利与义务；如果存在合同无效的情形则合同无效，即不会按照当事人的意思产生其期待产生的权利与义务，但会有其他法律效果，已如前述。而根据中国法律，某些已成立并生效的合同有可能会被撤销；而有些已成立的合同则效力待定，有待其他法律事实的发生而导致其生效或者无效。

一、合同的可撤销

（一）合同可撤销的情形

《民法典》第 147~151 条规定了民事法律行为可撤销的情形。

1. 重大误解的情形。《民法典》第 147 条：基于重大误解实施的民事法律行为，行为人有权请求人民法院或者仲裁机构予以撤销。

2. 一方欺诈的情形。《民法典》第 148 条：一方以欺诈手段，使对方在违背真实意思的情况下实施的民事法律行为，受欺诈方有权请求人民法院或者仲裁机构予以撤销。

3. 第三人欺诈的情形。《民法典》第 149 条：第三人实施欺诈行为，使一方在违背真实意思的情况下实施的民事法律行为，对方知道或者应当知道该欺诈行为的，受欺诈方有权请求人民法院或者仲裁机构予以撤销。

需注意的是，在第三人欺诈的情形下，受欺诈方撤销权的成立，须合同对方当事人"知道或者应当知道该欺诈行为"。

4. 胁迫的情形。《民法典》第 150 条：一方或者第三人以胁迫手段，使对方在违背真实意思的情况下实施的民事法律行为，受胁迫方有权请求人民法院或者仲裁机构予以撤销。

5. 乘人之危的情形。《民法典》第 151 条：一方利用对方处于危困状态、缺乏判断能力等情形，致使民事法律行为成立时显失公平的，受损害方有权请求人民法院或者仲裁机构予以撤销。

【案例6-1】 虞德明、陈建红与王远明、林春凤房屋买卖合同纠纷案[1]

本院认为：当事人订立、履行合同，应当遵循诚实信用原则，尊重社会公德。房屋买卖属于生活中重大的交易事项，与房屋有关的相关信息应当予以披露。本案涉案房屋内曾发生过三人被杀的凶杀案，尽管房屋本身的使用价值未因此受到影响，但**该信息对原告是否愿意与被告交易及以何种条件进行交易有重大影响。本案在房屋交易过程中，被告认可未向原告告知涉案房屋发生过凶杀案的事实，使原告在违背真实意思的情况下签订了房屋买卖合同并履行完毕，原告有权要求撤销该合同。**综上，对原告要求撤销原、被告签订的房屋买卖合同的诉讼请求，本院予以支持。合同被撤销后，因该合同取得的财产，应当予以返还，有过错的一方应当赔偿对方因此所受到的损失，双方都有过错的，应当各自承担相应的责任。因此，诉争房屋买卖合同被撤销后，被告应返还原告购房款101万元，原告则应将诉争房屋返还被告。被告隐瞒了"凶杀案"的信息，使原告与其进行房屋交易，原告在交易过程中未尽审慎审查义务，对产生的税费等交易费用损失，双方均有一定的过错，应当各自承担相应的责任，本院酌情认定由被告承担70%的过错责任，原告承担30%的过错责任。……综上，依照《中华人民共和国合同法》第六条、第七条、第五十四条、第五十七条、第五十八条之规定，判决如下：……

【案例6-2】 应婉琦与王路成、应泽美房屋买卖合同纠纷上诉案[2]

本院认为，本案二审争议在于：**王路成作为房屋的出卖人，未主动将涉案房屋内曾有人酒后死亡的事实告诉买受人应婉琦，是否构成欺诈并足以使买受人违背真实意思订立合同。本案所涉房屋作为长久性居住的不动产，对一般人而言，居住使用过程中偶然发生"生老病死"亦属正常现象，并非决定缔约与否的决定性因素，**因此，作为出卖方王路成无须主动加以披露，除非买受方购买房屋时有特殊的用途及特别的要求，本案中买受方应婉琦没有证据证明其在购房时提出过购房用作婚房及要求房内不能发生死亡事件的特殊要求，故王路成没尽告知义务并不构成欺诈。为鼓励交易，维护交易安全，原审法院驳回应婉琦要求撤销合

---

〔1〕 浙江省杭州市拱墅区人民法院（2015）杭拱民初字第1154号民事判决书。上海政法学院2020级法律硕士研究生张文朋同学协助搜集了该判决。

〔2〕 浙江省金华市中级人民法院（2014）浙金民终字第847号民事判决书。上海政法学院2020级法律硕士研究生张文朋同学协助搜集了该判决。

同之诉讼请求并无不当。上诉人的上诉理由不能成立，故对其上诉请求本院不予支持。原判认定的事实清楚，适用法律和实体处理恰当，应予维持。

（二）民法典对《合同法》关于合同可撤销制度的修正

比较《民法典》第一编民法总则和《合同法》相关条文，可以看出《民法典》就合同可撤销制度的修正。

第一是后果。《民法通则》第 59 条及《合同法》第 54 条都规定了撤销权人可以请求"变更或撤销"，而《民法典》第 147~151 条则仅规定撤销权人有权请求撤销，而没有可以请求变更的权利。应该说这是对对方当事人意思自治的尊重。如果被重大误解、受欺诈、受胁迫或危机被乘之人对已生效的合同不满，若双方愿意自可协商变更，协商不成则可行使撤销权撤销系争合同，但如果强行规定单方"有权"请求法院或仲裁机构变更，有违合同当事人意思自治的基本理念。应该说《民法典》这一修正是个进步。

第二是可撤销的情形不同。《民法典》第 147~151 条规定的可撤销的情形如上。而《合同法》第 54 条的规定则是："下列合同，当事人一方有权请求人民法院或者仲裁机构变更或者撤销：①因重大误解订立的；②在订立合同时显失公平的。一方以欺诈、胁迫的手段或者乘人之危，使对方在违背真实意思的情况下订立的合同，受损害方有权请求人民法院或者仲裁机构变更或者撤销。当事人请求变更的，人民法院或者仲裁机构不得撤销。"

可以看出，《民法典》取消了单因"显失公平"而请求撤销的情形，增加了第三人欺诈的情形，危机被乘情形则增加了"民事法律行为成立时显失公平"的要件。

（三）撤销权的消灭

《民法典》第 152 条规定，"有下列情形之一的，撤销权消灭：①当事人自知道或者应当知道撤销事由之日起 1 年内、重大误解的当事人自知道或者应当知道撤销事由之日起 90 日内没有行使撤销权；②当事人受胁迫，自胁迫行为终止之日起 1 年内没有行使撤销权；③当事人知道撤销事由后明确表示或者以自己的行为表明放弃撤销权。当事人自民事法律行为发生之日起 5 年内没有行使撤销权的，撤销权消灭。"

对于可撤销的合同，在撤销权存续期间，撤销权人没有行使撤销权，可撤销合同虽然有效，但其是一个效力不稳定的合同，可能因被撤销而归于无效。而在撤销权消灭后，该可撤销合同就变成一个效力稳定的有效的合同，亦即合同双方依据合同所生之权利义务归于稳定。如果撤销权人行使了撤销权，则可撤销的合同自始无效。

需注意的是，《民法典》第 152 条规定的"重大误解的当事人自知道或者应当知道撤销事由之日起 90 日内没有行使撤销权"，撤销权将消灭。从比较法的角度，这一规定较为罕见，也许重大误解表意人撤销权的较短除斥期间（90 日）以表意人对撤销事由的"明知"（而不是现在的"知道或应当知道"）为要件更为合理。

二、效力待定的合同

（一）限制行为能力人实施的非纯获利益的合同

《民法典》第 145 条规定："限制民事行为能力人实施的纯获利益的民事法律行为或者与其年龄、智力、精神健康状况相适应的民事法律行为有效；实施的其他民事法律行为经法定代理人同意或者追认后有效。相对人可以催告法定代理人自收到通知之日起 30 日内予以追认。法定代理人未作表示的，视为拒绝追认。民事法律行为被追认前，善意相对人有撤销的权利。撤销应当以通知的方式作出。"

（二）表见代理以外的无权代理的情形

《民法典》第 171 条规定："行为人没有代理权、超越代理权或者代理权终止后，仍然实施代理行为，未经被代理人追认的，对被代理人不发生效力。相对人可以催告被代理人自收到通知之日起 30 日内予以追认。被代理人未作表示的，视为拒绝追认。行为人实施的行为被追认前，善意相对人有撤销的权利。撤销应当以通知的方式作出。行为人实施的行为未被追认的，善意相对人有权请求行为人履行债务或者就其受到的损害请求行为人赔偿。但是，赔偿的范围不得超过被代理人追认时相对人所能获得的利益。相对人知道或者应当知道行为人无权代理的，相对人和行为人按照各自的过错承担责任。"

就被代理人的追认，《民法典》第 503 条规定，"无权代理人以被代理人的名义订立合同，被代理人已经开始履行合同义务或者接受相对人履行的，视为对合同的追认"。

三、表见代理与表见代表

《民法典》第 172 条规定了表见代理的情形："行为人没有代理权、超越代理权或者代理权终止后，仍然实施代理行为，相对人有理由相信行为人有代理权的，代理行为有效。"

《民法典》第 504 条规定了表见代表的情形："法人的法定代表人或者非法人

组织的负责人超越权限订立的合同，除相对人知道或者应当知道其超越权限外，该代表行为有效，订立的合同对法人或者非法人组织发生效力。"

【案例6-3】张玉航与中太建设集团股份有限公司、张玉民间借贷纠纷再审案[1]

关于张玉航（一审原告，二审被上诉人，再审申请人）因与被申请人中太建设集团股份有限公司（以下简称中太集团，一审被告，二审上诉人，再审被申请人）、张玉（一审被告，二审被上诉人，再审被申请人）民间借贷纠纷，最高人民法院指出：

"本案的争议焦点是张玉的借款行为是否构成表见代理。关于表见代理，《中华人民共和国合同法》第四十九条规定，行为人没有代理权、超越代理权或者代理权终止后以被代理人名义订立合同，相对人有理由相信行为人有代理权的，该代理行为有效。依据该规定，**张玉航主张张玉的借款行为构成表见代理，应当承担举证责任，一方面需举证证明张玉的代理行为存在有权代理的客观表象形式要素，另一方面需证明其善意且无过失地相信张玉具有代理权。首先，从张玉航提交的借款合同及收款条上看，张玉在借款合同及收款条中均注明借款人为中太集团香格今典项目部，且加盖了中太集团香格今典项目部的印章，具备一定的有权代理的客观表象。但是，从张玉航出借款项的流向上看，相关款项系直接存入或转账存入张玉的会计田美娟、张春莲个人的银行卡，而非存入中太集团香格今典项目部或者中太集团的账户，形式要素上有所欠缺。其次，张玉航与张玉系表兄弟关系，张玉航对张玉的身份、借款的具体用途等情况应当是知晓的。张玉航未能证明其善意且无过失地相信张玉具有代理权，能够代表中太集团借款，故不符合表见代理的构成要件。**"

【案例6-4】利川市创格尔房地产开发有限公司、重庆石船建设开发有限公司建设工程施工合同纠纷再审案[2]

本院经审查认为，本案的焦点问题是：一、原审法院认定创格尔公司为本案适格被告是否有误。二、原审法院认定王文魁以伪造的创格尔公司印章与石船建设公司签订协议的行为构成表见代理并判令创格尔公司承担相应民事责任是否有误。

······

---

[1] 最高人民法院（2015）民申字第1895号民事裁定书。

[2] 最高人民法院（2019）最高法民申5243号民事裁定书。

二、原审法院认定王文魁以伪造的创格尔公司印章与石船建设公司签订协议的行为构成表见代理并判令创格尔公司承担相应民事责任是否有误的问题。

《中华人民共和国民法总则》第一百七十二条规定："行为人没有代理权、超越代理权或者代理权终止后，仍然实施代理行为，相对人有理由相信行为人有代理权的，代理行为有效。"根据该条法律规定，**无权代理行为人在实施代理行为过程中，存在令相对人相信行为人具有代理权的表征，且相对人为善意、无过失的，即构成表见代理。**

原审已查明，2011 年 7 月 22 日，利川市谋道镇政府（甲方）与创格尔公司（乙方）订立《新天地避暑山庄开发项目协议》，约定乙方在谋道镇药材村二组厚柏树开发"新天地避暑山庄项目"，占地面积约 16 亩（以红线图为准），建筑面积约 6 万平方米，投资规模 7000 万元等。王文魁代表创格尔公司签名。2012年 5 月 19 日，创格尔公司向王文魁出具《委托书》，载明："兹委托王文魁同志，身份证号码（略），为创格尔公司利川市谋道镇苏马荡新天地避暑山庄项目负责人。特此委托！"……此外，创格尔公司 2014 年 4 月 24 日向利川市环境保护局就新天地避暑山庄项目提交的环境评估申请表中，载明的项目联系人即为王文魁，载明的规划用地面积为 80 亩，总面积 10 万平方米。2014 年 10 月 9 日，创格尔公司、新纽沃德公司（甲方）与石船建设公司（乙方）就案涉工程订立《建设工程承包合同》，王文魁以创格尔公司代理人身份签名并加盖"创格尔公司"印章。2015 年 6 月 22 日，王文魁再次以创格尔公司代理人身份与石船建设公司订立《补充协议》，对案涉工程承包合同的部分内容进行变更。另外，已发生法律效力的（2017）鄂 28 刑终 10 号刑事裁定认定：……2014 年 10 月 9 日，王文魁在未经创格尔公司授权的情况下，以该公司名义及新纽沃德公司名义与石船建设公司订立案涉工程承包合同；**在案涉工程承包合同中王文魁使用的"创格尔公司"印章，系王文魁以创格尔公司在双方订立的《房地产开发合作协议书》中的印章印文为样本，私自刻制并使用；同时，王文魁还私刻了印文为"创格尔公司新天地项目合同专用章"印章一枚，该枚印章在 2016 年 3 月 27 日，王文魁以新纽沃德公司、创格尔公司新天地项目部名义与石船建设公司订立有关案涉工程决算的《协议书》上使用。**

根据前述查明的事实，创格尔公司与王文魁之间订立了《房地产开发合作协议书》，约定对外由王文魁以创格尔公司名义从事案涉房地产项目开发，创格尔公司收取约定的管理费，不承担出资义务等。此后，**创格尔公司向王文魁出具了授权委托书，委托王文魁为"利川市谋道镇苏马荡新天地避暑山庄项目负责人"，该授权行为已具有通常认知的外表授权。同时，利川市发展和改革局向创格尔公司出具的《关于谋道镇新天地避暑山庄建设项目可行性研究报告的批复》**

等行政职能部门作出的批复材料，亦使石船建设公司对王文魁能够代表创格尔公司实施案涉新天地避暑山庄项目形成合理信赖。此外，根据创格尔公司提交的王文魁 2016 年 8 月 23 日在利川市看守所接受公安机关询问的笔录显示：王文魁自述在 2014 年 10 月 9 日当日与石船建设公司商定好以后就签订了合同，对方（即石船建设公司）加盖了公章，因其是挂靠创格尔公司，找该公司法定代表人周松林盖章，他一直未在，拖了差不多一两个月时间都未能加盖公章，最后因对方公司催得比较急，就伪造了一枚创格尔公司的公章。**结合王文魁陈述的案涉施工承包合同的订立过程，以及原审庭审中石船建设公司陈述王文魁与其订立案涉施工承包合同时提供了创格尔公司向王文魁出具的授权委托书、王文魁以创格尔公司代表人名义与谋道镇政府订立的《新天地避暑山庄开发项目协议》等事实，石船建设公司在订立案涉施工承包合同过程中应属于善意且无重大过失。**故原审法院认定王文魁以创格尔公司名义签订案涉施工承包合同以及在案涉项目实施中的相关民事行为构成表见代理，并无不当。

创格尔公司提交的利川市自然资源和规划局于 2019 年 4 月 30 日作出的利自然资罚（2019）52 号《行政处罚决定书》，该处罚决定虽针对王文魁个人作出，但在该处罚决定中已载明："经调查，王文魁于 2011 年 6 月开始在利川市谋道镇药材社区居民委员会 1 组开发'新天地避暑山庄'项目第二期过程中，开发的商住楼及小区附属设施未办理任何用地手续……"，即该处罚决定所涉及的非法占用土地的建筑物及设施属于王文魁与创格尔公司订立《房地产开发合作协议书》约定的"新天地避暑山庄"项目，只是王文魁未依法办理项目前期的土地出让、规划审批、施工许可等相关手续。因此，该处罚决定虽针对王文魁作出，但并不能否定王文魁与创格尔公司合作开发"新天地避暑山庄"项目的事实。故创格尔公司申请再审主张的案涉房产属于王文魁个人开发的违法建筑，与创格尔公司无关的理由不能成立，本院不予支持。

【本章思考题】

1. 在哪些情形下合同可撤销？
2. 撤销权在什么情形下消灭？
3. 民法典与《合同法》就可撤销的合同规则有何不同？
4. 限制行为能力人及无权代理人实施的合同效力如何？
5. 何谓表见代理？

第七章

合同的履行

当事人履行合同应当全面、适当。所谓全面，即不能部分履行；所谓适当，即当事人应当遵循诚实信用原则，根据合同的性质、目的和交易习惯履行通知、协助、保密等义务。值得一提的是，《民法典》第 509 条相较之前的《合同法》第 60 条，其还增加了"当事人在履行合同过程中，应当避免浪费资源、污染环境和破坏生态"作为该条的第 3 款，该条款与《民法典》第 9 条所谓的"绿色原则"一脉相承，但其在司法实践中的作用还有待观察[1]。

一、合同约定不明的履行规则

1. 协议补充。合同生效后，如果当事人就质量、价款或者报酬、履行地点等内容没有约定或者约定不明确的，可以协议补充；不能达成补充协议的，按照合同相关条款或者交易习惯确定（《民法典》第 510 条）。

如前所述，一般来说，包括了标的和数量，即可构成要约[2]。因此，合同成立、生效后，当事人可以进一步就质量、价款或者报酬、履行地点等内容进行补偿协议。也就是说，上述内容没有约定或约定不明确，并不影响合同的成立与生效。

就交易习惯而言，已废止的《合同法司法解释二》第 7 条规定："下列情形，不违反法律、行政法规强制性规定的，人民法院可以认定为合同法所称'交易习

---

〔1〕　"浪费资源、污染环境和破坏生态"当然是不对的，对于其刑事和行政法律效果，《民法典》似乎不宜做过多考虑，最多从合同法规则和侵权法规则角度有所规制。污染环境、破坏生态在侵权法方面可能存在适用余地，但从合同法规则方面，如果合同约定被认定"浪费资源、污染环境和破坏生态"的话会因此无效吗？或者一方可以"浪费资源、污染环境和破坏生态"为由有权拒绝履行？该条款在合同法规则方面的裁判作用值得观察。当然，如果只是作为宣示性的口号，则另当别论。

〔2〕　见前述关于要约之要素的讨论，同时见已废止的《合同法司法解释二》第 1 条，需说明的是，该司法解释虽已废止，但其内容仍有一定参考意义。

惯'：①在交易行为当地或者某一领域、某一行业通常采用并为交易对方订立合同时所知道或者应当知道的做法；②当事人双方经常使用的习惯做法。对于交易习惯，由提出主张的一方当事人承担举证责任。"

【案例 7-1】 中海供应链管理（上海）有限公司与上海升厚国际物流有限公司海运集装箱租赁合同纠纷上诉案[1]

本案二审争议焦点为：1、中海供应链公司与升厚物流公司通过邮件进行确认集装箱超期使用费用是否构成合同法规定的交易习惯；2、中海供应链公司员工对相关集装箱超期使用费进行确认是否具有法律效力；3、升厚物流公司主张的长荣公司集装箱超期使用费是否应得到支持。

关于中海供应链公司与升厚物流公司通过邮件进行集装箱超期使用费用确认是否构成合同法规定的交易习惯。根据在案证据，本案中中海供应链公司与升厚物流公司依据双方签订的《内贸用箱协议》进行集装箱用箱以及相关费用的结算。具体流程是，中海供应链公司通过邮件向升厚物流公司发送用箱申请，升厚物流公司联系拥有集装箱的船公司，中海供应链公司用完箱后，升厚物流公司向中海供应链公司发送邮件进行费用确认，中海供应链公司确认后，再向升厚物流公司支付费用。双方在先进行的集装箱业务均按此流程操作，并且中海供应链公司已支付经其确认的金额。涉案集装箱业务及费用结算亦按照此流程。**对这种操作模式以及集装箱超期使用费金额确认方式中海供应链公司从未提出异议，为双方经常使用的习惯做法，不违反法律、行政法规强制性规定，符合《中华人民共和国合同法》所称"交易习惯"。**一审法院认定双方这种交易流程构成《中华人民共和国合同法》所称"交易习惯"并无不当，上诉人关于此点的上诉被驳回。

关于中海供应链公司员工对相关集装箱超期使用费进行确认是否具有法律效力。终审法院认为，涉案集装箱超期使用费（包括已付款的在先业务和涉案业务）结算均由中海供应链公司员工通过发送邮件给升厚物流公司进行确认。中海供应链公司上诉主张发送邮件进行费用确认的员工未获公司授权，但未提供证据予以证明。根据相关法律规定，在中海供应链公司未撤销其员工授权并向升厚物流公司发函的前提下，中海供应链公司员工对相关集装箱超期使用费通过发送邮件给升厚物流公司进行确认，应视为代表公司进行的职务行为，其民事责任应由中海供应链公司承担。中海供应链公司关于该点的上诉亦被驳回。

2. 协议补充不成的履行规则。依据《民法典》第 511 条，当事人就合同内

---

[1] 上海市高级人民法院（2016）沪民终 513 号民事判决书。

容约定不明，协议补充不成，且依据合同其他条款或交易习惯（即《民法典》第510条的规定）仍不能确定时，适用以下规则：

（1）质量要求不明确的，按照强制性国家标准履行；没有强制性国家标准的，按照推荐性国家标准履行；没有推荐性国家标准的，按照行业标准履行；没有国家标准、行业标准的，按照通常标准或者符合合同目的的特定标准履行。

（2）价款或者报酬不明确的，按照订立合同时履行地的市场价格履行；依法应当执行政府定价或者政府指导价的，依照规定履行。

（3）履行地点不明确，给付货币的，在接受货币一方所在地履行；交付不动产的，在不动产所在地履行；其他标的，在履行义务一方所在地履行。

（4）履行期限不明确的，债务人可以随时履行，债权人也可以随时要求履行，但应当给对方必要的准备时间。

（5）履行方式不明确的，按照有利于实现合同目的的方式履行。

（6）履行费用的负担不明确的，由履行义务一方负担；因债权人原因增加的履行费用，由债权人负担。

此外，《民法典》第512条就电子合同之商品交付和服务提供作出了规定，第513条延续了之前合同法就合同履行过程中政府定价或者政府指导价调整情形的规则。

【案例7-2】吉林日升木业有限公司、抚松县春龙房地产开发有限公司与抚松县春龙房地产开发有限公司建设用地使用权纠纷申请再审案[1]

春龙公司办理土地使用权证支出的税费应否由日升公司承担的问题。《中华人民共和国合同法》第六十二条规定："当事人就有关合同内容约定不明确，依照本法第六十一条的规定仍不能确定的，适用下列规定：……（六）履行费用的负担不明确的，由履行义务一方负担。"由于春龙公司与日升公司签订的《资产有偿转让协议》和《补充协议》对办理土地使用权证的税费担均未明确，故一二审法院判决由履行办证义务的日升公司承担，并无不当。日升公司称应由春龙公司承担，缺乏法律依据，不应支持。

二、选择之债的履行

相较之前的《合同法》，《民法典》第515～516条新增了有关选择之债的履

行规则。其一，是除非法律另有规定或当事人另有约定或另有交易习惯，债的标的有多项而债务人只需履行其中一项，则债务人有选择权；但"享有选择权的当事人在约定期限内或者履行期限届满未作选择，经催告后在合理期限内仍未选择的，选择权转移至对方"（《民法典》第515条）。其二，选择之债的标的在选择权人的通知到达对方时确定，非经对方同意不得变更；若遇可选标的不能履行，则选择权人不得选择该不能履行的标的，除非是由于对方原因造成该不能履行的情形（《民法典》第516条）。

三、多数人之债的履行

《民法典》第517~521条规定了多数人之债的履行规则。多数人之债分为按份之债和连带之债，债权或债务均可按份或连带。

债权人或债务人为2人以上，为多数人之债；多数人之债的债权或债务，标的可分，债权人按照份额享有债权或者债务人按照份额各自负担债务，则为按份债权或按份债务；如果按份债权人或债务人的份额难以确定，则视为份额相同（《民法典》第517条）。

多数人之债亦可为连带债权或连带债务，在此情形，部分或全部连带债权人可以要求债务人履行债务；债权人可以要求部分或全部连带债务人履行该连带债务（《民法典》第518条）。

需注意的是，根据《民法典》第519条，如果连带债务人之间的份额难以确定的，视为份额相同。实际承担债务超过自己份额的连带债务人，可以就超出部分向其他连带债务人未履行的份额范围内向其追偿，其他连带债务人对债权人的抗辩，可以向该债务人主张；被追偿的债务人不能履行其分担的份额的，则其他连带债务人应在相应份额范围内按比例分担。

根据《民法典》第520条，连带债务部分消灭的，效力及于所有连带债务人，但连带债务人之间依份额清算。

就连带债权，若份额难以确定，视为份额相同；实际受领的连带债权人，应当按比例与其他连带债权人结算（《民法典》第521条）。

四、涉及第三人的合同（涉他合同）的履行

合同当事人可以约定债务人向第三人履行，或者第三人向债权人履行；但不履行或履行不符合约定，则仍由债务人向债权人承担违约责任（《民法典》第522~523条）。

《民法典》第524条进一步规定，债务人不履行债务，第三人对履行该债务具有合法利益的，第三人有权向债权人代为履行；但根据债务性质或者按照当事人约定或按照法律规定只能由债务人履行的除外。债权人接受该第三人的履行，则其债权转让给代为履行的该第三人。

五、合同履行中的抗辩权

1. 同时履行抗辩权。在双务合同中，当事人互负债务，没有先后履行顺序的，应当同时履行。一方在对方履行之前有权拒绝其履行要求。一方在对方履行债务不符合约定时，有权拒绝其相应的履行要求（《民法典》第525条）。

【案例7-3】河北省商务厅驻广州办事处与广州银通房地产开发有限公司房屋买卖合同纠纷申诉案[1]

至于银通公司提出河北省商务厅至今拖欠银通公司10万元购楼款，银通公司有同时履行抗辩权的问题。依据双方当事人于2000年8月15日签订的《协议》，银通公司在2000年11月10日前为河北省商务厅办妥房产确权手续，同时河北省商务厅一次付清30万元人民币。银通公司一直没有为河北省商务厅办妥房产确权手续，河北省商务厅同时履行支付余款的条件尚未成就。在案涉房产高达3800多万元，依银通公司所称河北省商务厅已支付绝大部分款项，仅未支付10万元购房款的情况下，银通公司应依据约定尽快为河北省商务厅办妥产权登记手续。本案中，银通公司未按合同约定履行义务，也未尽到开发商所应尽的责任，原审判令其承担违约责任并无不当。

2. 先履行抗辩权。先履行抗辩权，也有人称为顺序履行抗辩权或者后履行抗辩权，是指在双务合同中，当事人互负债务，有先后履行顺序，应当先履行债务一方未履行的，后履行一方有权拒绝其履行请求。先履行一方履行债务不符合约定的，后履行一方有权拒绝其相应的履行请求（《民法典》第526条）。

【案例7-4】浙江宋都控股有限公司与百科投资管理有限公司、宋都基业投资股份有限公司股权转让纠纷二审案[2]

一审法院认为：关于宋都控股的先履行抗辩权。因双方在《股权转让协议》

---

〔1〕　最高人民法院（2016）最高法民申1854号民事裁定书。
〔2〕　最高人民法院（2013）民二终字第26号民事判决书。

中约定：3 亿元股权转让款分三次给付，每次给付 1 亿元，宋都控股给付百科投资第二个 1 亿元直接用于对三块土地的解押，百科投资将解押后的土地立即抵押给宋都基业。**但宋都控股在给付百科投资 2 亿元后，百科投资也未将解押后的土地抵押给宋都基业，宋都控股在此情况下仍继续履行了第三步，给付百科投资最后 1 亿元中的 5000 万元。这足以说明宋都控股对百科投资未将解押后的土地抵押给宋都基业的事实是接受并认可的，所以，百科投资未有在先义务未履行，宋都控股也不具有先履行抗辩权。**故宋都控股应履行给付百科投资剩余的 5000 万元股权转让款。

但最高法院认为：关于宋都控股是否享有先履行抗辩权。1. 先履行抗辩权的合同及法律依据。根据《股权转让协议》第 3 条的约定，（1）在《股权转让协议》生效之日起 14 个工作日内，即 2010 年 1 月 6 日前，宋都控股向百科投资支付股权转让款 1 亿元，百科投资将标的股权登记过户至宋都控股的证券账户内。（2）百科投资将标的股权登记过户至宋都控股的证券账户之日起 7 日内，宋都控股再向百科投资支付 1 亿元股权转让款，该款用于解除沈南国用（2003）字第 0016 号等三块土地的抵押。该三块土地解押后，应立即抵押给宋都基业。（3）余款 1 亿元作为百科投资与宋都基业签订的《保证合同》中的履约保证款，支付至共管账户。**根据《股权转让协议》约定的履行顺序，宋都控股应在百科投资将沈南国用（2003）字第 0016 号等三块土地抵押给宋都基业之后，支付余款即第三笔 1 亿元股权转让款。**合同法第六十七条规定，当事人互负债务，有先后履行顺序，先履行一方未履行的，后履行一方有权拒绝其履行要求。先履行一方履行债务不符合约定的，后履行一方有权拒绝其相应的履行要求。**据此，在百科投资将沈南国用（2003）字第 0016 号等三块土地抵押给宋都基业之前，宋都控股有权拒绝支付第三笔 1 亿元股权转让款。**百科投资陈述经其与宋都控股协商同意，解除了以土地抵押形式作出担保的有关内容，但百科投资未能提供其他证据证明。故本院对其该陈述不予采信。2. 宋都控股是否放弃了先履行抗辩权。一审法院认为，宋都控股在百科投资未将解押后的土地抵押给宋都基业的情况下，支付了第三笔股权转让款 1 亿元中的 5000 万元，属于宋都控股对未抵押土地的认可。该认定实际上是推定宋都控股完全放弃了先履行抗辩权。宋都控股主张其系被迫支付了第三笔转让款中的 5000 万元，百科投资则认为是双方协商的结果，**但无论宋都控股因何支付该 5000 万元，在没有其他证据的情况下，推定其放弃了该 5000 万元部分的先履行抗辩权，并进而推定其亦放弃了尚未支付 5000 万元的先履行抗辩权显属不当。宋都控股在本案中主张先履行抗辩权，表明宋都控股并未放弃其尚未支付的 5000 万元股权转让款的先履行抗辩权。……在置出资产的归属和百科投资应否承担担保责任尚有争议的情况下，百科投资未**

履行《股权转让协议》约定的其应先履行的土地抵押义务，而要求宋都控股履行其在后的支付股权转让款的义务，缺乏法律依据。4. 关于宋都控股行使先履行抗辩权的意义。《保证合同》第 4 条约定，百科投资和案外人宋都基业实际控制人潘广超的保证范围为《资产置换协议》约定的应由宋都基业承担的交割日前产生的宋都基业的未披露负债和或有负债等所产生的责任。《保证合同》第 5 条约定，抵押是百科投资及潘广超履行《保证合同》的担保形式之一。宋都基业的控股股东百科投资、实际控制人潘广超向宋都基业提供担保，符合《上市公司收购管理办法》第七条的要求，除了保证宋都基业的合法权益，还有保证宋都基业控股股东发生变化后的所有股东合法权益的作用。因此，在百科投资不履行其在先的土地抵押义务时，宋都控股行使先履行抗辩权，其意义不限于保护自身的合同权利，还有保护宋都基业及宋都基业其他股东合法权益的作用。总之，**宋都控股主张先履行抗辩权有合同及法律依据，其并未放弃先履行抗辩权，百科投资拒不履行其在先合同义务的理由不能成立，且宋都控股主张先履行抗辩权还有保护宋都基业及宋都基业其他股东合法权益的意义，故宋都控股主张先履行抗辩权应予支持，百科投资关于宋都控股、宋都基业连带向其支付 5000 万元欠款及违约金的主张没有事实和法律依据。**

3. 不安抗辩权。不安抗辩权，是在双务合同中，合同义务的履行有先后顺序，应当先履行债务的当事人，有确切证据证明对方（即有后履行义务的一方）有下列情形之一的，可以中止履行：①经营状况严重恶化；②转移财产、抽逃资金，以逃避债务；③丧失商业信誉；④有丧失或者可能丧失履行债务能力的其他情形。当事人没有确切证据中止履行的，应当承担违约责任（《民法典》第 527 条）。

【案例 7-5】中国建设银行股份有限公司广州荔湾支行与广东蓝粤能源发展有限公司、惠来粤东电力燃料有限公司等信用证开证纠纷申请再审案[1]

蓝粤能源、蓝海海运、蓝文彬根据《信托收据》所载内容，主张建行荔湾支行未向蓝粤能源交付提单系违约在先，蓝粤能源不应承担违约责任，蓝海海运、蓝文彬亦不应承担担保责任。然而，依据信用证合同及其附件的约定，蓝粤能源对信用证项下的款项负有到期付款义务，建行荔湾支行也只有在蓝粤能源付款后才能放单，并无先行放单的义务。即便是依据《信托收据》所载，建行荔湾支行应先行将提单或提单项下货物交付给蓝粤能源，建行荔湾支行未交付提单

---

〔1〕　最高人民法院（2015）民提字第 126 号民事判决书。

或提单项下货物，也只是不产生以让与货物所有权形式担保建行荔湾支行债权的相应效果，不能因此免除蓝粤能源在信用证项下的付款责任及蓝海海运、蓝文彬的担保责任。何况，**蓝粤能源受能源市场因素影响，经营状况明显恶化，可能丧失履约能力，且其他债权人对蓝粤能源包括提单项下货物在内的财产已经采取保全措施，一旦将提单交付给蓝粤能源，将可能丧失对提单或提单项下货物享有的担保物权。在此情况下，建行荔湾支行基于不安抗辩权拒绝放单，不构成违约，**当然亦不能作为免除或减轻蓝粤能源信用证项下的付款责任及蓝海海运、蓝文彬担保责任的理由，最高法院对蓝粤能源、蓝海海运、蓝文彬的上述主张不予支持。

【本章思考题】

1. 何谓交易习惯？谁承担交易习惯的举证责任？

2. 当合同约定不明，又协议补充不成时，合同如何履行？

3. 什么是同时履行抗辩权？

4. 什么是先履行抗辩权？

5. 什么是不安抗辩权？

6. 多数人之债有哪些种类？其履行规则是怎样的？

7. 涉他合同有哪些履行规则？

第八章

合同的保全：债权人的代位权与撤销权

一、合同保全制度概述

一般来说，债权具有相对性，即仅对债务人发生效力；合同法律关系具有相对性，即仅为合同当事人之间有权利义务关系。比如前述的涉他合同规则，也仅在债权人与债务人之间会有违约责任的发生。

我国合同法的合同保全制度，包括债权人的代位权制度、撤销权制度，是为了保障债权的实现，防止债务人的财产不当减少，在满足特定情形时，赋予债权人撤销债务人与第三人的法律行为所建立的法律关系或者允许债权人直接向债务人的债务人（即次债务人）等相对人追索或作出其他适当行为。

债权人之代位权及撤销权的相关规则，主要规定于《民法典》第三编合同第一分编通则之第五章以及相关司法解释。

代位权及撤销权制度，对保护债权人债权的实现有积极意义。但一方面由于信息不对称，债权人难以获取债务人的相关信息；另一方面对于代位权及撤销权的成就有严格的条件限制。

二、代位权

《民法典》第535条规定："因债务人怠于行使其债权或者与该债权有关的从权利，影响债权人的到期债权实现的，债权人可以向人民法院请求以自己的名义代位行使债务人对相对人的权利，但是该债权专属于债务人自身的除外。代位权的行使范围以债权人的到期债权为限。债权人行使代位权的必要费用，由债务人负担。相对人对债务人的抗辩，可以向债权人主张。"

最高人民法院曾指出[1]，依据《合同法》第 73 条和《合同法司法解释一》（现已废止）[2] 中对代位权的相关规定，行使代位权需要具备四个条件："①债权人对债务人的债权合法；②债务人怠于行使其到期债权，对债权人造成损害；③债务人的债权已到期；④债务人的债权不是专属于债务人自身的债权。"

可以看出，民法典对合同法规定的代位权制度有所修改：①合同法原规定行使代位权的要件之一是债务人怠于行使其到期债权，而民法典则修改为"债务人怠于行使其债权或者与该债权有关的从权利"，因此债务人怠于行使其担保权利（如对保证人的从债权或者其他担保物权）的，债权人也可能代位行使。并且民法典表述的是债权人可以自己名义代位行使"债务人对相对人的权利"，因此代位权适用的对象不限于原合同法规定的债务人对次债务人的债权。②合同法原规定的代位权行使的另一要件是"对债权人造成损害"，民法典将之明确为"影响债权人的到期债权实现"，而对债权人债权到期之前的影响债权实现的行为，另外规定了第 536 条的"保存制度"。

《民法典》第 536 条规定了"保存制度"："债权人的债权到期前，债务人的债权或与该债权有关的从权利存在诉讼时效期间即将届满或者未及时申报破产债权等情形，影响债权人的债权实现的，债权人可以代位向债务人的相对人请求其向债务人履行、向破产管理人申报或者作出其他必要行为。"

就专属于债务人自身的债权，已废止的《合同法司法解释一》第 12 条规定："合同法第 73 条第 1 款规定的专属于债务人自身的债权，是指基于扶养关系、抚养关系、赡养关系、继承关系产生的给付请求权和劳动报酬、退休金、养老金、抚恤金、安置费、人寿保险、人身伤害赔偿请求权等权利。"需要关注随后新的司法解释所作出的相关改变。

就代位权诉讼而言，债权人仅需提供初步证据，法院就应当立案，法院在立案阶段不应进行进一步的实质审查债权人代位权是否成立。

【案例 8-1】辉南县汇丰煤炭生产有限公司（以下简称汇丰公司）因债权人代位权纠纷再审案[3]

最高人民法院在该案中指出："在审查当事人提起的债权人代位权诉讼是否符合立案受理条件时，应在审查该当事人的起诉是否符合民事诉讼法第一百一十

---

[1]　见最高人民法院（2013）民申字第 1473 号民事裁定书，中国银行股份有限公司太原并州支行诉中国农业银行太原府西支行代位权纠纷再审案。

[2]　该解释虽已废止，在新的司法解释出台之前，其部分规则仍有一定参考意义。当然，需注意新的司法解释与废止解释中相应规则比较而出现的变化。

[3]　最高人民法院（2015）民提字第 186 号民事裁定书。

九条规定的起诉条件的同时，结合合同法解释（一）第十一条规定的提起代位权诉讼的条件一并予以审查。从合同法解释（一）第十一条的规定来看，**其一方面阐释了提起代位权诉讼的条件，另一方面亦作为审理此类案件中判断债权人代位权主张能否成立的实体标准。因此，在理解该条文时，应适度区分审查立案及实体判断的不同尺度，避免以审代立或者以立代审。**

本案中，汇丰公司作为债权人，请求以自己的名义代位行使债务人热能公司对次债务人热电公司、能源公司、电力公司享有的债权。**汇丰公司作为起诉人，属于与本案有直接利害关系的法人，有明确的被告，有具体的诉讼请求和事实、理由，其请求解决的事项属于人民法院民事案件受理范围和受诉人民法院管辖，符合民事诉讼法第一百一十九条规定的起诉条件。**同时，结合合同法解释（一）第十一条的规定，汇丰公司亦提供了初步证据用以证明其符合提起债权人代位权诉讼的主体条件、债权到期条件等，对此，受诉人民法院应予立案受理。至于汇丰公司提出的债权人代位权主张最终能否客观成立，属于债权人代位权之诉的实体审理认定事项，应当在立案以后，根据债权人、债务人、次债务人的诉辩主张，结合举证质证以及庭审情况综合判定。因此，抚顺中院、辽宁高院在对该案未予立案，未予开展诉辩交锋以及审理的情况下，即判定汇丰公司主张债权到期缺乏证据证明，并据此不予立案，系对合同法解释（一）第十一条规定的理解过于严格，不利于依法保护当事人的诉讼权利，本院对此予以纠正。"

但如上所述，实践中，债权人获取债务人对他人的债权信息较为困难。从债务人的公开信息（比如会计报表、审计报告等财务报表）中获取的信息，有判例认为不足为证。

【**案例8-2**】福州市鼓楼区中福西湖花园小区业主委员会诉福建中福实业股份有限公司、一审第三人福建省中福置业发展有限公司代位权纠纷再审案[1]

最高人民法院在该案中指出："本案系代位权诉讼，**根据举证责任分配原则，西湖业委会应就中福置业对中福实业享有到期债权这一事实承担举证责任。**西湖业委会主张中福置业对中福实业享有到期债权的主要依据为中福实业2004-2006年度或半年度会计报表，**但这些报表载明的内容仅能反映中福置业对中福实业在上述会计年度内曾享有某些特定债权或者资金占用费会计科目曾做过调整的事实，据此尚不足以得出该部分债权至今仍未得到清偿或者该会计科目调整属于中福实业利用控制人关系变相转移、隐瞒债务的结论。**"

---

〔1〕　最高人民法院（2012）民申字第582号民事裁定书。

在该案中，西湖业委会申请调取中福实业2004年、2005年半年报、2006年半年报报告所依据的中福实业与中福置业应收应付账款及其他应收应付账款的账册工作底稿，也未获法院支持。

就代位权行使的效果，《民法典》第537条规定："人民法院认定代位权成立的，由债务人的相对人向债权人履行义务，债权人接受履行后，债权人与债务人、债务人与相对人之间相应的权利义务终止。债务人对相对人的债权或者与该债权有关的从权利被采取保全、执行措施，或者债务人破产的，依照相关法律的规定处理。"

三、撤销权

相较原《合同法》第73条，《民法典》关于撤销权的规则拆分为第537、538两条，表述也相对严谨、合理。

《民法典》第538条规定："债务人以放弃其债权、放弃债权担保、无偿转让财产等方式无偿处分财产权益，或者恶意延长其到期债权的履行期限，影响债权人的债权实现的，债权人可以请求人民法院撤销债务人的行为。"

《民法典》第539条规定了撤销权产生的另一种情形："债务人以明显不合理的低价转让财产、以明显不合理的高价受让他人财产或者为他人的债务提供担保，影响债权人的债权实现，债务人的相对人知道或者应当知道该情形的，债权人可以请求人民法院撤销债务人的行为。"

行使撤销权当然应以债权人的债权为限，且债权人行使撤销权的必要费用，由债务人负担（《民法典》第540条）。

撤销权自债权人知道或者应当知道撤销事由之日起1年内行使。自债务人的行为发生之日起5年内没有行使撤销权的，该撤销权消灭。《民法典》第541条的规定沿用了原合同法的表述。

在之前的判决中，最高人民法院认为"债权人行使撤销权，应当以真实、合法的债权为前提，并需符合《中华人民共和国合同法》规定的撤销权行使条件。**债权人依法行使撤销权，对债务人和受让财产的第三人而言，均构成不利后果，特别是受让财产的第三人并非债权债务关系的当事人，通过撤销权的方式使其承受不利后果，实则是在法定条件下对合同相对性原则的突破，因此除债务人可以对债权人的债权及撤销权的行使提出相应抗辩外，作为第三人的受让人，同样可以对债权人的债权及撤销权的行使提出异议，并在异议成立的范围内相应对抗债**

权人行使撤销权。"〔1〕

需注意到是，尽管之前的《合同法》第73、74条规定债权人行使代位权、撤销权的必要费用由债务人负担，但已废止的《合同法司法解释一》第26条就撤销权行使的必要费用作特别解释，"债权人行使撤销权所支付的律师代理费、差旅费等必要费用，由债务人负担；第三人有过错的，应当适当分担。"《民法典》第535及540条亦规定债权人行使代位权、撤销权的"必要费用"由债务人负担，但其中是否包含律师代理费、差旅费，值得进一步关注司法解释的动向。

【案例8-3】 赵和平等四人与中卫市嘉兰花纸业有限公司、宁夏贝隆房地产开发有限公司撤销之诉纠纷再审案〔2〕

最高人民法院在该案中指出："嘉兰花公司的股东原为刘硕、史月芳夫妇，刘硕持有62.14%的股权并任法定代表人，史月芳持有37.86%的股权。贝隆房产公司的股东为刘硕、史月芳、宁夏贝隆建筑安装工程有限公司（以下简称贝隆建筑公司），史月芳任法定代表人。贝隆建筑公司是刘硕投资设立的一人有限责任公司（自然人独资）。该三家公司的投资人均为刘硕、史月芳夫妇，登记住所地为同一地点，人员和财务混同。赵和平等四人分别于2011年8月1日、8月18日、8月24日、9月19日起诉嘉兰花公司追索欠款，上述诉讼进行过程中，嘉兰花公司的登记股东及法定代表人发生了以下变动：2012年2月1日，刘硕将持有的嘉兰花公司42.14%的股权变更登记在史建玉名下，史月芳将持有的嘉兰花公司37.86%的股权变更登记在史冠胜名下，嘉兰花公司法定代表人由刘硕变更为史建玉。2012年3月9日，刘硕将持有的嘉兰花公司20%的股权变更登记在雍学书名下。2013年1月23日，雍学书名下的股权变更登记到范岗名下，嘉兰花公司的法定代表人由史建玉变更为范岗。史建玉为史月芳之兄，史冠胜为史月芳之侄，史建玉、雍学书为贝隆建筑公司的工作人员。在宁夏回族自治区中卫市中级人民法院执行笔录中，雍学书承认其受让刘硕的股权以及将该股权又转让给范岗均没有支付转让价款，史冠胜、史建玉亦不能提供已支付转让价款的证据，且该三人对股权转让的经过、嘉兰花公司的经营情况等均表示不清楚。前述股权变更后，嘉兰花公司的股权结构为范岗持股20%、史建玉持股42.14%、史冠胜持股37.86%，法定代表人为范岗，从登记股东、法定代表人上难以看出嘉兰花公司、贝隆房产公司和贝隆建筑公司之间的关联关系，以及受刘硕、史月芳夫妇实际控制的事实。

---

〔1〕 最高人民法院（2013）民抗字第48号民事判决书。
〔2〕 最高人民法院（2016）最高法民再387号民事裁定书。

2012 年 2 月 23 日，贝隆房产公司以债权转让合同纠纷一案将嘉兰花公司诉至宁夏回族自治区中卫市中级人民法院，要求嘉兰花公司支付债权转让款 900 万元。贝隆房产公司在起诉状中明确，嘉兰花公司对清偿所诉借款不持异议，请求依法调判。随后，嘉兰花公司主动出具书面申请，要求放弃举证期限，庭审中对贝隆房产公司主张的事实全部自认，庭后自行与贝隆房产公司达成 2012 年 3 月 27 日《以物抵债协议书》，要求人民法院出具调解书确认。而在此之前的 2012 年 1 月 5 日，嘉兰花公司、贝隆房产公司、贝隆建筑公司已经达成过《三方抵债协议书》，该协议确定的嘉兰花公司房产和地产的抵债金额与《以物抵债协议书》中确定的金额一致。贝隆房产公司与嘉兰花公司之间不存在实质争议，但仍缴纳 74800 元诉讼费发起诉讼，且调解的抵债金额 900 万元与诉讼标的一致，不存在任何调减，所涉财产价值亦未经评估。（2012）卫民初字第 9 号民事调解书确定双方签收后 20 日内办理产权变更登记移交手续，但在嘉兰花公司资不抵债且被吊销营业执照的情况下，贝隆房产公司至今未办理变更登记，仅以该调解书作为对抗赵和平等四人申请强制执行嘉兰花公司财产的依据。嘉兰花公司的特别授权代理人高明春自称系嘉兰花公司法务部合同管理专员，但其在 2011 年 1 月 1 日至 2013 年 12 月 31 日期间同时与贝隆建筑公司存在劳动关系，并在贝隆房产公司 2012 年 1 月 16 日缴纳土地使用证工本费、土地登记费时作为该公司部门主管审核签字。贝隆房产公司费用报销单显示，高明春向该公司报销了（2012）卫民初字第 9 号案的 74800 元诉讼费，即该案被告的特别授权代理人在原告处报销了诉讼费。前述现象均不符合常理。同时，贝隆房产公司主张其债权的来源系通过《债权转让协议》受让的贝隆建筑公司对嘉兰花公司所享有的工程款债权及借款。但该《债权转让协议》实际系 2011 年 12 月 25 日由刘硕、史月芳夫妇分别代表贝隆建筑公司、贝隆房产公司签订，当时刘硕、史月芳共同持有嘉兰花公司 100% 股权，是协议所涉三方公司的实际控制人。从贝隆房产公司提交的证据来看，嘉兰花公司的工程部分系由案外人宁夏对外建设总公司常青分公司施工，部分系由案外人李宏林施工，无原始施工资料辅证贝隆建筑公司实际施工的事实；付款凭证主要是企业内部的财务记账凭证，缺乏相关款项实际支付的凭据。各方的债权债务关系以及欠款金额是通过贝隆房产公司向嘉兰花公司、贝隆建筑公司发函并由后者盖章确认的方式确定的，贝隆房产公司主张其对嘉兰花公司享有 900 万元债权的依据不足。

赵和平等四人诉嘉兰花公司清偿欠款的诉讼过程中，该公司实际控制人刘硕、史月芳夫妇以其控制的另两家关联公司贝隆房产公司、贝隆建筑公司与嘉兰花公司达成《债权转让协议》《以物抵债协议书》并通过（2012）卫民初字第 9 号民事调解书将嘉兰花公司的房产、土地、设备转让给贝隆房产公司，导致赵和

平等四人获得生效判决并申请强制执行时，嘉兰花公司已无财产可供执行，损害了债权人的利益。赵和平等四人在本案中提交了嘉兰花公司、贝隆房产公司、贝隆建筑公司的工商登记变更资料，高明春的劳动关系证明、报销诉讼费单据及审批贝隆建筑公司、贝隆房产公司有关费用的单据等证据，同时申请对抵债财产的市场价格进行司法鉴定，但一审法院未予准许。因赵和平等四人同时诉请撤销嘉兰花公司与贝隆房产公司签订的《以物抵债协议书》，**一审、二审法院在认定赵和平等四人不属于（2012）卫民初字第9号案件中的第三人，无权提起第三人撤销之诉的情况下，应将本案作为债权人撤销之诉进行审理。如果审理查明《以物抵债协议书》存在《中华人民共和国合同法》第七十四条规定的情形，应当依法予以撤销，同时根据《中华人民共和国民事诉讼法》第一百九十八条的规定启动审判监督程序，撤销以该协议为基础的调解书，依法保护债权人的合法权益。**一审、二审法院简单以赵和平等四人不具备第三人撤销之诉的主体资格为由驳回其起诉，将导致权利受到侵害的债权人丧失救济途径，适用法律错误。"

【案例8-4】杨天时等与李小军、李彩玲债权人撤销权纠纷再审案[1]

最高人民法院在该案中认为："本案各方当事人对于本案撤销权诉讼的客观方面要件，如原告诉讼资格及是否在法定期限内提起撤销权之诉、本案房地产买卖契约是否构成不合理低价转让、原告行使撤销权的财产价值范围等，均不存在争议。**当事人争议焦点在于受让人李小军对张鸿奎明显不合理低价转让的房地产，引起的损害其债权人利益的行为，是否知情。**本案中，李小军与张鸿奎签订《房地产买卖契约》之时，确实是在西峰区法院执行张鸿奎欠其他25案债权的过程中，且在涉案房地产已被查封情况下，协助李小军办理了《房屋所有权证》和《国有土地使用权证》。虽然西峰区法院在2010年3月16日即李小军与张鸿奎签订《房地产买卖契约》的当天，告知李小军有关张鸿奎债务情况，但此情况不能确切证明李小军受让张鸿奎楼房时知道张鸿奎在西峰区法院执行案件之外，仍有众多债权，当事人当时签订的转让价格也无明确参照标准，再审申请人关于李小军采用非法手段逼迫张鸿奎违背真实意愿签订《房地产买卖契约》并没有确凿证据证实，因此**李小军对张鸿奎低价转让房产，损害其他债权人利益的行为，并不一定知情，仅凭推断不足以认定李小军受让房产行为在主观上的恶意性。**故本案二审法院认定本案没有证据证明李小军受让涉案房产时具有主观恶意，并以不符合我国《合同法》第七十四条规定的债权人行使撤销权条件为由驳回杨天时等24人诉讼请求，并无不当。"

---

[1]　最高人民法院（2016）最高法民申657号民事裁定书。

【本章思考题】

1. 何谓合同的相对性？为什么说合同的保全制度是突破了合同的相对性？

2. 债权人代位权的成立有哪些条件？

3. 债权人的撤销权在哪些情形下成立？如何认定撤销权行使的期限？

4. 债权人的债权到期前，债权人如何"保全"其债权？

5. 谈谈民法典中的合同的保全制度与原合同法规定的不同之处。

第九章

合同的变更与转让

一、概述

经合同当事人协商一致，双方可以变更合同的内容（《民法典》第 543 条）。与原《合同法》第 77 条相比，民法典删去了"法律、行政法规规定变更合同应当办理批准、登记等手续的，依照其规定"的表述，这一变化值得称赞——这使民法典变得更"纯粹"了，因为相关批准、登记手续如果影响民事效力，则自应依照该等特别法的规定；如果与合同的民事效力无涉，自然不应在民法典中重复这些表述。

合同权利义务的转让，包括债权的让与、债务的承担和合同权利义务的一并转让。民法典合同编的本章规定，对于非合同之债的变更，理论上同样能够予以适用。

二、债权让与

依据《民法典》第 545 条，债权人可以将债权的全部或者部分转让给第三人，但有下列情形之一的除外：①根据债权性质不得转让；②按照当事人约定不得转让；③依照法律规定不得转让。

就债权的转让，《民法典》第 545 条特别规定，"当事人约定非金钱债权不得转让的，不得对抗善意第三人。当事人约定金钱债权不得转让的，不得对抗第三人。"可以看出关于金钱债权不得转让的约定，不得对抗第三人，无论该第三人是否善意（即无论是否知道该约定），关键仍在于金钱的一般等价物特性。

债权人与受让人转让债权的协议，属于债权行为、负担行为，应当符合一般的合同成立及生效的条件。债权人转让债权，仅需通知债务人即可，"未通知债务人的，该转让对债务人不发生效力"（《民法典》第546条），债权人对债务人关于债权转让的通知，则属于处分行为。

债权人转让权利的，受让人取得与债权有关的从权利，但该从权利专属于债权人自身的除外；而且，"受让人取得从权利不因该从权利未办理转移登记手续或者未转移占有而受到影响"（《民法典》第547条）。

但需注意的是，保证合同系主合同的从合同。主债权的转让，需注意保证责任变动的规则。《民法典》第696条规定："债权人转让全部或者部分债权，未通知保证人的，该转让对保证人不发生效力。保证人与债权人约定禁止债权转让，债权人未经保证人书面同意转让债权的，保证人对受让人不再承担保证责任。"

此外，就担保物权中的抵押权，《民法典》第407条规定："抵押权不得与债权分离而单独转让或者作为其他债权的担保。债权转让的，担保该债权的抵押权一并转让，但是法律另有规定或者当事人另有约定的除外。"而动产质权和留置权，由于债权人占有担保动产，尽管如《民法典》第547条规定受让人会取得该等从权利，但取得或控制相关担保动产的占有或控制权仍然至关重要，因为丧失占有可能会导致该等从权利的消灭。

依据《民法典》第549条，债权人转让债权，符合下列情形之一，债务人可以向受让人主张抵销：①债务人接到债权转让通知时，债务人对让与人享有债权，且债务人的债权先于转让的债权到期或者同时到期；②债务人的债权与转让的债权是基于同一合同产生。

【案例9-1】刘文荣与陈飞、绵阳市海峰建设有限公司债权转让纠纷再审案[1]

最高法院在该案中认为："代为收款委托书具有债权转让的性质。首先，《中华人民共和国合同法》第一百二十五条规定，在双方当事人签订的合同名称与合同的性质不符合时，应当根据合同的性质确定合同类型。根据李仲贤于2011年7月11日向海峰公司出具的《委托书》中的约定：'出具本委托后，委托人（李仲贤）不得自行或委托其他人向绵阳市人民检察院或在绵阳市海峰建设有限公司收取上述工程款……'，可以看出，《委托书》排除了李仲贤及其他人向海峰公司追索债权的权利，即李仲贤对案涉债权通过委托书获得了独占性的支配权，因此，该委托书约定的委托收款事项已不仅仅是事务性活动，其属性已经超越了委托法律关系中的权利归属特征，具有债权转让的实体权利的处分的特征。

其次，已经查实的事实显示，2012年10月10日在四川省绵阳市涪城区人民

法院（2012）涪民初字第 2295 号民事案件中，李仲贤的特别授权委托代理人杜金于当庭认可李仲贤将案涉债权转让给陈飞的事实，根据《最高人民法院关于民事诉讼证据的若干规定》第八条第三款'当事人委托代理人参加诉讼的，代理人的承认视为当事人的承认'的规定，李仲贤的特别授权委托代理人作出的上述承认构成自认，对李仲贤本人具有约束力。虽然李仲贤在本案一审庭审中又当庭否认债权转让，但其并未提交相应证据证明陈飞与其特别授权委托代理人杜金串通制造证据，李仲贤的否认缺乏事实与法律依据，不能成立。且李仲贤于 2013 年 1 月 7 日向海峰公司出具《债权转让通知书》，再次将案涉债权已经转让给陈飞的事实书面告知海峰公司，即再次明确了《委托书》中李仲贤委托陈飞收款的性质为债权转让。由此可见，李仲贤确实作出了将对海峰公司的债权转让给陈飞的意思表示，且该意思表示真实，并未违反法律、行政法规的强制性规定，合法有效。

第三，（2012）德民二初字第 1 号民事调解书中明确了李仲贤在刘文荣与朱加友、钟吉长民间借贷纠纷一案中的担保责任，即李仲贤在该案中承担连带保证责任，李仲贤是在岳父朱加友欠陈飞 200 余万元的前提下，将案涉债权转让给陈飞用于抵偿其岳父的债务，这种行为符合常理，本案所涉债权转让的有效性不因李仲贤在另案承担连带保证责任而受到影响。故刘文荣认为李仲贤对其第三人的债务不负有偿还的法定义务，且更没有转让债权而消灭他人债务的证据的主张不能成立，本院不予以支持。"

三、债务承担与债务加入

债务人将债务的全部或者部分转移给第三人的，应当经债权人同意（《民法典》第 551 条）。这是顺理成章的，因为债务人如果将债务转让给清偿能力更差的，将损害债权人的利益。

需注意的是，债权人同意债务人转移给第三人，如果该债务有第三人担保，需经担保人同意，否则担保人可能免责。"第三人提供担保，未经其书面同意，债权人允许债务人转移全部或者部分债务的，担保人不再承担相应的担保责任"（《民法典》第 391 条）。"债权人未经保证人书面同意，允许债务人转移全部或者部分债务，保证人对未经其同意转移的债务不再承担保证责任，但是债权人和保证人另有约定的除外"（《民法典》第 697 条第 1 款）。

另外，根据《民法典》第 553 条，债务人转移债务的，新债务人可以主张原债务人对债权人的抗辩；原债务人对债权人享有债权的，新债务人不得向债权人主张抵销。

之前合同法并无关于债务加入的规则，但实践中债务加入却较为常见，民法典颁布之前的司法裁判亦见关于债务加入的认可。因此，《民法典》第552条明确了债务加入的相关规则："第三人与债务人约定加入债务并通知债权人，或者第三人向债权人表示愿意加入债务，债权人未在合理期限内明确拒绝的，债权人可以请求第三人在其愿意承担的债务范围内和债务人承担连带债务。"

【案例9-2】 杭州临安远景投资有限公司、北京育华嘉程投资有限公司股权转让纠纷再审案[1]

[最高人民法院] 本院经审查认为，本案的争议焦点为禹州市国资局是否具备原告诉讼主体资格；**原判认定杭州远景公司、北京嘉程公司、北京远景公司共同偿还股权转让款及滞纳金是否正确**；……

关于禹州市国资局是否具备原告诉讼主体资格的问题。本案最初以禹州市国资委为原告提起诉讼，……

关于原判认定杭州远景公司、北京嘉程公司、北京远景公司共同偿还股权转让款及滞纳金是否正确的问题。根据原审查明的事实，2007年3月8日，永锦公司作出股东会议决议，决议各股东一致同意，禹州市国资委持有永锦公司35%股权出让给杭州锦江集团出资的独资公司杭州远景公司，永锦公司其他股东放弃优先购买权。永锦公司各股东在该决议上签字或者盖章确认。2007年3月8日，禹州市国资委（转让方、甲方）、杭州远景公司（受让方、乙方）签订《股权转让协议》一份，该协议主要约定（摘要）：甲方和乙方根据法律规定，本着平等互利的原则，经充分协商，就永锦公司股权转让一事，达成以下协议，"二、甲方愿将永锦公司35%股权转让给乙方，并经永锦公司股东会通过。转让后，永锦公司股权结构为永煤集团公司43%，杭州远景公司35%，禹州市国资委5%，正龙公司10%，北京远景公司7%。三、转让价格：甲方持有的永锦公司35%股权计7000万元，经中介机构审计，永锦公司2006年7月至11月实现净利润2431.71万元，甲方享有的收益按转让股权比例折算计851.10万元，合计股权转让款为7851.10万元。四、本协议生效后，乙方应在协议生效后10日内向甲方首付股权转让款的30%，剩余价款50日内付清，逾期未支付价款部分，由乙方按日1‰向甲方支付滞纳金。"本案的股权转让协议生效后，2007年3月16日、3月20日、4月26日，杭州远景公司通过银行电汇分别向禹州市国资委支付股权转让款1177.67万元、1177.66万元、2747.9万元；合计支付5103.23万元。根据工商登记材料，2007年4月10日，永锦公司变更股东为：1. 永煤集团公司，2. 河

---

[1] 最高人民法院（2020）最高法民申4844号民事裁定书。

南正龙煤业有限公司，3. 禹州市国资委，4. 北京远景公司，5. 杭州远景公司。
2011 年 6 月 20 日，禹州市国资委（甲方）与北京嘉程公司（乙方）签订《禹州
市国有资产管理委员会还款协议》，该协议约定：鉴于杭州远景公司欠禹州市国
资委 2747.87 万元股权转让款，杭州临安股权已发生多次转让，为保证履行杭州
远景公司欠禹州国资委欠款顺利履行，乙方自愿承担杭州远景公司欠甲方
2747.87 万元义务，甲、乙双方达成如下还款协议，一、还款时间及金额，乙方
在 2011 年 6 月 30 日前归还甲方欠款 1000 万元，在 2011 年 12 月份之前归还甲方
欠款 1747.87 万元；二、乙方保证在规定的时间内归还甲方欠款，如乙方资金在
许可的条件下，第二次还款在 2011 年 10 月份之前支付。禹州市国资委、北京嘉
程公司分别在该还款协议上盖章确认。2011 年 7 月 4 日，北京嘉程公司通过招商
银行结算业务委托支付禹州市国资委 400 万元。2011 年 9 月 19 日，北京嘉程公
司再次向禹州市国资委出具《还款计划书》，该还款计划书明确表述：根据我司
与贵委签订的还款协议，我司尚欠贵委 2347.87 万元，计划还款如下，一、2012
年 4 月 30 前，归还 1000 万元；二、2012 年 6 月 30 日前，归还 1347.87 万元。
2016 年 4 月 1 日，北京嘉程公司向禹州市国资委出具《关于偿还股权转让余款
的还款计划承诺函》，该函写明：我司于 2016 年 3 月 24 日与禹州市财政局并贵
委领导亲临北京与我司管理层见面并接受贵委的催收函后，我司股东及管理层对
尚欠贵委股权转让款余款 2247.87 万元，至今未能及时结清，我司首先深表歉
意，同时我司积极研究筹措资金方案，力争尽快结清股权转让尾款 2247.87 万
元。……
　　　……

关于北京嘉程公司。北京嘉程公司自认其应当承担股权转让款及滞纳金的支
付义务，原判据此作出认定并无不当。北京嘉程公司称应由其单独承担涉案《股
权转让协议》的相关债务，而从其与禹州市国资委签订的《禹州市国有资产管
理委员会还款协议》，其向禹州市国资委出具的《还款计划书》《关于偿还股权
转让余款的还款计划承诺函》来看，双方并未约定杭州远景公司在《股权转让
协议》中的债务由北京嘉程公司独自承担。北京嘉程公司自愿清偿的行为并不构
成债务转让，原判认定该行为系"债务加入"并无不当。

关于北京远景公司。2008 年 10 月 13 日，北京远景公司向禹州市国资委出具
函件，该函件载明"贵委催收股权转让价款的通知已收悉，我司对此十分重视，
公司领导组织召开专门会议，积极筹措资金。待公司将资金筹集后，即刻支付贵
委股权转让价款，同时，对贵委给予我司的支持与合作表示由衷的感谢"，从上
述内容来看，北京远景公司对禹州市国资委向其催收股权转让款并未提出异议，
并表示积极筹措资金尽快支付。二审法院认定该意思表示属于"债务加入"亦

无不当。

如前所述，二审法院认定北京嘉程公司、北京远景公司承担债务的依据系其作出了明确的"债务加入"的意思表示，至于杭州远景公司、北京嘉程公司、北京远景公司是否为关联公司，不影响北京嘉程公司、北京远景公司承担给付义务。

四、合同权利义务的一并转让

当事人一方经对方同意，可以将自己在合同中的权利和义务一并转让给第三人（《民法典》第 555 条）。可见，合同权利义务一并转让，需取得合同对方当事人的同意。

【案例 9-3】 海南南大高新股份有限公司、中托华泰投资集团有限公司与海口市房产开发经营公司企业承包经营合同纠纷二审案[1]

最高法院在该案中认为，关于房产公司是否为本案适格原告。该问题的实质是房产公司是否享有案涉合同权利。具体分析如下：

（一）关于服务公司与南大公司之间的权利义务主要内容

根据服务公司与南大公司签订的《关于改变东湖大酒店合作关系协议书》，服务公司与荣峰公司签订的《关于合作改造和经营东湖宾馆合约》……等一系列协议，服务公司的合同义务，是提供东湖大酒店及其附属设施和酒店范围内的土地给南大公司占有、使用和经营，主要权利则是依约收取 1000 万元及承包金。南大公司的义务，是除向服务公司支付 1000 万元之外，还应当按照约定的时间和数额向服务公司支付承包金，在约定的经营期间届满之后，将东湖大酒店相关资产返还给房产公司，主要权利则是占有、使用并经营东湖大酒店，取得经营期间的利润。

（二）关于房产公司是否享有案涉合同权利的问题

依据中共海口市委办公厅、海口市人民政府办公厅的相关文件，**海口市国资委将其继受的服务公司所属东湖大酒店资产及负债，依职权将东湖大酒店资产以及相关问题移交海口市国资公司，海口市国资公司又将服务公司及其下属的东湖大酒店资产移交给房产公司。**如前所述，服务公司的主要合同义务是提供东湖大酒店及其附属设施和土地给南大公司占有、使用和收益，在服务公司与南大公司签订《关于改变东湖大酒店合作关系协议书》之后，服务公司已经履行了上述

---

[1] 最高人民法院（2014）民一终字第 37 号民事判决书。

主要义务。从合同相对人的角度看，海口市国资公司将服务公司及其下属的东湖大酒店资产移交给房产公司的行为，即为合同权利的转让而非合同权利义务的概括转让。并且，在服务公司及其东湖大酒店资产移交给房产公司后，南大公司的合同权益并不因此而受影响。因此，只要服务公司通知南大公司即可发生效力。2011 年 9 月 7 日，服务公司在《海南日报》上刊登《通知》，通知南大公司及中托公司案涉合同权利已由房产公司受让，债权转让已发生效力。退一步而言，即使南大公司及中托公司未收到该通知，房产公司提起本案诉讼的行为也足以发生通知的效力。因此，房产公司享有案涉合同权利，作为本案原告，当事人适格。南大公司以房产公司是服务公司的投资者、房产公司继受合同权利义务未经南大公司同意、服务公司的通知未送达等为理由，主张服务公司不享有案涉合同权利、不是本案适格原告的主张不能成立。一审法院对此认定正确，应予维持。

【本章思考题】

1. 债权转让何时对债务人生效？债权让与是处分行为吗？为什么？
2. 什么是债务的承担？债务承担如何生效？对担保有什么影响？
3. 什么是债务加入？
4. 合同权利义务的一并转让需要满足什么条件？

第十章

合同权利义务的终止

一、概述

在依五编制的德国民法典撰写的教科书中，一般在债编、债法总则中会有关于债的消灭的内容。谢怀栻先生曾说过，整个债法制度的目的就是消灭债。

我国民法典合同编第一分编"通则"，专列第七章"合同的权利义务终止"。合同之债，作为债的一种，其制度目的也是消灭"合同关系"或者说"合同之债"。

《民法典》第557条规定："有下列情形之一的，债权债务终止：①债务已经履行；②债务相互抵销；③债务人依法将标的物提存；④债权人免除债务；⑤债权债务同归于一人；⑥法律规定或者当事人约定终止的其他情形。合同解除的，该合同的权利义务关系终止。"

与原《合同法》第91条相比，《民法典》该条将合同解除单列为一种，而第一至第六种情形没有变化，应该是这六种情形适用于所有债的消灭或债权债务的终止[1]，而合同解除仅适用于合同之债的终止。

依据该规定，合同之债因清偿、解除、抵销、提存、免除、混同等原因而消灭。

需注意的是，"债权债务终止后，当事人应当遵循诚信等原则，根据交易习惯履行通知、协助、保密、旧物回收等义务"（《民法典》第558条）。相较之前《合同法》第92条，该条增加了"旧物回收"的表述，是对民法总则中"绿色

---

〔1〕 传统民法理论将债分为意定之债（即合同之债）和法定之债，而我国民法典将法定之债中的无因管理和不当得利之债的规则置于合同编作为"准合同"处理，《民法典》第557条改变《合同法》第91条的表述，将合同解除单列为合同权利义务终止的情形，前述六种情形适用于一般的债（不单是合同之债）的终止。

原则"理念的体现，但依据该条，该义务须根据交易习惯加以确定。

二、清偿、免除与混同

1. 清偿，是指债务人全面、适当地履行了债务，这是绝大多数债消灭的原因。清偿，即"债务已经履行"，导致交易完成，从经济学的角度，可以说是完成了一次帕累托改进，促进了合同双方当事人的福祉。

【讨论】清偿行为的性质

鉴于清偿行为消灭合同的法律关系，清偿行为当然属于法律事实。

基于合同类型的不同，会有各种类型的清偿行为。对于完成工作或提供服务的合同，受托人的清偿行为大多属于事实行为，当然委托人支付对价的行为属于处分行为。

对于转移财产权的合同，典型的是买卖、互易、赠与等合同，相应的清偿行为一般会直接导致物权（或其他财产权）的变动，则构成处分行为（包括物权行为和准物权行为），该等行为是否导致物权（或其他财产权）的变动，自应遵循或准用物权变动的规则。从物权法的角度看，该等行为是引起财产权变动的行为（即处分行为）；从合同法的角度看，该等行为则另有清偿合同之债并从而消灭债的效果。

现实中，会有部分清偿的情形，而在部分清偿时如果债务人负担数项种类相同的债务，则依据《民法典》第560条，其清偿规则如下：如果当事人有约定则依约定；没有约定的，则由债务人清偿时指定；债务人没有指定的，则优先清偿已到期的债务；如数项债务均已到期的，则优先清偿对债权人缺乏担保或担保最少的债务；均无担保或担保相等的，则优先清偿债务人负担较重的债务；负担相同的，按照债务到期顺序清偿；到期时间相同的，则按照债务比例履行。依据《民法典》第561条，在债务人应当履行主债务、支付利息和实现债权的有关费用，而债务人的给付又不足清偿全部债务的，除当事人另有约定，其清偿顺序为：首先是实现债权的有关费用，然后是利息，最后才清偿主债务。

《民法典》第560、561条的规则值得称赞，符合合同法（以及整个民法）作为裁判法的品格，具有可操作性，在处理现实中复杂债务关系的清偿时有规则可以依据，其理念自然是保障债权的最大可能的实现，同时平衡债权人与债务人的利益。同时，该规则作为一个范例，也说明民法规范的复杂性，民法典要写进所有细节规则的巨大困难，因此，必须有判例制度的补充。

2. 免除，即债权人放弃债权，或者说"债权人免除债务"。债权人放弃债权，就像所有权人抛弃所有权一样，准用所有权抛弃的规则，属于准物权行为、处分行为。免除导致合同债权的消灭。但债务人免除次债务人的债务如损害债权人利益，则可能被债权人撤销该免除行为。

3. 混同，即债权债务同归于一人。"债权和债务同归于一人的，债权债务终止，但是损害第三人利益的除外"（《民法典》第 576 条）。一般情况下，继承、公司合并等可能导致债权、债务同归于一人而消灭。

三、抵销

"当事人互负债务，该债务的标的物种类、品质相同的，任何一方可以将自己的债务与对方的到期债务抵销，但是，根据债务性质、按照当事人约定或者依照法律规定不得抵销的除外。当事人主张抵销的，应当通知对方。通知自到达对方时生效。抵销不得附条件或者附期限"（《民法典》第 568 条）。该条规定的是法定抵销，法定抵销情形存在抵销权。抵销权属于形成权。

《民法典》第 569 条规定了合意抵销（或称协议抵销）的情形："当事人互负债务，标的物种类、品质不相同的，经协商一致，也可以抵销。"

【案例 10-1】再审申请人天圣制药集团股份有限公司与被申请人海南国栋药物研究所有限公司、海南欣安生物制药有限公司技术转让合同纠纷再审案[1]

［最高人民法院认为］"本案在再审审查过程中的争议焦点在于：天圣公司是否履行了本案技术转让合同的主要付款义务；本案技术转让合同是否已经解除；本案技术转让合同是否可以继续履行。

……国栋公司和天圣公司在签订本案新药技术转让合同之前，双方当事人还就其他技术项目签订有六份技术转让合同。……根据上述六份技术转让合同，天圣公司对国栋公司负有支付技术转让费的债务，国栋公司对天圣公司负有转让相关技术的义务。国栋公司在上述六份合同中是否对天圣公司负有返还技术转让费首付款的债务，尚属不确定的事实。2012 年 10 月 16 日，天圣公司向国栋公司发出《解除合同的通知》，要求解除上述六份技术转让合同并要求国栋公司返还转让费 62 万元。2013 年 1 月 18 日，天圣公司向重庆市第三中级人民法院提起诉讼，请求法院确认其与国栋公司签订的前述六份技术转让合同已经解除，判令国栋公司向天圣公司返还已收取的转让费 62 万元。上述事实亦进一步佐证，国栋公司在上述六份合同中是否对天圣公司负有返还技术转让费首付款的债务尚未

---

［1］ 最高人民法院（2012）民申字第 1542 号民事裁定书。

确定。

2. 国栋公司在其他六份合同中对天圣公司负有的返还首付款的债务与天圣公司在本案技术转让合同中对国栋公司负有的支付技术转让费的债务是否构成抵销。合同法上的抵销有两种类型：法定抵销和合意抵销。根据合同法第九十九条的规定，法定抵销需要满足以下条件：当事人互负到期债务；双方债务的标的物种类、品质相同；不属于依照法律规定或者按照合同性质不得抵销的情形。根据合同法第一百条的规定，合意抵销需要满足以下条件：当事人互负债务；双方协商一致。前文分析表明，国栋公司在其他六份合同中是否对天圣公司负有返还技术转让费首付款的债务，尚属不确定的事实，更谈不到该债务已经到期。因此，该债务不符合法定抵销中债务需确定且到期的要件，无法与天圣公司在本案技术转让合同中对国栋公司负有的支付转让费的债务构成法定抵销。同时，本案中，天圣公司亦未提供有效证据证明，国栋公司在收到《关于二甲基双胍格列吡嗪转让函》后同意将基于上述六份技术转让合同取得的首付款抵作本案技术合同转让费。因此，天圣公司与国栋公司并未就上述债务进行抵销协商一致，没有达成合意，不能成立合意抵销。可见，国栋公司在其他六份合同中对天圣公司负有的返还首付款的债务与天圣公司在本案技术转让合同中对国栋公司负有的支付技术转让费的债务不能构成抵销。天圣公司关于债务抵销的相关主张不能成立。"

【案例 10-2】再审申请人林山与覃世松以及田东县桂松酒精有限责任公司股东出资纠纷再审案[1]

［最高人民法院认为］"如前所述，覃世松通过股权转让取得 400 万元的转让款，并将该 400 万元的股权转让款直接清偿了桂松公司欠华融公司的债务，所以，覃世松对桂松公司享有 400 万元的债权。而从本案查明的事实来看，覃世松注册广西田东酒精酿制有限公司（后更名为桂松公司）时，并未实际出资。覃世松把桂松公司 70% 的股权转让给林山之前，享有该公司全部股权。根据《中华人民共和国公司法》第二十八条第二款'股东不按照前款规定缴纳出资的，除应当向公司足额缴纳外，还应当向已按期足额缴纳出资的股东承担违约责任'的规定，覃世松应向公司补足出资。鉴于覃世松在二审审理中明确表示，自愿用其对公司的 400 万债权中的 205 万元补足对桂松公司的出资，该抵销行为并不违反法律规定，并得到了法院的确认，桂松公司享有的主张股东补足出资的权利已得到实现，林山主张由覃世松另向公司缴纳 205 万元补足出资的诉讼请求，不应予以支持。"

---

〔1〕　最高人民法院（2013）民申字第 1102 号民事裁定书。

【案例 10-3】 赵世俊与邱铁军合伙协议纠纷案[1]

[最高人民法院认为] "**本案的焦点问题是被执行人能否依据已过申请强制执行期限的生效判决主张债务抵销。**

申请执行是当事人实现生效法律文书确定的实体权利的司法程序，给申请执行赋予一个期限，目的在于督促当事人及时行使权利，实现自己的实体权利。**当事人未在法定期限内申请执行，即丧失请求人民法院强制执行的权利。但这并不导致当事人实体权利的消灭，其请求在对方当事人申请强制执行时抵销对方当事人所欠其种类、品质相同的债务，并不为法律所禁止。**

红寺堡开发区法院（2005）红民初字第 109 号民事判决生效后，**邱铁军未在法定期限内申请执行，但其债权是客观存在且经生效判决确认的。邱铁军虽不能申请法院强制执行，但不影响其主张债务抵销的权利。由于邱铁军与赵世俊互负到期金钱债务，邱铁军请求抵销债务，符合《中华人民共和国民法通则》关于民事活动应当遵循公平、诚实信用的原则及现行法律关于抵销的一般规定。**

综上，赵世俊的申诉理由不能成立……"

四、提存

提存，是指由于债权人的原因，债务人无法履行债务，债务人将标的物提交提存部门以消灭债的制度。

就可以提存的情形，《民法典》第 570 条规定："有下列情形之一，难以履行债务的，债务人可以将标的物提存：①债权人无正当理由拒绝受领；②债权人下落不明；③债权人死亡未确定继承人、遗产管理人，或者丧失民事行为能力未确定监护人；④法律规定的其他情形。标的物不适于提存或者提存费用过高的，债务人依法可以拍卖或者变卖标的物，提存所得的价款。"

与原《合同法》第 101 条相比，其中第 3 项增加债权人死亡未确定遗产管理人的情形。《民法典》相较之前比较粗糙的《继承法》，增加了遗产管理人制度，并对遗产管理人的确定、职责、报酬等作出了规定（《民法典》第 1145～1149 条），可以说是继承制度的与时俱进。

关于提存成立及提存的效力，《民法典》第 571 条规定："债务人将标的物或者将标的物依法拍卖、变卖所得价款交付提存部门时，提存成立。提存成立的，视为债务人在提存范围内已经交付标的物。"此系民法典相较之前合同法增加的规则，显然更为精确和便于裁判。

---

[1] 最高人民法院（2016）最高法执监 83 号民事裁定书。

标的物提存后，债务人有及时通知债权人或者其继承人、遗产管理人、监护人、财产代管人的义务（《民法典》第 572 条）。

提存有消灭债的效果。同时，"标的物提存后，毁损、灭失的风险由债权人承担。提存期间，标的物的孳息归债权人所有。提存费用由债权人负担"（《民法典》第 573 条）。

此外，关于提存物的受领，"债权人可以随时领取提存物。但是，债权人对债务人负有到期债务的，在债权人未履行债务或者提供担保之前，提存部门根据债务人的要求应当拒绝其领取提存物。债权人领取提存物的权利，自提存之日起 5 年内不行使而消灭，提存物扣除提存费用后归国家所有。但是，债权人未履行对债务人的到期债务，或者债权人向提存部门书面表示放弃领取提存物权利的，债务人负担提存费用后有权取回提存物"（《民法典》第 574 条）。相较原《合同法》第 104 条，该条最后一句增加了债务人取回提存物的权利的规则，无疑更为合理。

依据《提存公证规则》第 4 条规定："提存公证由债务履行地的公证处管辖。以担保为目的的提存公证或在债务履行地申办提存公证有困难的，可由担保人住所地或债务人住所地的公证处管辖。"根据该《提存公证规则》，公证处也提供以担保为目的的提存公证，但其与民法典，并非《合同法》第 101 条所述的提存。

【案例 10-4】再审申请人大洲控股集团有限公司等与被申请人台湾吉丰建设股份有限公司债权纠纷再审案[1]

［最高人民法院认为］"（二）关于大洲公司是否应向吉丰公司承担债务。根据大洲公司、华信公司、吉丰公司以及湖南省国立投资（控股）有限公司、厦门泰安实业发展有限公司五方签订的《变卖协议》，大洲公司承担了华信公司对吉丰公司的债务，且可以认定为'免责的债务承担'，并非'第三人代为履行'。因为该协议系由五方当事人签订，表达了债务人华信公司、债权人吉丰公司以及接受债务转移的第三人大洲公司'同意'这一真实意思。大洲公司为华信公司承担债务的对价是大洲公司或其指定公司取得'厦门第一广场'权属。本案中大洲公司指定的厦门滨江房地产开发有限公司已经取得了'厦门第一广场'项目的相关权证，因此，大洲公司作为华信公司的债务承担人应当依约向吉丰公司清偿债务。大洲公司清偿债务后，有权向债务人追偿。

根据《变卖协议》以及吉丰公司与大洲公司之间《提存协议书》的约定，

---

〔1〕 最高人民法院（2013）民申字第 34 号民事裁定书。

大洲公司向公证处提存 1000 万元，在符合特定条件的情况下，公证处得将相应款项分期支付给吉丰公司。可见，**该'提存'并非《中华人民共和国合同法》第一百零一条规定的具有债务清偿效力的提存，因此，本案不应适用《中华人民共和国合同法》第一百零三条的规定。**"

五、解除

合同成立、生效后，符合法定条件或经当事人协议，合同可以被解除而终止。合同的解除，包括协议解除和法定解除。

关于协议解除，"当事人协商一致，可以解除合同。当事人可以约定一方解除合同的事由。解除合同的事由发生时，解除权人可以解除合同"（《民法典》第 562 条）。相较《合同法》第 93 条，原来的解除"条件"成就改为"事由"发生的表述，作者认为这一表述确实更为妥当。

合同的法定解除，是指当出现法律规定的情形，当事人有解除权。除了民法典合同编通则分编的规定，在典型合同（有名合同）分编的规则中也有解除权的规定，比如承揽合同，即"定作人在承揽人完成工作前可以随时解除合同，造成承揽人损失的，应当赔偿损失"（《民法典》第 787 条）。

《民法典》第 563 条规定了法定解除的一般情形，有下列情形之一的，当事人可以解除合同：①因不可抗力致使不能实现合同目的；②在履行期限届满之前，当事人一方明确表示或者以自己的行为表明不履行主要债务；③当事人一方迟延履行主要债务，经催告后在合理期限内仍未履行；④当事人一方迟延履行债务或者有其他违约行为致使不能实现合同目的；⑤法律规定的其他情形。

其中，上述第③项（原《合同法》第 94 条第 3 项）所述的"合理期限"，《商品房买卖合同司法解释》（2003）第 15 条曾作出过解释："根据《合同法》第 94 条的规定，出卖人迟延交付房屋或者买受人迟延支付购房款，经催告后在 3 个月的合理期限内仍未履行，当事人一方请求解除合同的，应予支持，但当事人另有约定的除外。法律没有规定或者当事人没有约定，经对方当事人催告后，解除权行使的合理期限为 3 个月。对方当事人没有催告的，解除权应当在解除权发生之日起 1 年内行使；逾期不行使的，解除权消灭。"《技术合同纠纷司法解释》（2004）第 15 条规定："技术合同当事人一方迟延履行主要债务，经催告后在 30 日内仍未履行，另一方依据合同法第 94 条第 3 项的规定主张解除合同的，人民法院应当予以支持。当事人在催告通知中附有履行期限且该期限超过 30 日的，人民法院应当认定该履行期限为合同法第 94 条第 3 项规定的合理期限。"

解除权属形成权，有除斥期间。"法律规定或者当事人约定解除权行使期限，期限届满当事人不行使的，该权利消灭。法律没有规定或者当事人没有约定解除权行使期限，自解除权人知道或者应当知道解除事由之日起 1 年内不行使，或者经对方催告后在合理期限内不行使的，该权利消灭"（《民法典》第 564 条）。

关于合同解除的程序，有解除权的当事人主张解除合同的，"应当通知对方。合同自通知到达对方时解除；通知载明债务人在一定期限内不履行债务则合同自动解除，债务人在该期限内未履行债务的，合同自通知载明的期限届满时解除。对方对解除合同有异议的，任何一方当事人均可以请求人民法院或者仲裁机构确认解除行为的效力。当事人一方未通知对方，直接以提起诉讼或者申请仲裁的方式依法主张解除合同，人民法院或者仲裁机构确认该主张的，合同自起诉状副本或者仲裁申请书副本送达对方时解除"（《民法典》第 565 条）。相较原《合同法》第 94 条，该条表述更为精确并且更加便于裁判，增加的最后一句便于确认合同解除的时间点。

关于合同解除的效力，法律规定"合同解除后，尚未履行的，终止履行；已经履行的，根据履行情况和合同性质，当事人可以请求恢复原状或者采取其他补救措施，并有权请求赔偿损失"（《民法典》第 566 条）。

【案例 10-5】 李仕权诉潮州市慧如公园管理处承包经营合同纠纷案[1]

［最高人民法院认为］《中华人民共和国合同法》第九十四条规定"有下列情形之一的，当事人可以解除合同：（一）因不可抗力致使不能实现合同目的；（二）在履行期限届满之前，当事人一方明确表示或者以自己的行为表明不履行主要债务；（三）当事人一方迟延履行主要债务，经催告后在合理期限内仍未履行；（四）当事人一方迟延履行债务或者有其他违约行为致使不能实现合同目的；（五）法律规定的其他情形。"李仕权未依合同约定支付承包款，公园管理处向其发出通知，要求李仕权在 2013 年 4 月 10 日前缴清承包款，逾期将根据《中华人民共和国合同法》第九十四条的规定解除合同。公园管理处向李仕权发出通知的行为系依据《中华人民共和国合同法》第九十四条第三项之规定催告李仕权履行合同义务。李仕权在收到通知之后未在催告期限内履行合同，公园管理处遂向人民法院起诉，要求确认解除双方之间的案涉合同。**公园管理处向人民法院起诉确认解除合同的行为与其依据《中华人民共和国合同法》第九十六条第一款规定向李仕权发出解除合同通知一样，均系行使《中华人民共和国合同法》第九十四条第三项规定的合同解除权，一、二审法院依据上述条款确认公园管理处与李仕权之间合同解除，并无不当。李仕权主张公园管理处未以解除通知**

---

〔1〕　最高人民法院（2016）最高法民申 1231 号民事裁定书。

方式而是以诉讼的方式行使法定合同解除权错误的再审理由，于法无据，该项再审理由不能成立。

【案例 10-6】 王振碰与长春华建房地产开发有限公司、吉林省金盛房地产开发有限公司股权转让纠纷再审案[1]

[最高人民法院认为] 关于原判决是否存在适用法律确有错误的情形。1. 关于合同效力是否已自行终止的问题。案涉金盛公司与华建公司签订的《关于重组吉林省金盛房地产开发有限公司协议书》（以下简称《重组协议》）第五条第 8 项约定：本协议经双方代表签字后生效。在《备忘录》第四条中约定：华建公司付给金盛公司 4611 万元支付方式及时间为：华建公司向金盛公司以还石材款方式支付 1800 万元。办完工商更名手续后三个工作日内，支付 500 万元，在办完土地证及前期手续后五个工作日内，支付 1300 万元。如华建公司不能按期支付 1800 万元，则《重组协议》自动作废。因此，双方合同约定为签字后即生效，《备忘录》中约定的协议作废的事由是华建公司未按约定付款，且在办完工商更名手续后支付 500 万元，也即华建公司付款系在王振碰将 75% 股权过户给华建公司之后，因此，双方在《备忘录》第四条意欲规制的明显是履行过程中华建公司出现违约情形时所产生的法律后果，且**王振碰及华建公司在一审中均认可《备忘录》第六条系双方约定的解除条件，而该第六条亦明确约定如华建公司不能按期全额支付 4611.06 万元，则《重组协议》及《备忘录》自动作废。因此，原审认定双方《备忘录》第四条中华建公司不能按期支付 1800 万元，则《重组协议》自动作废的约定属于双方约定的合同解除条件，有合同约定及双方陈述为依据**，并无不当。根据合同法第九十三条、九十四条、九十五条及九十六条的规定，**合同约定的解除条件成就时，享有解除权的一方须有解除合同的意思表示。**合同法同时对解除权的行使方式及行使期限也作了规定。**据此，原审基于合同法的相关规定，认定王振碰需在合理期限内行使解除权，有法律依据，适用法律并无不当。王振碰主张该约定属于附解除条件的约定，应适用合同法第四十五条规定，认定自条件成就时合同效力自动终止，没有法律依据。**2. 关于原审适用商品房买卖合同司法解释规定是否属于适用法律确有错误的问题。原审认定为防止商事交易关系处于不稳定状态，合同法第九十五条对解除权行使期限进行了规制，即以"合理期限"作为判断标准，对法律的理解及适用并无不当。因商品房买卖合同司法解释是在合同法第九十五条规定的立法本意基础上作出的规定，

---

[1] 最高人民法院（2016）最高法民申 3544 号民事裁定书。该案提醒我们注意附解除条件的合同与合同约定解除权的区别。但依据《民法典》第 565 条规定，"通知载明债务人在一定期限内不履行债务则合同自动解除，债务人在该期限内未履行债务的，合同自通知载明的期限届满时解除"。

而商品房买卖合同与股权转让虽然规制的转让标的物不同，本质属性均属于转移财产所有权给相对方，因此，原审在本案中对王振碰是否在合理期限内行使约定解除权的判断，参照了商品房买卖合同司法解释的规定，并不能认为适用法律有误。且本案无论是否参照适用商品房买卖合同司法解释的规定，原审基于合同法第九十六条规定的"合理期限"及本案原审查明的事实，对王振碰约定解除权行使期限合理性的判断亦可得出与判决结果相同的结论，对本案判决结果不构成影响。

【案例 10-7】 汤长龙诉周士海股权转让纠纷案[1]

原告汤长龙与被告周士海于 2013 年 4 月 3 日签订《股权转让协议》及《股权转让资金分期付款协议》。双方约定：周士海将其持有的青岛变压器集团成都双星电器有限公司 6.35% 股权转让给汤长龙。股权合计 710 万元，分四期付清，即 2013 年 4 月 3 日付 150 万元；2013 年 8 月 2 日付 150 万元；2013 年 12 月 2 日付 200 万元；2014 年 4 月 2 日付 210 万元。此协议双方签字生效，永不反悔。协议签订后，汤长龙于 2013 年 4 月 3 日依约向周士海支付第一期股权转让款 150 万元。因汤长龙逾期未支付约定的第二期股权转让款，周士海于同年 10 月 11 日，以公证方式向汤长龙送达了《关于解除协议的通知》，以汤长龙根本违约为由，提出解除双方签订的《股权转让资金分期付款协议》。次日，汤长龙即向周士海转账支付了第二期 150 万元股权转让款，并按照约定的时间和数额履行了后续第三、四期股权转让款的支付义务。周士海以其已经解除合同为由，如数退回汤长龙支付的 4 笔股权转让款。汤长龙遂向人民法院提起诉讼，要求确认周士海发出的解除协议通知无效，并责令其继续履行合同。另查明，2013 年 11 月 7 日，青岛变压器集团成都双星电器有限公司的变更（备案）登记中，周士海所持有的 6.35% 股权已经变更登记至汤长龙名下。

四川省高级人民法院确认周士海要求解除双方签订的《股权转让资金分期付款协议》行为无效；汤长龙于本判决生效后十日内向周士海支付股权转让款 710 万元。周士海不服四川省高级人民法院的判决，以二审法院适用法律错误为由，向最高人民法院申请再审。最高人民法院于 2015 年 10 月 26 日作出（2015）民申字第 2532 号民事裁定，驳回周士海的再审申请。

本案系有限责任公司股东将股权转让给公司股东之外的其他人。**尽管案涉股权的转让形式也是分期付款，但由于本案买卖的标的物是股权，因此具有与以消费为目的的一般买卖不同的特点：一是汤长龙受让股权是为参与公司经营管理并**

---

[1] 最高人民法院指导案例 67 号。

获取经济利益，并非满足生活消费；二是周士海作为有限责任公司的股权出让人，基于其所持股权一直存在于目标公司中的特点，其因分期回收股权转让款而承担的风险，与一般以消费为目的分期付款买卖中出卖人收回价款的风险并不同等；三是双方解除股权转让合同，也不存在向受让人要求支付标的物使用费的情况。综上特点，股权转让分期付款合同，与一般以消费为目的分期付款买卖合同有较大区别。**对案涉《股权转让资金分期付款协议》不宜简单适用《合同法》第一百六十七条规定的合同解除权。**

本案中，**双方订立《股权转让资金分期付款协议》的合同目的能够实现。**汤长龙和周士海订立《股权转让资金分期付款协议》的目的是转让周士海所持青岛变压器集团成都双星电器有限公司 6.35% 股权给汤长龙。**根据汤长龙履行股权转让款的情况，除第 2 笔股权转让款 150 万元逾期支付两个月，其余 3 笔股权转让款均按约支付，周士海认为汤长龙逾期付款构成违约要求解除合同，退回了汤长龙所付 710 万元，不影响汤长龙按约支付剩余 3 笔股权转让款的事实的成立，且本案一、二审审理过程中，汤长龙明确表示愿意履行付款义务。因此，周士海签订案涉《股权转让资金分期付款协议》的合同目的能够得以实现。另查明，2013 年 11 月 7 日，青岛变压器集团成都双星电器有限公司的变更（备案）登记中，周士海所持有的 6.35% 股权已经变更登记至汤长龙名下。**

从诚实信用的角度，《合同法》第六十条规定，"当事人应当按照约定全面履行自己的义务。当事人应当遵循诚实信用原则，根据合同的性质、目的和交易习惯履行通知、协助、保密等义务"。**鉴于双方在股权转让合同上明确约定"此协议一式两份，双方签字生效，永不反悔"，因此周士海即使依据《合同法》第一百六十七条的规定，也应当首先选择要求汤长龙支付全部价款，而不是解除合同。**

从维护交易安全的角度，一项有限责任公司的股权交易，关涉诸多方面，如其他股东对受让人汤长龙的接受和信任（过半数同意股权转让），记载到股东名册和在工商部门登记股权，社会成本和影响已经倾注其中。**本案中，汤长龙受让股权后已实际参与公司经营管理、股权也已过户登记到其名下，如果不是汤长龙有根本违约行为，动辄撤销合同可能对公司经营管理的稳定产生不利影响。**

综上所述，本案中，汤长龙主张的周士海依据《合同法》第一百六十七条之规定要求解除合同依据不足的理由，于法有据，应当予以支持。

【本章思考题】

1. 债权债务终止和合同的权利义务终止是一回事吗？合同权利义务在什么情况下终止？

2. 债务免除是处分行为吗？为什么？

3. 债务人对债权人负担数种债务，如果债务人仅履行部分债务，依据民法典如何确定债务人到底清偿的是哪一部分的债务？

4. 提存的条件是什么？如何以及向谁提存？

5. 抵销有哪些类型？抵销的条件是什么？

6. 合同的解除有哪些类型？什么情况下可以解除合同？合同如何解除？

第十一章

违约责任

一、违约的形态

违约，即违反合同约定的义务，包括实际违约和预期违约。

预期违约，即"在履行期限届满前，当事人一方明确表示或者以自己的行为表明不履行主要债务"，属于《民法典》第563条规定的当事人有权解除合同的情形之一。对于预期违约，"当事人一方明确表示或者以自己的行为表明不履行合同义务的，对方可以在履行期限届满前请求其承担违约责任"（《民法典》第578条）。

实际违约，即指履行期限届满而债务人不履行债务或履行债务不符合约定。不履行，可能是拒绝履行（能履行而不履行），也可能是不能履行，这一区别可能导致救济措施的不同。如果是拒绝履行，除不适合强制履行的情形（如劳务），债权人可以要求实际履行的救济措施。履行债务不符合约定，可能是履行迟延或不完全履行等。债权人受领迟延或拒绝受领，也可以视为违约，但如前所述，债务人可以以提存制度应对。

不同的违约形态，会有不同的责任形式及救济措施。

"当事人都违反合同的，应当各自承担相应的责任。当事人一方违约造成对方损失，对方对损失的发生有过错的，可以减少相应的损失赔偿额"（《民法典》第592条）。

二、违约责任的归责原则与免责事由

关于违约，除了存在法定免责事由，违约方会有违约责任。

关于义务与责任，一般认为责任系违反义务的后果；关于债与责任、侵权行为之债或侵权行为责任、违约责任与合同责任等语词，在理论上有区分的必要，但随着历史文化的变迁，也有一些有意思的变化。

【资料】债抑责任

"自罗马法以来，市民法传统法学鉴于侵权行为的法律效果，是使加害人向受害人实施一定给付，此效果与合同、无因管理和不当得利在形态上并无不同。从而依其效果，将上述诸制度归纳在债的发生根据之下。合同之债为意定之债，而侵权行为、无因管理以及不当得利之债，则为法定之债。法国、德国、日本、俄罗斯民法典，以及我国民国时期制定的民法典，均将侵权行为作为债的根据，而在债的部分加以规定。我国《民法通则》突破了这一格局，将'侵权的民事责任'与'违反合同的民事责任'集中规定，独立为一章'民事责任'。而责任的'承担方式'则增加了'训诫、责令具结悔过、收缴进行非法活动的财物和非法所得'、'罚款、拘留'（第 134 条第 3 款）等附加方式。学说认为，《民法通则》增列的这五种方式，旨在制裁加害人，突出民事责任的制裁意义，因而'侵权的民事责任'与市民法的侵权行为之债不可同日而语，二者不能混为一谈。《民法通则》颁布之后的民法教科书，普遍将侵权行为放在专门的'民事责任'部分加以研讨。本书以为，《民法通则》第 134 条第 1 款所规定的民事责任诸形式，均属给付，即使学者视为新样式的形式（九）——'消除影响、恢复名誉'和形式（十）'赔礼道歉'，也不例外。至于给付标的是财产，抑或歉意之类，并不影响其作为给付的性质。就此点而言，侵权行为的民事法律效果仍然是并且也只能是债。至于第 134 条第 3 款所规定的附加责任，则已逾越同质救济的界限，因而就体系而言，已不属于民事责任的范畴，而属于公法责任。尽管《民法通则》为了司法上的便利，而违反体系地作了规定。准此以解，民事责任的概念并不能说明《民法通则》的突破。因而本书坚持体系化方法，认为侵权行为的法律效果仍然是债，因而把它放在债编加以研讨。"（张俊浩主编：《民法学原理》，中国政法大学出版社 2000 年版，第 901~902 页。）[1]

违约责任的归责原则，即指承担违约责任的条件。《民法典》第 577 条规定："当事人一方不履行合同义务或者履行合同义务不符合约定的，应当承担继续履行、采取补救措施或者赔偿损失等违约责任。"从该条可以看出，我国合同法违

---

[1] 张俊浩先生对债与责任、侵权行为后果的见解可谓深刻。我国《民法总则》（2017）仍在第八章规定了"民事责任"，算是延续了《民法通则》的做法，我国亦颁布有《侵权责任法》（2009），民法典亦有单独的侵权责任编，侵权之法律后果为债或责任的争论可能会继续。不过，我国《民法典》总则编第八章"民事责任"已去除"训诫、责令具结悔过、收缴进行非法活动的财物和非法所得"、"罚款、拘留"等所谓附加责任，也算是对所谓的"体系违反"的更正。

约责任的归责原则为严格责任原则，即只要行为人违约，就应承担违约责任，并不要求违约人有过错（即故意或过失）作为必要条件，即不问违约方有无过错。"当事人一方因第三人的原因造成违约的，应当依法向对方承担违约责任。当事人一方和第三人之间的纠纷，依照法律规定或者按照约定处理"（《民法典》第593条）。

违约而不承担责任的免责事由，仅为不可抗力。"当事人一方因不可抗力不能履行合同的，根据不可抗力的影响，部分或者全部免除责任，但是法律另有规定的除外。因不可抗力不能履行合同的，应当及时通知对方，以减轻可能给对方造成的损失，并应当在合理期限内提供证明。当事人迟延履行后发生不可抗力的，不免除其违约责任"（《民法典》第590条）。

《民法典》第180条规定："因不可抗力不能履行民事义务的，不承担民事责任。法律另有规定的，依照其规定。不可抗力是不能预见、不能避免且不能克服的客观情况。"

【案例 11-1】 郭跃峰、张红朝因与被申请人刘艳伟股权转让纠纷提审案[1]

[最高人民法院在该案中认为]"三、关于《退股协议》是否已经解除以及是否应当解除。

郭跃峰、张红朝以政府要求停止隐患整改活动系不可抗力，导致《退股协议》无法履行、合同目的不能实现，张红朝曾多次向刘艳伟主张解除合同以及刘艳伟以签订《退出关闭协议书》的方式主动解除了《退股协议》为由，主张《退股协议》已经解除。

根据《中华人民共和国合同法》第九十四条有关因不可抗力致使不能实现合同目的，当事人可以解除合同之规定，以及该法第一百一十七条第二款有关不可抗力系指不能预见、不能避免并不能克服的客观情况之规定，**因煤层气公司2010年12月10日发布的紧急通知仅要求案涉煤矿从即日起停止井下隐患整改作业活动，而未要求即行关闭案涉煤矿，即，未排除案涉煤矿未来恢复整改作业、从事生产经营的可能，故该通知并未产生《退股协议》无法继续履行、合同目的无法实现的法律后果。故对郭跃峰、张红朝以政府要求停止隐患整改活动系不可抗力，导致《退股协议》无法履行、合同目的不能实现的主张，本院不予支持。** 在2011年9月29日《退出关闭协议书》签订前，因《退股协议》的股权受让方并未按照合同约定按期履行支付股权转让款的义务，系合同违约方，故其并不享有《中华人民共和国合同法》第九十四条所规定的法定解除权。因此，即

---

[1] 最高人民法院（2013）民提字第170号民事判决书。

使股权受让方在此前通知刘艳伟解除《退股协议》，亦不能产生《退股协议》解除的法律后果。"

【案例 11-2】湖南湘立房地产开发有限公司、陆聃商品房销售合同纠纷再审案[1]

[湖南省高级人民法院认为]本案申请再审审查的争议焦点为：1、湘立公司逾期交房的违约责任可否免除？2、逾期交房违约金是否过高？

湘立公司认为其虽未按合同约定交房，但存在特殊情况，应适用情势变更原则，免除违约责任。本院认为，《中华人民共和国民法总则》第一百八十条规定：因不可抗力不能履行民事义务的，不承担民事责任。法律另有规定的，依照其规定。不可抗力是不能预见、不能避免且不能克服的客观情况。《最高人民法院关于适用〈中华人民共和国合同法〉若干问题的解释（二）》第二十六条规定：合同成立以后客观情况发生了当事人在订立合同时无法预见的、非不可抗力造成的不属于商业风险的重大变化，继续履行合同对于一方当事人明显不公平或者不能实现合同目的，当事人请求人民法院变更或者解除合同的，人民法院应当根据公平原则，并结合案件的实际情况确定是否变更或者解除。**本案合同的继续履行对于湘立公司并非显失公平，湘立公司也并非请求变更或解除合同，而是要求免除违约责任。而且恶劣天气虽对房地产开发进度有一定影响，但这种影响在恶劣天气消除后，是可以采取措施予以补救的。湘立公司法定代表人因从事违法行为而受到监委调查，该法律风险是其应当预见的，也是属于正常的商业风险。因此，湘立公司主张本案应运用情势变更原则的理由不成立，不能免除湘立公司逾期交房的违约责任。**

三、违约的救济——违约责任的形式

一方违约，守约方可以根据违约方违约行为的性质（是否根本违约）以及违约的形态，根据自己的利益选择不同的救济措施。同时应当注意的是，依据合同法原理，一方违约，如果双方约定了违约责任的承担方式，守约方当然可以依据约定追究违约方的违约责任，没有约定或者约定被认为无效才适用法律规定。

1. 解除合同并要求承担其他违约责任。解除合同是合同终止的情形之一。当事人一方预期违约或根本违约（导致不能实现合同目的），守约方有权解除合同（《民法典》第 563 条）。因此可以说，对于预期违约或根本违约，受害方的

---

[1]　湖南省高级人民法院（2020）湘民申 1692 号民事裁定书。

救济手段之一是要求解除合同，同时可以要求违约方承担其他违约责任。《买卖合同司法解释》第 20 条规定："买卖合同因违约而解除后，守约方主张继续适用违约金条款的，人民法院应予支持；但约定的违约金过分高于造成的损失的，人民法院可以参照民法典第 585 条第 2 款的规定处理。"

2. 继续履行。对于金钱债务的违约，只能要求继续履行，当然可以额外要求赔偿损失。"当事人一方未支付价款、报酬、租金、利息，或者不履行其他金钱债务的，对方可以请求其支付"（《民法典》第 579 条）。对于非金钱债务，当事人也可以要求继续履行，除非"法律上或者事实上不能履行"、"债务的标的不适于强制履行或者履行费用过高"或者"债权人在合理期限内未请求履行"（《民法典》第 580 条）。

【案例 11-3】 爱普生（中国）有限公司合同纠纷提审案[1]

[最高人民法院认为] 爱普生方自 2008 年 5 月起违反合同约定，不再保障江裕方对 LQ-300K+II 打印机的独家销售代理权，开始向第三方供货，并于 2009 年 6 月起，停止向江裕方供货。因此，爱普生方的行为构成违约，应当承担违约责任。《中华人民共和国合同法》第一百零七条规定："当事人一方不履行合同义务或者履行合同义务不符合约定的，应当承担继续履行、采取补救措施或者赔偿损失等违约责任。"第一百一十条规定："当事人一方不履行非金钱债务或者履行非金钱债务不符合约定的，对方可以要求履行，但有下列情形之一的除外：（一）法律上或者事实上不能履行；（二）债务的标的不适于强制履行或者履行费用过高；（三）债权人在合理期限内未要求履行。"**本案中，虽然江裕方要求继续履行，然而打印机独家销售不适于强制履行，因此，不能支持江裕方关于继续履行的诉讼请求，即本案所涉 96 协议自此应当终止履行。爱普生方应当赔偿江裕方因此造成的损失。**关于损失赔偿额的计算，《中华人民共和国合同法》第一百一十三条规定，"当事人一方不履行合同义务或者履行合同义务不符合约定，给对方造成损失的，损失赔偿额应当相当于因违约所造成的损失，包括合同履行后可以获得的利益，但不得超过违反合同一方订立合同时预见到或者应当预见到的因违反合同可能造成的损失"。**由于本案所涉打印机销售受爱普生方供货计划的影响，且存在市场风险，此外，本案诉讼历时已久，如以江裕方 2005-2007 年三年之间销售额和利润的平均数为基础计算截至判决生效之日的利润损失，将有失公平。本院根据上述因素，结合会计师事务所出具的审核资料以及本案的实际情况，酌定爱普生方赔偿江裕方损失 3000 万元。**二审判决赔偿损失 3961659.14 元

---

〔1〕 最高人民法院（2013）民提字第 233 号民事判决书。

欠妥，应予纠正。

【案例 11-4】 湛江喜强工业气体有限公司、广东省湛江市遂溪县人民政府资源行政管理：其他（资源）再审案[1]

[最高人民法院经审查认为] 2006 年 8 月 31 日印发的《国务院关于加强土地调控有关问题的通知》（国发［2006］31 号）第五条规定，工业用地必须采用招标拍卖挂牌方式出让，其出让价格不得低于公布的最低价标准。原国土资源部、监察部 2007 年 4 月 4 日联合印发的《关于落实工业用地招标拍卖挂牌出让制度有关问题的通知》（国土资发［2007］78 号，以下简称 78 号通知）第二条规定，明确范围，坚定不移地推进工业用地招标拍卖挂牌出让：（一）政府供应工业用地，必须采取招标拍卖挂牌方式公开出让或租赁，必须严格执行《招标拍卖挂牌出让国有土地使用权规定》和《招标拍卖挂牌出让国有土地使用权规范》规定的程序和方法。（二）《国务院关于加强土地调控有关问题的通知》下发前，市、县人民政府已经签订工业项目投资协议，确定了供地范围和价格，所涉及的土地已办理完农用地转用和土地征收审批手续的，可以继续采取协议方式出让或租赁，但必须按照《协议出让国有土地使用权规范》的有关规定，将意向出让、租赁地块的位置、用途、土地使用条件、意向用地者和土地价格等信息向社会公示后，抓紧签订土地出让或租赁合同，并在 2007 年 6 月 30 日前签订完毕。**不符合上述条件或者超过上述期限的，应按规定采用招标拍卖挂牌方式出让或租赁。本案中，遂溪县自然资源局于 2006 年 12 月 25 日与喜强公司签订《供地协议书》，约定将案涉土地给喜强公司使用，并负责给其办理土地使用权证。但协议签订时案涉土地系集体土地，2009 年 5 月 25 日经湛江市国土资源局批复同意，方才办理农用地转用手续。故按照上述文件的规定，案涉土地应该通过招标拍卖挂牌方式出让。**

《中华人民共和国合同法》第一百一十条第一项规定，当事人一方不履行非金钱债务或者履行非金钱债务不符合约定的，对方可以要求履行，但法律上或者事实上不能履行的除外。**喜强公司依据《供地协议书》要求被申请人向其颁发土地权属证书，属于法律上不能履行，一、二审判决分别驳回喜强公司的诉讼请求和上诉，符合法律规定。喜强公司主张的再审事由不能成立，不应予以支持。因被申请人不能履行《供地协议书》约定的义务给喜强公司造成的损失，喜强公司可另行主张权利。**

---

[1] 最高人民法院（2020）最高法行申 2856 号行政裁定书。

3. 替代履行。"当事人一方不履行债务或者履行债务不符合约定，根据债务的性质不得强制履行的，对方可以请求其负担由第三人替代履行的费用"（《民法典》第 581 条）。一般来说，劳务性质的履行不得强制履行，这种情形下，对方当事人可以请求违约方负担由第三人替代履行的费用。

4. 要求违约方采取补救措施，承担修理、更换、重作、退货、减少价款或者报酬等违约责任。"履行不符合约定的，应当按照当事人的约定承担违约责任。对违约责任没有约定或者约定不明确，依据本法第 510 条的规定仍不能确定的，受损害方根据标的的性质以及损失的大小，可以合理选择请求对方承担修理、重作、更换、退货、减少价款或者报酬等违约责任"（《民法典》第 582 条）。当然，"当事人一方不履行合同义务或者履行合同义务不符合约定的，在履行义务或者采取补救措施后，对方还有其他损失的，应当赔偿损失"（《民法典》第 583条）。

5. 赔偿损失与违约金。依据《民法典》第 585 条，双方当事人如无特别约定，则赔偿损失的金额一般以受害方能够证明的实际损失为原则[1]，如果纠纷属于消费者权益保护食品安全范围，可能会有惩罚性赔偿；如果双方当事人约定了违约金，则一般应按双方约定的违约金金额或计算方法予以赔偿，但约定的违约金低于或过分高于实际损失，则可能被调整。

【案例 11-5】李沧区多美好批发超市、韩付坤产品责任纠纷再审案[2]

［山东省高级人民法院再审认为］本案争议的焦点问题是应否支持韩付坤的十倍惩罚性赔偿主张。

《中华人民共和国食品安全法》第一百四十八条第二款规定："生产不符合食品安全标准的食品或者经营明知是不符合食品安全标准的食品，消费者除要求赔偿损失外，还可以向生产者或者经营者要求支付价款十倍或者损失三倍的赔偿金；增加赔偿的金额不足一千元的，为一千元。但是，食品的标签、说明书存在不影响食品安全且不会对消费者造成误导的瑕疵的除外。"根据该规定，**对经营者适用十倍惩罚性赔偿应同时具备两个要件：一是，经营者销售了不符合食品安**

---

〔1〕 而该实际损失的计算会依据法律规定或司法解释的规则。比如，《商品房买卖合同司法解释》第 13 条规定："商品房买卖合同没有约定违约金数额或者损失赔偿额计算方法，违约金数额或者损失赔偿额可以参照以下标准确定：逾期付款的，按照未付购房款总额，参照中国人民银行规定的金融机构计收逾期贷款利息的标准计算。逾期交付使用房屋的，按照逾期交付使用房屋期间有关主管部门公布或者有资格的房地产评估机构评定的同地段同类房屋租金标准确定。"《买卖合同司法解释》第 18 条第 4 款亦规定了逾期付款损失在没有约定违约金的情形下的计算规则。

〔2〕 山东省高级人民法院（2020）鲁民再 386 号民事判决书。该案系近期对食品"知假买假"未予支持 10 倍赔偿的知名判例。

全标准的食品；二是，经营者主观上系明知。何为"不符合食品安全标准的食品"，《中华人民共和国食品安全法》第一百五十条规定，"食品安全，指食品无毒、无害，符合应当有的营养要求，对人体健康不造成任何急性、亚急性或者慢性危害"，据此《中华人民共和国食品安全法》第一百四十八条第二款所指的"不符合食品安全标准的食品"，应指食品实质上有毒、有害，不符合应当有的营养标准，对人体健康可能造成任何急性、亚急性或者慢性危害的食品，此种界定与该法第二十六条所列举的食品安全标准的内容亦不冲突。

本案中，多美好超市原审及再审阶段提交了进口商的采购合同、发票、出厂罐装证明、原产地证书、报关单、检疫证明文件、采购订单及进口流程说明等证据，证实涉案红酒来源合法，经检疫检验部门检验合格，不影响食品安全。**根据举证责任，韩付坤主张十倍惩罚性赔偿，应举证证实涉案红酒有毒、有害，不符合应当有的营养标准，对人体健康可能造成任何急性、亚急性或者慢性危害。但韩付坤提交的证据仅能证实涉案红酒无中文标签，且韩付坤在购买时对涉案红酒无中文标签主观上系明知，并即时录像，购买后亦未饮用，涉案红酒无中文标签并不会对其造成任何购买或食用误导。因此，本案符合《中华人民共和国食品安全法》第一百四十八条第二款但书所规定的情形，二审法院支持韩付坤主张的十倍惩罚性赔偿，适用法律确有不当，应予纠正。**

综上，多美好超市的再审请求成立，本院予以支持。二审适用法律错误，本院予以纠正。

关于损害赔偿的范围，"当事人一方不履行合同义务或者履行合同义务不符合约定，造成对方损失的，损失赔偿额应当相当于因违约所造成的损失，包括合同履行后可以获得的利益；但是，不得超过违约一方订立合同时预见到或者应当预见到的因违约可能造成的损失"（《民法典》第584条）。

关于双方当事人约定的违约金——"当事人可以约定一方违约时应当根据违约情况向对方支付一定数额的违约金，也可以约定因违约产生的损失赔偿额的计算方法。约定的违约金低于造成的损失的，人民法院或者仲裁机构可以根据当事人的请求予以增加；约定的违约金过分高于造成的损失的，人民法院或者仲裁机构可以根据当事人的请求予以适当减少。当事人就迟延履行约定违约金的，违约方支付违约金后，还应当履行债务"（《民法典》第585条）。

关于约定违约金的调整，《商品房买卖司法解释》第12条规定："当事人以约定的违约金过高为由请求减少的，应当以违约金超过造成的损失30%为标准适当减少；当事人以约定的违约金低于造成的损失为由请求增加的，应当以违约造成的损失确定违约金数额。"

一方当事人因对方违约而获有利益，违约方可以主张从损失赔偿额中扣除该部分利益（《买卖合同司法解释》第23条）。这些规则体现了赔偿损失以受害方的实际损失为原则。

【案例11-6】突泉泰银矿业有限责任公司与浙江天城建设集团有限公司建设工程施工合同纠纷再审案[1]

案件争议焦点问题是天城公司是否应当赔偿泰银公司间接经济损失的问题。《最高人民法院关于民事诉讼证据的若干规定》第七十七条第一款第一项规定，国家机关、社会团体依职权制作的公文书证的证明力一般大于其他书证。本案原审期间，内蒙古高院为查明案情，根据天城公司申请，向突泉县安全生产监督管理局调取了相关证据，该局于2015年3月5日出具《情况说明》称，2012年8月17日泰银公司施工过程中发生一起坠井事故，造成一人死亡，突泉县安全生产监督管理局当晚赶赴现场组织调查，并责令停止井下施工。2012年12月17日，经资质备案，验收合格后，同意复工。但，同意复工的指令报告存根未找到，查询相关记录，复工时间大约为2013年1月上旬。因此，内蒙古高院关于本案所涉矿区停工停产的事实认定，证据充分。泰银公司虽主张《情况说明》不具有证据的证明力，并对停工工期时间提出异议，但不能提出相关证据予以佐证，其主张不予支持。根据《中华人民共和国合同法》第一百一十三条的规定，因违约责任产生的损失赔偿包括合同履行后可以获得的利益，但不得超过违反合同一方订立合同时预见到或者应当预见到的因违反合同可能造成的损失。因此，泰银公司主张的间接经济损失应以违约方订立合同时预见或应当预见不履行合同可能造成的损失为限。《最高人民法院关于当前形势下审理民商事合同纠纷案件若干问题的指导意见》第10条规定："人民法院在计算和认定可得利益损失时，应当综合运用可预见规则、减损规则、损益相抵规则以及过失相抵规则等，从非违约方主张的可得利益赔偿总额中扣除违约方不可预见的损失、非违约方不当扩大的损失、非违约方因违约获得的利益、非违约方亦有过失所造成的损失以及必要的交易成本。存在合同法第一百一十三条第二款规定的欺诈经营、合同法第一百一十四条第一款规定的当事人约定损害赔偿的计算方法以及因违约导致人身伤亡、精神损害等情形的，不宜适用可得利益损失赔偿规则。"原审法院经调查认为，**案涉间接损失系因安全生产监督管理部门责令停工停产造成，天城公司对此无法预见，故不应承担停工期间的间接损失，符合法律规定，并无不当。**

---

[1] 最高人民法院（2016）最高法民申1695号民事裁定书。

【**案例 11-7**】 张莉诉北京合力华通汽车服务有限公司买卖合同纠纷案[1]

法院生效裁判认为：**原告张莉购买汽车系因生活需要自用，被告合力华通公司没有证据证明张莉购买该车用于经营或其他非生活消费，故张莉购买汽车的行为属于生活消费需要，应当适用《中华人民共和国消费者权益保护法》。**

根据双方签订的《汽车销售合同》约定，合力华通公司交付张莉的车辆应为无维修记录的新车，现所售车辆在交付前实际上经过维修，这是双方共同认可的事实，故本案争议的焦点为合力华通公司是否事先履行了告知义务。

车辆销售价格的降低或优惠以及赠送车饰是销售商常用的销售策略，也是双方当事人协商的结果，不能由此推断出合力华通公司在告知张莉汽车存在瑕疵的基础上对其进行了降价和优惠。合力华通公司提交的有张莉签名的车辆交接验收单，因系合力华通公司单方保存，且备注一栏内容由该公司不同人员书写，加之张莉对此不予认可，该验收单不足以证明张莉对车辆以前维修过有所了解。**故对合力华通公司抗辩称其向张莉履行了瑕疵告知义务，不予采信，应认定合力华通公司在售车时隐瞒了车辆存在的瑕疵，有欺诈行为，应退车还款并增加赔偿张莉的损失。**[2]

【**案例 11-8**】 孙银山诉南京欧尚超市有限公司江宁店买卖合同纠纷案[3]

法院生效裁判认为：关于原告孙银山是否属于消费者的问题。《中华人民共和国消费者权益保护法》第二条规定："消费者为生活消费需要购买、使用商品或者接受服务，其权益受本法保护；本法未作规定的，受其他有关法律、法规保护。"**消费者是相对于销售者和生产者的概念。只要在市场交易中购买、使用商品或者接受服务是为了个人、家庭生活需要，而不是为了生产经营活动或者职业活动需要的，就应当认定为"为生活消费需要"的消费者，属于消费者权益保**

---

〔1〕 最高人民法院 17 号指导案例。

〔2〕《消费者权益保护法》最近的一次修正是 2013 年，而该案事实发生于 2007 年，北京市第二中级人民法院系于 2008 年 3 月 13 日作出（2008）二中民终字第 00453 号民事判决。修正之前第 49 条规定："经营者提供商品或者服务有欺诈行为的，应当按照消费者的要求增加赔偿其受到的损失，增加赔偿的金额为消费者购买商品的价款或者接受服务的费用的 1 倍。"即所谓的"退一赔一"。该指导案例 17 号判决合力华通公司因欺诈需退还车款并赔偿同样金额的损失。2013 年修正后第 55 条规定："经营者提供商品或者服务有欺诈行为的，应当按照消费者的要求增加赔偿其受到的损失，增加赔偿的金额为消费者购买商品的价款或者接受服务的费用的 3 倍；增加赔偿的金额不足 500 元的，为 500 元。法律另有规定的，依照其规定。**经营者明知商品或者服务存在缺陷，仍然向消费者提供，造成消费者或者其他受害人死亡或者健康严重损害的，受害人有权要求经营者依照本法第 49 条、第 51 条等法律规定赔偿损失，并有权要求所受损失 2 倍以下的惩罚性赔偿。**"

〔3〕 最高人民法院 23 号指导案例，系江苏省南京市江宁区人民法院于 2012 年 9 月 10 日作出之（2012）江宁开民初字第 646 号民事判决。

护法调整的范围。本案中，原被告双方对孙银山从欧尚超市江宁店购买香肠这一事实不持异议，据此可以认定孙银山实施了购买商品的行为，且**孙银山并未将所购香肠用于再次销售经营，欧尚超市江宁店也未提供证据证明其购买商品是为了生产经营。孙银山因购买到超过保质期的食品而索赔，属于行使法定权利。**因此欧尚超市江宁店认为孙银山"买假索赔"不是消费者的抗辩理由不能成立。

关于被告欧尚超市江宁店是否属于销售明知是不符合食品安全标准食品的问题。《中华人民共和国食品安全法》（以下简称《食品安全法》）第三条规定："食品生产经营者应当依照法律、法规和食品安全标准从事生产经营活动，对社会和公众负责，保证食品安全，接受社会监督，承担社会责任。"该法第二十八条第（八）项规定，超过保质期的食品属于禁止生产经营的食品。**食品销售者负有保证食品安全的法定义务，应当对不符合安全标准的食品自行及时清理。欧尚超市江宁店作为食品销售者，应当按照保障食品安全的要求储存食品，及时检查待售食品，清理超过保质期的食品，但欧尚超市江宁店仍然摆放并销售货架上超过保质期的"玉兔牌"香肠，未履行法定义务，可以认定为销售明知是不符合食品安全标准的食品。**

关于被告欧尚超市江宁店的责任承担问题。《食品安全法》第九十六条第一款规定："违反本法规定，造成人身、财产或者其他损害的，依法承担赔偿责任。"第二款规定："生产不符合食品安全标准的食品或者销售明知是不符合食品安全标准的食品，消费者除要求赔偿损失外，还可以向生产者或者销售者要求支付价款十倍的赔偿金。"**当销售者销售明知是不符合安全标准的食品时，消费者可以同时主张赔偿损失和支付价款十倍的赔偿金，也可以只主张支付价款十倍的赔偿金。**本案中，原告孙银山仅要求欧尚超市江宁店支付售价十倍的赔偿金，属于当事人自行处分权利的行为，应予支持。关于被告欧尚超市江宁店提出原告明知食品过期而购买，希望利用其错误谋求利益，不应予以十倍赔偿的主张，因前述法律规定消费者有权获得支付价款十倍的赔偿金，因该赔偿获得的利益属于法律应当保护的利益，且法律并未对消费者的主观购物动机作出限制性规定，故对其该项主张不予支持。

6. 防止损失扩大。《民法典》第591条规定："当事人一方违约后，对方应当采取适当措施防止损失的扩大；没有采取适当措施致使损失扩大的，不得就扩大的损失请求赔偿。当事人因防止损失扩大而支出的合理费用，由违约方负担。"
该条也可以说是绿色原则或者经济原则的体现。

四、定金

定金是为担保合同的履行，合同当事人一方向另一方给付一定金额的钱物，作为债权的担保。债务人履行债务后，定金应当抵作价款或者收回。给付定金的一方不履行债务或履行债务不符合约定，致使不能实现合同目的的，无权要求返还定金；收受定金的一方不履行约定的债务或者履行债务不符合约定，致使不能实现合同目的的，应当双倍返还定金（《民法典》第 587 条）。相较之前的合同法和担保法，对于定金的没收或双倍返还，如系违约方履行债务不符合约定的须达到致使合同目的不能实现的程度。

定金合同系实践（要物）合同、从合同。定金合同自实际交付定金时成立；定金的数额由当事人约定；但是，不得超过主合同标的额的 20%，超过部分不产生定金的效力。实际交付的定金数额多于或者少于约定数额的，视为变更约定的定金数额（《民法典》第 586 条）。

民法典上述规定系关于一般违约定金的规则。已废止的我国《担保法》及《担保法司法解释》，规定定金包括立约定金、成约定金、解约定金、违约定金等种类。司法实践及交易实践中也确实存在多种类型的定金。

立约定金。当事人约定以交付定金作为订立主合同担保的，给付定金的一方拒绝订立主合同的，无权要求返还定金；收受定金的一方拒绝订立合同的，应当双倍返还定金（已废止的《担保法司法解释》第 115 条）。实践中，对立约定金的使用须多加注意，因为双方可能就主合同细节发生争议，而难以确定哪一方当事人拒绝订立主合同。

成约定金。当事人约定以交付定金作为主合同成立或者生效要件的，给付定金的一方未支付定金，但主合同已经履行或者已经履行主要部分的，不影响主合同的成立或者生效（已废止的《担保法司法解释》第 116 条）。

解约定金。定金交付后，交付定金的一方可以按照合同的约定以丧失定金为代价而解除主合同，收受定金的一方可以双倍返还定金为代价而解除主合同（已废止的《担保法司法解释》第 117 条）。

以上定金类型的相关规则，有待有关民法典合同编的司法解释和后续的判例予以补充。

【案例 11-9】成玉彪与新疆丽润房地产开发有限责任公司、杨沛利股权转让

纠纷再审案[1]

[最高人民法院指出] 关于成玉彪收到的 100 万元款项的性质问题。根据《中华人民共和国担保法》第九十条关于"定金应当以书面形式约定。当事人在定金合同中应当约定交付定金的期限。定金合同从实际交付定金之日起生效"的规定，**成玉彪出具的收条明确其收到的 100 万元款项性质为订金而非定金。此外，成玉彪亦未能证明其收取 100 万元定金的合同依据。**故对成玉彪关于其个人收到丽润公司 100 万元定金且不应冲抵企业整体收购款的主张，本院不予支持。

【案例 11-10】 林光荣、林金美因与被申诉人周鸿祎、胡欢房屋买卖合同纠纷申诉再审案[2]

[北京市高级人民法院作为二审法院再审认为] 胡欢、周鸿祎与林光荣、林金美所签《临时买卖协议》系双方真实意思表示，不违反法律及行政法规的规定，应属有效。双方均应依约履行义务。胡欢、周鸿祎称，曾催促林光荣、林金美签订正式的房屋买卖合同，但并未举证证实。林光荣、林金美虽委托律师多次给胡欢、周鸿祎发送函件，但均未经胡欢、周鸿祎本人签收，林光荣、林金美未能提交证据证明签收人张鹏、王腊梅是受胡欢、周鸿祎的委托，亦无证据证明签收人已告知胡欢、周鸿祎收到函件，林光荣、林金美所举证明不足以证实胡欢、周鸿祎存在无故拖延签订正式买卖合同的行为。故原审判决认定**双方未能如约在 2007 年年底签订正式合同是《临时买卖协议》的约定不明所致，双方对此均负有一定责任，本案不应适用定金罚则，**并无不当。……

[最高人民法院认为] 本案双方当事人为买卖朝阳区京顺路大湖山庄 217 号房产签订了一份《临时买卖协议》，……并非当事人间正式的买卖合同，因此，在签订《临时买卖协议》之后，双方当事人应当积极履行各自的义务，为签订正式买卖合同做好准备和成就条件。依照《临时买卖协议》之约定，双方当事人为签订正式买卖合同设定了三个条件：一是买方胡欢、周鸿祎在签署《临时买卖协议》次日将定金 50 万元支付到卖方林光荣、林金美指定账户；二是卖方林光荣、林金美应在签署《临时买卖协议》后#个工作日内，向买方胡欢、周鸿祎出示有关该房产的文件，包括但不限于房屋所有权证、国有土地使用证等原件及复印件；三是此等文件完整并合法有效并且房屋不存在任何被查封、扣押、监管和抵押担保等权利负担时，双方签订正式买卖合同。对于第一个条件，双方当事人明确约定了履行时限即签署《临时买卖协议》次日，但对于第二个和第三个

---

〔1〕 最高人民法院（2014）民申字第 2045 号民事裁定书。

〔2〕 最高人民法院（2011）民监字第 482 号民事裁定书。笔者认为，这是一份很有意思的判决，其中对立约定金的使用值得注意。

条件，双方当事人则没有约定具体的履行时间和方式。考虑到双方当事人约定的签订正式买卖合同的时限为 2007 年 12 月底前，因此，**申诉人应当至迟在该时限前出示上述有关权证和文件，但申诉人并未举证证明其在上述时限前出示了相关权证和文件。因此，应当认定双方当事人对正式买卖合同未能签订均有过错。**申诉人有关《临时买卖协议》不存在'约定不明'的情形与事实不符，本院不予支持。一、二审及再审判决以双方当事人约定不明为由未支持被申诉人有关双倍返还定金的请求，而判令申诉人退还被申诉人已支付的 50 万元定金有事实和法律依据。虽然申诉人在 2007 年 12 月底前曾向被申诉人寄送了两份《律师函》通知其签订正式买卖合同，且根据本案相关证据能够证明该两份《律师函》均已送达到了被申诉人，申诉人有关两份《律师函》已送达被申诉人及证人张鹏的部分证词不实的主张有事实依据，一、二审判决对该部分事实的认定存在错误，但是，**这仅能证明申诉人对签订正式买卖合同确有诚意且其有权在《临时买卖协议》约定的签订正式买卖合同的期限届满之后向第三人出售房产，并不足以认定其履行了出示相关权证和文件的义务，也不足以推翻一、二审及再审判决。**

《民法典》第 588 条规定："当事人既约定违约金，又约定定金的，一方违约时，对方可以选择适用违约金或者定金条款。定金不足以弥补一方违约造成的损失的，对方可以请求赔偿超过定金数额的损失。"对于违约金和定金是否可以一同适用，司法实践给出了回答。

【案例 11-11】孙维良与东莞市明政塑胶五金制品有限公司、东莞鸿铨光电科技有限公司股权转让合同纠纷再审案[1]

二审判决根据孙维良的上述违约行为及违约程度，酌情确定孙维良向明政公司支付违约金 320 万元，并不违反合同的约定和法律的规定。《股权转让协议》第九条第一项约定，双方确认股权定金为 320 万元；该条第三项约定，如因孙维良原因致使不能如期办理变更登记，或者严重影响明政公司实现订立本协议的目的，孙维良应按照明政公司已经支付的转让款金额 5‰按日给付违约金，如因孙维良违约给明政公司造成实际损失大于前述违约金金额的，孙维良另予赔偿。可见，**《股权转让协议》就违约责任同时约定了 320 万元定金条款和按日千分之五支付违约金的条款。《中华人民共和国合同法》第一百一十六条规定："当事人既约定违约金，又约定定金的，一方违约时，对方可以选择适用违约金或者定金条款。"根据该条规定，违约金和定金条款不能并用，当事人既约定了定金条款，**

---

〔1〕 最高人民法院（2016）最高法民申 3378 号民事裁定书。

又约定了违约金条款的情况下，只能择其一适用。 一、二审法院综合考虑孙维良的违约行为主要集中在延期办理股权变更手续、没有及时清理鸿铨公司的债务、延期交付房屋、没有承担股权转让过程所产生的费用等几个方面，明政公司已经获得鸿铨公司的股权和厂房，孙维良的违约行为未影响明政公司合同目的的实现，且根据《股权转让协议》第九条第三款约定按每日5‰计算违约金畸高，因此酌定孙维良向明政公司支付的违约金数额为 320 万元，并无不当。孙维良关于一、二审判决其承担的违约金过高的申请再审理由不能成立。

五、违约责任与侵权责任的竞合

《民法典》第 186 条规定："因当事人一方的违约行为，损害对方人身权益、财产权益的，受损害方有权选择请求其承担违约责任或者侵权责任。"根据已废止的《合同法司法解释一》第 30 条规定："债权人依照合同法第 122 条的规定向人民法院起诉时作出选择后，在一审开庭以前又变更诉讼请求的，人民法院应当准许。对方当事人提出管辖权异议，经审查异议成立的，人民法院应当驳回起诉。"[1]

需要注意的是，《民法典》第 996 条规定，"因当事人一方的违约行为，损害对方人格权并造成严重精神损害，受损害方选择请求其承担违约责任的，不影响受损害方请求精神损害赔偿。"该条亦是同一行为适用多种规范群的结果。在同一个行为构成违约行为时，受损害方可以依据合同法规则要求其承担违约责任，但如果该行为在构成违约行为的同时，也"损害对方人格权并造成严重精神损害"，受损害方选择要求对方承担违约责任的同时，还可以因该行为损害人格权并造成严重精神损害而要求精神损害赔偿。笔者认为，此条难在违约责任中会支持精神损害赔偿，但在违约责任与侵权责任竞合而且依侵权责任规则存在严重精神损害时，受损害方在请求对方承担违约责任的同时，还可以基于侵权责任规则主张精神损害赔偿。当然，抽象的法条需要具体的判例规则的予以支撑。关注该规则的判例支持会是一项有意义的工作。

【资料】违约责任与侵权责任的竞合

"违约责任与侵权责任的区隔与竞合一直是困扰民法学的难题。……在责任竞合情形，同一损害被两种法律规范基于不同的规范目的评价，其法律效果多有不同。违约责任与侵权责任的核心差异在于：前者是法律强制执行当事人自我设

---

[1] 关于责任竞合与当事人诉讼请求的变更，可参阅"长春公共交通（集团）有限责任公司与宋艳辉城市公交运输合同纠纷上诉案"，吉林省长春市中级法院（2016）吉 01 民终 3858 号民事判决书。

定的义务，强迫当事人忠于自己的意志，其合法性在现代几乎不言自明，义务边界相对清晰；后者维护社会生活中的底线权益，强迫义务人忠于法律与社会共同体规范，义务边界因时循势而异。因此，两者在实体法上的责任成立与责任承担、程序法上的诉讼管辖与举证责任等方面都有差异。

……我国最高人民法院早在 20 世纪 80 年代就规定了诉因竞合（《全国沿海地区涉外、涉港澳台经济审判工作座谈会纪要》）。我国合同法第 122 条更进一步明示：'因当事人一方的违约行为，侵害对方人身、财产权益的，受损害方有权选择依照本法要求其承担违约责任或者依照其他法律要求其承担侵权责任。按照通说，第 122 条的立法意旨是充分尊重受害人的意愿，强化请求权的效力。

然而，依据现行司法实践，在很多情形，无论当事人如何选择请求权，都难以获得周全的救济：选择违约之诉，难以获得精神损害赔偿；选择侵权之诉的，又无法获得某些合同利益的赔偿。所以，在同一违约行为导致多个债权人受损时（如客运事故），债权人选择的诉由不同，其受救济程度就完全可能有别。颇为尴尬的是，即使法学家也不敢断言当事人应如何选择诉由，实现其利益最大化：'对债权人言，侵权责任或契约责任，抽象言之，各具利弊，实际利益状态如何，仅能就具体案件决定之。'那么，当事人焉有取舍的能力？选择权对其究竟是利益还是负担？另一方面，在程序法上，选择权意味着当事人在起诉之前，就必须判定加害行为同时符合违约与侵权的构成要件，进而选择诉由，而不能单以受到损害的事实起诉。这不仅使当事人被迫做出本应属于司法权的决断，而且还衍生了有关诉讼标的的无休止的议论。更重要的是，若当事人判断和选择错误，可能一无所获。因为在我国司法实践中，当事人选择某种诉由未获得赔偿或赔偿不足时，不能再主张适用另一种请求权。

……

在竞合情形，债权人选择违约责任与侵权责任的最大实益是赔偿数量不同（取决于赔偿范围与限制赔偿的方法），且对诉讼时效、诉讼管辖、抵销等亦有差异。目前学说多流于两种责任差异的一般性议论，而未涉及竞合情形的具体分析……"（谢鸿飞："违约责任与侵权责任竞合理论的再构成"，载《环球法律评论》2014 年第 6 期）

六、国际贸易的特殊诉讼时效期间

《民法典》第 594 条沿袭了之前合同法关于国际贸易特殊诉讼时效期间的规定，与《民法典》第 188 条规定的 3 年的一般诉讼时效不同："因国际货物买卖合同和技术进出口合同争议提起诉讼或者申请仲裁的时效期间为 4 年。"

《仲裁法》第74条规定:"法律对仲裁时效有规定的,适用该规定。法律对仲裁时效没有规定的,适用诉讼时效的规定。"由于仲裁法的该规定,实际上《民法典》第594条的表述仅规定国际贸易的诉讼时效为4年即可。

【本章思考题】

1. 违约有哪些形态?

2. 我国民法典规定的违约责任的归责原则是什么?

3. 对于违约,有哪些救济措施?

4. 法院在计算和认定可得利益损失时应当综合运用的可预见规则、减损规则、损益相抵规则以及过失相抵规则分别指什么?

5. 什么是违约责任和侵权责任的竞合?当这两种责任竞合时,当事人应如何选择、有何差异?

6. 我国《消费者权益保护法》和《食品安全法》对惩罚性赔偿有怎样的规定?

7. 什么是定金?定金有哪些种类?定金可以和违约金一并适用吗?

8. 国际货物买卖和技术进出口合同争议的诉讼时效是几年?

第二分编 典型合同

第十二章

买卖合同

买卖合同是历史最悠久的合同，也是最重要的合同，它是所有双务、有偿合同的"模板"。《民法典》第646条规定："法律对其他有偿合同有规定的，依照其规定；没有规定的，参照适用买卖合同的有关规定。"《民法典》第647条亦规定互易合同参照适用买卖合同的规则。

【**资料**】买卖合同

"在各种合同类型中，买卖合同是典型的合同。人类社会的交易历史就是从买卖合同开始的，在现今的各种交易中，承揽、租赁等合同是以买卖为基础的，运输、保管等合同又是以买卖为服务对象的，技术转让、商标转让等新兴的知识产权交易，也不过是特种买卖。所以，在《合同法》中买卖合同不仅被放在分则的首位，而且相关条文有46条之多（第130条至175条），占整个《合同法》条文的1/10。法律之所以给予买卖合同特别的关注，除了买卖合同是市场经济最常见的交易这个原因外，还有以买卖作为其他合同'榜样'的含义。法律于买卖合同中规定的物的交付、标的物毁损灭失的风险负担、物的瑕疵和权利瑕疵担保义务等，可以适用于其他合同（《合同法》第174~175条），法律为了简约，在其他合同中，通常也不再作类似的规定。"（张俊浩主编：《民法学原理》，中国政法大学出版社2000年版，第776~777页。）

一、买卖合同是什么？

《民法典》第595条规定："买卖合同是出卖人转移标的物的所有权于买受人，买受人支付价款的合同。"该条文相较之前的合同法没有变化。

应该说，该条文对买卖合同的定义不是一个好的定义，其问题在于没有明确合同法（债法）中的买卖合同之债权合同或负担行为的性质，也与大家的经验相悖——买方和卖方就标的物的买卖达成合意（一般来说有标的物和价金的合意即为已足），合同即告成立，而且绝大多数情况下即告生效，买卖双方的权利义务即告产生，其后才产生履行问题（转移标的物所有权或支付价款）。买方或买方的不履行、迟延、履行不符合约定等构成对已生效的合同义务的违反，产生违约责任[1]。

因此，债法、合同法中的买卖合同，仅有关于标的物及价金的一致约定即可构成一个买卖合同，而转移标的物的所有权或支付价款，涉及合同履行及物权变动，沿袭大陆法系德国法的思路，物权变动自应由物权法规范，不履行或不恰当履行则构成债法上的违约责任，或者，完全履行导致债的消灭。

【资料】 其他国家或地区关于"买卖合同"的定义

《法国民法典》第1582条规定："称买卖者，谓当事人约定一方将物交付于他方、他方支付价金的契约。买卖得以公证书为之，亦得以私证书为之。"[2]

《德国民法典》第433条规定："①因买卖合同，物的出卖人有义务将该物交付给买受人并使买受人取得该物的所有权。出卖人必须使买受人取得没有物的瑕疵和权利瑕疵的物。②买受人有义务向出卖人支付所约定的买卖价款，并受取所买受的物。"[3]

我国台湾地区现行"民法"第345条规定："称买卖者，谓当事人约定一方移转财产权于他方，他方支付价金之契约。当事人就标的物及其价金互相同意时，买卖契约即为成立。"

将"买卖合同"定义为买卖双方之间的约定仅产生债权债务的法律效果，作为债权行为和负担行为，可以清晰物权法和合同法的界限，对于厘清"一物数卖"、"买卖他人之物"以及未来物买卖等问题的解决颇有实益。

此外，买卖合同系双务、有偿合同，原则上系不要式、不要物（诺成）合同。

---

〔1〕 已废止的《合同法》原颁布于1999年，当时民法理论界关于物权变动与债权变动的区分、处分行为与负担行为的区分以及物权行为理论的理论争议方兴未艾，《合同法》第51条及第130条（关于买卖合同的定义）、第132条（要求出卖的标的物，应当属于出卖人所有或者出卖人有权处分），可以说是互相联系的。但随着2007年《物权法》的颁布，《物权法》第15条对（债权）合同效力与物权变动的区分原则的确立，以及之后的《买卖合同司法解释》的颁布，买卖合同作为债权行为、负担行为的性质逐渐明确。相应地，《合同法》第51、130、132条面临修正的需要。目前《民法典》已经删除原《合同法》第51条的表述，也删去了原《合同法》第132条第1款"出卖的标的物，应当属于出卖人所有或者出卖人有权处分"的规定，在第597条规定"因出卖人未取得处分权致使标的物所有权不能转移的，买受人可以解除合同并请求出卖人承担违约责任"，是吸取了之前买卖合同司法解释的成果，可以说是个进步，但买卖合同的定义（原《合同法》第130条，现《民法典》第595条）没有作出修改，这是个遗憾。

〔2〕 李浩培等译：《拿破仑法典（法国民法典）》，商务印书馆1979年版，第223页。

〔3〕 陈卫佐译注：《德国民法典》，法律出版社2015年版，第155页。

二、买卖合同的效力

买卖合同的效力，即生效之买卖合同的法律效果，亦即买卖双方的权利义务[1]。值得重复说明的是，对合同双方权利义务的确定，首先是约定优先于法定，合同就是当事人之间的法律；对于当事人之间的交易细节，没有约定，或者约定不明确的，则需要确定合同类型，适用典型合同分编相应的有名合同的规则，或者适用合同法通则的规则，来确定合同当事人的权利义务。

买方的主要权利与义务：①按约定的时间、地点、方式及时支付价款（《民法典》第 626、627、628 条）；②按约及时受领标的物，否则标的物毁损、灭失的风险自违反约定之日起由买受人承担（《民法典》第 605 条）；③及时检验及通知的义务（《民法典》第 620、621 条）。《民法典》第 621 条第 2 款规定："当事人没有约定检验期限的，买受人应当在发现或者应当发现标的物的数量或者质量不符合约定的合理期限内通知出卖人。买受人在合理期限内未通知或者自收到标的物之日起 2 年内未通知出卖人的，视为标的物的数量或者质量符合约定；但是，对标的物有质量保证期的，适用质量保证期，不适用该 2 年的规定。"

卖方的主要权利与义务：①按约交付标的物或者提取标的物的单证，移转标的物所有权（《民法典》第 598 条）；②按约交付有关单证或资料（《民法典》第599 条）；③担保标的物不存在瑕疵，包括标的物本身的质量瑕疵和权利瑕疵（《民法典》第 610、612、615 条）；④按约定或法律、行政法规的规定，在标的物有效使用年限届满后自行或委托他人予以回收的义务（《民法典》第 625 条）。

三、买卖合同中标的物所有权的移转与风险负担

1. 买卖合同中标的物所有权的移转。买卖合同是所有权变动的最重要的原因，除此以外当然还有互易、赠与。而这些原因引起的所有权变动以及所有权具

---

〔1〕 需说明的是，部分债权合同经登记，可能产生物权效力或构成对物权的限制，比如《民法典》第 221 条："当事人签订买卖房屋的协议或者签订其他不动产物权的协议，为保障将来实现物权，按照约定可以向登记机构申请预告登记。预告登记后，未经预告登记的权利人同意，处分该不动产的，不发生物权效力。预告登记后，债权消灭或者自能够进行不动产登记之日起 90 日内未申请登记的，预告登记失效。"因此经登记的不动产预售合同，就具有一定的物权效力（或对物权有一定的限制效力）。又比如，《民法典》第 725 条"让与不破租赁"的规定，以及《上海市房屋租赁条例》（2010）第 15 条规定："房屋租赁合同及其变更合同由租赁当事人到房屋所在地的区、县房地产登记机构办理登记备案手续。房屋租赁合同未经登记备案的，不得对抗第三人。"在上海，经登记的租赁合同，承租人的租赁权有对抗第三人（比如不动产新的受让人）的效力。

体如何及何时变动，依据德国法的思路以及继承德国法思路的目前的中国法，属于物权法规制，见于民法典第二编"物权"。依据民法典第214、224条，不动产物权变动的一般规则是登记才生效，动产物权一般是交付生效。另外，"出卖具有知识产权的标的物的，除法律另有规定或者当事人另有约定外，该标的物的知识产权不属于买受人"（《民法典》第600条）。

值得注意的是：第一，《民法典》第225条关于交通运输工具的物权变动的规定："船舶、航空器和机动车等物权的设立、变更、转让和消灭，未经登记，不得对抗善意第三人。"但《物权编司法解释一》第6条规定："转让人转让船舶、航空器和机动车等所有权，受让人已经支付合理价款并取得占有，虽未经登记，但转让人的债权人主张其为民法典第225条所称的'善意第三人'的，不予支持，法律另有规定的除外。"此外，《物权编司法解释一》第19条规定："转让人将民法典第225条规定的船舶、航空器和机动车等交付给受让人的，应当认定符合民法典第311条第1款第3项规定的善意取得的条件。"可见，对于交通运输工具，登记虽具有对抗效力，但不能对抗已支付价款和取得占有的受让人；对于交通运输工具，占有具有较强的权利证明效力。第二，动产物权的交付有现实交付和观念交付，《民法典》第641条第1款规定："当事人可以在买卖合同中约定买受人未履行支付价款或者其他义务的，标的物的所有权属于出卖人。"需注意的是，相较原合同法，该条增加了第2款："出卖人对标的物保留的所有权，未经登记，不得对抗善意第三人。"第三，依据《民法典》第603条，当事人没有约定交付地点或者约定不明确，依照《民法典》第510条的规定仍不能确定的，适用下列规定：①标的物需要运输的，出卖人应当将标的物交付给第一承运人以运交给买受人；②标的物不需要运输，出卖人和买受人订立合同时知道标的物在某一地点的，出卖人应当在该地点交付标的物；不知道标的物在某一地点的，应当在出卖人订立合同时的营业地交付标的物。

2. 买卖合同中标的物的风险负担。《民法典》第604条规定了标的物毁损、灭失风险负担的原则："标的物毁损、灭失的风险，在标的物交付之前由出卖人承担，交付之后由买受人承担，但是法律另有规定或者当事人另有约定的除外。"

但出卖人出卖交由承运人运输的在途标的物，除当事人另有约定外，毁损、灭失的风险自合同成立时起由买受人承担（《民法典》第606条）。出卖人按照约定将标的物运送至买受人指定地点并交付给承运人后，标的物毁损、灭失的风险由买受人承担。当事人没有约定交付地点或者约定不明确，依据《民法典》第603条第2款第1项的规定标的物需要运输的，出卖人将标的物交付给第一承运人后，标的物毁损、灭失的风险由买受人承担（《民法典》第607条）。

【资料】我国合同法继受《国际货物买卖合同公约》的风险负担规则

"在各种国际公约和惯例中,《联合国国际货物买卖合同公约（CISG）》（以下简称《公约》）无疑最具深刻影响,尤其是买卖合同风险转移规则几乎完全移植《公约》的规定,并体现在《合同法》第 142 至 149 条。具体言之,其分为如下三组规则:

首先,《合同法》第 142 条确立了买卖标的物的风险负担的一般性规则,即自交付时起发生转移。换言之,标的物因意外而毁损灭失的风险在交付之前由出卖人承担,交付后由买受人承担。这一规则采纳了多数国家和国际公约的立法模式。交付作为风险转移的原则,一方面是因为买受人取得占有后,可以管领和支配标的物,有利于避免和控制风险;另一方面,买受人可以对标的物进行用益,符合利益与风险相一致原则。此外,买卖的实际货物控制人可以更方便地进行货物保险,这也是采取交付主义的重要因素。

其次,针对需要货物运输的买卖合同设有特别的风险转移规则。其一,《合同法》第 144 条规定出卖在途货物的买卖合同,风险自合同成立时由买受人承受。该条显然采纳《公约》第 68 条第一句:'对于在运输途中销售的货物,从订立合同时起,风险就移转到买方承担。'其立法理由在于:在途买卖合同一般在合同订立时,出卖人就将有关货物所有权的凭证或者提取货物的单证交付买方,从而货物就处于买方的支配之下。其二,对于需要运输的买卖合同,第 145 条规定出卖人将货物交给第一承运人后风险由买受人承担。该条可与《公约》第 67 条第一款第一句相对照:'如果销售合同涉及货物的运输,但卖方没有义务在某一特定地点交付货物,自货物按照销售合同交付给第一承运人以转交给买方时起,风险就移转到买方承担。'此处向承运人'交付'（hand over）是指改变货物的实际占有,其与所有权转移、卖方是否交付相符货物没有联系。其理由在于出卖人在货交承运人后丧失对货物的控制,而买受人则在到货后可以方便调查货物损失以及向承运人索赔,因此买受人应承担运输风险。

最后,一方违约时的特殊风险负担规则。其一,如买受人受领迟延而违约,《合同法》第 143 条规定'因买受人的原因致使标的物不能按照约定的期限交付的',以及第 146 条规定'出卖人按照约定或者依照本法第 141 条第 2 款第二项的规定将标的物置于交付地点,买受人违反约定没有收取的',风险负担转移给买受人。这些规定参考了《公约》第 69 条规定买受人未按期接收货物时,自违反合同时起风险由买方承担的规则。其二,如出卖人违约,《合同法》第 148 条规定,因标的物质量不符合要求,致使不能实现合同目的,买受人可以拒绝接收标的物或解除合同,标的物毁损灭失的风险由出卖人承担。该规则其实是综合《公约》第 70 条和《美国商法典（U.C.C.）》第 2—510 条,在出卖人违约时如果买受人拒绝接收或解除合同,风险负担将回溯至卖方。

但《合同法》风险负担法律制度移植并不彻底，它遗漏了《公约》其他重要内容，……最高人民法院认为存在法律漏洞，《合同法》就买卖风险负担制度是对《公约》的'剪辑式移植'。鉴于此《买卖合同司法解释》（第11条至第14条）再度引入《公约》相关规则，以期完善该项制度。"（朱晓喆："我国买卖合同风险负担规则的比较法困境——以《买卖合同司法解释》第11条、14条为例"，载《苏州大学学报（哲学社会科学版）》2013年第4期）

四、买卖他人之物与一物数卖合同相关规则

买卖他人之物及一物数卖，是民法学界所谓的难题，有不少讨论。利用处分行为与负担行为这一范式，可以清楚切割债权合同的成立、生效与物权的变动。近年来，随着中国民法学界逐渐接受处分行为与负担行为的区分，最高人民法院也通过司法解释逐渐解决相关合同效力的问题，但仍然存在问题。

第一，关于买卖他人之物的合同及一物数卖的数个合同的效力。原《买卖合同司法解释》（2012）第3条肯认了买卖他人之物的合同的效力，即不单因为买卖他人之物合同就无效，实际上否认了原《合同法》第51条及第132条。其规定如下："当事人一方以出卖人在缔约时对标的物没有所有权或者处分权为由主张合同无效的，人民法院不予支持。出卖人因未取得所有权或者处分权致使标的物所有权不能转移，买受人要求出卖人承担违约责任或者要求解除合同并主张损害赔偿的，人民法院应予支持。"该解释第9、10条（2020年修正版本的第6、7条，详见下述）实际上也意味着一物数卖的合同并不单单因为出卖人就一物签订多份买卖合同而无效。[1]《民法典》删去了原《合同法》的第51条及第132条的规则，并且在第597条明确："因出卖人未取得处分权致使标的物所有权不能转移的，买受人可以解除合同并请求出卖人承担违约责任。"可以说民法典吸收了这一成果。

第二，就买卖他人之物情形物权的变动，受让人要么通过善意取得取得物权，要么通过原权利人的追认取得物权，但这属于物权法规制。

第三，普通动产和特殊动产存在多重买卖时的继续履行规则。对于普通动产存在多重有效的买卖合同的，法院将支持：①先行受领交付的买受人关于确认所有权已经转移的请求；②均未受领交付情形，先行支付价款的买受人关于出卖人

---

[1] 最高人民法院2020年颁布了经修正的《关于审理买卖合同纠纷案件适用法律问题的解释（2020修正）》，已经删去了2012年原解释的第3条，但保留了原解释的第9、10条，为修正后的版本的第6、7条。可以说，对于多重买卖合同的效力问题已经没有争议，而且《民法典》也对原《合同法》进行了修正。

履行交付标的物等合同义务的请求；③均未受领交付、也未支付价款情形，依法成立在先合同的买受人关于出卖人履行交付标的物等合同义务的请求（《买卖合同司法解释》第6条）。对于交通运输工具等特殊动产存在多重有效合同的，法院将支持：①先行受领交付的买受人关于出卖人履行办理所有权转移登记手续等合同义务的请求；②均未受领交付情形，先行办理所有权转移登记手续的买受人关于出卖人履行交付标的物等合同义务的请求；③均未受领交付，也未办理所有权转移登记手续，依法成立在先合同的买受人关于出卖人履行交付标的物和办理所有权转移登记手续等合同义务的请求；④出卖人将标的物交付给买受人之一，又为其他买受人办理所有权转移登记，已受领交付的买受人关于将标的物所有权登记在自己名下的请求。（《买卖合同司法解释》第7条）

对于多重有效的动产（包括交通运输工具和普通动产）买卖合同并存情形下的债权人的实际履行请求，最高人民法院的《买卖合同司法解释》可以说给出了较清晰的规则。其中不乏合理之处：比如就交通运输工具而言，占有的效力强于登记，尽管有《民法典》第225条关于交通运输工具登记对抗的规则。

但明显的问题是，存在依合同成立先后顺序来确定继续履行请求是否获支持的情况，而这样的规则一方面违反债权平等的民法原理，另一方面也会存在容易被诈欺的可能——合同成立的先后时间如何确定？依据合同载明的合同签订日期吗？当事人倒签日期的可能性大吗？因此，这些规则受到争议。[1]

五、特种买卖合同

（一）所有权保留买卖与分期付款买卖

1. 如上所述，《买卖合同司法解释》第25条，《民法典》第641条关于所有权保留的规定不适用于不动产。《民法典》第642条规定在所有权保留买卖的情形，买受人有下列情形之一、对出卖人造成损害的，除当事人另有约定，出卖人有权取回标的物："①未按照约定支付价款，经催告后在合理期限内仍未支付；②未按照约定完成特定条件；③将标的物出卖、出质或者作出其他不当处分。"而且，"出卖人可以与买受人协商取回标的物；协商不成的，可以参照适用担保物权的实现程序。"

民法典关于所有权保留的规定，应该说与动产观念交付变动物权的规定可以协调——先交付，但不变动物权，满足条件，通过占有改定使买受人取得标的物

---

〔1〕　相关论文可以参阅刘保玉："论多重买卖的法律规制——兼评《买卖合同司法解释》第9、10条"，载《法学论坛》2013年第6期；程啸："论动产多重买卖中标的物所有权归属的确定标准——评最高法院买卖合同司法解释第9、10条"，载《清华法学》2012年第6期。

的所有权。买受人享有依据合同对于标的物的占有、使用、收益的权利并在未来符合条件的情况下取得标的物所有权的权利，出卖人则享有收取价金的权利及一定条件下的取回权。

比较法上有对所有权保留的登记制度[1]，我国民法典吸取了这一规则，其第 641 条第 2 款规定："出卖人对标的物保留的所有权，未经登记，不得对抗善意第三人。"依据《国务院关于实施动产和权利担保统一登记的决定》［国发（2020）18 号］第 3 条，自 2021 年 1 月 1 日起，包括所有权保留在内的动产和权利担保实行统一登记，由当事人通过中国人民银行征信中心动产融资统一登记公示系统自主办理登记。

对于出卖人取回权的限制，依据《买卖合同司法解释》第 26 条，当买受人已经支付标的物总价款的 75% 以上，出卖人无权主张取回标的物；或者如果第三人依据《民法典》第 311 条的规定已经善意取得标的物所有权或者其他物权时，出卖人主张取回标的物的主张均不会得到法院支持。依据该解释及关于合同权利义务转让的规则，未经出卖人同意，买受人应无权转让标的物以及将合同权利义务一并转让，第三人唯有通过善意取得得到标的动产的物权。

2. 分期付款买卖。实务中，不少所有权保留的买卖会存在分期付款的情形，但并非所有的分期付款买卖中出卖人都会保留所有权。依据《买卖合同司法解释》第 27 条，"《民法典》第 634 条第 1 款规定的'分期付款'，系指买受人将应付的总价款在一定期间内至少分 3 次向出卖人支付。"而"分期付款的买受人未支付到期价款的数额达到全部价款的 1/5，经催告后在合理期限内仍未支付到期价款的，出卖人可以请求买受人支付全部价款或者解除合同。出卖人解除合同的，可以向买受人请求支付该标的物的使用费"（《民法典》第 634 条）。

最高人民法院指导案例 67 号的裁判理由指出："分期付款买卖的主要特征为：一是买受人向出卖人支付总价款分 3 次以上，出卖人交付标的物之后买受人分 2 次以上向出卖人支付价款；二是多发、常见在经营者和消费者之间，一般是买受人作为消费者为满足生活消费而发生的交易；三是出卖人向买受人授予了一定信用，而作为授信人的出卖人在价款回收上存在一定风险，为保障出卖人剩余价款的回收，出卖人在一定条件下可以行使解除合同的权利。"这成为股权分期付款转让不适用分期付款买卖规则的理由。

---

[1]　在所有权保留制度方面有研究价值的论文，可以参见李永军："所有权保留制度的比较法研究——我国立法、司法解释和学理上的所有权保留评述"，《法学论坛》2013 年第 6 期；王利明："所有权保留制度若干问题探讨——兼评《买卖合同司法解释》相关规定"，载《法学评论》2014 年第 1 期。

（二）让与担保

【案例 12-1】 汤龙、刘新龙、马忠太、王洪刚诉新疆鄂尔多斯彦海房地产开发有限公司商品房买卖合同纠纷案[1]

法院经审理查明：汤龙、刘新龙、马忠太、王洪刚与彦海公司于 2013 年先后签订多份借款合同，通过实际出借并接受他人债权转让，取得对彦海公司合计 2.6 亿元借款的债权。为担保该借款合同履行，四人与彦海公司分别签订多份商品房预售合同，并向当地房屋产权交易管理中心办理了备案登记。该债权陆续到期后，因彦海公司未偿还借款本息，双方经对账，确认彦海公司尚欠四人借款本息 361398017.78 元。双方随后重新签订商品房买卖合同，约定彦海公司将其名下房屋出售给四人，上述欠款本息转为已付购房款，剩余购房款 38601982.22 元，待办理完毕全部标的物产权转移登记后一次性支付给彦海公司。汤龙等四人提交与彦海公司对账表显示，双方之间的借款利息系分别按照月利率 3% 和 4%、逾期利率 10% 计算，并计算复利。

法院生效裁判认为：**本案争议的商品房买卖合同签订前，彦海公司与汤龙等四人之间确实存在借款合同关系，且为履行借款合同，双方签订了相应的商品房预售合同，并办理了预购商品房预告登记。但双方系争商品房买卖合同是在彦海公司未偿还借款本息的情况下，经重新协商并对账，将借款合同关系转变为商品房买卖合同关系，将借款本息转为已付购房款，并对房屋交付、尾款支付、违约责任等权利义务作出了约定。**民事法律关系的产生、变更、消灭，除基于法律特别规定，需要通过法律关系参与主体的意思表示一致形成。民事交易活动中，当事人意思表示发生变化并不鲜见，该意思表示的变化，除为法律特别规定所禁止外，均应予以准许。**本案双方经协商一致终止借款合同关系，建立商品房买卖合同关系，并非为双方之间的借款合同履行提供担保，而是借款合同到期彦海公司难以清偿债务时，通过将彦海公司所有的商品房出售给汤龙等四位债权人的方式，实现双方权利义务平衡的一种交易安排。该交易安排并未违反法律、行政法规的强制性规定，不属于《中华人民共和国物权法》第一百八十六条规定禁止的情形，亦不适用《最高人民法院关于审理民间借贷案件适用法律若干问题的规定》第二十四条规定。尊重当事人嗣后形成的变更法律关系性质的一致意思表示，是贯彻合同自由原则的题中应有之意。**彦海公司所持本案商品房买卖合同无效的主张，不予采信。

裁判要点：**借款合同双方当事人经协商一致，终止借款合同关系，建立商品**

---

[1]　最高人民法院指导案例 72 号。

房买卖合同关系，将借款本金及利息转化为已付购房款并经对账清算的，不属于《中华人民共和国物权法》第一百八十六条规定禁止的情形，该商品房买卖合同的订立目的，亦不属于《最高人民法院关于审理民间借贷案件适用法律若干问题的规定》第二十四条规定的"作为民间借贷合同的担保"。在不存在《中华人民共和国合同法》第五十二条规定情形的情况下，该商品房买卖合同具有法律效力。但对转化为已付购房款的借款本金及利息数额，人民法院应当结合借款合同等证据予以审查，以防止当事人将超出法律规定保护限额的高额利息转化为已付购房款。

【案例 12-2】黑龙江申腾房地产开发有限公司、贾炳艺等与黑龙江申腾房地产开发有限公司、贾炳艺等民间借贷纠纷再审案[1]

[最高人民法院认为]"**当事人以签订买卖合同作为民间借贷合同的担保，借款到期后借款人不能还款，当事人请求履行买卖合同的，人民法院应当按照民间借贷法律关系审理**。本案中，申腾开发公司向李玉龙借款 600 万元、向贾炳艺借款 150 万元，同时将自己开发的东方铭苑 19 套、7 套房产分别以李玉龙、贾炳艺名义办理了商品房预售登记，并签订了相应的《商品房买卖合同》。后申腾开发公司分别与李玉龙、贾炳艺达成《还款协议》，确认上述借款金额，保证对开发楼盘销售收入优先用于偿还借款，并约定如借款到期或欠息超过一个月，已经办理预售登记的上述 19 套、7 套房产分别归李玉龙、贾炳艺所有，抵顶借款。之后申腾开发公司分别偿还贾炳艺、李玉龙借款本金各 40 万元，并对两套商品房解除了预售登记。针对上述《商品房买卖合同》，李玉龙、贾炳艺提出其真实意思表示为以房屋担保案涉债权的实现，并未与申腾开发公司形成实际的商品房买卖合同关系；……根据本案查明的上述事实以及当事人的陈述，申腾开发公司因开发东方铭苑小区工程资金紧张而向李玉龙、贾炳艺借取案涉款项，并非向李玉龙、贾炳艺出售其开发的案涉房屋以收取购房款，李玉龙、贾炳艺向申腾开发公司出借案涉款项以获取借款利息，并非向申腾开发公司支付购房款而获得案涉房屋所有权，**据此可以认定当事人的真实意思在于民间借贷，双方签订《商品房买卖合同》及办理房屋预售登记的真实目的只是将房屋作为借款的担保**。由于申腾开发公司与李玉龙、贾炳艺在签订案涉《商品房买卖合同》时并无买卖案涉房屋的真实意思，申腾开发公司提出双方当事人之间存在民间借贷、商品房买卖两个独立的法律关系，要求履行部分《商品房买卖合同》并解除其余《商品房买卖合同》，既违反诚实信用原则，又缺乏事实及法律依据，一、二审法院对申

---

[1] 最高人民法院（2015）民申字第 3051 号民事裁定书。

腾开发公司的该诉讼主张未予支持，在适用法律上并无不当。

……当事人以签订买卖合同作为民间借贷合同的担保，人民法院按照民间借贷法律关系审理作出的判决生效后，借款人不履行生效判决确定的金钱债务，出借人可以申请拍卖买卖合同标的物，以偿还债务。就拍卖所得的价款与应偿还借款本息之间的差额，借款人或者出借人有权主张返还或补偿。本案中，案涉房屋不属于法律、行政法规禁止担保的财产，且已办理了商品房预售登记，具有公示作用以及对抗第三人的效力，能够限制该担保房屋的转让或其他处分。但《还款协议》约定将担保房屋直接交由李玉龙、贾炳艺所有以消灭双方债权债务关系，排除了对担保财产的清算程序，存在因市场变化而产生实质不公的可能，以及当事人通过虚假诉讼转移责任财产、规避国家政策的可能，因此应以担保房屋清算后所得的价款进行受偿。案涉房屋的清算及贾炳艺、李玉龙对清算后所得价款的受偿，应以法律允许的方式进行。一、二审法院依据李玉龙、贾炳艺的诉请，判决在申腾开发公司未按期清偿借款本金及利息的情况下，由贾炳艺、李玉龙对案涉担保房屋清算后所得的价款受偿并无明显不当。"

此外，最高人民法院在"联大集团有限公司与安徽省高速公路控股集团有限公司股权转让纠纷二审案"[1] 中指出："**股权协议转让、股权回购等作为企业之间资本运作形式，已成为企业之间常见的融资方式。如果并非以长期牟利为目的，而是出于短期融资的需要产生的融资，其合法性应予承认。**据此，本案上诉人关于双方股权转让实为融资借贷应认定无效的上诉理由不能成立。"

但需注意的是，最高人民法院在另外一个案件中对于具有担保目的的股权转让之股东资格不予确认——最高人民法院在"王绍维与赵丙恒、郑文超、河北金建房地产开发有限公司及殷子岚股东资格确认纠纷案"[2] 中指出：

"根据金建公司、博信智公司、殷子岚、王绍维签署的《三方协议》，以及2012 年 12 月 1 日赵丙恒与殷子岚、王绍维签订的《协议书》的约定，**金建公司股权办理至殷子岚、王绍维名下系作为债权的担保，而非真正的股权转让；殷子岚、王绍维虽在工商登记中记载为金建公司的股东，但仅为名义股东，而非实际股东。此种通过转让标的物的所有权来担保债权实现的方式属于非典型担保中的让与担保**，殷子岚、王绍维可以依据约定主张担保权利，但其并未取得股权。**原一、二审判决将案涉担保方式认定为股权质押有误，本院予以纠正。但其确认股**

〔1〕 最高人民法院（2013）民二终字第 33 号民事判决书。
〔2〕 最高人民法院（2015）民申字第 3620 号民事裁定书。

子岚、王绍维并非金建公司股东，而赵丙恒、郑文超为金建公司股东，裁判结果并无不当。"

《民间借贷司法解释》第 23 条规定："当事人以订立买卖合同作为民间借贷合同的担保，借款到期后借款人不能还款，出借人请求履行买卖合同的，人民法院应当按照民间借贷法律关系审理。当事人根据法庭审理情况变更诉讼请求的，人民法院应当准许。按照民间借贷法律关系审理作出的判决生效后，借款人不履行生效判决确定的金钱债务，出借人可以申请拍卖买卖合同标的物，以偿还债务。就拍卖所得的价款与应偿还借款本息之间的差额，借款人或者出借人有权主张返还或者补偿。"之前最高人民法院在多起判决中依据该规定进行了判决。

（三）其他特种买卖

1. 试用买卖。对于试用买卖，《民法典》的相关规则如下：

（1）试用买卖的当事人可以约定标的物的试用期间。对试用期间没有约定或者约定不明确，依照《民法典》第 510 条的规定仍不能确定的，由出卖人确定（《民法典》第 637 条）。

（2）试用买卖的买受人在试用期内可以购买标的物，也可以拒绝购买。试用期间届满，买受人对是否购买标的物未作表示的，视为购买。试用买卖的买受人在试用期内已经支付部分价款或者对标的物实施出卖、出租、设立担保物权等行为的，视为同意购买。（《民法典》第 638 条）。

（3）但"试用买卖的当事人对标的物使用费没有约定或者约定不明确的，出卖人无权请求买受人支付"（《民法典》第 639 条）。

2. 拍卖与招投标。拍卖与招投标是特殊的买卖形式。我国分别有《招标投标法》（1999 年颁布，2017 年修正）和《拍卖法》（1996 年颁布，2004、2015 年修正），此处不再赘述。

六、其他有偿合同参照适用买卖合同的规则

根据《民法典》第 646 条，法律对其他有偿合同有规定的，依照其规定；没有规定的，参照适用买卖合同的有关规定。《民法典》第 647 条规定互易合同亦参照适用买卖合同的规定。

根据《买卖合同司法解释》第 32 条规定，"法律或者行政法规对债权转让、股权转让等权利转让合同有规定的，依照其规定；没有规定的，人民法院可以根据民法典第 467 条和第 646 条的规定，参照适用买卖合同的有关规定。权利转让或者其他有偿合同参照适用买卖合同的有关规定的，人民法院应当首先引用民法

典第 646 条的规定，再引用买卖合同的有关规定。"

【本章思考题】

1. 什么是买卖合同？买卖合同与其他有偿合同是什么关系？
2. 买卖合同中的标的物所有权如何移转？什么是卖方的瑕疵担保责任？
3. 简述我国买卖合同中风险负担的规则。
4. 所有权保留和分期付款买卖有什么区别？
5. 我国有关让与担保的规则是怎样的？
6. 我国关于"买卖他人之物"和"一物数卖"情形下的合同效力如何认定？关于一物数卖的继续履行规则是怎样的？

第十三章

其他转移财产权的合同

一、供用电、水、气、热合同

1. 供用电、水、气、热合同的概念与性质。供用电、水、气、热合同，也可以说是特殊的买卖合同，只不过其买卖的标的是电、水、气、热（冷），是供方向用方提供电、水、气、热（冷），用方支付相应费用的合同。

供用电、水、气、热行业，一般认为属于自然垄断行业，具有一定的公益性或公用性，在我国多为国有企业经营，随着中国市场经济改革深入，公用事业领域也开始有市场改革的动向。但就目前而言，以价格为例，仍以严格的政府管制为手段。我国《价格法》第18条规定："下列商品和服务价格，政府在必要时可以实行政府指导价或者政府定价：①与国民经济发展和人民生活关系重大的极少数商品价格；②资源稀缺的少数商品价格；③自然垄断经营的商品价格；④重要的公用事业价格；⑤重要的公益性服务价格。"

《价格法》第19条规定："政府指导价、政府定价的定价权限和具体适用范围，以中央的和地方的定价目录为依据。中央定价目录由国务院价格主管部门制定、修订，报国务院批准后公布。地方定价目录由省、自治区、直辖市人民政府价格主管部门按照中央定价目录规定的定价权限和具体适用范围制定，经本级人民政府审核同意，报国务院价格主管部门审定后公布。省、自治区、直辖市人民政府以下各级地方人民政府不得制定定价目录。"

国务院价格主管部门，目前为国务院国家发展和改革委员会，其制定有行政规章《政府制定价格行为规则》。根据2020年发布的《中央定价目录》（国家发展和改革委员会令2020年第31号），除"重大水利工程供水"［中央直属及跨省（自治区、直辖市）水利工程］供水价格由中央定价以外（但供需双方协商定价除外），成品油、天然气、电力等正在进行市场交易机制改革，最终亦会全面开放由市场形成。水利工程供水价格由国务院价格主管部门定价。根据《上海市定价目录》（上海市发展和改革委员会"沪发改规范〔2018〕6号"通知），部分供排水、燃气、电力价格由市价格主管部门或授权区县人民政府定价；根据《北京市定价目录》（北京市发展和改革委员会"京发改规〔2018〕2号"通知），部分水、电、天然气、供热价格由市价格主管部门或授权区县人民政府定价。从中央及地方政府上述文件的演变，可以看出中国在公用事业领域的市场化改革进程一直在持续，最终的目标是价格由市场形成，也体现了中国坚持社会主义市场经济道路的决心。

供用电、水、气、热合同多为格式合同，自然受合同法相关格式条款规则的规制。

2. 供用电、水、气、热合同的效力。"供用水、供用气、供用热力合同，参照适用供用电合同的有关规定"（《民法典》第656条）。《民法典》第649~655条规定了供电合同的主要条款、没有约定或约定不明的履行地点、供电人安全供电的义务、中断供电的通知义务、因自然灾害断电的抢修义务以及用电人安全用电的义务等内容。

【案例13-1】银川泽翔供热有限公司（以下简称泽翔公司）因与被申请人宁夏育才中学（以下简称育才中学）供用热力合同纠纷案[1]

[最高人民法院认为]"（一）关于泽翔公司是否因供热不达标等违约行为给育才中学造成供暖设备、上下水管道及消防设施受损等损害后果的问题。……在二审庭审中，泽翔公司承认是在条件不足的情况下给对方供暖，并承认泽翔公司的低温供热构成违约。二审庭审中泽翔公司还陈述，在接到育才中学关于暖气片、阀门受冻的函件后，大约在2008年元月份安排人员去检查时发现有破裂。……泽翔公司认可在给育才中学2007~2008年度采暖期供暖期间，存在供暖温度不达标及造成对方供暖设施冻裂等问题。……从育才中学向法庭提交的《会议纪要》本身看，证据是原件，共两页分别打印在一张纸的正反两面，栗志刚在会议纪要第2页'参加会议人员签名'的下方签署了自己的名字。上述证据可以证明，泽翔公司法定代表人栗志刚参加了2008年2月23日的专题会议，并且在会后形成的《会议纪要》上签名的事实。综上，再审法院认为，泽翔公司对2007~2008年度供热不达标，及因泽翔公司自己的违约行为给育才中学造成财产损害的事实是认可的。一、二审及再审判决据此认定泽翔公司应承担赔偿责任并无不妥。

---

〔1〕 最高人民法院（2012）民再申字第316号民事裁定书。

......

（三）关于育才中学是否构成违约，应否赔偿泽翔公司损失的问题。经审查，育才中学在 2006~2007 年度采暖期确实存在迟延支付采暖费的情形，但双方于 2007 年 9 月 24 日签订的《协议书》中已对上述迟延付款行为作了约定，二审判决是根据双方《协议书》中对上述延期付款行为的约定作出的；2007~2008 年度采暖费育才中学支付了 800001.38 元，剩余 1033985.5 元未付，是因泽翔公司未按约定向育才中学提供热源，使育才中学不能实现采暖需求，还造成其供暖、消防等设施严重损坏而提出的抗辩，育才中学并不构成违约。故泽翔公司要求育才中学支付剩余采暖费及承担违约责任的理由不成立，一、二审及再审判决对其反诉请求不予支持，并无不当。"

二、赠与合同

1. 赠与合同的概念与性质。《民法典》第 657 条对"赠与合同"的定义是："赠与合同是赠与人将自己的财产无偿给予受赠人，受赠人表示接受赠与的合同。"而我国台湾地区现行"民法"第 406 条规定："称赠与者，谓当事人约定，一方以自己之财产无偿给与他方，他方允受之契约。"《民法典》将关于"赠与合同"的定义改为"赠与人承诺"会好些，但明显后者的表达更为简洁、合理，更能体现赠与合同的债权合同性质，无涉物权的变动。

赠与合同原则上系无偿、不要式、单务合同。传统民法一般认为赠与合同系实践合同或要物合同。但一般认为，《民法典》第 657 条规定的赠与合同系诺成合同，即仅有双方的意思表示一致，合同即成立并生效。但《民法典》第 658 条规定了一般赠与合同中赠与人的任意撤销权——"赠与人在赠与财产的权利转移之前可以撤销赠与。经过公证的赠与合同或者依法不得撤销的具有救灾、扶贫、助残等公益、道德义务性质的赠与合同，不适用前款规定。"

《民法典》第 660 条再次强调："经过公证的赠与合同或者依法不得撤销的具有救灾、扶贫、助残等公益、道德义务性质的赠与合同，赠与人不交付赠与财产的，受赠人可以请求交付。依据前款规定应当交付的赠与财产因赠与人故意或者重大过失致使毁损、灭失的，赠与人应当承担赔偿责任。"

【案例 13-2】吴善媚、李耀生因与上诉人梁新业、宋汉之、王兆远股权转让合同纠纷二审案[1]

---

〔1〕 最高人民法院（2016）最高法民终 51 号民事判决书。

　　[一审法院（广西高院）认为]"关于吴善媚、李耀生诉请赠送一套150㎡住宅的问题。根据2009年8月14日《补充协议》第六条'乙方（王兆远、龙云公司）承诺，上述土地开发完成交房后，赠送一套不少于150㎡的住宅给甲方，楼层由甲方选定'的约定，**该条款属于乙方单方作出的赠送承诺，属赠与条款，梁新业、宋汉之、王兆远作为该《补充协议》的权利义务承受人，在庭审中提出撤销该赠与条款，符合《中华人民共和国合同法》（以下简称《合同法》）第一百八十六条关于赠与合同的任意撤销与限制的规定，即'赠与人在赠与财产的权利转移之前可以撤销赠与。具有救灾、扶贫等社会公益、道德义务性质的赠与合同或者经过公证的赠与合同，不适用前款规定'**。故吴善媚、李耀生诉请梁新业、宋汉之、王兆远在房产开发后赠送一套150㎡的住宅，依法不予支持。"

　　[最高人民法院认为]"'8月14日补充协议'明确约定：'乙方（即受让方）承诺，上述土地开发完成交房后，赠送一套不少于150㎡的住宅给甲方（即转让方），楼层由甲方选定。'**尽管该补充协议采取了'赠送'的文字表述，但该'赠与'条款作为有偿合同性质的股权转让合同的组成部分，属于股权转让的对价条款之一，不应孤立地根据该条款的文字表述，而得出该条款系赠与条款的结论。故一审判决认定该条款为赠与条款，并根据《合同法》第一百八十六条的规定撤销该赠与，适用法律错误，应予纠正。**然而，合同明确约定受让方交付的标的物是房屋，而非支付与该房屋等值的金钱，转让方要求受让方支付等值货币依据不足。在作为标的物的房屋尚未建成的情况下，交付的条件尚不具备，只能在房屋建成后再另行主张。一审判决驳回转让方要求受让方交付房屋或等值金钱的该项诉讼请求，尽管理由欠妥，但在结果上并无不当，本院予以维持。"

　　【案例13-3】严石韫琪与朱毅颖及严嘉洵、严嘉濬、严嘉浩所有权确认纠纷案[1]

　　[最高人民法院认为]"根据查明的事实，严石韫琪与严洪泰解除婚约关系的时间是1993年8月6日，严王国贞签署案涉房屋赠与书的时间是1992年11月14日，严洪泰向房产管理部门申请办理案涉房屋产权证的时间是1993年8月18日，实际获得产权证的时间是1994年7月11日，严洪泰办理过户手续的时间在其与严石韫琪的婚姻关系解除之后。严石韫琪不能提供充分证据证明严洪泰在办理过户手续之前已根据赠与合同占有、使用案涉房屋。**根据最高人民法院《关于贯彻执行〈中华人民共和国民法通则〉若干问题的意见（试行）》第128条的规定：'公民之间赠与关系的成立，以赠与物的交付为准。赠与房屋，如根据书**

---

　　[1]　最高人民法院（2012）民监字第402号民事裁定书。该案适用《合同法》颁布之前的法律。

面赠与合同办理了过户手续，应当认定赠与关系成立；未办理过户手续，但赠与人根据书面赠与合同已将产权证书交与受赠人，受赠人根据赠与合同已占有、使用该房屋的，可以认定赠与有效，但应令其补办过户手续。'严王国贞与严洪泰赠与关系的成立时间为严洪泰获得该房屋产权证的时间，即 1994 年 7 月 11 日，此时严洪泰与严石韫琪已经解除婚姻关系，故严洪泰取得案涉房屋所有权的时间在其与严石韫琪婚姻关系解除之后。严石韫琪主张案涉房屋为其与严洪泰婚姻存续期间取得的共同财产的理由不能成立，一、二审判决对其诉讼请求不予支持并无不当。"

2. 赠与合同的效力。

（1）赠与财产权利转移之前，赠与人享有任意撤销权。如上所述，除"经过公证的赠与合同或者依法不得撤销的具有救灾、扶贫、助残等公益、道德义务性质的赠与合同"外，其他的赠与合同，赠与人在赠与财产的权利转移之前均可以撤销赠与，这种撤销属于赠与人的任意撤销权。

（2）赠与人及赠与人的继承人或法定代理人在特定情形下的撤销权。依据《民法典》第 663 条，受赠人有下列情形之一的，赠与人可以撤销赠与：①严重侵害赠与人或者赠与人近亲属的合法权益；②对赠与人有扶养义务而不履行；③不履行赠与合同约定的义务。

在此种情形下赠与人的撤销权，自其知道或者应当知道撤销原因之日起 1 年内行使。

此外，依据《民法典》第 664 条，因受赠人的违法行为致使赠与人死亡或者丧失民事行为能力的，赠与人的继承人或者法定代理人可以撤销赠与。赠与人的继承人或者法定代理人的撤销权，自知道或者应当知道撤销原因之日起 6 个月内行使。

"撤销权人撤销赠与的，可以向受赠人请求返还赠与的财产"（《民法典》第665 条）。值得一提的是，由于我国对物权行为的无因性尚有争论，实定法对撤销后赠与财产之权利的归属以及撤销权人请求返还的请求权的性质，并无明确规定[1]。

（3）赠与可以附义务。赠与附义务的，受赠人应当按照约定履行义务（《民法典》第 661 条）。

---

〔1〕 即赠与合同撤销后，撤销权人请求返还的请求权到底是基于所有权而享有的原物返回请求权还是具有债权性质的不当得利返还请求权，实定法规则并不明确，亦少见相关司法判例。不少学术著作或论文声称中国实定法不承认物权行为无因性理论。

【案例 13-4】 柴国生与李正辉股权转让纠纷案[1]

[最高法院认为] "……2002 年 10 月 30 日，柴国生和李正辉签订了《关于股份出让的有关规定》，**约定柴国生将股份无偿转让给李正辉，但李正辉应在雪莱特公司服务五年，即双方通过签订合同建立了附条件的赠与关系。**2003 年 1 月 14 日，雪莱特公司董事会决议载明，由柴国生拿出自己股份 3.8% 给李正辉享有，作为李正辉 2 年多来成绩的肯定。上述事实表明，《关于股份出让的有关规定》是双方当事人的真实意思表示，该内容不违反法律法规的禁止性规定，并得到了雪莱特公司的认可，应认定合法有效。

……

《中华人民共和国合同法》第一百九十二条规定，受赠人有不履行赠与合同约定义务情形的，赠与人可以撤销赠与。本案中，雪莱特公司决定于 2007 年 8 月 28 日与李正辉正式解除劳动关系时，李正辉依据《关于股份出让的有关规定》自 2003 年 1 月 1 日持股后在雪莱特公司服务了近四年零九个月，尚有四个月的服务时间未满，按每月获赠股份的数额折合可撤销赠与的四个月股份数为 348259 股（李正辉约定服务时间 5 年为 60 个月，平均每月获赠股份为 5223886÷60＝87064.77 股，四个月对应的股份数额为 87064.77×4＝348259 股），李正辉应退还柴国生。**柴国生上诉请求依据合同法可以行使撤销权的观点成立，但由于李正辉已经履行了赠与所附条件约定的大部分服务时间之义务，其请求撤销全部赠与的主张，本院不予支持，对李正辉服务时间未满足部分对应的股权，本院准许其撤销赠与。**

……

综上，对当事人上诉争议的两个焦点问题，本院认为，**柴国生和李正辉之间关于 3.8% 和 0.7% 雪莱特公司股份的约定及李正辉签署的《股权受赠承诺书》，建立了附条件的赠与民事法律关系，该民事法律关系是双方当事人的真实意思表示，不违反法律、法规的禁止性规定，合法有效。根据《中华人民共和国合同法》第一百九十二条和当事人之间的约定，李正辉未完全履行赠与所附条件，应相应退还柴国生所赠雪莱特公司的股份及按其承诺对柴国生作出经济赔偿，应**退还的股份数为 348259 股，应赔偿金额为 19294014.7 元。"

（4）赠与人在特定情形下赠与义务的免除。赠与人的经济状况显著恶化，严重影响其生产经营或者家庭生活的，可以不再履行赠与义务（《民法典》第

---

[1] 最高人民法院（2009）民二终字第 43 号民事判决书，案例来源：北大法宝，**法宝引证码为** CLI. C. 2454417。该案被媒体称为"首例上市公司股权激励案"。

666 条）。这一规定当然是针对赠与人不能任意撤销赠与的情况。

三、借款合同

《民法典》第 667 条对借款合同的定义是："借款合同是借款人向贷款人借款，到期返还借款并支付利息的合同。"

货币系一种特殊的权利凭证，也可以视为一种特殊动产。

借款合同，原则上系要式（书面）（《民法典》第 668 条）、诺成合同（《民法典》第 671 条）。但自然人之间的借款合同可以是不要式的（《民法典》第 668 条），而且是实践合同（《民法典》第 679 条），对利息支付没有约定的视为没有利息（《民法典》第 680 条），自然人之间借款对利息支付约定不明确又不能达成补充协议的，亦视为没有利息。自然人之间借款合同以外的借款合同，对利息支付没有约定亦视为没有利息，约定不明确又不能达成补充协议的，则"按照当地或者当事人的交易方式、交易习惯、市场利率等因素确定利息"。

1. 借款人的主要义务。**借款人应当按照贷款人的要求提供与借款有关的业务活动和财务状况的真实情况**（《民法典》第 669 条）；贷款人按照约定可以检查、监督借款的使用情况。**借款人应当按照约定向贷款人定期提供有关财务会计报表或者其他资料**（《民法典》第 672 条）。实践中，对于自然人的借款人，金融机构会要求其授权查询借款人的信用情况、要求借款人提供收入证明等；对于企业借款人，金融机构会要求借款企业定期提供财务报表，而未按期提供的则可能构成违约事件并导致借款提前到期。

借款人应当按照约定的借款用途使用借款，否则，贷款人可以停止发放借款、提前收回借款或者解除合同（《民法典》第 673 条）。

当然，**借款人最主要的义务是按约定归还本息**（《民法典》第 674~675 条）。对于利息的支付如果没有约定期限，依据《民法典》第 510 条仍不能确定的，"借款期间不满 1 年的，应当在返还借款时一并支付；借款期间 1 年以上的，应当在每届满 1 年时支付，剩余期间不满 1 年的，应当在返还借款时一并支付"（《民法典》第 674 条）。但需注意的是，对于**民间借贷，如果没有约定利息，出借人主张利息的请求不会获法院支持**（《民间借贷司法解释》第 24 条）。利息不得预先在本金中扣除，否则以实际借款数额返还借款并计算利息（《民法典》第 670 条及《民间借贷司法解释》第 26 条）。

2. 贷款人的主要义务。**贷款人应当按照约定的日期及数额提供借款**，否则应承担赔偿损失的违约责任。（《民法典》第 671 条）

贷款人不得预先在本金中扣除利息（《民法典》第 670 条）。

借款人提前还款，除非另有约定，贷款人应当按照实际借款期间计算利息（《民法典》第 677 条）。实践中，金融机构的贷款合同一般系格式合同，约定借款人提前还款时，贷款人将收取一定比例（比如 1.5%）的手续费。中国房地产市场的银行按揭贷款，在初期一般会约定借款人提前还款应支付一定的手续费，但随着中国房地产市场的爆发，中国金融市场改革的推进、银行间竞争加剧、银行对按揭业务的争夺，目前按揭贷款一般并不约定提前还款支付手续费。

3. 金融机构的利率管制及利率市场化[1]。中国对金融市场有较严格的管制，随着近年来金融市场的市场经济改革深入，原来的国有银行均已成为上市公司而且金融机构数量大幅增加，形成了一定规模的竞争，中国对金融市场的管制也逐渐放松。就利率而言，以前是存贷款利率按照中国人民银行不时颁布的基准利率执行，但自 2015 年 10 月起，中国人民银行彻底放弃对各银行存款利率上限的管制[2]；中国人民银行更是于 2019 年 8 月 18 日发布公告（中国人民银行公告〔2019〕第 15 号），称"为深化利率市场化改革，提高利率传导效率，推动降低实体经济融资成本，中国人民银行决定改革完善贷款市场报价利率（LPR）形成机制"，"自 2019 年 8 月 20 日起，中国人民银行授权全国银行间同业拆借中心于每月 20 日（遇节假日顺延）9 时 30 分公布贷款市场报价利率，公众可在全国银行间同业拆借中心和中国人民银行网站查询。"[3] 市场化的上海银行间同业拆放利率（Shibor）和基础贷款利率（Loan Prime Rate，简称 LPR，中国大陆官方文件称之为"贷款市场报价利率"）机制已经建立并运行，并在上海银行间同业拆放利率网（www. shibor. org）公布。根据前述中国人民银行 2019 年的公告，LPR 包括 1 年期和 5 年期以上两个期限品种；"银行的 1 年期和 5 年期以上贷款参照相应期限的贷款市场报价利率定价，1 年期以内、1 年～5 年期贷款利率由银行自主选择参考的期限品种定价"。

【案例 13-5】 山东启德置业有限公司与山东鑫海投资有限公司、齐鲁银行股

---

〔1〕 有意思的是，笔者所著之《中国合同法：理论与实践》（北京大学出版社 2017 版）中没有该段内容，而作者当时提交的原稿是有相关内容的，但在出版社审稿时，编辑大概认为该部分内容与法学关系不大，删除了该段内容。笔者以为，不了解中国金融市场及利率的市场化改革进程，就难以理解什么是 LPR 及其意义，并从而难以理解最高人民法院有关司法解释的修改背景，并进而难以理解民间借贷相关纠纷的司法适用，也难以据此提供相关法律服务（因为要根据不同时期的 LPR 计算利息）。这也许就是笔者一直认为的目前中国法学教育与实践脱节之处吧。

〔2〕 "央行有关负责人就降息降准以及放开存款利率上限进一步答记者问"，载中国人民银行官方网站，http://www. pbc. gov. cn/zhengcehuobisi/125207/125213/125440/125832/2968977/index. html，最后访问日期：2017 年 9 月 9 日。

〔3〕 载中华人民共和国中央人民政府官方网站，http://www. gov. cn/guowuyuan/2019-08/18/content_5422048. htm，最后访问日期：2021 年 4 月 21 日。

份有限公司济南城西支行、山东三威置业有限公司、山东大地房地产开发有限公司、张辉、张浩委托贷款纠纷案[1]

[最高人民法院认为]根据《贷款通则》第七条"委托贷款,系指由政府部门、企事业单位及个人等委托人提供资金,由贷款人(即受托人)根据委托人确定的贷款对象、用途、金额期限、利率等代为发放、监督使用并协助收回贷款。贷款人(受托人)只收取手续费,不承担贷款风险"的规定,鑫海公司与启德公司、一审第三人齐鲁支行通过签订上述协议建立的是委托贷款法律关系,亦是各方当事人之间的真实意思表示,内容不违反我国法律、法规的规定。……

本案当事人在合同中约定贷款年利率为 15.6%,启德公司主张比照齐鲁支行的基准年贷款利率 5.56%,该约定显失公平。因**中国人民银行在 2004 年即发布通知取消了贷款利率上限的限定,明确实际合同利率可以由当事人在符合下限的情况下协商确定,**按照中国人民银行《关于调整金融机构存、贷款利率的通知》[银发(2004)251 号]的规定,放宽金融机构贷款利率浮动区间,"金融机构(城乡信用社除外)贷款利率不再设定上限。"故当事人在合同约定的利率可以**高于银行基准年贷款利率标准。二审判决据此认定本案委托贷款、借款合同约定利率不违反法律法规的相关规定,并判令启德公司按合同约定的利率向鑫海公司偿还借款利息,并无不当。**启德公司主张约定贷款利率违反法律法规,超过中国人民银行贷款利率管理规定,显失公平的理由不能成立。

4. 民间借贷。民间借贷,"是指自然人、法人和非法人组织之间进行资金融通的行为",不包括经金融监管部门批准设立的从事贷款业务的金融机构及其分支机构发放贷款等相关金融业务(《民间借贷司法解释》第 1 条)。依据《民间借贷适用范围批复》,"由地方金融监管部门监管的小额贷款公司、融资担保公司、区域性股权市场、典当行、融资租赁公司、商业保理公司、地方资产管理公司等七类地方金融组织,属于经金融监管部门批准设立的金融机构,其因从事相关金融业务引发的纠纷",亦不适用《民间借贷司法解释》。

关于**民间借贷借款合同的生效。**随着中国金融市场的市场化改革的推进,计划经济时期对企业间借贷的管制被打破。依据《民间借贷司法解释》第 10~11 条,"法人之间、非法人组织之间以及它们相互之间为生产、经营需要订立的民间借贷合同","法人或者非法人组织在本单位内部通过借款形式向职工筹集资金,用于本单位生产、经营",一般会认定该等民间借贷合同有效。《民间借贷司法解释》第 13 条规定了民间借贷合同无效的情形:

---

[1] 最高人民法院(2014)民申字第 57 号民事裁定书。

（1）套取金融机构贷款转贷的。

（2）以向其他营利法人借贷、向本单位职工集资，或者以向公众非法吸收存款等方式取得的资金转贷的。

（3）未依法取得放贷资格的出借人，以营利为目的向社会不特定对象提供借款的。

（4）出借人事先知道或者应当知道借款人借款用于违法犯罪活动仍然提供借款的。

（5）违反法律、行政法规强制性规定的。

（6）违背公序良俗的。

【案例 13-6】 四川达盛隆商贸有限公司与达州市渠江铸管有限公司、余正斌民间借贷纠纷再审案[1]

[最高法院认为]"一、铸管公司、达盛隆公司自 2009 年 8 月 29 日至 2010 年 1 月 27 其所签订《合作协议》、《借款协议》、《借款合同》及《协议》的效力。

……

此外，本院认为，达盛隆公司、铸管公司所签订的《借款协议》、《借款合同》属于有效合同。理由是：首先，《借款协议》、《借款合同》的产生与《合作协议》具有直接的关联性，即借款协议所借款项主要目的用于达盛隆公司向第三方原材料销售方购买原材料，然后再售予铸管公司，这并非是独立、单纯的借款合同，而是与买卖合同交融于一，**其内容也切实满足了合作协议各方的生产经营需求与合同目的，应当认定为满足生产需要而产生的临时性资金拆借行为，对于此类借贷行为所产生的合同，不宜认定为无效协议。其次，从达盛隆公司的经营范围来看，其虽不具有从事金融业务资质，但未以资金融通为主业。从其签订案涉协议的情况看，并未违反法律、行政法规的强制性规定，故双方所签订的借款协议应属有效协议，**二审法院对此认定正确。"

民间借贷中的让与担保，按借贷法律关系处理，见《民间借贷司法解释》第 23 条。

民间借贷的利息及利率。依据该解释第 24 条，民间借贷双方没有约定利息而出借人主张利息的，将不获支持；如果对利息约定不明，自然人之间借贷的，出借人关于利息的请求也不会获得支持；自然人之间民间借贷以外的民间借贷，

---

[1]　最高人民法院（2014）民申字第 922 号民事裁定书。

法院"应当结合民间借贷合同的内容,并根据当地或者当事人的交易方式、交易习惯、市场报价利率等因素确定利息"。

关于民间借贷的利率,该解释第 25 条规定:"出借人请求借款人按照合同约定利率支付利息的,人民法院应予支持,但是双方约定的利率超过合同成立时一年期贷款市场报价利率四倍的除外。前款所称'一年期贷款市场报价利率',是指中国人民银行授权全国银行间同业拆借中心自 2019 年 8 月 20 日起每月发布的一年期贷款市场报价利率。"可以看出,该解释与前述中国人民银行公告(〔2019〕第 15 号)于 2019 年 8 月 20 日起中国人民银行授权全国银行间同业拆借中心发布 LPR 相匹配。[1]

就"利滚利"(即前期利息及本金结算后,前期利息转为后期借款的本金开始计息),该解释 27 条规定:"借贷双方对前期借款本息结算后将利息计入后期借款本金并重新出具债权凭证,如果前期利率没有超过合同成立时一年期贷款市场报价利率四倍,重新出具的债权凭证载明的金额可认定为后期借款本金。超过部分的利息,不应认定为后期借款本金。按前款计算,借款人在借款期间届满后应当支付的本息之和,超过以最初借款本金与以最初借款本金为基数、以合同成立时一年期贷款市场报价利率四倍计算的整个借款期间的利息之和的,人民法院不予支持。"

关于民间借贷的逾期利率:有约定的按约定,但以不超过合同成立时一年期贷款市场报价利率四倍为限。没有约定借期内利率也未约定逾期利率,既未约定借期内利率,也未约定逾期利率,出借人主张借款人自逾期还款之日起参照当时一年期贷款市场报价利率标准计算的利息承担逾期还款违约责任的主张会获法院支持;如果约定了借期内利率但未约定逾期利率,出借人主张借款人自逾期还款之日起按照借期内利率支付资金占用期间利息的,会获法院支持(《民间借贷司法解释》第 28 条)。

就民间借贷,出借人与借款人既约定了逾期利率,又约定了违约金或者其他费用,出借人可以选择主张逾期利息、违约金或者其他费用,也可以一并主张,但是总计超过合同成立时一年期贷款市场报价利率四倍的部分,将不会获法院支持(《民间借贷司法解释》第 29 条)。

【本章思考题】

1. 赠与合同属于什么性质的合同?

---

〔1〕 据中国外汇交易中心暨全国银行间同业拆借中心官方网站(http://www.chinamoney.com.cn)及上海银行间同业拆放利率网(www.shibor.org),于 2021 年 4 月 20 日发布之 1 期 LPR 为 3.85%,5 年期以上 LPR 为 4.65%。最后访问日期:2021 年 4 月 21 日。

2. 赠与合同在哪些情况下不得撤销？

3. 赠与人或赠与人的继承人、法定代理人在什么情况下可以撤销赠与？

4. 简述借款人和贷款人的主要义务。

5. 我国实定法有关民间借贷的利率、逾期利率及"利滚利"的规则。

第十四章

保证合同

在民法典出台之前，中国大陆是将保证置于担保制度的体系之中的。

在传统民法中，合同或债的担保方式，包括人保和物保（或谓钱保）。人保，即保证；物保或钱保，包括三种担保物权（抵押权、质权、留置权）和定金。1995 年的《担保法》（现已废止）规定了这五种担保方式。2007 年《物权法》（现已废止）对担保物权作了详细的规定。

随着民法典的颁布及实施，担保法及物权法均已废止。目前，民法典将保证置于合同编第二分编典型合同，作为典型合同的一种。我国台湾地区"民法"亦将保证置于第二编"债"之第二章"各种之债"之第 24 节，作为一种有名契约。我国澳门特别行政区民法典第二卷"债法"第一编"债之通则"第六章"债之特别担保"规定了保证、质权、抵押权、留置权等担保方式，即将保证置于债之担保的规则中。

一、保证合同的概念、主要内容及形式

保证系以人的信用作担保。债务人以自己的全部财产为自己的全部债务提供担保。担保物权系以担保人的特定财产对债权人的债权提供担保，赋予债权人对担保人特定财产的优先受偿权。而保证制度，则是除债务人的所有财产担保债权以外，再加上保证人的全部财产，为债权实现提供进一步的保障。

《民法典》第 681 条规定，"保证合同是为保障债权的实现，保证人和债权人约定，当债务人不履行到期债务或者发生当事人约定的情形时，保证人履行债务或者承担责任的合同。"

保证系法律行为、合同行为、要式（书面）行为。

如前所述，"合同"一词有多种含义，它可以指一份纸质文件，一个法律行为，或者一种法律关系。对于保证合同，不能机械地将其理解为一份封面或标题

为"保证合同"的纸质文件。当然，现实中，确实存在这样一份标题或封面写有"保证合同"字样的纸质文件，上面有保证人、债权人双方的签名或盖章，**这份纸质文件实际上是保证合同（作为一个双方法律行为或一种法律关系）存在的证据**；也常见一份合同中除了主债权人、债务人，还有人作为保证人的签名或盖章（作出保证的意思表示），该合同包含了具有保证内容的相关条款，或由保证人在该合同上作出单独的意思表示，这些情况仍然构成保证法律关系或保证作为一个法律行为存在的证据；还常见由保证人单独出具书面的"保证书"并提交债权人收存的情形，在这种情况下，该保证书以及债权人对该保证书的收取及留存，同样构成保证合同作为一个双方法律行为或法律关系存在的证据，这些都可以证明保证人与债权人就保证合同内容作出一致意思表示的依据。

因此，《民法典》第685条特别说明，"保证合同可以是单独订立的书面合同，也可以是主债权债务合同中的保证条款。第三人单方以书面形式向债权人作出保证，债权人接收且未提出异议的，保证合同成立。"

保证合同的内容一般包括被保证的主债权的种类、数额，债务人履行债务的期限，保证的方式、范围和期间等条款（《民法典》第684条）。

二、保证的方式：一般保证与连带责任保证

根据《民法典》第686条，"保证的方式包括一般保证和连带责任保证。当事人在保证合同中对保证方式没有约定或者约定不明确的，按照一般保证承担保证责任。"《民法典》修改了之前已废止的担保法关于保证方式没有约定或约定不明确就认定为连带责任保证的规则，应该说这个修改具有合理性。

根据《民法典》第687～688条，一般保证与连带责任保证的重要区别，是一般保证人有先诉抗辩权（又称检索抗辩权），即：只有在对债务人的财产强制执行不能满足债权时，一般保证人才须承担保证责任，否则一般保证人有权拒绝向债权人承担保证责任，但下列情形除外：①债务人下落不明，且无财产可供执行。②人民法院已经受理债务人破产案件。③债权人有证据证明债务人的财产不足以履行全部债务或者丧失履行债务能力。④保证人书面表示放弃该先诉抗辩权。

而在连带责任保证的情形中，连带保证人则没有一般保证人拥有的所谓"先诉抗辩权"，"连带责任保证的债务人不履行到期债务或者发生当事人约定的情形时，债权人可以请求债务人履行债务，也可以请求保证人在其保证范围内承担保证责任"（《民法典》第688条）。在连带责任保证中，债权人可以直接向连带保证人追索，而不必先对债务人强制执行不能满足债权或者满足债务人下落不明

等条件才能追索保证人。

【案例 14-1】 毛光随与焦秀成、焦伟等股权转让纠纷二审案[1]

[关于焦伟是否应当就焦秀成之债务承担连带保证责任及保证责任范围的问题，最高人民法院认为] 在 2014 年 12 月 6 日涉案四方当事人签订的《补充协议书》中，**第三条明确约定焦伟为焦秀成的全部债务提供连带保证，但焦伟在该合同尾部以手写方式注明："本人焦伟保证毛光随投资金额肆仟万元整，如焦秀成没能力支付的情况下"**。对此，本院认为，该《补充协议书》之目的在于确认《股权转让合同》的有效性并敦促焦秀成尽快向毛光随支付转让款，此外，该《补充协议书》还意在确认焦伟以及石圪图煤炭公司就焦秀成应支付的全部债务承担连带保证责任。**但从上述焦伟的手写内容看，其对《补充协议书》第三条中就担保范围和担保方式的内容进行了实质性的变更，即作为担保人的焦伟与债权人毛光随之间就债权担保方式及担保范围并未达成意思表示上的一致，因此，《补充协议书》中有关担保人就焦秀成全部债务承担连带保证责任的约定在焦伟和毛光随之间并未成立。**尽管如此，各方当事人在《补充协议书》中已明确确认了《股权转让合同》的有效性，**而依据《股权转让合同》第六条第三项的内容"如果乙方（焦秀成）不履行本合同中的相关义务，给甲方（毛光随）造成的损失，由担保人（焦伟）承担担保责任"，焦伟在本案中所承担的保证责任应当依据该条款予以确认。因该条款未约定保证责任方式，依据《中华人民共和国担保法》第十九条关于"当事人对保证方式没有约定或者约定不明确的，按照连带责任保证承担保证责任"的规定，焦伟依法应当承担连带保证责任。**……据此，一审判决焦伟承担连带担保责任并无不当，本院依法予以维持。

三、保证人

根据《民法典》第 683 条，对保证人的资格有以下限制：机关法人不得为保证人，但是经国务院批准为使用外国政府或者国际经济组织贷款进行转贷的除外。以公益为目的的非营利法人、非法人组织不得为保证人。

《民法典担保制度解释》进一步对这个问题作出了解释。依据该解释第 5 条，机关法人提供担保的，人民法院应当认定担保合同无效，但是经国务院批准为使用外国政府或者国际经济组织贷款进行转贷的除外。居民委员会、村民委员会提

---

[1] 最高人民法院（2016）最高法民终 18 号民事判决书。需要说明的是该判决系适用《担保法》的结果，如果适用《民法典》，则会被认定为一般保证。

供担保的，人民法院应当认定担保合同无效，但是依法代行村集体经济组织职能的村民委员会，依照村民委员会组织法规定的讨论决定程序对外提供担保的除外。

该解释第6条规定，以公益为目的的非营利性学校、幼儿园、医疗机构、养老机构等提供担保的，人民法院应当认定担保合同无效，但是有下列情形之一的除外：①在购入或者以融资租赁方式承租教育设施、医疗卫生设施、养老服务设施和其他公益设施时，出卖人、出租人为担保价款或者租金实现而在该公益设施上保留所有权；②以教育设施、医疗卫生设施、养老服务设施和其他公益设施以外的不动产、动产或者财产权利设立担保物权。登记为营利法人的学校、幼儿园、医疗机构、养老机构等提供担保，当事人以其不具有担保资格为由主张担保合同无效的，人民法院不予支持。

【案例14-2】江苏省金陵建工集团有限公司与沛县汉之源商贸有限公司、沛县国有资产经营有限公司等建设工程施工合同纠纷二审案[1]

关于沛县政府应如何承担责任的问题，一审法院认为：

《担保法》第八条规定"国家机关不得为保证人，但经国务院批准为使用外国政府或者国际经济组织贷款进行转贷的除外"。《担保法司法解释》第三条规定"国家机关和以公益为目的的事业单位、社会团体违反法律规定提供担保的，担保合同无效。因此给债权人造成损失的，应当根据担保法第五条第二款的规定处理"。《担保法》第五条第二款规定"担保合同被确认无效后，债务人、担保人、债权人有过错的，应当根据其过错各自承担相应的民事责任"。《担保法司法解释》第七条规定"主合同有效而担保合同无效，债权人无过错的，担保人与债务人对主合同债权人的经济损失，承担连带赔偿责任；债权人、担保人有过错的，担保人承担民事责任的部分，不应超过债务人不能清偿部分的二分之一"。**沛县政府向金陵建工集团出具《特别承诺函》，承诺对案涉工程竣工后所欠60%的工程款，若汉之源公司不能按期及时偿还，则由沛县政府用财政资金支付，该承诺系担保意思表示，根据上述法律规定，沛县政府作为国家机关对案涉工程款不具有担保主体资格，故沛县政府所作的承诺为无效担保。担保合同无效，并不代表担保人必然免除担保责任，当事人仍要按照其过错程度承担民事责任。本案中，金陵建工集团明知政府不能作为保证人，仍要求沛县政府出具《特别承诺函》，其主观存在过错。同理，沛县政府亦明知其不能作为保证人，却仍出具**

---

[1]　最高人民法院（2016）最高法民终687号民事判决书。该判决系《民法典》实施之前的判决，但《民法典》第388条的规定与之前担保法的规则相同，《最高人民法院关于适用〈中华人民共和国民法典〉有关担保制度的解释》（法释〔2020〕28号）第17条的规则与之前《担保法司法解释》第7、8条的规则类似，该案情形在《民法典》实施后亦会产生类似结果。

《特别承诺函》，亦存在过错。故一审法院依据当事人的过错程度，认定沛县政府应对汉之源公司的欠付工程款不能清偿部分承担二分之一的赔偿责任。金陵建工集团主张沛县政府承担连带责任及沛县政府主张不承担赔偿责任，亦于法无据，一审法院不予支持。

[关于沛县国资公司、沛县政府的民事责任问题，最高人民法院认为] 根据《担保法》第五条规定，案涉建设工程施工合同无效，沛县国资公司为该无效合同提供担保的条款作为从合同亦应无效。一审法院根据沛县国资公司的过错，判令其承担不超过汉之源公司不能清偿部分的三分之一的责任，符合《担保法司法解释》第八条的规定。**沛县政府作为机关法人，不具备为案涉工程合同提供担保的主体资格，其所作担保承诺自始无效，一审法院依据沛县政府、金陵建工集团各自的过错程度，判令沛县政府对汉之源公司的欠付工程款承担部分赔偿责任符合《担保法》第五条第二款的规定。** 综上，金陵建工集团关于因建设工程合同有效，沛县国资公司、沛县政府应就汉之源公司工程欠款及利息承担全部赔偿责任的请求不能成立。

【案例 14-3】 大同北都农村商业银行股份有限公司与大同市南郊区新旺乡新胜村村民委员会、大同市新胜农工商总公司债务转移合同纠纷申诉案[1]

[关于新胜村委会是否具有保证人资格问题，最高人民法院认为]《中华人民共和国担保法》第八、九、十条规定，国家机关，学校、幼儿园、医院等以公益为目的的事业单位、社会团体，企业法人的分支机构、职能部门不得为保证人，**村民委员会并不在法律禁止作保证人的范围内。** 此外，《中华人民共和国村民委员会组织法》第三十五条规定，村民委员会成员实行任期和离任经济责任审计，审计包括六种事项：其中第（五）项为，本村资金管理使用以及本村集体资产、资源的承包、租赁、担保、出让情况，征地补偿费的使用、分配情况。据此，**村民委员会具有提供担保的资格。**

[关于新胜村委会是否应当承担保证责任问题，最高人民法院认为]《关于适用〈中华人民共和国担保法〉若干问题的解释》第二十二条的规定，第三人单方以书面形式向债权人出具保证书，债权人接受且未提出异议的，保证合同成立。《贷款催收通知书》上载明了"以上借款，由新胜总公司的新胜村担保"的内容，新胜村委会在担保人处盖章确认，符合保证合同成立的形式要件。……本

---

〔1〕 最高人民法院（2016）最高法民申 2784 号民事裁定书。需要说明的是，该案系《民法典》实施之前的裁定，依据《民法典》及《民法典担保制度解释》第 5 条，类似情形则需要核查作为担保人的村民委员会是否"依法代行村集体经济组织职能"以及是否"依照村民委员会组织法规定的讨论决定程序对外提供担保"等情形。

案中，云中公司的借款到期日为 2005 年 5 月 9 日，即原主债务履行期早已届满。2011 年 3 月 23 日，发生了债务移转，原保证人新胜总公司成为新的债务人。新胜总公司与大同北都商行并未约定新的债务履行期。《中华人民共和国合同法》第六十二条第四项规定，履行期限不明确的，债务人可以随时履行，债权人也可以随时要求履行。按照该规定，大同北都商行可以随时要求新胜总公司履行还款义务。2012 年 8 月 26 日，北都商行向新胜总公司发出《贷款催收通知书》，要求新胜总公司履行还款义务，当日，即是新的债务履行期届满之日。按照上述担保法的规定，**新胜村委会作为担保人在通知书上盖章，保证期间即从当日开始计算。《贷款催收通知书》载明，担保人盖章后送信用社。大同北都商行向新胜村委会发出该通知书的行为即意味着要求新胜村委会承担保证责任。大同北都商行在保证期间内已要求新胜村委会承担保证责任，新胜村委会主张保证责任免除的观点不成立。**

四、保证担保的范围

根据《民法典》第 691 条，关于担保的范围，如果当事人有约定，则按照其约定；如果没有约定，担保的范围则包括主债权及其利息、违约金、损害赔偿金和实现债权的费用。

其中，债权人实现债权所发生的费用包括诉讼及执行程序中法院收取的费用以及拍卖、评估机构等发生的费用，但不包括律师费。但如果当事人明确约定债权人实现债权所发生的律师费也属于保证担保的范围，则法院会予以支持。

需要注意的是，根据《民法典担保制度解释》第 3 条，"当事人对担保责任的承担约定专门的违约责任，或者约定的担保责任范围超出债务人应当承担的责任范围，担保人主张仅在债务人应当承担的责任范围内承担责任的，人民法院应予支持。担保人承担的责任超出债务人应当承担的责任范围，担保人向债务人追偿，债务人主张仅在其应当承担的责任范围内承担责任的，人民法院应予支持；担保人请求债权人返还超出部分的，人民法院依法予以支持。"

【案例 14-4】中国农业发展银行灯塔市支行与辽阳宾馆有限责任公司、辽阳罕王湖农业集团有限公司金融借款合同纠纷二审案[1]

[就农发行灯塔支行关于律师代理费的诉请应否支持及支持金额问题，最高人民法院认为]**在罕王湖公司与农发行灯塔支行签订的《流动资金借款合同》**

---

〔1〕　最高人民法院（2015）民二终字第 251 号民事判决书。

中约定"因借款人违约致使贷款人采取诉讼、仲裁等法律手段实现债权的，借款人应当承担贷款人为此支付的律师费、差旅费及其他实现债权的费用"，故罕王湖公司应当依照合同约定，承担农发行灯塔支行为提起本案诉讼支付的律师代理费。辽阳宾馆与农发行灯塔支行签订的《保证合同》中约定，保证担保的范围包括但不限于诉讼费、仲裁费、财产保全费、评估费、拍卖费、执行费、代理费等。故对于农发行灯塔支行为提起本案诉讼支付的律师代理费，辽阳宾馆应当依照合同约定承担连带保证责任。

关于农发行灯塔支行支付律师代理费的具体金额，农发行灯塔支行提交了其于 2011 年 9 月 8 日与辽宁法信律师事务所签订的《委托代理合同》，于 2013 年 4 月 7 日、2014 年 5 月 30 日与辽宁弘旨律师事务所签订的《委托协议书》。其后辽宁法信律师事务所、辽宁弘旨律师事务所开具的发票显示农发行灯塔支行为提起本案诉讼，已实际支出的律师代理费为 813140 元（281570 元 + 381570 元 + 150000 元），本院对此予以认定。就上述款项，罕王湖公司应当承担偿付责任，辽阳宾馆应当承担连带保证责任。

五、主合同与保证合同

1. 主合同效力与保证合同效力。根据《民法典》第 388 条，担保合同是主债权债务合同的从合同。主债权债务合同无效的，担保合同无效，但是法律另有规定的除外。担保合同被确认无效后，债务人、担保人、债权人有过错的，应当根据其过错各自承担相应的民事责任。这一规定与之前已废止的《担保法》第 5 条规定类似。

但是《民法典担保制度解释》第 2 条规定："当事人在担保合同中约定担保合同的效力独立于主合同，或者约定担保人对主合同无效的法律后果承担担保责任，**该有关担保独立性的约定无效**。主合同有效的，有关担保独立性的约定无效不影响担保合同的效力；主合同无效的，人民法院应当认定担保合同无效，但是法律另有规定的除外。因金融机构开立的独立保函发生的纠纷，适用《最高人民法院关于审理独立保函纠纷案件若干问题的规定》。"

关于主合同效力与保证合同效力的关联及相应情形下保证人的责任，《民法典担保制度解释》第 17 条规定，主合同有效而第三人提供的担保合同无效，人民法院应当区分不同情形确定担保人的赔偿责任：①债权人与担保人均有过错的，担保人承担的赔偿责任不应超过债务人不能清偿部分的 1/2。②担保人有过错而债权人无过错的，担保人对债务人不能清偿的部分承担赔偿责任。③债权人有过错而担保人无过错的，担保人不承担赔偿责任。

主合同无效导致第三人提供的担保合同无效，担保人无过错的，不承担赔偿责任；担保人有过错的，其承担的赔偿责任不应超过债务人不能清偿部分的 1/3。

根据以上规定，保证合同无效，保证人不必然不承担任何责任，需要根据保证人的过错来确定其承担的责任。比如前引【案例 14-2】"江苏省金陵建工集团有限公司与沛县汉之源商贸有限公司、沛县国有资产经营有限公司等建设工程施工合同纠纷二审案"[1] 中，一审判决认为："沛县政府向金陵建工集团出具《特别承诺函》，承诺对案涉工程竣工后所欠 60% 的工程款，若汉之源公司不能按期偿还，则由沛县政府用财政资金支付，该承诺系担保意思表示，根据上述法律规定，沛县政府作为国家机关对案涉工程款不具有担保主体资格，故沛县政府所作的承诺为无效担保。**担保合同无效，并不代表担保人必然免除担保责任，当事人仍要按照其过错程度承担民事责任。本案中，金陵建工集团明知政府不能作为保证人，仍要求沛县政府出具《特别承诺函》，其主观存在过错。同理，沛县政府亦明知其不能作为保证人，却仍出具《特别承诺函》，亦存在过错。故一审法院依据当事人的过错程度，认定沛县政府应对汉之源公司的欠付工程款不能清偿部分承担 1/2 的赔偿责任。金陵建工集团主张沛县政府承担连带责任及沛县政府主张不承担赔偿责任，亦于法无据。**"最高人民法院维持了该项判决。尽管该判决系民法典实施之前的判决，但法院在本案中对无效担保中保证人及债权人过错的认定规则仍有意义。

2. 主合同与保证合同间约定的不同的争议解决方式。争议的解决方式包括诉讼和仲裁，而一个有效的仲裁协议有排除诉讼的效力。如果主合同和保证合同其中之一约定了仲裁，而另一合同没有约定仲裁，则在程序上将给债权人造成麻烦——必须在一个程序中先解决了主合同争议，才可以在另一个程序中解决担保的争议。而如果主合同和担保合同均未约定仲裁，则可根据《民事诉讼法司法解释》第 66 条，通过一个诉讼程序解决问题——"因保证合同纠纷提起的诉讼，债权人向保证人和被保证人一并主张权利的，人民法院应当将保证人和被保证人列为共同被告。保证合同约定为一般保证，债权人仅起诉保证人的，人民法院应当通知被保证人作为共同被告参加诉讼；债权人仅起诉被保证人的，可以只列被保证人为被告。"

【案例 14-5】中航惠德风电工程有限公司与辽宁高科能源集团有限公司保证

合同纠纷二审案[1]

[最高人民法院认为] **本案各方当事人争议的焦点问题是：主合同约定了仲裁管辖，保证合同未约定仲裁管辖，债权人对其与债务人的争议未申请仲裁，而直接向保证人主张承担保证责任，能否得到人民法院的支持。**

首先，……在本案中高科公司向中航公司出具的《担保函》中明确表示为瑞祥公司提供连带保证责任，因此，在瑞祥公司未按合同约定支付货款的情况下，中航公司依据《担保函》，起诉高科公司承担保证责任，于法有据。

其次，中航公司的诉讼请求是主张保证人高科公司承担保证责任，代瑞祥公司履行未支付货款的义务，但是，《中华人民共和国担保法》第二十条规定，**"一般保证和连带责任保证的保证人享有债务人的抗辩权。债务人放弃对债务的抗辩权的，保证人仍有权抗辩。抗辩权是指债权人行使债权时，债务人根据法定事由，对抗债权人行使请求权的权利。"高科公司出具的《担保函》虽然承诺在瑞祥公司未支付货款余额时承担保证责任，但是，依照法律规定，该公司依法应享有债务人瑞祥公司的抗辩权。**中航公司的实体权利来源于其与瑞祥公司签订的《供货合同》和《补充协议》，作为保证人的高科公司在行使债务人的抗辩权时，同样可以依照《供货合同》、《补充协议》的约定以及合同履行情况，包括中航公司是否按照合同约定数量、品质履行了供货义务，瑞祥公司是否履行了付款义务，应否继续支付货款以及欠款数额等，进行实体抗辩。**而根据中航公司和瑞祥公司《供货合同》和《补充协议》的约定，上述问题均系履行《供货合同》和《补充协议》中产生的争议，属于仲裁管辖的范围。人民法院如果对上述争议进行实体审理，势必侵害中航公司和瑞祥公司基于仲裁条款约定而享有的选择仲裁解决纠纷的权利，违背当事人意思自治原则。因此，当主合同约定了仲裁管辖，而保证合同没有约定仲裁管辖的情况下，原则上应当先行通过当事人协商一致或者经仲裁对主债务的范围作出确认，如果债权人只对保证人提起诉讼，保证人以主合同的约定和履行情况进行抗辩，必然会涉及法院对于已经约定仲裁裁决的争议事项能否进行审理和裁判的问题，这既涉及约定仲裁管辖当事人的仲裁程序选择权，也涉及人民法院审判权的行使范围。在本案中，原审第三人瑞祥公司并未放弃其与中航公司的仲裁管辖约定，认为主债务应当通过仲裁来确定。因此，对于高科公司关于因主债务的范围不能确定，保证责任的范围也不能确定，在主债务未经过仲裁裁决确定的情况下，中航公司直接要求其承担保证责任，属于证据不足的主张，依法应予支持。**

再次，上诉人中航公司主张高科公司承担担保债务范围和期间是确定的，符

---

[1] 最高人民法院（2015）民二终字第 125 号民事判决书。

合高科公司在《担保函》中的承诺，本院予以认可。但是**由于中航公司与瑞祥公司因履行合同发生的争议不属于人民法院审理范围**，故本案中高科公司应当承担保证责任的主债务数额无法确定。因此，原判决认为中航公司的诉讼请求缺乏事实及法律依据，并驳回中航公司的诉讼请求，于法有据。中航公司可在与瑞祥公司的主合同争议协商一致或者通过仲裁程序解决之后，再另行向高科公司主张权利。

六、保证期间

保证期间是中国保证制度中的比较特别的规定，其在保证债务的诉讼时效制度之外，额外在期间上对保证人的利益进行保护，在保证期间内如债权人未采取适当行使权利的行动，保证人将不再承担保证责任。根据《民法典》第 692 条第 1 款，"保证期间是确定保证人承担保证责任的期间，不发生中止、中断和延长。"

综合《民法典》第 692、693、694 条，保证期间与诉讼时效关系及对保证人责任影响的相应规则如下：

保证方式	保证期间	债权人行动	法律后果
一般保证	没有约定或者约定不明确的，保证期间为主债务履行期届满之日起 6 个月；主债务履行期限不明确或无约定，保证期间自债权人要求债务人履行的宽限期届满之日起计算。	债权人在保证期间届满前对债务人提起诉讼或者申请仲裁的	保证期间失效，从保证人拒绝承担保证责任的权利消灭之日起，开始计算保证债务的诉讼时效
	约定期间（约定的保证期间早于主债务履行期限或者与主债务履行期限同时届满的，视为没有约定）	保证期间内，债权人未对债务人提起诉讼或者申请仲裁的	保证人免除保证责任

保证方式	保证期间		债权人行动	法律后果
连带保证	没有约定或者约定不明确的，保证期间为主债务履行期届满之日起6个月；主债务履行期限不明确或无约定，保证期间自债权人要求债务人履行的宽限期届满之日起计算。		在保证期间届满前，债权人请求保证人承担保证责任的	保证期间失效，从债权人请求保证人承担保证责任之日起，开始计算保证债务的诉讼时效。
	约定期间（约定的保证期间早于主债务履行期限或者与主债务履行期限同时届满的，视为没有约定）		保证期间内，债权人未请求保证人承担保证责任的	保证人免除保证责任

七、保证人免责的其他情形

除了上述担保合同无效及保证期间的原因，可能导致保证人免责的结果，民法典还规定了保证人免责的一些情形。

关于主债权债务合同内容变更的情形，根据《民法典》第695条，债权人和债务人未经保证人书面同意，协商变更主债权债务合同内容，减轻债务的，保证人仍对变更后的债务承担保证责任；加重债务的，保证人对加重的部分不承担保证责任。债权人和债务人变更主债权债务合同的履行期限，未经保证人书面同意的，保证期间不受影响。

关于债权转让的情形，根据《民法典》第696条，债权人转让全部或者部分债权，未通知保证人的，该转让对保证人不发生效力。保证人与债权人约定禁止债权转让，债权人未经保证人书面同意转让债权的，保证人对受让人不再承担保证责任。

关于债务转移的情形，根据《民法典》第697条，债权人未经保证人书面同意，允许债务人转移全部或者部分债务，保证人对未经其同意转移的债务不再承担保证责任，但是债权人和保证人另有约定的除外。第三人加入债务的，保证人的保证责任不受影响。

关于债权人放弃或怠于行使权利的情形，根据《民法典》第698条，一般保证的保证人在主债务履行期限届满后，向债权人提供债务人可供执行财产的真实情况，债权人放弃或者怠于行使权利致使该财产不能被执行的，保证人在其提供可供执行财产的价值范围内不再承担保证责任。

八、保证人的追偿权

保证人承担保证责任后，除当事人另有约定外，有权在其承担保证责任的范围内向债务人追偿，享有债权人对债务人的权利，但是不得损害债权人的利益（《民法典》第 700 条）。

九、最高额保证

最高额保证，是保证人针对一段期间内可能连续发生的多个债权提供担保，所担保的债权的具体数额并不确定，只有一个最高的限额。最高额保证制度，避免了当事人为一段期间内发生的多个债权多次提供担保的麻烦，具有节省交易成本的价值。

《民法典》第 690 条规定，保证人与债权人可以协商订立最高额保证的合同，约定在最高债权额限度内就一定期间连续发生的债权提供保证。最高额保证除适用保证合同一章的规定外，参照适用《民法典》第二编最高额抵押权的有关规定。

关于最高额保证的保证期间，《民法典担保制度司法解释》第 30 条规定，最高额保证合同对保证期间的计算方式、起算时间等有约定的，按照其约定。最高额保证合同对保证期间的计算方式、起算时间等没有约定或者约定不明，被担保债权的履行期限均已届满的，保证期间自债权确定之日起开始计算；被担保债权的履行期限尚未届满的，保证期间自最后到期债权的履行期限届满之日起开始计算。所谓债权确定之日，依照最高额抵押权所担保之债权的确定规则进行认定。

根据《民法典》第 423 条，有下列情形之一的，抵押权人的债权确定：①约定的债权确定期间届满；②没有约定债权确定期间或者约定不明确，抵押权人或者抵押人自最高额抵押权设立之日起满 2 年后请求确定债权；③新的债权不可能发生；④抵押权人知道或者应当知道抵押财产被查封、扣押；⑤债务人、抵押人被宣告破产或者解散；⑥法律规定债权确定的其他情形。

【案例 14-6】上海浦东发展银行股份有限公司沈阳分行与黑龙江农垦北大荒商贸集团有限责任公司、昌图生化科技有限公司等金融借款合同纠纷申诉案[1]

[最高人民法院指出] 本案争议焦点是如何确定北大荒公司的最高额保证范围的问题，即原判决北大荒公司承担保证责任是否存在适用法律确有错误的情形。

---

〔1〕　最高人民法院（2016）最高法民申 3256 号民事裁定书。

《中华人民共和国担保法》第十四条明确规定，保证人与债权人可以协议在最高债权额限度内就一定期间连续发生的借款合同订立一个保证合同，即最高额保证合同。《担保法司法解释》第二十三条明确规定："最高额保证合同的不特定债权确定后，保证人应当对在最高债权额限度内就一定期间连续发生的债权余额承担保证责任。"由上述规定可见，最高额保证合同是保证人对一定期间内连续发生的不特定债权，在最高限额内承担保证责任的一种保证方式。最高额保证人应当以约定的最高额为限，对决算期前的剩余债务承担清偿责任。

就本案而言，首先要确定北大荒公司的最高额保证的债权余额问题。**最高额保证的债权余额确定后，保证人所保证的债权余额对于保证人而言并不存在先后清偿顺序的问题。**本案浦发沈阳分行在 2015 年 5 月 8 日以起诉书的形式宣布主债权提前到期，根据合同约定，该事实属于主债权到期、届满的情形且浦发沈阳分行与北大荒公司对此意见一致，因此，2015 年 5 月 8 日为案涉最高额保证的决算期。在该期日，最高额保证的债权额确定。**故在债权被确定时，只计算债权余额，保证人对该债权余额的整体在最高保证金额范围内承担保证责任，而不论债权发生或清偿期限届满的先后。**……但对保证人北大荒公司而言，由于是对整个债权余额进行担保，而不分债务履行的先后顺序，故只要是发生在最高额保证期间内，不超过最高限额的债务的余额，最高额保证人均应承担保证责任。因此，北大荒公司担保的债权余额在 7500 万元范围内因债务人偿还了部分债务，故应相应减少，即债权余额应相应减少为 2500 万元及其相应的利息。本院认为，在存在最高额担保的情形下，债务得到部分清偿并不必然导致最高额担保人的担保责任相应减少，故北大荒公司仍应当在约定的 5500 万元担保责任范围内对上述债权余额 2500 万元及相应利息承担保证责任。据此，原判决认定北大荒公司对 2500 万元本金及利息、复利应在最高限额为 5500 万元的范围内承担连带保证责任并无不当。北大荒公司申请再审主张原判决曲解《担保法司法解释》第二十三条的本意，混淆了债权和保证债权、债权余额和保证债权余额的确定，没有事实和法律依据……

【本章思考题】

1. 一般保证和连带责任保证有什么区别？

2. 什么叫检索抗辩权或先诉抗辩权？

3. 什么是最高额保证？设立最高额保证制度有何意义？最高额保证所担保的债权数额何时确定？

4. 什么是保证期间？如何计算保证期间？设立保证期间有何意义？

5. 保证人免责有哪些情形？

第十五章

租赁合同

　　租赁合同是出租人将租赁物交付承租人使用、收益，承租人支付租金的合同（《民法典》第703条）。租赁合同须有期限，不适用于财产使用权的永久性转移。许多国家和地区在立法上都规定了租赁合同的最长存续期限。我国《民法典》第705条规定，"租赁期限不得超过20年。超过20年的，超过部分无效。租赁期限届满，当事人可以续订租赁合同；但是，约定的租赁期限自续订之日起不得超过20年。"因为物的使用价值有一定的期限，如当事人约定的租赁期间过长，则与设立转让的租赁物的收益使用权的目的不符，现实中有利用租赁合同之名行买卖合同之实的情形，对其效力会有疑问。不动产租赁是本章的重点兼难点问题，特别是不动产的租赁登记以及租赁权物权化问题。租赁权的物权化主要表现为"买卖（或让与）不破租赁"及承租人的优先购买权，民法典亦未解决其中的法律漏洞，值得注意。

一、租赁合同的概念、种类、内容

（一）概念与特征

　　《民法典》第703条规定，"租赁合同是出租人将租赁物交付承租人使用、收益，承租人支付租金的合同。"在租赁合同中交付租赁物供对方使用、收益的一方称为出租人，使用租赁物并支付租金的一方称为承租人。

　　租赁合同作为一种有名合同，其内容一般包括合同双方、租赁物的名称、数量、用途、租赁期限、租金及其支付期限和方式、租赁物维修等条款（《民法典》第704条）。需说明的是，其他特别法有特别规定的，如船舶租用合同，应当首先适用该特别法即《海商法》有关船舶租用合同的规定。

　　租赁合同具有以下特征：

　　1. 租赁合同是转移财产使用权的合同。租赁合同以承租人占有、使用、收益租赁物为直接目的，承租人所取得的仅是对租赁物的占有、使用、收益权，而非租赁物的所有权，因而承租人不得处分租赁物（包括事实上即物理上的处分和法律上的处分）。这是买卖合同与租赁合同的根本区别。尽管租赁合同转移的仅是租赁物的占有、使用、收益权，但根据民法典之有关规定，承租人取得的租赁权属于"物权化之债权"，即其具有部分物权的特征，可能对抗租赁关系以外的人，详见后述。但租赁合同转移的不是所有权，因而其区别于买卖合同。

【案例 15-1】 三和创建有限公司与何志文、梁伟达租赁合同纠纷案[1]

［最高人民法院认为］ **"由于租赁合同仅在当事人之间发生债权债务关系，不发生物权变动的效果，因此租赁合同的效力不受出租人是否对标的物享有物权的影响。因出租人并非物权人而无法履行租赁合同时，承租人可向出租人主张违约责任。**本案中，三和公司以《基达装饰工程有限公司转让月塘土地合约文件议定书》并不意味何志文已取得土地使用权、何志文经营的富达家具店与月塘联合社订立的《月塘村土地有偿有期使用合同》系土地使用权转让合同并因违反法律法规的强制性规定而无效以及月塘联合社无权处分本属东莞市仙津保健饮料食品有限公司享有土地使用权的部分土地为由，主张何志文未取得系争土地的使用权，进而请求认定何志文与三和公司订立的《土地使用权租赁协议》无效。**因《土地使用权租赁协议》的效力不受何志文是否取得使用权的影响，故三和公司的上述再审申请理由不能成立。**此外，本案为租赁合同纠纷，梁伟达是否为三和公司的控股股东以及梁伟达是否构成滥用控股地位侵害公司权益，不属本案审查范围，三和公司可另寻法律途径解决争议。"

2. 租赁合同为双务、有偿合同。在租赁合同中，出租人的主要义务是将租赁物交付给承租人供其占有、使用、收益，但作为对价，承租人将负担向出租人交付租金的义务。因此，租赁合同为有偿合同。因此，租赁合同与一般的借用合同有所不同。在一般的借用合同中，出借人负担交付借用物供借用人使用、收益义务，借用人也要负担按期返还借用物的义务，但双方当事人所负担的义务不具有对价性，借用人无需向出借人就借用某物支付对价，所以借用合同为双务无偿合同。

3. 租赁合同为要式、诺成合同。在租赁合同中，出租人与承租人双方意思表示达成一致，合同即成立，所以租赁合同为诺成合同；同时，《民法典》第707条规定，"租赁期限 6 个月以上的，应当采用书面形式。当事人未采用书面

---

[1] 最高人民法院（2012）民申字第 1550 号民事裁定书。

形式，无法确定租赁期限的，视为不定期租赁。"因此，租赁合同一般应采取书面形式。

就租赁合同而言，不定期的租赁合同为不要式合同，无须采取书面形式；租赁期限不满 6 个月的定期租赁合同也为不要式合同。但租赁期限在 6 个月以上的定期租赁合同为要式合同，应当采用书面形式。未采用书面形式，双方当事人对租赁期限有争议的，视为不定期租赁合同。

4. 租赁合同具有期限性。如上所述，租赁合同须有期限，不适用于财产使用权的永久性转移。许多国家和地区在立法上都规定了租赁合同的最长存续期限。需要说明的是，租赁合同期限性的规定是一个强行性的效力规定，违反此规定，"超过部分无效"，但并非租赁合同整体无效。

（二）租赁合同的种类

1. 动产租赁与不动产租赁。这是根据租赁物的不同而进行的分类。以租赁合同的标的物为标准，可将租赁合同分为动产租赁合同和不动产租赁合同。以动产为标的物的租赁合同，为动产租赁合同；以不动产为标的物的租赁合同，为不动产租赁合同。动产租赁包括一般的动产租赁、动物租赁及交通工具的租赁等；不动产租赁在我国主要是指房屋租赁。另外，土地使用权租赁、土地承包经营权租赁、宅基地使用权租赁等也视为不动产租赁。

这种区分的意义在于，对于动产租赁，法律一般不作干涉，其行为一般比较自由；但法律一般对不动产租赁有特殊的要求，如须进行登记等。我国《城市房地产管理法》第 54 条规定："房屋租赁，出租人和承租人应当签订书面租赁合同……并向房产管理部门登记备案。"应注意的是，此处规定的登记备案既非服务租赁合同的成立要件，也非生效要件。[1]《民法典》第 706 条特别强调，"当事人未依照法律、行政法规规定办理租赁合同登记备案手续的，不影响合同的效力。"但有意思的是我国有地方性法规规定了房屋租赁合同登记有对抗第三人的

---

〔1〕《城市房地产管理法》颁布于 1994 年，最新修正是 2019 年，当时中国的立法比较粗放，有些表述也比较粗放，立法思路也值得讨论，后虽几经修正，但问题仍然存在。比如该法第 46 条规定"商品房预售的，商品房预购人将购买的未竣工的预售商品房再行转让的问题，由国务院规定"。该法名为"管理法"，应属于行政法范畴，但却又不时牵涉民事事项，而该法中"应当""不得"等规范词的使用，其产生的相关法律效果（到底是民事法律后果还是行政法律后果）也不够明确。比如第 54 条规定："房屋租赁，出租人和承租人应当签订书面租赁合同，约定租赁期限、租赁用途、租赁价格、修缮责任等条款，以及双方的其他权利和义务，并向房产管理部门登记备案。"该条的民事效力存疑，在民法典颁布前，应该说该条对租赁合同的成立及生效没有任何影响。而在民法典颁布后，该条的存在要么给民事司法裁判添乱，要么搁置没有用处，从另一方面说，随着民法典的颁布，对于中国的已有法律需要有一个大的清理动作。

效力。[1]

而对于动产租赁，法律一般没有这些要求。

值得注意的是，租赁权是"物权化"的债权，其可能对抗其后的租赁物的买受人或抵押权人，其取得对抗效力与该租赁是否登记有关，特别是不动产租赁，虽然如上所述有地方性法规规定租赁登记有对抗第三人的效力，但全国性法律并未明确不动产租赁登记的效力。[2]

2. 一般租赁与特殊租赁。根据是否有特别法予以规范，可将租赁合同分为一般租赁和特殊租赁。特殊租赁，包括：

（1）不动产租赁。除上述《城市房地产管理法》有规定外，部委行政规章有《商品房屋租赁管理办法》（2010 年住房和城乡建设部令第 6 号）[3]，各地一般也有地方法规或规章予以规范，地方性法规如《上海市房屋租赁条例》、《西安市城市房屋租赁条例》《广州市房屋租赁管理规定》、《海口市房屋租赁管理条例》、《大连市城市房屋租赁管理办法》等；地方政府规章，则有武汉市、贵阳市、安徽省、徐州市、昆明市等颁布的房屋租赁管理办法。不过有意思的是，该等地方性法规和地方行政规章，几乎都规定了房屋租赁的登记或备案要求，但从行政管理角度来看，仅有上海市规定了租赁登记具有对抗第三人的民事效力。

（2）飞机及船舶的租赁。我国《海商法》及《民用航空法》对船舶租赁合同及民用航空器租赁合同有特别的规定。

3. 定期租赁与不定期租赁。以租赁合同是否有固定期限为标准，可将租赁合同分为定期租赁合同和不定期租赁合同。定期租赁合同指合同约定有明确期限的租赁。不定期租赁合同的产生有三种情形：其一，当事人在租赁合同中未约定租赁期限；其二，当事人在租赁合同中将租赁期限约定为 6 个月以上，但未采取书面形式，无法确定租赁期限，则将该租赁合同视为不定期租赁合同（《民法

---

[1] 现行有效的《上海市房屋租赁条例》（1999 年颁布，2010 年最新修订）第 15 条规定："房屋租赁合同及其变更合同由租赁当事人到房屋所在地的区、县房地产登记机构办理登记备案手续。房屋租赁合同未经登记备案的，不得对抗第三人。"该规定补充了原合同法及物权法的漏洞，较为先进但稍显僵硬，详见后述。但从立法法的角度进行讨论，通过上海市这一规定探讨中央与地方就民事事项的立法权限，会是个有意思的课题。

[2] 作为行政法规的《不动产登记暂行条例》（2014 年国务院令 656 号，2019 最新修订），仅规定了不动产登记的一些程序性及管理性的事项，无涉不动产登记的民事效力。不过有趣的是该条例第 1 条声称目的之一--是为"方便群众申请登记"、第 4 条也将"方便群众"作为登记原则之一，感觉不妥——难道不需要方便"干部"进行申请登记？似乎改用"当事人"一词更为妥当。

[3] 该行政规章虽名为"管理办法"，但涉及不少民事事项，比如第 6 条规定了不得出租的房屋，第 7 条规定了租赁合同的内容，第 9 条规定了出租人的维修义务及不得单方面随意提高租金，等等。行政规章中规定的这些民事事项，可以从立法法角度进行分析（部委行政规章得否就民事事项"立法"？），对于其在民事诉讼中的作用也应该存疑，一般不应在民事诉讼中被法院援引和适用。

典》第 707 条）；其三，租赁期间届满，承租人继续使用租赁物，出租人没有提出异议的，原租赁合同继续有效，但租赁期限为不定期（《民法典》第 734 条）。

这种区分的意义在于，在不定期租赁中，除非法律另有规定，双方当事人均可随时解除合同，但应当在合理期限之前通知对方（《民法典》第 730 条）。

（三）租赁合同的内容

租赁合同的内容一般包括租赁物的名称、数量、用途、租赁期限、租金及其支付期限和方式、租赁物维修等条款（《民法典》第 704 条）。

1. 租赁物。租赁物即指租赁合同的标的物，是出租人于合同生效后应交付给承租人予以使用、收益的物。因为租赁合同以转移租赁物的使用收益权为目的，没有租赁物，合同的目的就不能实现，所以租赁物是租赁合同的主要条款。没有该条款，租赁合同不能成立。对于租赁物，当事人应明确租赁物的名称、数量、用途及座落（当租赁物为不动产）。

租赁物可以是特定物，也可以是特定化的种类物，但根据租赁合同的性质，租赁物应为非消耗物。此外，租赁物应为流通物，而不能是禁止或限制流通物。以禁止流通物（如黄色书刊或碟片、枪支等）为租赁物的，租赁合同应为无效。此外，租赁物可以是现实的物，也可以是未来物。如果租赁物是未来物，则该未来物应是出租人可取得的物，若确定出租人不可取得该未来物，则租赁合同因自始不能而无效。

需要注意的是，根据《城镇房屋租赁合同司法解释》的有关规定，租赁物的权利瑕疵可能导致租赁合同无效：

（1）**出租人就未取得建设工程规划许可证或者未按照建设工程规划许可证的规定建设的房屋，与承租人订立的租赁合同无效。**但在一审法庭辩论终结前取得建设工程规划许可证或者经主管部门批准建设的，人民法院应当认定有效（解释第 2 条）。

（2）**出租人就未经批准或者未按照批准内容建设的临时建筑，与承租人订立的租赁合同无效。**但在一审法庭辩论终结前经主管部门批准建设的，人民法院应当认定有效。租赁期限超过临时建筑的使用期限，超过部分无效。但在一审法庭辩论终结前经主管部门批准延长使用期限的，人民法院应当认定延长使用期限内的租赁期间有效（解释第 3 条）。

而"房屋租赁合同无效，当事人请求参照合同约定的租金标准支付房屋占有使用费的，人民法院一般应予支持"（解释第 4 条）。

【案例 15-2】大连顺达房屋开发有限公司与瓦房店市泡崖乡人民政府土地租

赁合同纠纷案[1]

[最高法人民法院认为] "一、原审判决认定涉案林地租赁合同无效符合法律规定。

《中华人民共和国森林法》第十五条规定，森林、林木、林地使用权可以依法转让，也可以依法作价入股或者作为合资、合作造林、经营林木的出资、合作条件，但不得将林地改为非林地。《中华人民共和国土地管理法》第六十三条规定，农民集体所有土地的使用权不得出让、转让或者出租用于非农建设。**涉案林地属于农民集体所有，租赁合同约定泡崖乡政府将相关林地租赁给顺达公司，用于军事训练，改变了林地用途，该林地租赁合同违反了《中华人民共和国森林法》、《中华人民共和国土地管理法》的强制性规定，依法应当认定无效。**

泡崖乡政府申请再审称《中华人民共和国森林法》、《中华人民共和国土地管理法》的上述规定属于管理性规定，不属于效力性强制性规定，并不必然导致合同无效。本院认为，正确理解、识别效力性强制性规定与管理性规定，不仅关系到民商事合同效力维护，还影响市场交易的安全与稳定。人民法院应当根据法律法规的意旨，权衡相互冲突的权益，综合认定《中华人民共和国森林法》、《中华人民共和国土地管理法》的有关规定属于效力性强制性规定还是管理性规定。**判断某项规定属于效力性强制性规定还是管理性规定的根本在于违反该规定的行为是否严重侵害国家、集体和社会公共利益，是否需要国家权力对当事人意思自治行为予以干预。**土地制度是我国的根本制度，保护森林关系到国家的根本利益，违反《中华人民共和国森林法》第十五条、《中华人民共和国土地管理法》第六十三条的规定**改变林地用途，将会损害国家、集体和社会公共利益。因此，《中华人民共和国森林法》第十五条、《中华人民共和国土地管理法》第六十三条属于效力性强制性规定。**泡崖乡政府违反该规定将涉案林地租赁给顺达公司用于军事训练，改变了林地用途，原审判决认定该林地租赁合同无效符合法律规定精神。"

2. 租赁期限。租赁期限，是指承租人与出租人约定的在承租人对租赁物进行使用、收益的期间，是直接关系租赁物交付、返还及租金收取的期间，也是租赁合同的重要条款。当事人最好明确约定租赁期限。但如上所述，租赁期限最长不能超过 20 年。此外，由于不定期租赁具有较大的不确定性，对于追求商业确定性的当事人而言，其最好明确约定租赁期限。

关于租赁期间届满后的续期，有的当事人会约定租赁期届满后如双方无异

---

[1] 最高人民法院（2016）最高法民申 1223 号民事裁定书。

议，则租赁合同按原条款（包括租赁期限）自动续期，在这种情况下，应按该约定履行。如果双方当事人未约定，根据《民法典》第 734 条，"租赁期限届满，承租人继续使用租赁物，出租人没有提出异议的，原租赁合同继续有效，但是租赁期限为不定期。租赁期限届满，房屋承租人享有以同等条件优先承租的权利。"

3. 租金。收取租金是出租人订立租赁合同的目的，支付租金是承租人有偿使用租赁物的对价，租金也是租赁合同的必备条款。一般而言，租赁双方应明确约定租金的数额、支付期限及支付方式。《民法典》第 721 条规定："承租人应当按照约定的期限支付租金。对支付租金的期限没有约定或者约定不明确，依据本法第 510 条的规定仍不能确定，租赁期限不满 1 年的，应当在租赁期限届满时支付；租赁期限 1 年以上的，应当在每届满 1 年时支付，剩余期限不满 1 年的，应当在租赁期限届满时支付。"承租人无正当理由未支付或者迟延支付租金的，出租人可以请求承租人在合理期限内支付；承租人逾期不支付的，出租人可以解除合同（《民法典》第 722 条）。

4. 租赁物的维修。在租赁期间内，租赁物应保持可能正常使用的状态以供承租人进行使用、收益。因此，为避免争议，租赁合同应明确双方的责任，明确租赁期间对租赁物的维修义务及有关事项。但有关租赁物的维修，并非租赁合同的必备条款，即使双方未就此进行约定或者随后不能达成一致意见，也不影响租赁合同的成立及生效。如果租赁双方未对此进行约定，《民法典》第 712 条规定，"出租人应当履行租赁物的维修义务，但是当事人另有约定的除外。"

二、租赁合同的效力

租赁合同的效力，主要是指出租人与承租人双方的权利义务。

（一）出租人的义务

出租人的主要权利是收取租金，下面着重介绍出租人的义务。

1. 交付租赁物并维持租赁物处于可正常使用、收益状态的义务。由于租赁合同为诺成性合同，无须将标的物的交付作为合同的成立要件，因此交付租赁物是出租人于租赁合同成立后所承担的一项债务。所谓交付租赁物，是指租赁物之占有转移于承租人，该等交付，根据《民法典》第 224～227 条的规定，包括现实交付、指示交付和简易交付。出租人应担保所交付的租赁物能够为承租人依约正常使用、收益。

出租人交付租赁物的，应符合租赁合同约定的名称及数量，并以约定的时间、地点及方式进行交付。如果依合同的性质不以标的物的交付为必要的，如将出租房屋外墙供他人制作广告，则出租人应将租赁物作成适于承租人使用的状态。

出租人不能按约定交付租赁物，应负违约责任；同时，承租人得主张对待履行的抗辩权，拒绝支付租金。

出租人应保持租赁物在租赁期间可正常使用及收益的状态。不仅出租人不应妨害承租人的使用收益，第三人妨害的，出租人亦应予以除去。

2. 瑕疵担保义务。租赁合同为有偿合同，与买卖合同一样，出租人应对租赁物负瑕疵担保责任。如果租赁物有使承租人不能为正常使用、收益的瑕疵，出租人即应承担违约责任。

租赁物的瑕疵，可分为物的瑕疵与权利的瑕疵。

所谓租赁物之物的瑕疵担保，是指出租人应担保所交付之租赁物符合约定的用途，能够为承租人正常使用收益，如租赁物有不能为承租人使用收益的瑕疵，承租人可以解除合同或要求减少租金。但一般的双方当事人在订立合同时，承租人已知道租赁物存在瑕疵的，其后不得解除合同。然而，如果租赁物危及承租人的安全或者健康的，即使承租人订立合同时明知该租赁物质量不合格，仍然可以随时解除合同（《民法典》第 731 条）。

此外，出租人还应担保不因第三人对承租人就租赁物主张权利而使承租人不能依约为使用、收益，即出租人的权利瑕疵担保责任。如因第三人主张权利，致使承租人不能对租赁物使用、收益的，承租人可以要求减少租金或者不支付租金。第三人主张权利的，承租人应当及时通知出租人（《民法典》第 723 条）。

3. 维修租赁物的义务。除法律另有规定或合同另有约定外，出租人对租赁物负有维修的义务。出租人的该项义务实际上是出租人保持租赁物适合于使用、收益状态义务的延伸。承租人在租赁物需要维修时可以要求出租人在合理期限内维修。出租人未履行维修义务的，承租人可以自行维修，维修费用由出租人负担。因维修租赁物影响承租人使用的，应当相应减少租金或者延长租期（《民法典》第 713 条）。但承租人未交付租金的，出租人得行使同时履行抗辩权，拒绝履行其后的维修义务。

需要说明的是，双方可就维修租赁物的义务另作约定。因此，出租人所承担的维修租赁物义务的构成要件包括：①租赁物有维修之必要且非因承租人过错导致。②租赁物有维修之可能。③租赁期内承租人已为维修之通知。④双方未约定维修之义务属承租人。

4. 税负及费用返还。除非另有约定，就租赁物发生的税捐负担由出租人承担。

5. 租赁物改善、装饰装修及改建的处理。《民法典》第 715 条规定："承租人经出租人同意，可以对租赁物进行改善或者增设他物。承租人未经出租人同意，对租赁物进行改善或者增设他物的，出租人可以请求承租人恢复原状或者赔偿损失。"

《城镇房屋租赁合同司法解释》对租赁房屋在租赁期间发生的装饰装修费用有较详细的规则，当然当事人的约定一般应优先于这些规则：

（1）**承租人擅自变动房屋建筑主体和承重结构或者扩建，在出租人要求的合理期限内仍不予恢复原状**，出租人请求解除合同并要求赔偿损失的，法院将依照《民法典》第711条处理（即承租人未按照约定或未根据租赁物的性质使用租赁物，致使租赁物受到损失的，出租人可以解除合同并要求赔偿）（解释第6条）。

（2）**承租人经出租人同意装饰装修，租赁期间届满或者合同解除时，除当事人另有约定外，未形成附合的装饰装修物，**可由承租人拆除。因拆除造成房屋毁损的，承租人应当恢复原状（解释第8条）。

（3）**承租人经出租人同意装饰装修，租赁合同无效时，未形成附合的装饰装修物，**出租人同意利用的，可折价归出租人所有；不同意利用的，可由承租人拆除。因拆除造成房屋毁损的，承租人应当恢复原状。已形成附合的装饰装修物，出租人同意利用的，可折价归出租人所有；不同意利用的，由双方各自按照导致合同无效的过错分担现值损失（解释第7条）。

（4）**承租人经出租人同意装饰装修，合同解除时，双方对已形成附合的装饰装修物**的处理没有约定的，一般按各自过错承担责任（解释第9条）。

（5）**承租人经出租人同意装饰装修，租赁期间届满时，**承租人请求出租人补偿附合装饰装修费用的，不予支持。但当事人另有约定的除外（解释第10条）。

（6）**承租人未经出租人同意装饰装修或者扩建发生的费用，**由承租人负担。出租人请求承租人恢复原状或者赔偿损失的，将获法院支持（解释第11条）。

（7）**承租人经出租人同意扩建，**但双方对扩建费用的处理没有约定的，人民法院按照下列情形分别处理：①办理合法建设手续的，扩建造价费用由出租人负担；②未办理合法建设手续的，扩建造价费用由双方按照过错分担（解释第12条）。

6. 接受租赁物及返还押金或担保物。租赁合同终止的，占有对方之物应互相返还。对于出租人，应及时接收租赁物，如果出租人收有押金或其他担保物的，应返还给承租人。

（二）承租人的义务

1. 按照约定的方式和范围对租赁物进行使用和收益。租赁合同是转移租赁物使用权及收益权的合同，承租人租赁权作为债权，其主要内容也是对租赁物的使用和收益。

承租人在行使对租赁物的使用权及收益权的同时，有义务按照约定的方式或范围进行使用及收益，如约定租赁物仅为个人生活使用，则不得作营业用途。鉴于租赁物在租赁期满后需返还给出租人，因此，如果承租人未按照约定的方式或范围对租赁物进行使用，可能会给租赁物造成不应有的损害。承租人应当按照约定的方法使用租赁物。对租赁物的使用方法没有约定或者约定不明确，依据《民法典》第510条的规定仍不能确定的，应当根据租赁物的性质进行使用（《民法典》第709条）。

承租人按照约定的方法或者租赁物的性质使用租赁物，致使租赁物受到损耗的，不承担赔偿责任（《民法典》第710条）。承租人未按照约定的方法或者未根据租赁物的性质使用租赁物，致使租赁物受到损失的，出租人可以解除合同并请求赔偿损失（《民法典》第711条）。因此，如果承租人违反约定的方法或租赁物的性质使用租赁物造成毁损或灭失的，承租人应当承担相应的民事责任。

【**案例 15-3**】新疆爱家超市集团有限公司与新疆昊泰实业发展有限公司房屋租赁纠纷案[1]

[最高人民法院认为]（一）关于二审判决适用法律与合同性质是否相符的问题

依据合同法第二百一十二条、二百一十七条、二百一十九条的规定，**承租人不仅负有交付租金的法定义务，也负有按照约定方法使用租赁物的法定义务。**本案双方当事人在《房屋租赁合同》中对租赁物用途作出了约定，即："乙方承租甲方房屋必须以超市为主体进行经营。未经甲方同意，乙方不得改变以超市为主体的经营形式。"爱家超市虽足额支付了租金，但因昊泰公司是以爱家超市不按约定方法使用租赁物为由提起违约之诉，本案一、二审判决围绕案件争议焦点，探求当事人对"不得改变以超市为主体的经营形式"这一约定的内心真意，并通过审查合同履行的具体情况来判定爱家公司是否违约，并无不当。……

（二）关于对租赁物用途的约定应如何理解以及爱家超市对租赁物的使用是否符合约定的问题

《房屋租赁合同》第四条"以超市为主体进行经营"、"不得改变以超市为主体的经营形式"的约定，从文字表述来看，是对经营主体和经营形式作出的约定，没有体现以经营面积来确定经营主体的意思。……**二审判决将《房屋租赁合**

---

〔1〕 最高人民法院（2012）民申字第1055号民事裁定书。

同》第四条关于租赁物使用方法的限制性约定，解释为"由超市进行统一经营"是符合合同目的的。……昊泰公司不在两公里半径范围内另行开发大型超市是以爱家超市在负一层进行统一规范的超市经营为前提。综上，无论是采取文义解释、体系解释还是目的解释，本案二审判决将"以超市为主体进行经营"的约定解释为由超市进行统一经营，并无不当。

爱家超市将承租房屋的部分面积分割转租给 76 家商铺。依据该超市在本案一、二审中提交的证据，这些商铺大多是服装、首饰或者药品等品牌专卖店。经本院询问，爱家超市也认可这些商铺与爱家超市独立收银、独立经营。可见，在友好商业步行街负一层中，爱家超市和其他经营主体并存、超市经营和品牌专卖并存，违反了合同约定的租赁物使用方法，二审判决认定爱家超市违约并无不当。

（三）关于昊泰公司对爱家超市将承租房屋部分面积分割出租是否明知并认可的问题

1.《爱家超市平面设计图》、《建筑工程消防设计的审核意见书》、《建筑工程消防验收的意见书》是以昊泰公司的名义、由爱家超市制作和申报的文件。《爱家超市平面设计图》虽然区分了若干区域，但并未标明这些区域区分为自选区、餐饮区、服饰区，由不同的经营主体进行经营。《建筑工程消防设计的审核意见书》、《建筑工程消防验收的意见书》的内容只是反映爱家超市的消防设计和装修工程符合消防安全要求和使用条件，经过了有关政府部门的审核验收，故不能证明昊泰公司对爱家超市将承租房屋部分面积分割转租给其他商铺进行独立经营是明知并认可的。

2. 合同法规定了承租人按照约定方法使用租赁物的义务，却并未苛以出租人随时掌握租赁物使用情况的义务，也未对出租人因承租人不按约定方法使用租赁物而行使合同解除权的时间作出具体规定。昊泰公司与爱家超市签订的是十年期的长期租赁合同，在其不参与超市经营的情况下，不可能随时掌握爱家超市使用租赁物的情况，故不能以昊泰公司的起诉时间来推定其认可爱家超市的分割转租行为。

2. 妥善保管租赁物。承租人应当妥善保管租赁物，因保管不善造成租赁物毁损、灭失的，应当承担赔偿责任（《民法典》第 714 条）。

因为在租赁期间，租赁物的所有权并不转移，但由承租人占有和控制，因此承租人应妥善保管并维护租赁物。如承租人违反此义务致使租赁物毁损或灭失的，自应承担违约责任，赔偿出租人的损失。

3. 适当通知。为使租赁物于租赁期间保持正常可使用及收益的状态，在出现某些情况时，承租人有义务及时通知出租人，如租赁物需进行适当的维修，或有当事人侵害租赁物等情形。

4. 支付租金。租金支付是承租人应负担的主要义务。承租人应当按照约定的期限支付租金。对支付期限没有约定或者约定不明确，依照《民法典》第510条的规定仍不能确定，租赁期限不满1年的，应当在租赁期限届满时支付；租赁期限1年以上的，应当在每届满1年时支付，剩余期限不满1年的，应当在租赁期限届满时支付（《民法典》第721条）。

租金的数额由当事人自行约定。此外，因不可归责于承租人的事由，致使租赁物部分或者全部毁损、灭失的，承租人可以要求减少租金或者不支付租金；因租赁物部分或者全部毁损、灭失，致使不能实现合同目的的，承租人可以解除合同（《民法典》第729条）。

承租人迟延交付租金，需承担违约责任，严重的可导致出租人的解除权。承租人无正当理由未支付或者迟延支付租金的，出租人可以请求承租人在合理期限内支付；承租人逾期不支付的，出租人可以解除合同（《民法典》第722条）。

5. 不得随意转租或转让租赁权。承租人经出租人同意，可以将租赁物转租给第三人。承租人转租的，承租人与出租人之间的租赁合同继续有效；第三人造成租赁物损失的，承租人应当赔偿损失。承租人未经出租人同意转租的，出租人可以解除合同（《民法典》第716条）。

需要注意的是，**出租人知道或者应当知道承租人转租，但在6个月内未提出异议，视为出租人同意转租**（《民法典》第718条）。

6. 租赁物的返还义务。租赁合同终止后，承租人应将租赁物返还给出租人。租赁物还能继续使用、收益的，承租人还应保持租赁物处于可正常使用及收益的状态。《合同法》第235条规定："租赁期间届满，承租人应当返还租赁物。返还的租赁物应当符合按照约定或者租赁物的性质使用后的状态。"

定期租赁合同，应于租赁期限届满时返还；不定期租赁合同，应于通知终止租赁关系时为之。承租人在返还租赁物时，就其对租赁物所支出的必要费用，也可主张返还。承租人在返还租赁物时，应返还原物。但所说的原物，只是承租人在租赁期满将经使用收益的保持自然状态的原物返还，如存在正常使用及收益的磨损或损耗情况，仍属"符合按照约定或者租赁物的性质使用后的状态"。

三、承租人优先购买权及其他权利

1. **承租人优先购买权**。《民法典》第726~728条规定了出租人的优先购买权规则，《民法典》第305~306条规定了按份共有人的优先购买权。

房屋按份共有人行使优先购买权或者出租人将房屋出卖给近亲属，出租人的优先购买权不能与之对抗（《民法典》第726条第1款）。

出租人出卖租赁房屋、与抵押权人协议折价或委托拍卖租赁房屋的，应在合理期限内通知承租人（《民法典》第726~727条），出租人未通知出租人或有其他妨碍承租人行使优先购买权的情形，出租人可以请求出租人承担赔偿责任，但不影响出租人与第三人订立的房屋买卖合同的效力（《民法典》第728条）。但承租人的优先购买权可以对抗协议折价的抵押权人（《城镇房屋租赁司法解释》第15条）。

2. 租赁期内承租人死亡。承租人在房屋租赁期限内死亡的，与其生前共同居住的人或者共同经营人可以按照原租赁合同租赁该房屋（《民法典》第732条）。

3. 承租人的优先续租权。租赁期限届满，房屋承租人享有以同等条件优先承租的权利（《民法典》第734条第2款）。

四、我国"让与不破租赁"规则缺乏"公示公信"的配套制度安排，租赁权相关法律漏洞有待补充[1]

由于《民法典》第725条关于"让与不破租赁"的规定确立了租赁权具有物权的特征，那么，租赁权也应该与其他物权一样须遵循诸如"物权法定"[2]、"公示公信"的基本原则。实践中，我国有关租赁权公示配套规则的缺失，已经对交易安全造成损害，并危及抵押权制度，存在明显法律漏洞。[3]

以下讨论包括租赁权在内的物权化之债权的交易安全制度安排，以法律经济分析方法分析来看，现今"买卖不破租赁"规则存在的在公平、秩序与效率之间的冲突，并结合比较法特别分析了我国台湾地区"民法"1999年债编修改的

---

〔1〕 本节内容参见，翟新辉："论租赁权相关法律漏洞的补充——兼谈我国合同法及物权法相关条款的修改"，载《学术交流》2011年第7期。民法典的相关规则对原合同法虽有修正，但租赁权的物权化及缺乏公示的问题仍然存在，租赁期内对租赁物的占有作为租赁权可以对抗第三人的公示方式，在实践中会增加社会成本。

〔2〕 虽然已有论述指出现代物权法应检讨和重新思考"物权法定"的传统物权法原则（比如，苏永钦，"第五篇物权法定主义的再思考"，载《私法自治中的经济理性》，中国人民大学出版社2004年版，第84页），以图于物权法领域扩张私法自治的理念。在互联网发达、资讯传递成本大降的今天，作者也赞同这一趋势，但就目前中国大陆各项物权登记制度尚不完备的现状而言，废除或松动这一基本原则，还是不可想象的。

〔3〕 国内已有不少论文论及该问题，比如：张华："我国租赁权对抗力制度的不足与完善"，载《法学评论》2007年第2期；祝建军："房屋租赁权物权化研究：以不动产公示公信原则引入的必要性为视角"，载《法律适用》2006年第Z1期等。

相关内容，从而可以看出我国民法典合同法相关规则有待改进。

（一）租赁权的物权化：《民法典》第 725 条与第 405 条

已废止的《合同法》第 229 条规定："租赁物在租赁期间发生所有权变动的，不影响租赁合同的效力。"该条规定从《经济合同法》第 23 条第 2 款修改而来[1]。凭此，承租人可对抗租赁物[2]新的买受人。此即所谓"买卖（让与）不破租赁"规则[3]，也据此，租赁权从债权性质而突破其相对性，被"物权化"了。《民法典》第 725 条对此作了修正——"租赁物在承租人按照租赁合同占有期限内发生所有权变动的，不影响租赁合同的效力。"民法典的该修正，使得租赁权对抗他人的情形增加了承租人须按照租赁合同占有租赁物这一要件。

已废止的《物权法》第 190 条规定："订立抵押合同前抵押财产已出租的，原租赁关系不受该抵押权的影响。抵押权设立后抵押财产出租的，该租赁关系不得对抗已登记的抵押权。"《民法典》第 405 条对此有所修正："抵押权设立前，抵押财产已经出租并转移占有的，原租赁关系不受该抵押权的影响。"物权法领域的该规则是租赁权物权化（让与不破租赁）的自然逻辑延伸，因为抵押权实现时会涉及与抵押物上存在的租赁权的冲突问题。《民法典》第 405 条的规定体现了租赁权明显的"物权"特征，在先成立的权利优先于后成立的权利——物权的优先效力。但《民法典》第 405 条亦强调了承租人对租赁物的占有是对抗抵押权的要件。

但遗憾的是，我国原《合同法》及《物权法》在赋予租赁权物权特征的同时，却均未考虑公示公信原则的配套，一方面有违物权法基本原理，另一方面也在实践中损害交易安全，危及抵押权制度。笔者在现实中就碰到实例：抵押权人在实现抵押权时，出现一个手持租期长达 15 年的未经登记的租赁合同（合同日期早于抵押登记日期）、而（抵押人确认）租金已经一次性付清的承租人，其要求在拍卖抵押物时适用"让与（买卖）不破租赁"，导致抵押物一直不能成功拍卖，抵押权实际上无法实现。[4]《民法典》第 405 条及第 725 条强调承租人在租

---

〔1〕 见江平主编：《中华人民共和国合同法精解》，中国政法大学出版社 1999 年版，第 176 页。同样，对于买卖不破租赁的适用，已废止的《经济合同法》亦未区分动产与不动产的情形。

〔2〕 在我国已废止的《合同法》中，动产与不动产的租赁在《合同法》第 229 条的适用上没有区别。

〔3〕 实际上，我国合同法该条规定不限于买卖合同，其他合同如赠与、互易、遗赠、继承、公司投资等合同亦适用，因此采德国现学说称为"让与不破租赁"更为合适，但以下为习惯仍沿旧称。参见注 3 引书；另参见苏永钦：《走入新世纪的私法自治》，中国政法大学出版社 2002 年版，第 336 页；陈卫佐译注：《德国民法典》，法律出版社 2006 年版，第 203 页注 153。

〔4〕 另参见翟新辉："我国立法应明确不动产租赁登记的效力——兼论物权化之债权及其公示"，载《学术交流》2008 年第 7 期；以及翟新辉："租赁权公示是取得物权对抗致力的要件"，载《法律适用》2007 年第 9 期。

赁期内对租赁物的占有构成租赁权对抗他人的要件必将增加社会成本，这将要求租赁物之抵押权人或新的受让人在设立抵押权或受让所有权之前须实地核查租赁物是否有承租人占有，否则就会有承租人租赁权予以对抗的风险，仅仅核查不动产的租赁登记不能排除这个风险，而若要证明抵押权设立之前抵押物未被承租人占有或新的受让人证明在受让之前没有出租人占有，则非常困难，核查成本远远大于对租赁登记的查询。

（二）其他物权化债权关于交易安全的制度安排

梳理我国大陆民商事法律体系，存在一系列物权化之债权，主要有：租赁权[1]、船舶优先权[2]、民用航空器优先权[3]、建设工程款的优先权[4]、经预告登记之不动产物权受让人的债权[5]等。

考察该等"物权化"之债权，其符合"物权法定"原则，自不待言[6]；除租赁权外，均有关于交易安全的制度安排。比如关于建设工程款的优先权，《建设工程施工合同纠纷解释一》第41条规定："承包人应当在合理期限内行使建设工程价款优先受偿权，但最长不得超过十八个月，自发包人应当给付建设工程价款之日起算。"从而，控制了建设工程款优先权物权化对其他人的风险和影响[7]。

（三）特别法上关于租赁权公示公信的制度安排

1. 我国《民用航空法》的相关规定。根据我国《民用航空法》第11条，对于"根据租赁期限为6个月以上的租赁合同占有民用航空器的权利"，民用航空器权利人应当"向国务院民用航空主管部门办理权利登记"；第33条规定，"民用航空器的融资租赁和租赁期限为6个月以上的其他租赁，承租人应当就其对民

---

〔1〕　见已废止之《合同法》第229~230条、《物权法》第190条及《担保法》第48条，同时见《民法典》第405条及第725条。

〔2〕　《海商法》第21、22、25条。

〔3〕　《民用航空法》第18、19条。

〔4〕　《民法典》第807条及《建设工程施工合同纠纷解释一》第36~42条。

〔5〕　《民法典》第221条。

〔6〕　依法理，《民法典》第725条关于"买卖不破租赁"的规定可由当事人约定排除，似与"物权法定"不符，但从预先放弃权利的角度理解，与其他物权化债权并无不同。另参见苏永钦：《走入新世纪的私法自治》，中国政法大学出版社2002年版，第345页脚注19。

〔7〕　另可参阅我国台湾地区"民法"1999年修正之513条（承揽人之法定抵押权）："承揽之工作为建筑物或其他土地上之工作物，或为此等工作物之重大修缮者，承揽人得就承揽关系报酬额，对于其工作所附之定作人之不动产，请求定作人为抵押权之登记；或对于将来完成之定作人之不动产，请求预为抵押权之登记。前项请求，承揽人于开始工作前亦得为之。前二项之抵押权登记，如承揽契约已经公证者，承揽人得单独申请之。第一项及第二项就修缮报酬所登记之抵押权，于工作物因修缮所增加之价值限度内，优先于成立在先之抵押权。"而此前的第513条并无有关登记的规定。

用航空器的占有权向国务院民用航空主管部门办理登记；未经登记的，不得对抗第三人。"

需说明的是，我国《民用航空法》并未特别规定"买卖不破租赁"，但其 13 条规定，"除民用航空器经依法强制拍卖外，在已经登记的民用航空器权利得到补偿或者民用航空器权利人同意之前，民用航空器的国籍登记或者权利登记不得转移至国外。"该条相当于"买卖不破租赁"规则，因为"根据租赁期限为 6 个月以上的租赁合同占有民用航空器的权利"应当进行登记，并且登记后具有对抗效力。

2. 我国《海商法》的相关规定。我国《海商法》有关船舶租用合同的规定相当有趣，其第六章"船舶租用合同"的第一节"一般规定"第 127 条规定，"本章关于出租人和承租人之间权利、义务的规定，仅在船舶租用合同没有约定或者没有不同约定时适用。"该条规定明确指出有关规则作为任意性规定的性质。

对于定期租船合同[1]，《海商法》第 138 条规定了"买卖不破租赁"规则——"船舶所有人转让已经租出的船舶的所有权，定期租船合同约定的当事人的权利和义务不受影响，但是应当及时通知承租人。船舶所有权转让后，原租船合同由受让人和承租人继续履行。"

对于光船租赁合同，《海商法》第 151 条规定了租赁权与抵押权的冲突解决办法——"未经承租人事先书面同意，出租人不得在光船租赁期间对船舶设定抵押权。出租人违反前款规定，致使承租人遭受损失的，应当负赔偿责任。"但该规定是否意味着在先的光船租赁权可以对抗其后的抵押权或者其后的抵押权无效，尚未明确。

需要说明的是，我国《海商法》并未规定船舶租用合同的登记。但我国《船舶登记条例》第 6 条规定了光船租赁登记——"船舶抵押权、光船租赁权的设定、转移和消灭，应当向船舶登记机关登记；未经登记的，不得对抗第三人。"

（四）比较法的经验

在德国民法典中，"买卖不破租赁"规则适用于住房、土地和除住房以外的房屋以及已登记于船舶登记簿的船舶等的使用租赁。[2]

《法国民法典》第 1743 条规定："如出租人出卖租赁物时，买受人不得辞退经公证作成或有确定日期的租赁契约的土地承租人、佃农或房屋的承租人。但买

---

〔1〕 当然，关于定期租船合同的性质，有人认为其存在财产租赁合同与运输合同的双重性质。参见司玉琢主编：《海商法》，法律出版社 2007 年版，第 237 页。

〔2〕 德国民法典分为使用租赁、用益租赁及使用借贷（无偿），见陈卫佐译注：《德国民法典》，法律出版社 2006 年版，第 203 页注 154；关于买卖不破租赁对住房、土地、住房以外房屋及船舶的使用租赁的适用，分别见《德国民法典》第 566、578 及 578a 条。

受人根据租赁契约有此权利者，得辞退非乡村财产的承租人。"[1]　可见，法国民法典规定买卖不破租赁仅适用于不动产。

《日本民法典》第 605 条规定："不动产租赁实行登记后，对以后就该不动产取得物权者，亦发生效力。"[2]

（五）国内其他立法及地方法规、规章

我国《城市房地产管理法》及众多的地方性法规及行政规章均要求租赁应当登记，不少规定了房屋租赁不依法登记会有行政处罚的法律责任，但鲜有明确租赁登记之民事效力的情形。

值得一提的是，《上海市房屋租赁条例》第 15 条规定："房屋租赁合同及其变更合同由租赁当事人到房屋所在地的区、县房地产登记机构办理登记备案手续。房屋租赁合同未经登记备案的，不得对抗第三人。"可以说该规定在国内较为先进，但其规定略显僵化，且其作为地方法规在民事审判中的适用、效力值得讨论。

（六）"让与不破租赁"规则有待改进

"让与不破租赁"宜对动产租赁和不动产租赁进行区分，对租期较长的租赁合同，宜吸取上海市的地方经验，要求以租赁登记作为租赁权对抗效力的要件，以兼顾公平、秩序和效率。

【案例 15-4】潘炎江与浙江运业建筑工程有限公司及绍兴益析光电科技有限公司、杭州银行股份有限公司绍兴分行执行异议之诉[3]

［最高人民法院］认为，**案外人以不动产租赁权为由主张排除强制执行，必需具备两项要件：其一，案外人与被执行人在人民法院对不动产予以查封之前，已订立真实有效的不动产租赁合同。其二，案外人在人民法院对不动产予以查封之前，已对不动产持续占有、使用，即已交付租金并采取明显方式在不动产内生活、生产、经营、装修等，以产生对不特定第三人的公示效果。如不符合以上两项要件，则不能排除强制执行。**

潘炎江虽于本案一审、二审中提交了于人民法院查封之前所签订的房屋租赁

---

〔1〕　马育民译：《法国民法典》，北京大学出版社 1982 年版，第 416 页。其较 1804 年的最早条文略有修正——（李浩培等译：《拿破仑法典（法国民法典）》，商务印书馆 1979 年版，第 243 页）《拿破仑法典》第 1743 条规定："如出租人出卖租赁物时，买受人不得辞退经公证作成或有确定日期的租赁契约的房屋或土地承租人；但于租赁契约中保留此项权利者，不在此限。"

〔2〕　王书江译：《日本民法典》，中国法制出版社 2000 年版，第 110 页。

〔3〕　最高人民法院（2016）最高法民申 700 号民事裁定书。最高人民法院在该案中提出了租赁权对抗强制执行的条件。有趣的是，该案并没有提到租赁登记。如果承租人能出示租赁备案登记的证据，则法院的态度值得关注。

合同，但仍需证明其于人民法院查封之前已对房屋持续占有使用。潘炎江在本案一审、二审中提交了其与合益公司签订的房屋租赁合同、合益公司与克林络姆公司所签订净化安装工程和辅助装修相关资料、（2015）绍柯民初字第 334 号民事判决等，据以证明潘炎江已对房屋持续占有使用。本院认为，以上证据仅能证明合益公司与克林络姆公司于 2013 年 9 月达成工程协议及工程施工已实际发生，但是，并不能证明克林络姆公司在案涉房屋查封之前已经进场施工，也即不能证明案涉房屋于查封之前已由承租人以明显方式占有使用。因此，**潘炎江于本案一审、二审中所提交证据，虽证明其于查封之前签订了房屋租赁合同，但不足以证明其已占有使用案涉房屋，故不能排除人民法院强制执行。潘炎江的申请再审事由，本院依法不予支持。**

【本章思考题】

1. 租赁合同属于什么性质的合同？

2. 违法建筑租赁合同如何处理？

3. 在租赁合同到期、解除、无效情形下，承租人的装饰装修行为该如何处理？

4. 租赁登记有何效力？

5. 为什么说租赁权有一定的物权特征？我国目前对租赁权的规则是否有可改进之处？为什么？

6. 如何保障承租人的优先权？

7. 我国关于航空器、船舶租赁有什么规定？对租赁权的公示有什么规则？

融资租赁合同

融资租赁合同是出租人根据承租人对出卖人、租赁物的选择，向出卖人购买租赁物，提供给承租人使用，承租人支付租金的合同。融资租赁合同兼具融资合同、买卖合同和租赁合同的法律性质，系有名混合合同，属于非传统的典型合同，涉及出租人、承租人以及出卖人三个合同当事人。融资租赁制度是前述三个性质的合同及三方当事人有机结合在一起构成的新型融资制度。

一、融资租赁合同概述

（一）融资租赁合同的概念与沿革

《民法典》第735条规定："融资租赁合同是出租人根据承租人对出卖人、租赁物的选择，向出卖人购买租赁物，提供给承租人使用，承租人支付租金的合同。"

融资租赁合同是融资租赁交易的产物。融资租赁交易是第二次世界大战后发展起来的集金融、贸易和租赁为一体的新型信贷方式。通过租赁进行融资，深受当事人各方的青睐：就承租人而言，可以经由融资租赁，用较少的资金解决生产所需；就出租人而言，既可获取丰厚的资金收益，又有较为可靠的债权保障；就出卖人而言，通过扩大销售，增加营收。

融资租赁作为一种新型的信贷交易方式，既灵活又方便，能够适应企业界各种实际需要，从而具备一般短期或中长期贷款方式所不能提供的独特的融资便利。因而，融资租赁交易在世界范围内，尤其是在经济发达国家，获得了快速发展。

我国融资租赁业的发展，起步较晚，但发展迅速。融资租赁业务模式曾作为我国利用和引进外资重要途径之一。

（二）融资租赁制度的特征

融资租赁制度具有以下特征：

1. 融资租赁制度由两个合同组成：买卖合同和融资性租赁合同。融资租赁制度包括三方当事人——出卖人、出租人（买受人，或相当于贷款合同的贷款人，即提供资金的一方）、承租人（相当于贷款合同的借款人，即融取资金的一方）。融资租赁制度是上述两个合同及三方当事人有机结合在一起构成的新型融资制度。这两个合同即由融资租赁公司（或银行、信托公司等金融机构，作为出租人和出资人）与承租人所签订的融资性租赁合同以及由融资租赁公司与供应商所签订的买卖合同，两个合同在效力上相互交错。

2. 融资租赁合同是以融资为目的，融物为手段的合同。这是融资租赁合同的实质特征。这也是融资租赁合同不同于传统租赁合同的重要特征，也是融资租赁合同与买卖、借款等合同的区别之一。

3. 融资租赁合同中的出租人一般为专营融资租赁业务的融资租赁公司或其他金融机构。在我国，考虑到融资租赁交易具有融资性，对融资租赁公司有较强的监管[1]。

4. 融资租赁合同为诺成合同、要式合同。《民法典》第 736 条第 2 款规定："融资租赁合同应当采用书面形式。"

二、融资租赁合同与类似合同比较

（一）融资租赁合同与保留所有权及分期付款买卖合同

保留所有权的分期付款买卖合同，是买卖双方约定卖方保留所有权用作担

---

〔1〕 目前我国融资租赁公司准入制度方面，并无明确的行政许可法律依据。依据《国务院办公厅关于加快融资租赁业发展的指导意见》（国办发〔2015〕68 号），我国融资租赁业改革的主要任务之一，是"改革制约融资租赁发展的体制机制"，"建立内外资统一的融资租赁业管理制度和事中事后监管体系"，"简化相关行业资质管理，减少对融资租赁发展的制约"，"加强融资租赁事中事后监管"。该文件系政策指导性文件，并未明确具体规则。而 2020 年 1 月 1 日《外商投资法》开始实施，外商投资实行准入前国民待遇加负面清单管理制度，而依据《外商投资准入特别管理措施（负面清单）》（2020 年版），外商投资企业投资融资租赁行业，将与内资融资租赁公司在市场准入环节享受同等待遇。依据《中国银保监会关于印发〈融资租赁公司监督管理暂行办法〉的通知》（银保监发〔2020〕22 号），亦仅规定了对融资租赁公司的事中及事后监管，与前述国务院的指导意见一致，强调了地方金融监管部门对融资租赁公司的监管，对不满足相关监管条件的"违法违规经营类"融资租赁公司，可能会有行政处罚或取缔、吊销营业执照的行政责任。就上海市，有地方性法规《上海市地方金融监督管理条例》（2020）规定"在本市设立地方金融组织的，应当按照国家规定申请取得许可或者试点资格"（第 9 条），上海市地方金融监督管理局亦有规范性文件《上海市融资租赁公司、商业保理公司涉个人客户相关业务规范指引》规定了严格的监管规则，不满足监管要求则会有行政处罚。但在北京市，依据北京市地方金融监督管理局规范性文件《北京市融资租赁公司监督管理指引（试行）》第 5 条，"申请设立融资租赁公司，应当经市金融监管局批准。……未经市金融监管局批准，任何单位和个人不得经营或变相经营融资租赁业务，不得在名称中使用'融资租赁'等可能被公众误解为其经营融资租赁业务的字样。……"从司法实践看，融资租赁合同的主体性质或资质一般并不成为判断融资租赁合同效力的依据。

保，而买方分期支付货款，待货款全部或部分支付完毕，方才转移所有权的特殊的买卖合同（参见《民法典》第641条、642条）。所有权保留买卖，即双方当事人约定，买受人虽先占有、使用标的物，但在双方当事人约定的特定条件（通常表现为价金的一部或全部清偿）成就之前，出卖人仍保留标的物所有权；待条件成就后，再将所有权移转给买受人。

融资租赁合同与附保留所有权的分期付款买卖合同存在根本区别，具体表现在：

1. 当事人的交易意图不同。在附保留所有权的分期付款买卖合同中，卖方的交易意图是出让标的物的所有权，获取价金，买方人的交易意图是支付价金，获取标的物的所有权；而在融资租赁合同中，出租人虽为承租人的使用购买租赁物，但出租人所购买的物件归出租人所有，出租人仅将物件的使用、收益权利授予了承租人。仅在当事人双方有特别约定的情况下，承租人方可以在租赁期满时，取得租赁物的所有权（《民法典》第758条、759条）。

2. 除非有特别约定，融资租赁合同的租赁期中承租人无期待权。保留所有权的分期付款合同作为一种特殊交易制度，有与出卖人之所有权处于相对状态并形成消长关系的买受人的期待权。买受人的目的在于取得标的物所有权，该期待权待条件成就就变为所有权。与此相反，在融资性租赁的整个租赁期间，承租人并无取得租赁物所有权的期待权。

3. 期间届满后标的物所有权归属不同。保留所有权的分期付款买卖，乃以支付全部价金作为移转标的物所有权之延缓条件，一旦条件成就，即买受人支付全部或部分价款，标的物所有权即按约定移转于买受人，无须另订协议。而融资租赁合同中，必须有特别约定，承租人方可于租赁期满时取得租赁物的所有权，没有约定、约定不明又不能达成补充协议或根据交易习惯仍不能确定，则租赁物所有权归出租人（《民法典》第757条）。

4. 分期付款买卖合同可能适用消费者权益保护有关法律的特别保护，而融资租赁合同中则无此内容。比如，《民法典》第634条规定："分期付款的买受人未支付到期价款的数额达到全部价款的五分之一，经催告后在合理期限内仍未支付到期价款的，出卖人可以请求买受人支付全部价款或者解除合同。出卖人解除合同的，可以向买受人请求支付该标的物的使用费。"根据该条规定，在买受人未支付的到期价款数额达到全部价款五分之一的情况下，出卖人当然可以根据合同约定要求买受人依约分期支付价款，但不能据此解除合同，也不能要求买受人一次性支付剩余的全部价款。有如就分期付款买卖，买受人已经支付标的物总价款百分之七十五以上，出卖人主张取回标的物的主张不会获法院支持（《买卖合同司法解释（2020）》第26条）。

5. 融资租赁合同与分期付款买卖合同的成本构成不同。融资租赁合同的租金包括租赁物的买价、利息、保险费、手续费及利润等，《民法典》第746条规定："融资租赁合同的租金，除当事人另有约定外，应当根据购买租赁物的大部分或者全部成本以及出租人的合理利润确定。"而在分期付款买卖合同，在供给过剩的市场，通常卖方会给予买方一定的融资优惠，比如贴息或免息贷款，因此会低于融资租赁的成本。但分期付款买卖合同中出卖人为防范标的物受损、灭失等风险，有时候提出让买受人投保保险作为此类合同生效的条件。

（二）融资租赁合同与租赁合同的区别

1. 在融资租赁合同，租赁物是由出租人按照承租人的要求购买的；而租赁合同通常是出租人将已有物品出租给承租人，由此可见融资租赁合同的"融资"特征。在融资租赁合同，出租人必须按照承租人的要求购买租赁物，出租人对标的物的选择和要求与出租标的物的行为是紧密相连的，共同构成了融资租赁关系。而在一般的买卖合同，买受人系按照自己的意愿购买物品，目的在于取得物品的所有权，满足自己的需求。在出卖人不履行义务时，由买受人追究出卖人的违约责任。而在融资租赁合同，出租人虽须购买标的物，但其购买的目的在于出租标的物，为了满足承租人的需要。而且，在出卖人不履行买卖合同义务时，一般由承租人直接追究出卖人的责任。《民法典》第741条规定："出租人、出卖人、承租人可以约定，出卖人不履行买卖合同义务的，由承租人行使索赔的权利。承租人行使索赔权利的，出租人应当协助。"由此可见，融资租赁合同实际上是承租人通过出租人购买标的物，以解决承租人一次性购买标的物资金不足的难题，从而达到承租人"融资"的目的。

2. 在融资租赁合同，出租人须将按承租人要求购买的标的物交付承租人使用收益。在融资租赁中，出租人虽按承租人的选择和要求购买标的物，但租赁期间租赁物的所有权归出租人所有；出租人仅将租赁物交付承租人使用收益，在整个租赁期间，承租人不享有租赁物的所有权，此与租赁合同相同。鉴于融资租赁的租赁物多系动产，为公示融资租赁物被承租人占有而所有权归属于出租人，民法典引入了融资租赁登记制度，较之前的合同法为先进。《民法典》第745条规定："出租人对租赁物享有的所有权，未经登记，不得对抗善意第三人。"

3. 两者租金标准不同。在融资租赁合同，承租人也向出租人支付"租金"，但如上所述，融资租赁合同的租金，除当事人另有约定的以外，应当根据购买租赁物的大部分或者全部成本以及出租人的合理利润确定，实际上该"租金"是融资的成本，而非对租赁物使用收益的成本或代价，即承租人对出租人购买标的物的价金本息及出租人应获利润等费用的分期偿还；而租赁合同则租金一般应为承租人对租赁物使用收益的成本或代价。

4. 瑕疵担保责任不同。如上所述，在租赁合同，出租人如买卖合同的出卖人一样对标的物有瑕疵担保责任；而在融资租赁，由于出租人按照承租人的要求购买租赁物，因此，一般不承担瑕疵担保责任。《民法典》第747条规定："租赁物不符合约定或者不符合使用目的的，出租人不承担责任。但是，承租人依赖出租人的技能确定租赁物或者出租人干预选择租赁物的除外。"

5. 租赁关系终结后，承租人的权利不同。在融资租赁合同，一般会约定租赁物在租赁终止后的所有权归属，而且当事人约定租赁期间届满租赁物归承租人所有，承租人已经支付大部分租金，但无力支付剩余租金，出租人因此解除合同收回租赁物的，收回的租赁物的价值超过承租人欠付的租金以及其他费用的，承租人可以请求相应返还（参见《民法典》第758条第1款）。在租赁合同中，承租人仅有优先购买权。

6. 出租人的主体资格不同。在租赁合同，对出租人并无特别要求或限制；在融资租赁合同，出租人一般为经营融资租赁业务的公司且须接受较严格监管。比如前述《中国银保监会关于印发〈融资租赁公司监督管理暂行办法〉的通知》（银保监发〔2020〕22号）中，就对融资租赁公司有较强的监管要求，各地方亦有细致的监管细则颁布。

【案例16-1】曲直、孙志财、曲艺因与被申请人江苏徐工工程机械租赁有限公司融资租赁合同纠纷案[1]

[最高人民法院认为] 关于"（一）曲直与江苏徐工工程机械租赁有限公司（以下简称"徐工租赁公司"）之间是融资租赁合同关系还是买卖合同关系。

本院认为，**判断当事人之间的法律关系性质，应根据双方当事人约定及实际履行的权利义务进行综合判断。根据合同法规定，买卖合同是出卖人转移标的物所有权于买受人，买受人支付价款的合同；融资租赁合同是出租人根据承租人对出卖人、租赁物的选择，向出卖人购买租赁物，提供给承租人使用，承租人支付租金的合同。根据《最高人民法院关于审理融资租赁合同纠纷案件适用法律问题的解释》规定，人民法院应当根据合同法第二百三十七条的规定，结合标的物的性质、价值、租金的构成以及当事人的合同权利和义务，对是否构成融资租赁法律关系作出认定。**

根据上述法律及司法解释规定，曲直与徐工租赁公司之间存在融资租赁合同

---

［1］　最高人民法院（2016）最高法民申204号民事裁定书。需说明的是，随着前述《中国银保监会关于印发〈融资租赁公司监督管理暂行办法〉的通知》（银保监发〔2020〕22号）的颁布，中国政府对融资租赁业的监管已由事先的审批逐步转变为事中和事后监管，民事判决一般未见因融资租赁企业"资质"影响民事合同效力的判例。

法律关系。**首先，根据中华人民共和国商务部和国家税务总局、江苏省经济贸易委员会和江苏省地方税务局、徐州市经济贸易委员会分别作出的批准徐工租赁公司为融资租赁试点企业的文件规定，徐工租赁公司具有从事融资租赁业务经营的资格。**曲直、孙志财申请再审主张徐工租赁公司不具有开展融资租赁业务资质及业务范围依据不足。

其次，……本院认为，虽然徐工租赁公司与曲直签订的合同名称为'工程机械销售还款合同'，在该合同上表述徐工租赁公司为'出卖方'，曲直为'买受方'，且机动车销售发票上记载销货单位为徐工租赁公司，购货单位系曲直，**但在合同签订前，曲直向徐工租赁公司提交的《融资租赁申请表》明确载明：'本人自主选择上述经销商及设备，自愿向徐工工程机械租赁有限公司提出融资租赁申请。'且在该合同中第一条约定的是'租赁设备'，并约定自 2009 年 7 月 10 日起支付'租金'；而机动车销售发票是为了根据合同约定，能让本案所涉的起重机上牌并由曲直方便使用所开具。**

另外，曲直虽然在吉林法院提起产品质量纠纷案件的诉讼，吉林市昌邑区人民法院（2011）昌民一初字第 589 号民事判决、吉林市中级人民法院（2013）吉中民一终字第 515 号和（2014）吉中民再字第 19 号民事判决，均未对曲直与徐工租赁公司之间的法律关系性质界定为买卖合同纠纷。

综上，**案涉合同内容符合融资租赁合同成立的一般要件即：出租人根据承租人对出卖人和租赁物的选择出资购买租赁物；承租人向出租人交付租金；出租人将租赁物交付承租人使用收益。原判认定当事人之间为融资租赁关系并无不当。"**

三、融资租赁合同的效力

融资租赁合同的效力，即生效的融资租赁合同所具有的法律约束力，亦即融资租赁合同的各方当事人所享有的权益和所负担的义务。融资租赁制度系由融资租赁合同和买卖合同两份合同、三方当事人结合在一起的制度，以下分别述之。

（一）融资租赁交易中出卖人与出租人之间的买卖合同

一般情况下，该买卖合同应适用民法典关于买卖合同的交易规则。但由于融资租赁交易的特性，决定其与一般的买卖合同有所不同：

1. 出卖人负有按照约定向承租人（而非作为买受人的出租人）直接交付标的物的义务（《民法典》第 739 条）。

2. 当出卖人不履行合同义务时，根据出租人、出卖人、承租人之间的约定，由承租人行使索赔的权利，承租人行使索赔权利的，出租人应当协助（《民法典》第 741 条）。

3. 就出租人按照承租人对出卖人、租赁物的选择订立的买卖合同，未经承租人同意，出租人不得变更与承租人有关的条款（《民法典》第 744 条）。

4. 由于根据约定，承租人得享有与受领标的物有关的买受人的权利，因而，本应由作为买卖合同买受人享有或负担之检验、受领等权利、义务，也转由承租人享有或负担（《民法典》第 740 条）。

（二）出租人与承租人之间所订立的融资租赁合同

融资性租赁合同是融资性租赁交易的核心，是一种特殊形式的租赁合同，其首先应适用民法典有关融资租赁合同的特别规定；在民法典有关融资租赁合同没有规定的，参照适用买卖合同的有关规定（《民法典》第 646 条第 1 款）。

1. 融资租赁合同中出租人之主要义务包括：

（1）与租赁合同不同，融资租赁的出租人享有以下特殊的法律利益：其一，租赁物不符合约定或者不符合使用目的的，出租人不承担违约责任。但承租人依赖出租人的技能确定租赁物或者出租人干预选择租赁物的除外（《民法典》第 747 条）。其二，在承租人占有租赁物期间，租赁物造成第三人人身伤害或者财产损害的，作为租赁物所有权人的出租人不承担责任（《民法典》第 749 条）。

（2）融资性的租赁合同中，尽管出租人仍应负担向承租人交付租赁物的义务，但该项义务是由出卖人作为履行交付租赁物义务的履行辅助人来完成的。在出卖人直接向承租人交付标的物时，承租人一方面是在受领租赁物的交付，另一方面也是作为出租人的受领辅助人，辅助完成标的物的所有权从出卖人向出租人的移转。

（3）承租人不按照约定支付租金时，出租人得定合理期限要求承租人支付。经出租人催告，承租人在规定的期限内仍不支付租金的，出租人可请求承租人支付已到期和未到期的全部租金或要求解除合同。如果出租人不选择请求承租人支付全部租金的，可要求解除合同，收回租赁物（《民法典》第 752 条）。因为出租人对于租赁物享有所有权，出租人的所有权具有担保其租金债权的功能，所以在因承租人一方违约，出租人解除合同时，出租人得收回租赁物。但如果当事人已约定租赁期间届满租赁物归承租人所有，而承租人已经支付大部分租金，但无力支付剩余租金，出租人因此解除合同收回租赁物的，而收回的租赁物的价值超过承租人欠付的租金以及其他费用的，为公平起见，承租人应可以要求部分返还（《民法典》第 758 条）。

2. 融资租赁的承租人的主要义务包括：

（1）支付租金的义务。如同在租赁合同中一样，融资租赁合同中的承租人所负担的最主要义务是支付租金。但需说明的是，如上所述，融资租赁合同中出租人所收取的租金，既不同于一般租赁合同的租金，又不同于买卖合同中标的物的价金。出租人所收取的租金一方面应收回其为购买租赁物所支出的全部或部分费用，另一方面要获取一定的营业利润。就第一项构成，在实践中，主要根据出租人和承租人是如何在融资租赁合同中约定租赁期间届满时租赁物的归属而定的，如果双方当事人约定，租赁期间届满时，租赁物的所有权即转归承租人所有，那么出租人所收取的租金应包括购买租赁物的全部费用；如果双方当事人约定，在租赁期间届满时，出租人有权收回租赁物或者约定承租人在租赁期限届满时再支付一部分价金即可取得租赁物的所有权时，出租人应收取的租金的构成就只应包括购买租赁物的部分价金。当然，民法典的该项规定为任意性规范，当事人可以约定变更。融资租赁出租人收取之租金的另一项构成，即利润，应在一合理的限度内，如果约定的过高，承租人得主张显失公平，以维护自己的利益。

（2）在占有租赁物期间承担维修租赁物的义务。与租赁合同不同，融资租赁合同具有较强的融资性，因此在融资租赁合同中，一般由承租人而不是由出租人履行占有租赁物期间的维修义务（《民法典》第750条），此与一般的租赁合同不同。

四、"售后回租"型融资租赁、"自物抵押" 与融资租赁物所有权的登记对抗

关于售后回租型融资租赁，《金融租赁公司管理办法》（中国银行业监督管理委员会令2014年第3号）第5条称，"本办法所称售后回租业务，是指承租人将自有物件出卖给出租人，同时与出租人签订融资租赁合同，再将该物件从出租人处租回的融资租赁形式。售后回租业务是承租人和供货人为同一人的融资租赁方式。"

《融资租赁司法解释》第2条规定，"承租人将其自有物出卖给出租人，再通过融资租赁合同将租赁物从出租人处租回的，人民法院不应仅以承租人和出卖人系同一人为由认定不构成融资租赁法律关系。"可以说承认了售后回租型融资租赁的效力。

由于售后回租模式的融资租赁，租赁物一般多系动产且不经实际交付，所有权变动一般经占有改定完成，租赁物所有权变动的外观并不明显，在实践中，由于民法典实施之前融资租赁制度没有租赁物所有权登记的对抗规则，出租人比较常见会设计"自物抵押"以对抗风险——即与承租人再签订一份抵押合同并办理登记，以对抗他人可能的善意取得的风险，这样就会出现所谓的"自物抵押"情形，由于理论上的矛盾，曾有一段时间存在司法适用上的混乱。

【案例16-2】 山东飞达集团有限公司与北京国资融资租赁股份有限公司、中澳控股集团有限公司等融资租赁合同纠纷案[1]

[最高人民法院认为]（一）案涉《融资租赁合同》的性质和效力。

首先，从案涉《融资租赁合同》约定内容看，属于售后回租形式的融资租赁合同。《融资租赁合同》明确约定了租赁物，国资公司在法院指定的期间内提交了《租赁物清单》中所列机器设备的买卖合同及相应汇款凭证等资料。中澳公司提交了相同的权属证明资料复印件，并认可原件由其保管，原判综合《融资租赁合同》、租赁物权属证明资料及现场勘察的实际情况，认定租赁物客观存在并无不当。

……

依照《最高人民法院关于审理融资租赁合同纠纷案件适用法律问题的解释》第一条规定，人民法院应当根据《民法典》第735的规定，结合标的物的性质、价值、租金的构成以及当事人的合同权利和义务，对是否构成融资租赁法律关系作出认定。**原判综合本案合同约定、租赁物的性质、价值及租赁物所有权的转移，认定《融资租赁合同》符合融资租赁合同法律关系的要件，国资公司与中澳公司之间系融资租赁法律关系并无不当。飞达公司主张《融资租赁合同》系借款合同没有事实和法律依据，不应予以支持。**

【案例16-3】 陕西必康制药集团控股有限公司、必康制药新沂集团控股有限公司融资租赁合同纠纷上诉案[2]

一审法院经审查后认为，盛景公司与必康控股公司、新沂控股公司之间采取"售后回租模式"。"售后回租模式"仍兼有"融资"和"融物"的特征，不能孤立看待盛景公司提供资金取得收益这一融资特征而否定本案的融物特征……。必康控股公司……主张双方之间名为融资租赁关系实为民间借贷关系，应按民间借贷法律关系审理，一审法院不予采纳。在此基础上，必康控股公司……主张盛

---

〔1〕　最高人民法院（2017）最高法民申111号民事裁定书。

〔2〕　浙江省高级人民法院（2020）浙民终1286号民事判决书。该案事实发生于《民法典》实施之前。"售后回租"模式的融资租赁，往往伴随出租人再将承租人占有之（原属于出租人的）租赁物抵押给出租人自己并办理抵押登记的情况（抵押人为承租人），即所谓的"自物抵押"，且"根据现行增值税和营业税有关规定，融资性售后回租业务中承租方出售资产的行为，不属于增值税和营业税征收范围，不征收增值税和营业税"（国家税务总局《关于融资性售后回租业务中承租方出售资产行为有关税收问题的公告》，国家税务总局公告2010年第13号）。售后回租模式主要是出租人为了防止租赁物被他人善意取得，这种模式出现的主要原因是《民法典》实施前融资租赁制度并无登记对抗的规则（《民法典》第745条），"自物抵押"实际出租人在《民法典》之前融资租赁无登记对抗规则的无奈之举。之前也因理论上的矛盾导致司法裁判的不统一。随着《民法典》的颁布实施，融资租赁登记对抗的规则完善，售后回租中"自物抵押"在实践中应该会减少。

景公司无贷款资质却以融资租赁为名掩盖非法放贷之实，违反国家金融管理强制性规定且以合法形式掩盖非法目的，双方之间借贷关系无效；主合同无效，保证合同亦无效。相关主张均不能成立。

......

关于盛景公司的诉讼请求是否存在矛盾的问题。**一审法院经审查后认为**，盛景公司根据合同约定请求承租人支付合同约定的全部未付租金、支付违约金并赔偿损失，并明确不要求解除融资租赁合同收回租赁物，其诉讼请求符合法律和司法解释的规定。故一审法院对各被告相关抗辩不予支持。盛景公司主张所有权保留，不属于解除合同收回租赁物。**根据合同约定，盛景公司支付租赁物购买价款之日起，租赁物所有权已属于盛景公司所有。必康控股公司和新沂控股公司在清偿合同项下所有债务并支付名义对价回购租赁物后才取得租赁物所有权。同时，合同还约定，盛景公司可要求将租赁物抵押给盛景公司并在登记机关依法办理抵押权登记，但抵押合同的签订和抵押登记不影响盛景公司对租赁物享有所有权的事实。相关约定是当事人真实意思表示，且不违反法律规定。盛景公司在本案中并未主张抵押权，仅要求确认债务清偿前租赁物所有权属于盛景公司，一审法院对该诉讼请求予以支持。**

......

[浙江省高级人民法院认为] 本案二审争议焦点为：一、本案的法律关系；二、一审判决对 450 万元款项及违约金的认定是否正确。......

一、关于本案的法律关系

融资租赁合同是出租人根据承租人对出卖人、租赁物的选择，向出卖人购买租赁物，提供给承租人使用，承租人支付租金的合同。对是否构成融资租赁关系，应结合标的物的性质、价值、租金的构成以及当事人的合同权利和义务综合予以认定。承租人将其自有物出卖给出租人，再通过融资租赁合同将租赁物从出租人处租回的，人民法院不应仅以承租人和出卖人系同一人为由认定不构成融资租赁法律关系。本案中，案涉《融资租赁合同》第一条合同性质及第二条租赁物部分均约定，各方依据合同进行融资租赁交易，根据必康控股公司和新沂控股公司的要求，盛景公司向新沂控股公司购买其拥有所有权的物品后，再由盛景公司出租给必康控股公司和新沂控股公司使用。因此，本案符合售后回租的交易模式。根据《融资租赁合同》约定的权利义务及合同双方签字确认的合同附件，涉案《融资租赁合同》项下的租赁物真实、明确，合同双方协商确定的租赁物价值不存在低值高买的情形，约定以租赁成本和租赁利率为基础计算的租金，反映了租赁物的价值和出租人的合理利润，故本案符合融资租赁的法律特征。虽然必康控股公司等上诉称涉案租赁物属新沂控股公司所有，并由新沂控股公司实际占有使用，融资款项亦由盛景公司直接支付给必康控股公司，但必康控股公司与新沂控股公司系关联公司，新沂控股公司在明知必康控股公司并非涉案租赁物的所有人的情形下，自愿与必康控股公司以联合承租人的身份与出租人盛景公司签订融资租赁合同，约定将新沂控股公司拥有所有权的租赁物转让给盛景公司，由盛景公司将出卖价款直接支付给必康控股公司，并与必康控股公司共同向盛景公司支付租金，系必康控股公司与新沂控股公司自行协商的交易安排，并不影响盛景公司与必康控股公司、新沂控股公司之间的法律关系，况且案涉《融资租赁合同》第 25.9 条明确约定，在本合同履行过程中，就有关租赁物的实际使用安排等由必康控股公司、新沂控股公司协商确定，必康控股公司、新沂控股公司任何一方不得因内部对租赁物占用、使用、收益、义务承担等约定而主张与盛景公司之间不存在融资租赁关系，因此，必康控股公司等提出的该上诉理由不能成立。……

根据查明的事实及现有证据，涉案租赁物为机器设备属于动产。而动产所有权转移并不必须实物交付，占有改定、指示交付方式均可以导致动产所有权的转移。本案必康控股公司、新沂控股公司与盛景公司已签署租赁物所有权转让确认书，盛景公司亦已按约定支付价款，据此，可以确认涉案租赁物虽未实际交付，但盛景公司通过占有改定的方式已对融资租赁合同项下的租赁物享有所有权。从现有证据看，**盛景公司与新沂控股公司就案涉租赁物签订了抵押合同，约定将新沂控股公司所有的设备作为抵押物为融资租赁合同项下盛景公司对承租人的全部债权提供抵押担保，并办理了动产抵押登记，但由于融资租赁合同签订时，基于普通动产作为融资租赁物其所有权登记制度尚不完善，盛景公司通过签订抵押合同的形式，将租赁物抵押给自己，并办理抵押登记，其目的是保障其对租赁物的所有权，以避免租赁物被他人善意取得，该抵押行为符合当时的法律规定，并不影响盛景公司对租赁物享有所有权的事实，亦不影响本案法律关系的认定。**至于盛景公司的诉请是否存在矛盾之处，一审判决已作详细阐述，不存在不当之处，本院不再赘述。综上，**本案构成融资租赁法律关系，案涉融资租赁合同系合同双方当事人的真实意思表示，并不违反法律、行政法规的强制性规定，亦不存在以融资租赁之名掩盖非法借款之实的情形，故本案融资租赁合同依法应确认有效。为担保案涉融资租赁合同项下的债务而签订的系列保证合同亦应确认有效。**一审据此对本案的性质及案涉融资租赁合同及保证合同的效力所作的认定，有相应的事实和法律依据，必康控股公司等认为案涉合同名为融资租赁实为民间借贷，案涉融资租赁合同及保证合同均为无效的上诉理由不能成立。

随着民法典的颁布实施，确立了融资租赁物所有权的登记对抗规则，《民法典》第 745 条规定:"出租人对租赁物享有的所有权,未经登记,不得对抗善意第三人。"基于这一规则,出租人可以通过融资租赁合同的登记,使其所有权对抗可能的他人之所谓"善意取得","自物抵押"的设计应该就没有必要了。

依据《国务院关于实施动产和权利担保统一登记的决定》(国发〔2020〕18号),"融资租赁"纳入动产和权利担保统一登记范围(第2条),并"由当事人通过中国人民银行征信中心(以下简称征信中心)动产融资统一登记公示系统自主办理登记"(第3条)。

五、融资租赁合同的解除

(一)融资租赁合同可解除的情形

《民法典》第 753、754 条规定,出租人或者承租人可以解除融资租赁合同的情形包括:一是承租人未经出租人同意,将租赁物转让、抵押、质押、投资入股或者以其他方式处分;二是出租人与出卖人之间订立的买卖合同被解除、被确认无效或者被撤销且未能重新订立买卖合同,也就是出租人购买租赁物的合同不存在;三是租赁物毁损、灭失,也不能修复或者确定替代物,并且造成这种结果不能归责于任何一方当事人;四是因出卖人的原因致使融资租赁合同的目的不能实现。

《民法典》第 752 条规定,承租人未按照约定支付租金,经催告后在合理期限内仍不支付租金的,出租人可以请求支付全部租金,也可以解除合同,收回租赁物。对于逾期支付租金的救济,出租人有选择权,要么请求支付全部租金,要么解除合同,收回租赁物。《融资租赁司法解释》第 5 条对逾期支付租金的情形进行了细化,根据该解释,出租人在下列情况下,可以请求解除融资租赁合同:

一是承租人未按照合同约定的期限和数额支付租金,符合合同约定的解除条件,经出租人催告后在合理期限内仍不支付的;二是合同对于欠付租金解除合同的情形没有明确约定,但承租人欠付租金达到两期以上,或者数额达到全部租金百分之十五以上,经出租人催告后在合理期限内仍不支付的;三是承租人违反合同约定,致使合同目的不能实现的其他情形。

因出租人的原因致使承租人无法占有、使用租赁物,承租人也可以请求解除融资租赁合同的(解释第 6 条)。

(二)融资租赁合同的解除的后果

《民法典》第 755 条规定,融资租赁合同因买卖合同解除、被确认无效或者被撤销而解除,出卖人、租赁物系由承租人选择的,出租人有权请求承租人赔偿相应损失;但是,因出租人原因致使买卖合同解除、被确认无效或者被撤销的除外。出租人的损失已经在买卖合同解除、被确认无效或者被撤销时获得赔偿的，承租人不再承担相应的赔偿责任。

《民法典》第 756 条规定，融资租赁合同因租赁物交付承租人后意外毁损、灭失等不可归责于当事人的原因解除的，出租人可以请求承租人按照租赁物折旧情况给予补偿。

【本章思考题】

1. 什么是融资租赁合同？其有什么特征？

2. 融资租赁合同与租赁合同及一般的融资合同有何不同？

3. 什么是融资租赁中的"售后回租"模式？民法典颁布后，售后回租模式中的"自物抵押"还有必要吗？

4. 融资租赁合同在哪些情形下可以解除？解除后如何处理？

第十七章

保理合同

　　保理是指保理商与债权人签署协议，债权人将赊销方式下进行商品交易或提供服务形成的应收账款，转让给保理商，由保理商对其提供贸易融资、销售账务处理、收取应收账款或买方信用担保为一体的综合性金融服务。保理人与赊销业务债权人所签订开展保理业务的协议就是通常所称的保理合同；保理合同关系成立的前提是赊销业务债权人应收账款的真实存在，即其与应收账款债务人之间的基础交易合同的存在。图17-1 保理交易结构图[1]显示其交易结构如下：

---

　　[1] 依据《商业银行保理业务管理暂行办法》（中国银行业监督管理委员会令2014年第5号）第6条，"本办法所称保理业务是以债权人转让其应收账款为前提，集应收账款催收、管理、坏账担保及融资于一体的综合性金融服务。债权人将其应收账款转让给商业银行，由商业银行向其提供下列服务中至少一项的，即为保理业务：①应收账款催收：商业银行根据应收账款账期，主动或应债权人要求，采取电话、函件、上门等方式或运用法律手段等对债务人进行催收。②应收账款管理：商业银行根据债权人的要求，定期或不定期向其提供关于应收账款的回收情况、逾期账款情况、对账单等财务和统计报表，协助其进行应收账款管理。③坏账担保：商业银行与债权人签订保理协议后，为债务人核定信用额度，并在核准额度内，对债权人无商业纠纷的应收账款，提供约定的付款担保。④保理融资：以应收账款合法、有效转让为前提的银行融资服务。以应收账款为质押的贷款，不属于保理业务范围。"依据《中国银保监会办公厅关于加强商业保理企业监督管理的通知》（银保监办发〔2019〕205号）第1条第3款："商业保理业务是供应商将其基于真实交易的应收账款转让给商业保理企业，由商业保理企业向其提供的以下服务：①保理融资；②销售分户（分类）账管理；③应收账款催收；④非商业性坏账担保。商业保理企业应主要经营商业保理业务，同时还可经营客户资信调查与评估、与商业保理相关的咨询服务。"依据中国服务贸易协会商业保理专业委员会之《商业保理术语：基本术语（报批稿）》：**商业保理业务**（commercial factoring）（2.1款），指商业保理商受让应收账款的全部（或部分）权利及权益，并向债权人提供应收账款融资、应收账款管理、应收账款催收、债务人付款保证中至少两项业务的经营活动；**商业保理商**（commercial factor）（2.7款），即应收账款受让人，指以商业保理业务为主营业务的非银行法人企业；**债权人**（supplier）（2.8款），亦即应收账款权利人、应收账款转让人、卖方、供应商；**债务人**（debtor）（2.9款），即应收账款付款义务人、买方，指因购买商品、接受服务或者使用资产而应当向债权人支付对价款的义务人。见中国服务贸易协会商业保理专业委员会官方网站 http://www.cfec.org.cn/view.php?aid=289，最后访问日期：2021年5月2日。

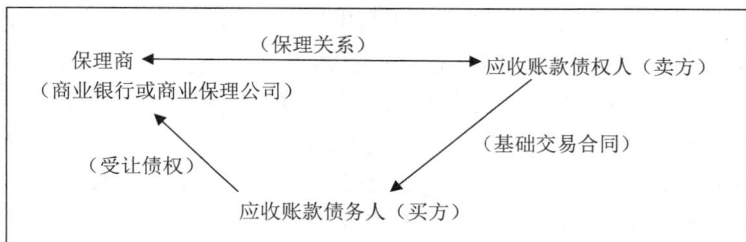

图 17-1　保理交易结构图

我国原《合同法》并没有规定保理合同的条款，而仅有一般的债权债务转让规则。民法典首次将保理合同作为有名合同规定在法律当中，应该也是世界上目前唯一一个将保理合同纳入民法典并将之作为一个独立典型合同的民法典。《民法典》第 769 条规定："本章没有规定的，适用本编第六章债权转让的有关规定。"

改革开放尤其加入 WTO 之后近二十年中国经济快速发展，一方面中国社会财富不断积累，闲置资金随之增多；另一方面中国经济体量增加，商业活动中的信用销售模式普遍，赊销总额不断高涨。这种情况下，资金保值增值的内在需求与生产经营企业流动资金的不足相契合，让在经济发达国家已比较成熟的保理经营模式在中国开始兴盛。与应收账款有关的保理融资模式层出不穷，各种保理法律关系亟待厘清，这是民法典将保理合同纳入典型合同制度的时代背景。

一、中国保理业的发展背景

保理业务在中国起步较晚，且早期保理业务仅局限于银行业经营。2012 年 6 月商务部发布《关于商业保理试点有关工作的通知》（商资函〔2012〕419 号）开启商业保理业务的爆发式增长。银行之外的商业保理企业由 2012 年 44 家，发展到截至 2019 年 6 月 30 日商业保理法人企业及分公司共计 12 764 家（含已注销企业 795 家，已吊销企业 132 家），其中实际开展经营业务的亦有 1600 家[1]。中国保理市场（包括银行保理和商业保理）规模巨大。2018 年，商务部制定商

---

〔1〕　"2019 年上半年商业保理企业进入调整高峰阶段，注、吊销的商业保理企业激增"，中国服务贸易协会商业保理专业委员会官方网站：http：//www.cfec.org.cn/view.php?aid=2041，访问日期：2021 年 4 月 12 日。

业保理业务经营和监管规则的职责被划归中国银保监会[1]，至此，开始对商业保理公司采取类金融机构管理模式，实行更为严格的事前、事中和事后监管。2019 年 10 月，中国银保监会发布《关于加强商业保理企业监督管理的通知》（银保监办发〔2019〕205 号），要求督促整改存量的非正常经营类保理企业、及时申报企业经营数据，并要求"严把市场准入关"，严格增设保理企业，随后不少地方金融管理机关也加强了对商业保理的监管。

二、保理合同的概念

保理，系从英文 factoring 翻译而来，根据《布莱克法律词典》的解释，保理系指以折扣价购买应收账款的行为，而价格被打折扣的原因是应收账款的买受人（即保理商，factor）要承受应收账款之延迟收款和账款损失的风险。[2]

《民法典》第 761 条对保理合同下了明确的定义："保理合同是应收账款债权人将现有的或者将有的应收账款转让给保理人，保理人提供资金融通、应收账款管理或者催收、应收账款债务人付款担保等服务的合同。"

由此可见，我国保理合同的业务范围包括：①保理人提供资金融通（买下应收账款）；②应收账款管理（会计分录及其他记账工作）；③应收账款催收（到期收回债款）；④应收账款债务人付款担保（承担债务人不能还款的风险）。

民法典字面上并不要求保理合同业务必须开展前述四项中的两项，似乎实现其中任一功能的业务协议都可称之为保理合同，但需要指出的是，如果保理人仅仅提供应收账款催收和管理服务，则无需在应收账款债权人与保理人之间建立应收账款转让法律关系。因此，严格按照民法典关于保理合同的定义，保理合同应当具有融资或者提供担保的功能，仅仅提供应收账款的管理和催收的合同应为普通的商务服务合同，不属于保理合同的性质[3]。

【案例 17-1】深圳市核电工程建设有限公司、中国民生银行股份有限公司武

---

〔1〕《商务部办公厅关于融资租赁公司、商业保理公司和典当行管理职责调整有关事宜的通知》（商办流通函〔2018〕165 号）。

〔2〕见 Brayan A. Carner, Thomson West, *Black's Law Dictionary*, 8th Edition, 1999, p. 630. 其原文为：factoring, n. The buying of accounts receivable at a discount. The price is discounted because the factor (who buys them) assumes the risk of delay in collection and loss on the accounts receivable.

〔3〕依据前引《中国银保监会办公厅关于加强商业保理企业监督管理的通知》（银保监办发〔2019〕205 号）第 1 条第 4 款，"商业保理企业不得有以下行为或经营以下业务：……5. 专门从事或受托开展与商业保理无关的催收业务、讨债业务；……"。

汉分行金融借款合同纠纷再审案〔1〕

一审法院认为，……关于民生银行武汉分行能否依据保理合同向核电公司主张案涉应收账款债权的问题。**保理合同是指债权人与保理商之间就债权人现在或将来的、基于债权人与债务人订立的销售商品、提供服务、出租资产等基础合同所产生的应收账款债权转让给保理商，保理商向债权人提供应收账款催收、应收账款管理、坏账担保、保理融资等服务达成的协议。**本案中，民生银行武汉分行与华鑫科公司签订有《保理服务合同》，该笔保理业务的基础是华鑫科公司与核电公司之间基于《采购合同》履行所形成的应收账款，民生银行武汉分行作为保理商通过债权转让方式，取得上述应收账款的相关权益，核电公司作为债务人则应履行向债权人还款的义务，以确保华鑫科公司与民生银行武汉分行签订的保理合同项下融资款的偿付，依此案涉应收账款的转让和保理合同的履行形成一笔完整的保理业务，民生银行武汉分行、华鑫科公司、核电公司之间基于案涉保理合同的履行从而形成权利义务对应关系。虽然从合同形式上看，核电公司并非案涉保理合同的当事人，但该保理合同标的为华鑫科公司与核电公司签订《采购合同》所对应的应收账款，民生银行武汉分行依据其与华鑫科公司签订的保理合同，代为向用款人的债务人即核电公司追偿应收账款并无不当。

……

[湖北省高级人民法院] 二审法院认为，民生银行武汉分行与华鑫科公司签订的《贸易融资主协议》《综合授信合同》《保理业务合同》，以及民生银行武汉分行与李银、张晓庄签订的《个人最高额保证合同》，均系当事人真实意思表示，不违反法律法规效力性强制性规定，应为合法有效。**民生银行武汉分行与华鑫科公司签订的保理合同，以华鑫科公司向民生银行武汉分行转让华鑫科公司对核电公司享有的应收账款为先决条件，在华鑫科公司向核电公司出具发票清单、介绍信，核电公司在回执上盖章确认后，基于应收账款业务形成权利义务对应关系，民生银行武汉分行作为保理商通过债权转让方式，取得应收账款的相关权益，核电公司作为债务人则应履行向债权人还款的义务。**核电公司关于核电公司非《保理服务合同》相对方，一审判决核电公司承担金融借款清偿责任无法律依据的上诉理由不能成立，依法不予支持。

……

维持湖北省高级人民法院（2016）鄂民终 500 号民事判决。

---

〔1〕　最高人民法院（2018）最高法民再 100 号民事判决书。

三、保理合同的特征

（一）保理合同是提供资金融通的合同

根据《民法典》第 761 条的定义，保理合同的应收账款的债权人应当将应收账款转让给保理人，即保理人"买断"应收账款。保理人通过购买应收账款为应收账款债权人提供融资，而不是利用应收账款质押等其他形式为应收账款债权人提供资金融通。因此，从法律规定来看，保理人受让应收账款向应收账款债权人提供融资区别于应收账款质押贷款。但是，在我国保理业经营的实践中，很多商业保理公司实际上开展的是应收账款质押保理，应收账款只是保理融资的担保方式。但根据前引《中国银保监会办公厅关于加强商业保理企业监督管理的通知》（银保监办发〔2019〕205 号），商业保理企业不得"发放贷款或受托发放贷款"，商业保理公司通过应收账款质押开展保理业务是否属于发放贷款而为监管机构禁止，存在法律风险。而《民法典》第 766 条规定，"当事人约定有追索权保理的，保理人可以向应收账款债权人主张返还保理融资款本息或者回购应收账款债权，也可以向应收账款债务人主张应收账款债权……"有追索权的保理与应收账款质押贷款在法律性质上并无本质区别，若拘泥于"转让"这一环节，必然存在"转让"、"回购"、多次"通知"等环节，相对于质押登记而言，徒然增加交易成本。中国金融监管机关的这一金融管制限制，也许是出于金融安全的考虑，也可能是为了维护银行业等金融企业发放贷款的业务垄断，但商业保理业务本身即具有资金融通性质，这一管制的合理性值得讨论。

（二）保理合同涉及保理人、应收账款债权人和债务人三方当事人

一般而言，保理合同系保理人与应收账款债权人之间的合同，而合同具有相对性，即只在合同主体之间产生权利义务关系。但是，保理合同转让的标的物是应收账款，应收账款的付款人指向第三人，因此，保理合同的当事人除了保理人，应收债款债权人，还涉及应收账款债务人。保理合同项下的应收账款，系由债权人与债务人之间的合同交易产生，该交易合同即保理合同的基础交易合同。保理合同涉及应收账款债务人的部分权利义务，但应收账款的债务人并不是保理合同的主体。基础交易合同既可以是买卖合同，也可以是服务合同、承揽合同、加工合同等可以形成应收账款的合同。

《民法典》第 546、547 条规定了债权转让的一般规则即通知债务人系债权转让对债务人生效的条件。

《民法典》第 764 条规定："保理人向应收账款债务人发出应收账款转让通知的，应当表明保理人身份并附有必要凭证。"因此，应收账款债权人在签订保

理合同时对债务人有通知义务，保理人通知应收账款债务人时，有提交证明的义务。应收账款的债务人应当向保理人履行债务清偿。

（三）保理合同分为有追索权保理合同和无追索权保理合同

有追索权的保理合同其所转让的标的物应收账款不同于普通的买卖合同。普通买卖合同的标的物一经售出，非因质量不合格、加害给付等法定事由，卖方没有回购的义务，有追索权的保理人可以要求应收账款债权人回购债权。而且，在有追索权的保理合同中，究竟向谁追索，保理人有选择权，既可以向应收账款债权人追索，也可以向应收账款债务人追索。《民法典》第766条规定："当事人约定有追索权保理的，保理人可以向应收账款债权人主张返还保理融资款本息或者回购应收账款债权，也可以向应收账款债务人主张应收账款债权。保理人向应收账款债务人主张应收账款债权，在扣除保理融资款本息和相关费用后有剩余的，剩余部分应当返还给应收账款债权人。"

而在无追索权的保理中，保理人只能向应收账款的债务人追索。《民法典》第767条规定，"当事人约定无追索权保理的，保理人应当向应收账款债务人主张应收账款债权，保理人取得超过保理融资款本息和相关费用的部分，无需向应收账款债权人返还。"

（四）保理合同是要式合同

《民法典》第762条规定，"保理合同的内容一般包括业务类型、服务范围、服务期限、基础交易合同情况、应收账款信息、保理融资款或者服务报酬及其支付方式等条款。保理合同应当采用书面形式。"该条中保理合同的内容应系任意性规范，而书面形式的规定则属于对合同成立要件的要求。当然，民法典要求保理合同采用书面形式，但根据《民法典》第490条第2款规定，应当采用书面形式而未采用的，一方已经履行主要义务的，合同仍然成立。当然所谓书面形式，不应机械理解为纸质的合同书，还包括信件、电报、电传、传真、数据交换、电子邮件等能够有形地表现所载内容的方式。

（五）保理合同是有名混合合同

尽管保理合同系民法典规定的典型合同的一种，但其主给付义务并没有独特性。保理合同并非传统意义上的典型合同。民法典将保理合同确立为典型合同，将保理人所负的分属于不同合同类型的一个或数个居于同值地位的给付义务与债权人应收账款转让义务组合在一起，构成一个新类型结合的合同[1]。保理合同与融资租赁合同的性质类似，是一种新型混合合同，随着其市场及交易量的扩大，在中国也是新型的有名合同。

---

〔1〕　黄和新："保理合同：混合合同的首个立法样本"，载《清华法学》2020年第3期。

四、保理合同双方当事人的主要义务

（一）应收账款债权人的义务

1. 通知应收账款债务人债权转让的义务。根据《民法典》第 546 条的规定，债权人转让债权未通知债务人，对债务人不发生效力。因此，在签订保理合同时，应收账款债权人有义务通知债务人。该通知不仅指应收账款债权人履行通知的行为，还应当达到通知的效果，即应收账款的债权人应当确保应收账款的债务人收到债权转让的通知，才视为这一义务履行完毕。

2. 转让应收账款的义务。转让应收账款是保理合同中应收账款债权人的主义务之一，也是保理合同的主要特征之一。

3. 承担不与应收账款债务人虚构应收账款的义务。合同当事人在签订和履行合同的时候，应当秉持诚实信用的原则，应收账款的债权人与债务人不得互相串谋，虚构应收账款。这里的虚构应收账款既包括完全没有业务关系而虚构应收账款，也包括有基本的业务关系并产生应收账款但夸大应收账款的数额。对于虚构应收账款的，《民法典》第 763 条规定，"应收账款债权人与债务人虚构应收账款作为转让标的，与保理人订立保理合同的，应收账款债务人不得以应收账款不存在为由对抗保理人，但是保理人明知虚构的除外。"

4. 无正当理由不得协商变更或者终止基础交易合同。《民法典》第 765 条规定，"应收账款债务人接到应收账款转让通知后，应收账款债权人与债务人无正当理由协商变更或者终止基础交易合同，对保理人产生不利影响的，对保理人不发生效力。"因此，应收账款债权人与债务人无正当理由变更或终止基础交易合同，除了有利于保理人之外，对保理人不发生效力。

5. 在有追索权的保理合同中，有应保理人请求返还保理融资款本息或回购应收账款债权的义务。根据《民法典》第 766 条的规定，"当事人约定有追索权保理的，保理人可以向应收账款债权人主张返还保理融资款本息或者回购应收账款债权，也可以向应收账款债务人主张应收账款债权。保理人向应收账款债务人主张应收账款债权，在扣除保理融资款本息和相关费用后有剩余的，剩余部分应当返还给应收账款债权人"。

【案例 17-2】河南奇春石油经销集团有限公司、中国工商银行股份有限公司延安分行金融借款合同纠纷案[1]

---

[1] 最高人民法院（2020）最高法民终 155 号民事判决书。

　　［最高人民法院］认为，总结诉辩观点，本案二审审理的焦点问题可归纳为两点：1. 本案法律关系的性质及合同的效力；2. 将奇春公司认定为本案主债务人是否正确。对此，本院作如下评判：

　　（一）关于第一个焦点问题

　　首先，本案法律关系的性质。奇春公司上诉提出，本案法律关系的性质是金融借款合同关系，不是保理合同关系。**本院认为，融资是金融服务的主要内容之一，转让应收账款则是保理区别于其他金融服务的核心特征。**本案中，奇春公司与宝姜石化公司、工行延安分行签订《国内保理业务合作协议》，并通过《同意办理国内保理融资确认函》《应收账款债权转让通知书（回执）》向工行延安分行确认已收到案涉应收账款转让通知，对应收账款无异议，同意就该笔应收账款办理保理业务，确保将该笔资金支付至保理专户。其后，工行延安分行与宝姜石化公司订立《国内保理业务合同》，向宝姜石化公司发放融资款。上述四份文件及其签订的过程证明，工行延安分行、宝姜石化公司、奇春公司三方当事人意愿建立的是以宝姜石化公司向工行延安分行转让对奇春公司的应收账款，工行延安分行向宝姜石化公司提供资金融通为主要特征的保理关系。因此，**本案法律关系的性质是保理合同关系。**一审法院将本案案由定为金融借款合同纠纷，概因保理合同在现行合同法体系下系无名合同，一审判决在本院认为部分已明确认定本案系保理合同关系，**本院对此认定予以维持，**对奇春公司此项上诉主张不予支持。

　　其次，本案保理合同的效力。奇春公司上诉称，案涉应收账款在保理合同订立前已清偿完毕，保理合同项下不存在真实的应收账款，合同无效。本院认为，**本案保理合同要件齐全、形式完备，合同文本上的真实签章表明合同是当事人真实意思的表示，合同内容亦不违反法律、行政法规的强制性规定，是合法有效的合同。**奇春公司在合同订立时向工行延安分行确认应收账款真实存在，在诉讼中又以不存在真实的应收账款为由对抗工行延安分行，违背了诚实信用原则。在奇春公司不能举证证明工行延安分行明知虚构的情形下，该公司确认应收账款真实存在的行为，构成对工行延安分行的欺诈。根据《中华人民共和国民法总则》第一百四十八条和第一百四十九条的规定，欺诈的法律后果是赋予受欺诈方撤销权。工行延安分行选择不行使撤销权，请求继续履行合同，奇春公司以合同无效进行抗辩，显不成立，本院不予支持。

　　（二）关于第二个焦点问题

　　首先，工行延安分行作为应收账款债权受让人，享有向债务人奇春公司主张债权的权利。奇春公司上诉称工行延安分行未提交债权转让通知书原件，不能证明该公司收到了债权转让通知，该转让对其不发生效力。本院认为，奇春公司已经通过《应收账款债权转让通知书（回执）》确认收到债权转让通知，且该公司认可《应收账款债权转让通知书（回执）》的真实性，故无论工行延安分行是否持有和提交债权转让通知书原件，都不足以否定奇春公司自认的事实，该转让对奇春公司具有效力。奇春公司还称，案涉《国内保理业务合作协议》未约定工行延安分行享有向奇春公司追索应收账款的权利，工行延安分行不能要求奇春公司还款。**本院认为，未约定不等同于否定，本案保理合同法律关系由四份文件确定，除《国内保理业务合作协议》外，《同意办理国内保理融资确认函》《应收账款债权转让通知书（回执）》《国内保理业务合同》三份文件均明确约定了工行延安分行对奇春公司的权利。本案各方当事人的权利义务应当放在保理合同法律关系的整体框架中去理解，而不能割裂地、片面地理解个别文件。在没有明确的否定性约定的情形下，工行延安分行作为应收账款受让人当然地享有追索债权的权利。**

其次，奇春公司是本案保理合同法律关系框架下的主债务人。奇春公司提出，本案应收账款转让的实质是让与担保，奇春公司不应作为主债务人。本院认为，让与担保是将标的物转移给他人，当债务不履行时，该他人可就标的物受偿的一种非典型担保，其目的在于担保而非让与。而**本案转让应收账款是为融资提供对价，而非担保，与让与担保有质的区别。同时，《国内保理业务合作协议》专门约定了工行延安分行对宝姜石化公司的追索权，在不能及时回收应收账款时给宝姜石化公司施加了回购义务，此种设计相当于由宝姜石化公司对奇春公司的清偿能力提供担保。在有追索权保理业务模式下，应收账款债务人是保理回款的首要来源，一审判决将奇春公司作为本案主债务人，处理正确，**本院予以维持。

（二）保理人的义务

1. 提供资金融通的义务。在应收账款债权人将应收账款转让给保理人后，保理人应当按照保理合同的约定及时足额向应收账款债权人支付相应的对价，即为应收账款的债权人提供相应的资金。

2. 为应收账款债务人提供付款担保的义务。根据保理申请人的不同，债权人即卖方申请的保理属于正向保理，债务人即买方申请的保理属于反向保理，在保理人与买方即债务人签订保理合同或者单纯根据应收账款债权人要求作为保理人为债务人付款提供担保的情况下，保理人应当根据保理合同的约定为应收账款债务人提供担保。反向保理中，一般来说债务人作为申请人必须是资信水平很高的企业（作为买家），系银行的核心客户，银行或其他保理商才会同意其申请对债权人（作为供应商和卖家）提供保理服务（为买家提供担保或提供融资服务）[1]。

3. 表明身份、提供必要凭证的义务。根据《民法典》第 764 条，保理人向应收账款债务人发出有关债权转让的通知时，应当表明保理人的身份并附必要的凭证。

4. 退还剩余应收账款债权的义务。保理人在履行有追索权的保理合同时，对于其从应收账款债务人处取得的应收账款债权，对于超过保理融资款本息、相关费用的金额，应当将该部分款项返还给应收账款的债权人（《民法典》第 766 条）。

5. 提供应收账款管理或者催收的义务。如前所述，保理合同订立的基础是应收账款的转让，而应收账款的转让则是为应收账款的债权人提供资金融通或向其担保债务人按期付款，因此，提供应收账款管理或者催收义务并不是保理合同中保理人应提供的主合同义务，这一义务应当与资金融通或提供担保的义务并存。在保理合同中约定了保理人提供应收账款管理或者催收义务的情况下，该义务就成为保理合同项下的义务，保理人应当依约全面履行。

五、保理合同中应收账款性质及其债权实现的顺序

（一）应收账款的性质

保理合同中的应收账款在法律上通常称为债权，是因基础交易合同产生的债权。

《应收账款质押登记办法》[中国人民银行令（〔2019〕第 4 号）]第 2 条定义的应收账款，"是指权利人因提供一定的货物、服务或设施而获得的要求义务人付款的权利以及依法享有的其他付款请求权，包括现有的和未来的金钱债权，但不包括因票据或其他有价证券而产生的付款请求权，以及法律、行政法规禁止转让的付款请求权。本办法所称的应收账款包括下列权利：①销售、出租产生的债权，包括销售货物，供应水、电、气、暖，知识产权的许可使用，出租动产或不动产等；②提供医疗、教育、旅游等服务或劳务产生的债权；③能源、交通运输、水利、环境保护、市政工程等基础设施和公用事业项目收益权；④提供贷款

---

〔1〕　比如平安银行这样描述其反向保理业务："反向保理，是指针对资信水平很高的买家（核心企业），对以这些买家为付款人的应收账款，在核心企业同意向我行推荐供应商和提供应收账款信息、同意供应商向我行转让应收账款债权、同意按照我行的付款指示进行款项支付等条件下，我行可以直接对债权人（供应商）提供保理服务。"见平安银行官方网站，http：//bank. pingan. com/gongsi/rongzi/guonei/fanxiangbaoli. shtml，访问日期：2021 年 5 月 8 日。

或其他信用活动产生的债权；⑤其他以合同为基础的具有金钱给付内容的债权。"

（二）应收账款债权实现的顺序

《民法典》第768条规定，应收账款债权人就同一应收账款订立多个保理合同，致使多个保理人主张权利的，已登记的先于未登记的取得应收账款；均已登记的，按登记时间先后顺序取得应收账款；均未登记的，按最先到达应收账款债务人的转让通知中载明的保理人取得应收账款；既未登记也未通知的，按照保理融资款或者服务报酬比例取得相应的应收账款。

依据前引《国务院关于实施动产和权利担保统一登记的决定》（国发〔2020〕18号）第2条，"保理"作为一种担保类型被纳入动产和权利担保统一登记范围，自2021年1月1日起，在全国范围内实施动产和权利担保统一登记，"由当事人通过中国人民银行征信中心（以下简称征信中心）动产融资统一登记公示系统自主办理登记"。

【本章思考题】

1. 什么是保理合同？其有什么特征？

2. 保理合同涉及哪些当事人？各有什么权利义务？

3. 保理合同可以登记吗？登记有什么效力？在哪里登记？

4. 有追索权的保理和无追索权的保理有什么不同？

5. 保理人与应收账款的债务人有什么法律关系吗？

第十八章

承揽合同

承揽合同是承揽人按照定作人的要求完成工作，交付工作成果，定作人给付报酬的合同。其中，完成工作并将工作成果交付给对方的一方当事人为承揽人，接受工作成果并向对方给付报酬的一方当事人为定作人。承揽包括加工、定作、修理、复制、测试、检验等工作，承揽合同的内容包括承揽的标的、数量、质量、报酬、承揽方式、材料的提供、履行期限、验收标准和方法等条款。一般而言，承揽人应当以自己的设备、技术和劳力，完成主要工作。承揽人将其承揽的工作交由第三人完成的，应当就该第三人完成的工作成果向定作人负责。

一、承揽合同的概念

承揽合同是承揽人按照定作人的要求完成工作，交付工作成果，定作人给付报酬的合同。其中，完成工作并将工作成果交付给对方的一方当事人为承揽人，接受工作成果并向对方给付报酬的一方当事人为定作人。

《民法典》第 770 条规定："承揽合同是承揽人按照定作人的要求完成工作，交付工作成果，定作人支付报酬的合同。承揽包括加工、定作、修理、复制、测试、检验等工作。"

【案例 18-1】上海金茂建筑装饰有限公司与孙开华、骆国生定作合同纠纷案[1]

[最高人民法院认为]"关于《石材供应合同》的性质系承揽合同还是买卖合同问题。根据《中华人民共和国合同法》的相关规定，买卖合同是指出卖人将标的物的所有权转移给买受人，买受人给付价款的合同。而承揽合同是指承揽人按照定作人的要求利用设备、技术和劳力完成工作，交付成果，定作人给付报

---

〔1〕　最高人民法院（2015）民申字第 1048 号民事裁定书。

酬的合同。由此可见，**买卖合同和承揽合同在合同目的和履行方式上均有差异。具体到本案中，金茂公司签订合同之目的是获取一定数量和规格的石材，而该规格和数量的石材在签订合同时尚不存在，需由孙开华为业主的奎屯屯业石材厂按金茂公司的要求利用设备、技术和劳力进行制作，而后将制作好石材交付金茂公司。通过上述合同目的和履行方式可以看出，《石材供应合同》符合承揽合同的一般特征，故一、二审认定该合同的性质为承揽合同并无不当。"**

二、承揽合同的特征

承揽合同具有以下特征：

1. 承揽合同以完成一定工作为目的。承揽合同中承揽人应当按照与定作人约定的标准和要求完成工作；定作人主要目的是取得承揽人完成的工作成果。

2. 承揽人应独立完成工作。定作人与承揽人之间订立承揽合同，一般是建立在对承揽人的能力、条件等信任的基础上。只有承揽人自己完成工作才符合定作人的要求。定作人如将其主要义务交由其他人来完成，属于债务不履行，应负违约责任。除非另有约定或经定作人同意，承揽人不得将其承揽的工作交由第三人完成。

3. 定作物的特定性。承揽合同一般属个别商定的合同，定作物往往具有一定的特定性。无论定作物的最终成果以何种形式体现，它都必须符合定作人提出的特别要求，否则交付的工作成果就不合格。

4. 承揽合同为诺成、有偿、双务、不要式合同。双方当事人意思表示一致，承揽合同即可成立，无须交付定作物或加工物，因此承揽合同为诺成合同；同时，承揽人要付出自己的劳动，将定作物按照定作人的要求进行加工，定作人取得承揽人完成的工作成果，要向承揽人支付约定的报酬，因此，承揽合同为有偿合同；承揽合同一经成立，双方当事人均负有一定义务，一方之义务即为他方之权利，因此其为双务合同；此外，承揽合同的形式灵活，法律无特别要求，既可以是口头的，也可以书面的，故为不要式合同。

三、承揽合同的种类

根据承揽具体内容的不同，承揽合同可以分为不同种类的具体合同。

1. 加工合同与定作合同。加工合同是承揽合同中很常见的一种，指承揽人以自己的力量，按照定作人的要求，以定作人提供的原材料，为定作人加工产品，定作人接受该产品并支付报酬的合同。加工合同，通常是定作人向承揽人提供原材料，承揽人以自己的技能、设备和工作，为定作人进行加工，将其加工成符合定作人要求的成品并交付给定作人，定作人接受该成品并向承揽人支付报酬。加工合同中材料一般由定作人提供，而不由承揽人自备。比如，由定作人提供衣料、由裁缝制作成衣，为定作人装裱字画，都属于加工。定作合同是指依合同约定，由承揽人自己准备原料，并以自己的技术、设备和工作对该原料进行加工，按定作人的要求制成特定产品，将该产品交付给定作人，定作人接受该产品并向承揽人支付报酬的合同。定作合同与加工合同的区别在于材料提供人的不同。

2. 修理合同。修理合同是指定作人将损坏的物品交给承揽人，由承揽人负责将损坏物品以自己的技术、工作修理好后归还给定作人，定作人接受该工作成果并向承揽人支付报酬的合同。比如，汽车修理、电器修理、自行车修理等等。

3. 承揽不动产的修缮或改建。对不动产的修缮、改建，也属承揽合同，即承揽人为定作人修缮、改建房屋等不动产，定作人为此支付报酬。时下的装修、装饰合同，属之。对于构成建设工程的不动产的建设，本质上也属于承揽合同，但由于其已经独立为一种典型合同或有名合同，因此优先适用民法典合同编中有关建设工程合同的规定。依据《民法典》第 808 条规定，民法典第三编合同第十八章建设工程合同"没有规定的，适用承揽合同的有关规定"，可以得知建设工程合同实质上是承揽合同的一种。

4. 承揽复制、测试或检验。复制合同是指承揽人依定作人的要求，将定作人提供的样品重新依样制作成若干份，定作人接受该复制品并向承揽人支付报酬的合同。承揽人依照定作人的不同要求可以采取不同的方式进行复制，如对文稿的复印、对画稿的临摹、对雕像的模仿塑造等。

测试合同是指承揽人依定作人的要求，以自己的技术、仪器设备以及自己的工作，对定作人指定的项目进行测试，并将测试结果交付给定作人，定作人接受其成果并向承揽人支付报酬的合同。

检验合同是指承揽人按照定作人的要求，对定作人提出需要检验的内容，以自己的设备、仪器、技术等进行检验，并向定作人提出关于该检验内容相关问题的结论，定作人接受这一结论并向承揽人支付报酬的合同。

四、承揽合同的内容、效力及终止

（一）承揽合同的内容

《民法典》第 771 条规定："承揽合同的内容一般包括承揽的标的、数量、质量、报酬，承揽方式，材料的提供，履行期限，验收标准和方法等条款。"

1. 承揽的标的、数量、质量。承揽之标的即承揽人应完成的定作人所需要的工作成果。如定作家具的承揽合同之家具，修理汽车合同之汽车等。承揽之标的为承揽合同的必备条款。承揽之数量、质量，是确定承揽标的的具体条件，比如定作之家具，件数多少，质量如何，应作约定。

2. 报酬。承揽合同作为有偿合同，承揽人完成工作，定作人需向承揽人完成的工作成果支付报酬作为代价。当事人对报酬的约定可以是具体的数额，也可以约定计算报酬的方法。报酬也是承揽合同的必备条款。

3. 材料的提供。承揽人完成工作所需的原材料，可以由定作人提供，也可以由承揽人提供。合同中需约定材料由何方提供，并且应约定材料的数量、质量、提供的时间、地点及方式。比如普通的装修合同，有"包清工"，即全部材料由定作人提供；或部分由承揽人提供（俗称"半包"）；或全部由承揽人提供（俗称"包工包料"），但一般会约定提供之材料的品牌、质量及数量。

4. 履行期限。承揽合同应约定双方当事人履行各自义务的期限。就承揽人而言，指何时完成工作并交付工作成果；就定作人而言，主要指支付报酬的时间。

5. 验收标准及方法。双方应在承揽合同中约定检验材料及工作成果的标准及方法，这样有利于确定承揽人完成的工作是否符合定作人的要求，避免纠纷。

（二）承揽合同的效力

1. 承揽人的主要义务。

（1）完成承揽工作的义务。承揽人的主要义务是按照合同的约定，以自己的技术、设备完成承揽的工作，主要三个方面：

首先，承揽人要在约定的期限内完成工作。承揽合同成立后，承揽人即应着手开始工作，不得拖延。合同对于开始期限另有约定的，则应从约定时间开始工作。在承揽合同中，承揽人要首先履行工作义务，以自己的工作取得工作成果并交付给定作人之后，才能向定作人请求报酬。因此承揽人不得以定作人未支付报酬为由主张同时履行抗辩权，只能先履行工作义务。但当事人约定由定作人先预付一部分报酬或约定合同定金也较为常见，在这种情况，则承揽人可以就该预付款及定金未交付为由主张同时履行抗辩权。如果合同约定由定作人首先提供材料而定作人并未按时提供，以致承揽人不能按时着手工作的，不能认为承揽人违约。而且合同一般会约定定作人迟延交付材料的违约责任。承揽人在着手工作前，发现定作人提供的图纸或技术要求不合理并通知定作人修改的，为此所造成的承揽人延期着手工作的，也同样不应视为承揽人违约。承揽人无正当理由未按时着手开始工作的，定作人可以请求其立即着手工作。

其次，承揽人应以自己的工作条件和能力依定作人要求完成工作。承揽合同的订立以定作人对承揽人完成工作的条件和能力的信任为基础，因此，承揽人应当以自己的设备、技术和劳力完成主要工作，除非当事人另有约定（《民法典》第 772 条第 1 款）。当然，承揽人可以将其承揽的辅助工作交由第三人完成。承揽人将其承揽的辅助工作交由第三人完成的，应当就该第三人完成的工作成果向定作人负责（《民法典》第 773 条）。

最后，承揽人完成的工作成果要符合定作人的要求。定作人的具体要求是承揽人完成合同约定的工作成果是否合格的标准，承揽人必须严格遵守合同的要求完成工作。承揽人交付的工作成果不符合质量要求的，定作人可以要求承揽人承担修理、重作、减少报酬、赔偿损失等违约责任（《民法典》第 781 条）。如定作人中途变更承揽工作的要求，造成承揽人损失的，应当赔偿损失（《民法典》第 777 条）。

（2）接受定作人提供材料或依约提供材料的义务。如上所述，承揽合同中，可以约定由定作人提供材料，也可以由承揽人自己准备材料，并由承揽人对此材料加工，以完成合同约定的工作。定作人提供材料的，为保证定作人提供的原材料符合合同约定，承揽人在定作人交付材料后，要及时对材料进行验收，如发现定作人提供的材料不符合约定，应及时通知定作人更换或补齐，否则造成合同履行迟延的，承揽人要承担责任。在检验定作人提供的材料后，未发现不符合合同约定情况的，承揽人应接受并开始工作。承揽人对定作人提供的材料，负有妥善保管的义务。承揽人不得擅自更换定作人提供的材料，不得更换不需要修理的零部件。承揽人对定作人提供的材料必须合理使用。因承揽人的行为，导致定作人提供的材料浪费的，承揽人须负赔偿责任。承揽人自己提供材料的，材料要符合合同约定的要求。定作人有权检验承揽人提供的材料是否符合合同约定的要求（《民法典》第 774 条、775 条、784 条）。

（3）容忍或协助义务。承揽人完成工作期间，定作人可以对承揽人的工作进行必要的检验和监督，承揽人不得拒绝其检验和监督；但定作人不得因监督检验妨碍承揽人的正常工作（《民法典》第 779 条）。

（4）交付工作成果的义务。承揽人不仅应按照合同约定完成工作，还要将完成的工作成果交付给定作人，经定作人验收合格，才算完成合同的主要义务。承揽合同不仅可以以有形物作为工作成果，而且也可以以无形的结果为工作成果。

（5）承揽人的保密义务和通知义务。依据诚实信用原则，承揽人应对定作人负担相应的保密义务，不得以任何方式泄露秘密，否则应承担违约责任。因其违反此义务给定作人造成损失的，定作人可以向其请求损害赔偿。承揽人对定作人提供的材料，应当及时检验，发现不符合约定时，应当及时通知定作人更换、补齐或者采取其他补救措施。承揽人发现定作人提供的图纸或者技术要求不合理的，应当及时通知定作人（参见《民法典》第775~776条）。

2. 定作人的主要义务。

（1）支付价款的义务。这是定作人最主要的合同义务。定作人获得承揽人的工作成果，应当及时向承揽人支付价款。价款主要包括承揽人的工作报酬、承揽人提供材料时的材料费、定作人提供材料时或其迟延接收时承揽人的保管费用等。定作人应当按照约定的期限支付报酬。对支付报酬的期限没有约定或者约定不明确的，合同的双方当事人可以协议补充；不能达成补充协议的，按照合同有关条款或者交易习惯确定；仍不能确定的，定作人应当在承揽人交付工作成果时支付；工作成果部分交付的，定作人应当相应支付（《民法典》第782条）。定作人迟延交付报酬的，应向承揽人支付迟延期间的利息。定作人拒不支付报酬的，承揽人对工作成果可以行使留置权，通过留置工作成果以担保其报酬请求权，但是当事人另有约定的除外（《民法典》第783条）。

（2）定作人的协助义务。合同的顺利履行往往是当事人双方互相协助的结果，承揽工作需要定作人协助的，定作人有协助的义务。《民法典》第778条规定："承揽工作需要定作人协助的，定作人有协助的义务。定作人不履行协助义务致使承揽工作不能完成的，承揽人可以催告定作人在合理期限内履行义务，并可以顺延履行期限；定作人逾期不履行的，承揽人可以解除合同。"比如：

第一，依合同性质应由定作人提供材料的，定作人应当及时提供。如标的物为不动产的，定作人应使该不动产处于可供工作的状态。

第二，定作人自己提供设计图纸、技术要求或技术资料的，或者定作人提供样品的，定作人均应及时、合理提供。

第三，依承揽人的通知，定作人应履行的某些协助义务。如及时更换、补齐有瑕疵的材料或技术资料、图表设计等。此外如定作人给承揽人提供生活条件、工作环境的协助义务等，定作人均应依诚实信用原则协力相助。定作人不履行协助义务，致使承揽工作不能完成的，承揽人可以确定合理期限催告其履行，并可以顺延履行期限。如其逾期仍不履行，承揽人不必再履行合同，可以解除合同并不承担因此造成承揽工作无法完成的责任。

第四，受领工作成果。定作人应当及时受领工作成果，无正当理由不受领工作成果的，承揽人可以提存标的物，并通知债权人，有关费用由定作人承担。

第五，定作人在受领工作成果的同时，有义务对工作成果进行验收。但是验收本身并不能作为承揽人免除承担责任的理由。如工作成果依其性质在短期内难以发现瑕疵，或者是工作成果存在隐蔽瑕疵的，定作人仍可于验收后的适当期限内请求承揽人承担责任。受领工作成果不能被认为是对于责任追究的放弃。定作人如无正当理由受领迟延的，承揽人可请求其受领并支付相应的报酬和费用，包括违约金、保管费用等。定作人并应承担因其受领迟延而发生的工作成果的风险。

（三）承揽合同的终止

关于承揽合同的终止，这里主要介绍承揽合同因当事人行使合同解除权而终止的情况。

1. 定作人的任意解除权。《民法典》第787条规定："定作人在承揽人完成工作前可以随时解除合同，造成承揽人损失的，应当赔偿损失。"

2. 承揽合同因当事人一方严重违约而解除。主要有以下几种情况：

（1）承揽人未依约按时完成合同工作义务而使其工作于定作人已无意义的（《民法典》第563条第1款第4项）；

（2）承揽人未经定作人同意将承揽合同的主要工作转由第三人完成的（《民法典》第772条第2款）；

（3）定作人未尽到协助义务，经承揽人通知仍不履行的（《民法典》第778条第2句）。

出现以上几种情况，当事人可行使合同解除权，有损害的，可以请求损害赔偿。

【案例18-2】福州浩航船务有限公司与浙江七里港船业有限公司及陈华平船舶建造合同纠纷案[1]

[最高人民法院认为]"本案为船舶建造合同纠纷。根据浩航公司的再审申请，本案再审审理的重点是浩航公司解除合同的法律依据与七里港公司转卖船舶损失的承担问题。

一、关于浩航公司解除合同的法律依据

浩航公司与七里港公司签订的涉案船舶建造合同合法有效，双方当事人均应当依约履行。……**在浩航公司并未举证证明七里港公司履约过程中就材料选购存在违约行为的情况下，浩航公司以七里港公司购买使用造船材料未经浩航公司认可为由，主张具有暂停支付船舶价款的权利，缺乏充分的事实依据。原审判决认定浩航公司逾期支付船舶建造款，构成违约，并无不当。**

浩航公司与七里港公司在合同中约定船舶造价4770万元，浩航公司已经支付大部分船舶价款2780万元，余款1000万元应在交付船舶后3日内付清，浩航公司实际拖欠到期应付船舶价款990万元。**按照合同约定，浩航公司逾期付款，**

---

[1] 最高人民法院（2013）民提字第71号民事判决书。

七里港公司有权推迟交船，但合同未约定七里港公司可以据此直接转卖船舶；七里港公司首先应当催告浩航公司在合理期限内支付欠款，以继续履行合同。七里港公司没有提供充分证据证明其催告浩航公司付款，其将原本为浩航公司建造的船舶转卖给新东航公司，违反了涉案船舶建造合同约定的交船义务。七里港公司主张其转卖船舶属于合法的减损行为，缺乏事实和法律依据，原再审判决不予支持，并无不当。

从 2009 年 9 月 6 日起至 10 月 26 日止，七里港公司将浩航公司订造的新船转卖给新东航公司，船名定为'新东胜'，新东航公司取得船舶所有权登记。七里港公司的行为已经表明其不履行涉案船舶建造合同约定的主要义务——向浩航公司交付船舶。浩航公司根据《中华人民共和国合同法》第九十四条第（二）项关于在履行期限届满之前当事人一方以自己的行为表明不履行主要债务的，对方当事人可以解除合同之规定，请求解除合同，理据正当充分。浩航公司于 2009 年 12 月 22 日向宁波海事法院起诉请求解除合同，该院于 2009 年 12 月 23 日向七里港公司送达起诉状副本，即起到通知解除合同的效果。宁波海事法院一审判决涉案合同自 2009 年 12 月 23 日起解除的处理结果并无不当，本院予以维持。

……一审、二审、原再审判决将浩航公司解除合同的依据认定为《中华人民共和国合同法》第二百六十八条[1]关于定作人可以随时解除承揽合同的规定错误，应予纠正。"

【本章思考题】

1. 什么是承揽合同？其有什么特征？
2. 承揽合同与买卖合同有何区别？与建设工程合同有何关系？
3. 承揽合同双方各有什么权利与义务？
4. 承揽合同双方当事人的通知义务主要发生在什么情况下？
5. 承揽合同当事人什么情况下可以解除合同？

---

[1]　现参见《民法典》第 787 条——本书作者注。

建设工程合同

建设工程合同，是指建设工程的发包方（在实践中一般称为"甲方"、建设单位或者业主）为完成某项工程建设任务，与承包方（在实践中一般称为"乙方"、施工人）签订的关于承包方按照发包方的要求完成工作，交付建设工程，并由发包方支付工程价款的合同。

建设工程合同实际上是一种特殊的承揽合同。建设工程合同具有较强的实务性，加之建设工程的标的物为不动产，多为建筑物或构筑物，工程建设过程及其后果对社会公众的安全、福利、相邻关系等均有不同程度的影响，而且合同金额往往较大，因此，在建设工程合同的订立和履行上，法律和行政法规对合同的主体有明确的规定，签订和履行这样的合同也有各种不同的审批和其他程序性的要求，建设工程合同签订和履行的各方面一般都有国家公权力的介入。国家在房地开发、建设承包人的资质管理、建设工程招标投标、工程质量、安全施工、工程款预决算方面均有严格的强制性规定。实践中，建设主管部门从监管需要出发，颁布示范文本，并根据建设管理法律修正及建设市场变化进行更新。学习建设工程合同不仅要掌握《民法典》关于建设工程合同的一般规定，还应掌握《建筑法》、《建设工程质量管理条例》、《建设工程安全生产管理条例》、《建设工程勘察设计管理条例》等法律法规和各部门及地方人民政府制定的行政规章及各种规范性文件。

一、建设工程合同的概念与特征

《民法典》第 788 条规定："建设工程合同是承包人进行工程建设，发包人支付价款的合同。建设工程合同包括工程勘察、设计、施工合同。"

建设工程合同，是指建设工程发包方为完成某项工程建设任务，与承包人签订的关于承包人按照发包方的要求完成工作，交付建设工程，并由发包方支付工程价款的合同。

建设工程合同实际上是一种特殊的承揽合同，其除了具有承揽合同的一般特征以外，还有如下特征：

1. 合同主体有特定的要求而且会影响合同效力。《建筑法》（1997，2019年最新修正）第13条规定："从事建筑活动的建筑施工企业、勘察单位、设计单位和工程监理单位，按照其拥有的注册资本、专业技术人员、技术装备和已完成的建筑工程业绩等资质条件，划分为不同的资质等级，经资质审查合格，取得相应等级的资质证书后，方可在其资质等级许可的范围内从事建筑活动。"第14条规定："从事建筑活动的专业技术人员，应当依法取得相应的执业资格证书，并在执业资格证书许可的范围内从事建筑活动。"此外，除了国务院于2000年颁布的《建设工程质量管理条例》（2000年1月30日中华人民共和国国务院令第279号，2019年最新修订），建设部及各地方政府颁布了大量的行政规章对建筑法有关建设市场资质管理的规定进行了进一步细化。

2. 建设工程合同具有较强的国家管理性。由于建设工程的标的物为不动产，工程建设对国家和社会生活的方方面面影响较大，在建设工程合同的订立和履行上，就具有强烈的国家干预的色彩。国家在房地产开发商、施工人的资质管理、建设工程招标投标、安全施工、工程款的计算以及工程质量等方面均有不少强制性的规定（如城市房地产管理法、建筑法、招标投标法及相关行政法规等），而且现实中，建设工程合同一般有政府部门颁布的示范文本，且不断更新。

3. 建设工程合同是要式合同。根据《民法典》第789条，建设工程合同作为特殊的承揽合同，应当采用书面形式。而其他的承揽合同一般为不要式合同。

【案例19-1】内蒙古玉王生物科技有限公司、江苏鼎泽环境工程有限公司与内蒙古玉王生物科技有限公司、江苏鼎泽环境工程有限公司建设工程施工合同纠纷再审案[1]

[最高人民法院认为]"1、关于本案合同性质的问题

根据玉王公司与鼎泽公司签订的《玉王公司污水处理工程承揽合同》及《玉王公司污水处理工程承揽合同更改合同》约定，玉王公司发包给鼎泽公司承建的废水治理工程包括工程总体设计、工程物资及材料购制、安装、调试。可见，玉王公司发包给鼎泽公司承建的废水治理工程本身即为建设工程。建设工程的活动不仅仅是指对基础设施、房屋等土建工程项目施工，还包括对该些工程项目及其附属或独立设备进行规划、勘察、设计、安装、调试等。**至于对该些活动表述是建设工程施工还是建设工程承揽，依据《中华人民共和国合同法》第二**

---

〔1〕 最高人民法院（2015）民申字第31号民事裁定书。

百八十七条规定，建设工程合同既是特殊的承揽合同，内涵并无差异。据此，二审判决认定《玉王公司污水处理工程承揽合同》的性质为建设工程施工合同，并无不当。玉王公司以该合同应为承揽合同为由，对本案申请再审，本院不予支持。

2、关于本案合同效力的问题

根据《最高人民法院关于审理建设工程施工合同纠纷案件适用法律问题的解释》第一条第（一）项规定，承包人未取得建筑施工企业资质或者超越资质等级的，建设工程施工合同应当认定为无效。从二审查明的案件事实来看，案涉废水治理工程属于中型工业项目，鼎泽公司经玉王公司招标后，双方签订《玉王公司污水处理工程承揽合同》。对此，鼎泽公司在一审期间未提交资质证书，但其在庭审中明确表示具有施工企业资质，而玉王公司并未提出异议。鼎泽公司在二审期间提交了资质证书，显示其具有相应施工企业资质，而玉王公司并未提供充分有效的反驳证据。据此，二审判决认定《玉王公司污水处理工程承揽合同》有效，并无不当。玉王公司申请再审提出鼎泽公司未提交资质证书，以及资质证书未经质证，应认定《玉王公司污水处理工程承揽合同》无效的理由，缺乏事实和法律依据，不能成立。"

二、建设工程合同的订立

对于建设工程合同的订立，法律倡导达到一定工程量的建设工程合同的建设单位即业主方在签订工程建设合同前采用招标、投标的方法确定施工人，并在施工人中标后与其签订建设工程合同。《民法典》第790条规定，建设工程的招标投标活动，应当依照有关法律的规定公开、公平、公正进行。根据《招标投标法》（1999，2017年最新修正）第3条："在中华人民共和国境内进行下列工程建设项目包括项目的勘察、设计、施工、监理以及与工程建设有关的重要设备、材料等的采购，必须进行招标：①大型基础设施、公用事业等关系社会公共利益、公众安全的项目；②全部或者部分使用国有资金投资或者国家融资的项目；③使用国际组织或者外国政府贷款、援助资金的项目。前款所列项目的具体范围和规模标准，由国务院发展计划部门会同国务院有关部门制订，报国务院批准。法律或者国务院对必须进行招标的其他项目的范围有规定的，依照其规定。"

《招标投标法实施条例》（2011年12月20日中华人民共和国国务院令第613号，2019年最新修订）第3条规定："依法必须进行招标的工程建设项目的具体范围和规模标准，由国务院发展改革部门会同国务院有关部门制订，报国务院批准后公布施行。"

《民法典》第 791 条第 1 款规定，发包人可以与总承包人订立建设工程合同，也可以分别与勘察人、设计人、施工人订立勘察、设计、施工承包合同。发包人不得将应当由一个承包人完成的建设工程肢解成若干部分发包给数个承包人。也就是说，建设工程合同的订立可以采取两种形式，一种情形是发包方与承包方就整个建设工程从勘察、设计到施工签订总承包协议，由承包方对整个建设工程负责；另一种情形是由发包方分别与勘察人、设计人、施工人签订勘察、设计、施工合同，由各承包方分别就建设工程的勘察、设计、建筑、安装阶段的质量、工期、工程造价等与发包方产生债权、债务关系。以下分别述之：

1. 总承包合同。这种承包方式是发包人将建设工程总体承包给一个总承包人建设，由该总承包人对整个工程的勘查、设计、施工等全部工作负责，但总承包人应当具有相应的资质。

在这种承包方式中，发包人仅直接与总承包人订立总包合同，仅与总承包人发生债权债务关系。

依据《民法典》第 791 条第 2 ~ 3 款，总承包人或者勘察、设计、施工承包人经发包人同意，可以将自己承包的部分工作交由第三人完成。第三人就其完成的工作成果与总承包人或者勘察、设计、施工承包人向发包人承担连带责任。承包人不得将其承包的全部建设工程转包给第三人或者将其承包的全部建设工程肢解以后以分包的名义分别转包给第三人。禁止承包人将工程分包给不具备相应资质条件的单位。禁止分包单位将其承包的工程再分包。建设工程主体结构的施工必须由承包人自行完成。

根据上述规定，经发包人同意，总承包人可分别与其他人分别订立勘察、设计合同，也可将施工工程分包，但"禁止承包人将工程分包给不具备相应资质条件的单位。禁止分包单位将其承包的工程再分包。建设工程主体结构的施工必须由承包人自行完成。"同时，总承包人须就工程总体向发包人负责。此外，根据《建筑法》第 55 条的规定，"建筑工程实行总承包的，工程质量由工程总承包单位负责，总承包单位将建筑工程分包给其他单位的，应当对分包工程的质量与分包单位承担连带责任。分包单位应当接受总承包单位的质量管理。"

2. 分别承包合同。分别承包合同，是指发包人分别与勘察、设计、施工承包人签订勘察、设计、施工承包合同，各承包人分别就其承担的勘察、设计、施工工程向发包人负责。在这种分别承包合同方式中，各承包人分别负责其所承包的勘察、设计、施工工程，互相独立，各承包人之间并不发生联系。

但根据《民法典》第 791 条规定，发包人可以与总承包人订立建设工程合同，也可以分别与勘察人、设计人、施工人订立勘察、设计、施工承包合同。发包人不得将应当由一个承包人完成的建设工程肢解成若干部分发包给数个承包人。

《建设工程质量管理条例》第 78 条规定："本条例所称肢解发包，是指建设单位将应当由一个承包单位完成的建设工程分解成若干部分发包给不同的承包单位的行为。

本条例所称违法分包，是指下列行为：①总承包单位将建设工程分包给不具备相应资质条件的单位的；②建设工程总承包合同中未有约定，又未经建设单位认可，承包单位将其承包的部分建设工程交由其他单位完成的；③施工总承包单位将建设工程主体结构的施工分包给其他单位的；④分包单位将其承包的建设工程再分包的。本条例所称转包，是指承包单位承包建设工程后，不履行合同约定的责任和义务，将其承包的全部建设工程转给他人或者将其承包的全部建设工程肢解以后以分包的名义分别转给其他单位承包的行为。"违反该规定将会受到相应行政处罚。

【案例 19-2】 中国建筑股份有限公司与昆山市超华投资发展有限公司建设工程施工合同纠纷二审案[1]

[最高人民法院认为] **本案昆山超华商贸城二期工程"超华·欧尚"购物中心项目是超华公司以自有资金予以投资，项目本身属于商业用途，非属由政府投资管理提供公共服务、关系社会公共利益、公众安全的相关工程项目，不属于招标投标法第三条及招标范围和规模标准规定（国家计委 3 号令）第三条所规定的强制招标投标范围。依据合同法第五十二条第五项、《最高人民法院关于适用〈中华人民共和国合同法〉若干问题的解释（一）》第四条之规定，人民法院确认合同无效应当以全国人大及其常委会制定的法律和国务院制定的行政法规为依据，不得以地方性法规、行政规章为依据。一审判决认定 915 合同无效不当，本院予以纠正。关于 926 合同的效力问题。926 合同虽经过招标和投标程序后签订，且招标投标过程中，超华公司委托的招标代理公司也通知邀请投标单位进行了投标，但该中标结果与之前超华公司与中建公司已签订 915 合同的总价款基本一致；同时，招投标之前，中建公司已开始进场施工，据此，双方的行为属于串通投标。根据招标投标法第五十三条之规定，招标人和投标人串通投标的，中标无效。一审判决认定 929 合同无效，依法有据，本院予以维持。**

---

[1] 最高人民法院（2014）民一终字第 310 号民事判决书。

三、建设工程施工合同的无效及其处理

依据《建设工程施工合同司法解释（一）》（法释〔2020〕25号）第1条，"建设工程施工合同具有下列情形之一的，应当依据民法典第一百五十三条第一款的规定，认定无效：①承包人未取得建筑业企业资质或者超越资质等级的；②没有资质的实际施工人借用有资质的建筑施工企业名义的；③建设工程必须进行招标而未招标或者中标无效的。承包人因转包、违法分包建设工程与他人签订的建设工程施工合同，应当依据民法典第一百五十三条第一款及第七百九十一条第二款、第三款的规定，认定无效"。

该司法解释第2条第2款规定："招标人和中标人在中标合同之外就明显高于市场价格购买承建房产、无偿建设住房配套设施、让利、向建设单位捐赠财物等另行签订合同，变相降低工程价款，一方当事人以该合同背离中标合同实质性内容为由请求确认无效的，人民法院应予支持。"

依据《民法典》第793条第1款规定，建设工程施工合同无效，但建设工程经竣工验收合格，承包人可以请求参照合同关于工程价款的约定折价补偿承包人。

《民法典》第793条第2款："建设工程施工合同无效，且建设工程经验收不合格的，按照以下情形处理：①修复后的建设工程经验收合格的，发包人可以请求承包人承担修复费用；②修复后的建设工程经验收不合格的，承包人无权请求参照合同关于工程价款的约定折价补偿。发包人对因建设工程不合格造成的损失有过错的，应当承担相应的责任。"

根据《建设工程施工合同司法解释（一）》（法释〔2020〕25号），"当事人以发包人未取得建设工程规划许可证等规划审批手续为由，请求确认建设工程施工合同无效的，人民法院应予支持，但发包人在起诉前取得建设工程规划许可证等规划审批手续的除外。发包人能够办理审批手续而未办理，并以未办理审批手续为由请求确认建设工程施工合同无效的，人民法院不予支持"（第3条）。"承包人超越资质等级许可的业务范围签订建设工程施工合同，在建设工程竣工前取得相应资质等级，当事人请求按照无效合同处理的，人民法院不予支持"（第4条）。

四、建设工程分包与转包

建设工程的分包和转包是两个既有密切联系，又有明显区别的概念。

建设工程分包，是指工程的承包方（含勘察人、设计人、施工人）经发包人同意后，依法将其承包的部分工程交给第三人完成的行为。同时，《建设工程质量管理条例》第78条界定了几种违法分包的情形：

1. 总承包单位将建设工程分包给不具备相应资质条件的单位的；

2. 建设工程总承包合同中未有约定，又未经建设单位认可，承包单位将其承包的部分建设工程交由其他单位完成的；

3. 施工总承包单位将建设工程主体结构的施工分包给其他单位的；

4. 分包单位将其承包的建设工程再分包的，均属之。

转包是指承包人于承包工程后，又将其承包的工程建设任务转让给第三人，第三人称为建设工程合同的新承包人或实际承包人。

《民法典》第791条第3款规定："禁止承包人将工程分包给不具备相应资质条件的单位。禁止分包单位将其承包的工程再分包。建设工程主体结构的施工必须由承包人自行完成。"根据《建设工程质量管理条例》第78条规定，"本条例所称转包，是指承包单位承包建设工程后，不履行合同约定的责任和义务，将其承包的全部建设工程转给他人或者将其承包的全部建设工程肢解以后以分包的名义分别转给其他单位承包的行为"。

违法分包及转包为法律所禁止。又根据《建筑法》第67条，承包单位违法分包或转包的，除受行政责任外，"对因转包工程或者违法分包的工程不符合规定的质量标准造成的损失，与接受转包或者分包的单位承担连带赔偿责任"。《民法典》第806条第1款规定，"承包人将建设工程转包、违法分包的，发包人可以解除合同。"

按照民法典和《建筑法》的规定，建设工程合同的承包方、勘察人、设计人、施工人与第三人签订分包合同，必须具备以下条件：

1. 工程分包须经过发包人的同意，承包人将自己承包的部分工作交由第三人完成，第三人就其完成的工作成果与总承包人或者勘察、设计、施工承包人向发包人承担连带责任。

2. 建设工程主体结构的施工必须由承包人自行完成。《民法典》第791条禁止承包单位将其承包的全部建筑工程转包给他人，禁止承包单位将其承包的全部工程肢解以后以分包的名义分别转包给他人。

3. 分包人须具备相应的建设资质条件，且只能分包一次。

根据《建设工程施工合同司法解释（一）》（法释〔2020〕25号）第5条，"具有劳务作业法定资质的承包人与总承包人、分包人签订的劳务分包合同，当事人请求确认无效的，人民法院依法不予支持。"

【案例 19-3】 云南建工集团第十建筑有限公司与胡洪、保山市伟业房地产开发有限公司建设工程施工合同纠纷案[1]

[最高人民法院认为]"（一）云南十建公司与胡洪是分包关系还是借用资质关系

本院认为，**所谓借用资质，是指没有资质的实际施工人使用有资质的建筑施工企业名义承揽工程的违法承包活动。所谓违法分包，根据 2000 年国务院《建设工程质量管理条例》第七十八条第二款规定，包括总承包单位将建设工程分包给不具备相应资质条件的单位。**根据本案查明事实，云南十建公司主张与胡洪是借用资质关系而非分包关系证据不足。

第一，协议签订情况。云南十建公司与保山伟业公司于 2007 年 12 月 18 日签订《建设工程施工合同》，约定云南十建公司为保山伟业公司承建位于保山市永昌商贸园二期（永昌兰郡）B 区工程，建筑面积 70505.33 平方米。合同签订后，云南十建公司向保山伟业公司交纳了工程质量保证金 100 万元。同日，云南十建公司与胡洪签订了《工程施工承包协议》，并于 2008 年 4 月 5 日就上述工程又签订协议，约定云南十建公司收取胡洪施工工程的总造价 5%的管理费。

第二，工程分包情况。云南十建公司与保山伟业公司于 2007 年 12 月 18 日签订《建设工程施工合同》当日，又将永昌商贸园二期（永昌兰郡）B 区工程分包给包括胡洪在内的三个施工队实际施工。

第三，工程价款支付情况。云南十建公司、胡洪均认可云南十建公司已向胡洪支付了 905.6 万元工程款及水、电材料款。

综上，本院认为，云南十建公司主张胡洪借用其资质与保山伟业公司签订《建设工程施工合同》事实依据和法律依据不足，应不予支持。**云南十建公司在与保山伟业公司签订《建设工程施工合同》后，又将工程分包给不具有资质的包括胡洪在内的三个施工队实际施工，**根据原建设工程合同司法解释第四条规定'承包人非法转包、违法分包建设工程或者没有资质的实际施工人借用有资质的建筑施工企业名义与他人签订建设工程施工合同的行为无效'[2]，云南十建公司与胡洪于 2007 年 12 月 18 日签订的《工程施工承包协议》和于 2008 年 4 月 5 日签订的《协议书》无效。"

---

〔1〕 最高人民法院（2013）民申字第 1608 号民事裁定书。

〔2〕 民法典对转包和违法分包行为所签订的合同，没有直接规定该行为无效，《建设工程施工合同司法解释（一）》（法释〔2020〕25 号）第 1 条第 2 款规定，"承包人因转包、违法分包建设工程与他人签订的建设工程施工合同，应当依据民法典第一百五十三条第一款及第七百九十一条第二款、第三款的规定，认定无效。"对于承包人将建设工程转包、违法分包的，《民法典》第 806 条规定发包人可以解除合同，这里的合同指发包人与承包人之间的合同，而不是承包人与他人之间签订的建设工程施工合同。——本书作者注

五、建设工程合同的内容

根据《民法典》第 788 条规定，"建设工程合同是承包人进行工程建设，发包人支付价款的合同。建设工程合同包括工程勘察、设计、施工合同"。当然，与建设工程合同有关，还有造价咨询以及监理合同。以下主要介绍建设工程施工合同。

1. 建设勘察、设计合同。勘察、设计合同是勘察合同和设计合同的统称，指工程的发包人或承包人与勘察人、设计人之间订立的，由勘察人、设计人完成一定的勘察、设计工作，发包人或承包人支付相应价款的合同。

勘察设计合同的主要内容包括：提交勘察或者设计基础资料、设计文件（包括概预算）的期限；勘察、设计的质量要求；勘察、设计费用；设计的变更；其他协作条件等。《民法典》第 794 条规定："勘察、设计合同的内容一般包括提交有关基础资料和概预算等文件的期限、质量要求、费用以及其他协作条件等条款。"

住房和城乡建设部与国家工商行政管理总局制定了《建设工程勘察合同（示范文本）》（GF-2016-0203）、《建设工程设计合同示范文本（房屋建筑工程）》（GF-2015-0209）等示范文本[1]。

2. 建设工程施工合同。建设施工合同是发包方（建设单位）和承包方（施工人）为完成商定的施工工程，明确双方权利、义务的协议。依照施工合同，施工单位应完成建设单位交给的施工任务，建设单位应按照规定提供必要条件并支付工程价款。

根据《建设工程施工合同（示范文本）》（GF-2017-0201）[2]，该《示范文本》由**合同协议书、通用合同条款和专用合同条款**三部分组成。

【资料】《建设工程施工合同（示范文本）》（GF-2017-0201）的主要内容

《示范文本》合同协议书共计 13 条，主要包括：工程概况、合同工期、质量标准、签约合同价和合同价格形式、项目经理、合同文件构成、承诺以及合同生效条件等重要内容，集中约定了合同当事人基本的合同权利义务。

通用合同条款是合同当事人根据《中华人民共和国建筑法》、《中华人民共

---

〔1〕　见住房和城乡建设部官方网站，http：//mohurd. gov. cn/wjfb/201504/t20150413_ 220661. html，访问日期：2021 年 5 月 8 日；中央人民政府官方网站，http：//www. gov. cn/xinwen/2016-10/10/content_ 5116873. htm，访问日期：2021 年 5 月 8 日。

〔2〕　见住房和城乡建设部官方网站 http：//www. gov. cn/xinwen/2017-10/30/content_ 5235483. htm，访问日期：2021 年 5 月 8 日。

和国合同法》等法律法规的规定，就工程建设的实施及相关事项，对合同当事人的权利义务作出的原则性约定。通用合同条款共计20条，具体条款分别为：一般约定、发包人、承包人、监理人、工程质量、安全文明施工与环境保护、工期和进度、材料与设备、试验与检验、变更、价格调整、合同价格、计量与支付、验收和工程试车、竣工结算、缺陷责任与保修、违约、不可抗力、保险、索赔和争议解决。前述条款安排既考虑了现行法律法规对工程建设的有关要求，也考虑了建设工程施工管理的特殊需要。

专用合同条款是对通用合同条款原则性约定的细化、完善、补充、修改或另行约定的条款。合同当事人可以根据不同建设工程的特点及具体情况，通过双方的谈判、协商对相应的专用合同条款进行修改补充。

建设工程合同中，工程价款的付款方式因采用不同的合同形式而有所不同。在一项建筑安装合同中，采用何种方式进行结算，由双方根据具体情况进行协商，并在合同中明确约定。对于工程款的拨付，双方一般可约定：预付款、工程进度款、竣工结算款及保修扣留金。

工程竣工验收后进行结算时，一般先由承包方提交结算书或报告，再由发包方委托审价，经双方确认结算结果后进行结算。

建设工程合同应约定违约责任。如因承包人的原因使工程质量不合格的或迟延交付工程的，虽经承包人修理、返工、改建后，达到了合同约定的质量标准，但因修理、返工、改建导致工程逾期交付的，与一般的履行迟延相同，承包人应当承担迟延履行的违约责任，赔偿发包人因此而遭受的损失。而如果发包方不按期支付工程款的，根据《民法典》第807条，**"建设工程的价款就该工程折价或者拍卖的价款优先受偿"**。

六、建设工程合同的一般效力

建设工程合同实质上属一种特殊形式的承揽合同，因此民法典关于承揽合同效力所作的一般规定适用于建设工程合同，除非法律对于建设工程合同设有特别规定（见前引《民法典》第808条）。

1. 发包人的主要义务。

（1）发包人的协助义务。发包人的协助，是建设工程承包合同得以顺利履行的重要保证。发包人应当按照合同的约定提供相关材料、设备、场地、资金、资料等。发包人不能按时、适当履行该等义务，应承担违约责任。《民法典》第803条规定："发包人未按照约定的时间和要求提供原材料、设备、场地、资金、技术资料的，承包人可以顺延工程日期，并有权请求赔偿停工、窝工等损失。"

（2）对工程的验收义务。建设工程完工后，发包人应及时对工程进行验收，发包人验收所应遵循的依据包括：一，施工图纸及说明书。一项工程一般都需经过勘察、设计、建筑安装诸阶段，建筑安装的施工通常以设计的图纸为依据，但在施工过程中，经双方同意可对设计图纸予以变更而形成施工图，最终承包方通知发包方进行验收时应提交竣工图纸。对工程的验收应以竣工图纸作为重要依据；二，是国家颁发的施工验收规范和建设工程质量检验标准。建设工程必须经过验收方可投入使用。工程的验收是发包人对承包人所承建工程的质量符合合同约定和法律规定的标准的确认。建设工程未经验收或者验收不合格的，不得交付使用。《民法典》第 799 条规定："建设工程竣工后，发包人应当根据施工图纸及说明书、国家颁发的施工验收规范和质量检验标准及时进行验收。验收合格的，发包人应当按照约定支付价款，并接收该建设工程。建设工程竣工经验收合格后，方可交付使用；未经验收或者验收不合格的，不得交付使用。"

（3）按约定支付价款并接收建设工程的义务。发包人在对建设工程验收合格后，应按合同的约定，扣除一定的保证金后，将剩余工程的价款按约定方式支付给承包人。同时发包人应与承包人办理移交手续，正式接收该项建设工程。给付工程价款是发包人应承担的主要合同义务。发包人未按约定支付价款的，发包人应按约定或法律规定承担逾期付款的违约责任。如果发包人不向承包人支付价款，《民法典》第 807 条赋予了承包人就其工程款对工程的优先权：发包人逾期不支付工程款，承包人可通过发包人与承包人之间的协议对建设工程进行折价或对建设工程进行拍卖并优先受偿，而且根据有关司法解释，该优先权优先于有关该工程的抵押权[1]。依据《建设工程施工合同司法解释（一）》（法释〔2020〕25 号），"承包人根据民法典第八百零七条规定享有的建设工程价款优先受偿权优于抵押权和其他债权"（第 36 条），而且，"发包人与承包人约定放弃或者限制建设工程价款优先受偿权，损害建筑工人利益，发包人根据该约定主张承包人不享有建设工程价款优先受偿权的，人民法院不予支持"（第 42 条）；但"承包人应当在合理期限内行使建设工程价款优先受偿权，但最长不得超过 18 个月，自发包人应当给付建设工程价款之日起算"（第 41 条）。

其他可参见上述有关承揽合同中定作人的主要义务。

---

〔1〕　我国台湾地区"民法"1999 年修正之 513 条（承揽人之法定抵押权）："承揽之工作为建筑物或其他土地上之工作物，或为此等工作物之重大修缮者，承揽人得就承揽关系报酬额，对于其工作所附之定作人之不动产，请求定作人为抵押权之登记；或对于将来完成之定作人之不动产，请求预为抵押权之登记。前项请求，承揽人于开始工作前亦得为之。前二项之抵押权登记，如承揽契约已经公证者，承揽人得单独申请之。第一项及第二项就修缮报酬所登记之抵押权，于工作物因修缮所增加之价值限度内，优先于成立在先之抵押权。"而此前的 513 条并无有关登记的规定。

【案例 19-4】 王春霖与辽宁万泰房地产开发有限公司、盛京银行股份有限公司沈阳市泰山支行、沈阳维士金盛房地产开发有限责任公司第三人撤销之诉[1]

[最高人民法院认为] "合同法 286 条，是建设工程承包人（以下简称承包人）在其应得工程款范围内对其施工的工程折价或者拍卖所得价款享有优先受偿权的法律基础。《批复》[2] 在此基础上规定：'一、人民法院在审理房地产纠纷案件和办理执行案件中，应当依照《中华人民共和国合同法》第二百八十六条的规定，认定建筑工程的承包人的优先受偿权优于抵押权和其他债权。二、消费者交付购买商品房的全部或者大部分款项后，承包人就该商品房享有的工程价款优先受偿权不得对抗买受人。三、建筑工程价款包括承包人为建设工程应当支付的工作人员报酬、材料款等实际支出的费用，不包括承包人因发包人违约所造成的损失。四、建设工程承包人行使优先权的期限为六个月，自建设工程竣工之日或者建设工程合同约定的竣工之日起计算。'

鉴于建设工程价款优先受偿权系法定优先权，因其具有优于普通债权和抵押权的权利属性，故对其权利的享有和行使必须具有明确的法律依据，实践中亦应加以严格限制。根据前述法律及司法解释规定，行使建设工程价款优先受偿权，应当同时具备以下条件：第一，行使优先受偿权的主体应仅限于承包人，现行法律及司法解释并未赋予实际施工人享有建设工程价款优先受偿的权利。第二，建设工程施工合同应当合法有效。《批复》第三条规定，优先受偿的工程价款包括承包人为建设工程应当支付的工作人员报酬、材料款等实际支出的费用，不包括承包人因发包人违约所造成的损失。合同被确认无效的，当事人承担的是返还财产和根据过错程度赔偿损失的责任，即具有普通债权属性，故无效合同中的承包人不应享有建设工程价款优先受偿权。第三，可以行使优先受偿权的工程应当限于承包人施工的，且在性质上适宜折价、拍卖的建设工程。根据前述规定，法律赋予承包人对其施工的凝聚其劳动和投入的建设工程折价或者拍卖所得价款的优先受偿权。不属于承包人施工的工程，或者在性质上不宜折价、拍卖的工程，则不属于可以行使优先受偿权的工程范围。第四，行使优先受偿权应当严格遵守法律及司法解释规定的行使期限。即在发包人经催告未在合理期限内支付工程款的，承包人应在自建设工程竣工之日或者建设工程合同约定的竣工之日起六个月内行使优先受偿权。

本案中，建设工程的承包人是市政第十工程处和东方市政公司，王春霖只是该工程的实际施工人，不符合法律及司法解释规定的可以享有优先受偿权的主体

---

〔1〕 最高人民法院（2015）民申字第 2311 号民事裁定书。

〔2〕 即《最高人民法院关于建设工程价款优先受偿权问题的批复》（法释〔2002〕16 号），本书作者注。

资格；王春霖实际施工的工程是小区的部分道路排水工程，该排水工程属于分项工程，且在性质上不宜折价、拍卖，亦不符合法律及司法解释规定的该工程系其承包且按照工程性质可以折价或者拍卖的条件。因此，王春霖作为实际施工人，主张建设工程价款优先受偿权没有法律依据。……"

2. 承包人的主要义务及责任。

（1）承包人的协助义务。工程的进度、质量对发包人的利益影响较大，故承包方有义务接受发包人对工程进度和工程质量的必要的监督，对发包人的检查，承包人应予以支持和协助。如果发包人的检查影响到工程的正常作业，承包方有权在说明理由的基础上予以拒绝。发包人可对工程进度及工程质量进行检查。因此《民法典》第797条规定："发包人在不妨碍承包人正常作业的情况下，可以随时对作业进度、质量进行检查。"

（2）承包人的通知义务。在一项整体的建设工程中，有许多中间工程，特别是有一些需要及时隐蔽的工程，如铺设的自来水、煤气、排水等隐蔽的管线工程或者主体工程使用的建材用量等。对这些隐蔽工程的检查验收一般要先于主体工程，如果在覆盖隐蔽后再与主体工程一起最后验收，则需要重新开挖，必然增加不必要的费用。因此《民法典》第798条规定，"隐蔽工程在隐蔽以前，承包人应当通知发包人检查。发包人没有及时检查的，承包人可以顺延工程日期，并有权请求赔偿停工、窝工等损失。"

（3）承包人的损害赔偿责任。《民法典》第802条规定："因承包人的原因致使建设工程在合理使用期限内造成人身损害和财产损失的，承包人应当承担赔偿责任。"

（4）工程质量不合格的责任。《民法典》第801条规定："因施工人的原因致使建设工程质量不符合约定的，发包人有权请求施工人在合理期限内无偿修理或者返工、改建。经过修理或者返工、改建后，造成逾期交付的，施工人应当承担违约责任。"

【本章思考题】

1. 建设工程合同有哪些特征？
2. 与建设工程相关的主要有哪些合同？
3. 试述建设工程施工合同的主要内容。
4. 试比较分包与转包。
5. 建设工程合同中发包人主要有哪些权利义务？
6. 建设工程合同中承包人主要有哪些权利义务？

7. 试比较建设工程合同中承包人的建设工程款优先权与抵押权、留置权的区别。

8. 建设工程合同在哪些情况下无效？如何处理？与民法典之前的司法实践相比有何不同？

运输合同

运输合同，又称运送合同，是指双方当事人约定，由一方作为承运人为他方（即旅客或托运人）按照约定的时间及地点将货物或旅客运送到约定地点并由承运人获取报酬的合同。运输合同范围广泛，种类繁多，采用不同的标准，可对运输合同作不同的分类。以运输的对象为标准，可将运输合同分为旅客运输合同和货物运输合同。以运输工具为标准，运输合同可分为铁路运输合同、公路运输合同、航空运输合同、水上运输合同、海上运输合同及管道运输合同等。以承运人的多少为标准，运输合同可分为单一运输合同和多式联合运输合同。

不同运输合同中各方当事人的权利义务有差别。联合运输合同，特别是需要注意多式联运合同中名义承运人与实际承运人责任承担的有关规定。

一、运输合同的概念和特征

（一）运输合同的概念、种类及当事人

运输合同，又称运送合同，是指双方当事人约定，由一方作为承运人为他方（即旅客或托运人）按照约定的时间及地点将货物或旅客运送到约定地点并由承运人获取报酬的合同。《民法典》第 809 条规定："运输合同是承运人将旅客或者货物从起运地点运输到约定地点，旅客、托运人或者收货人支付票款或者运输费用的合同。"同买卖合同一样，民法典关于运输合同的定义同样没有强调运输合同的"约定"性质。

运输合同范围广泛，种类繁多，采用不同的标准，可对运输合同作不同的分类。以运输的对象为标准，可将运输合同分为旅客运输合同和货物运输合同。以运输工具为标准，运输合同可分为铁路运输合同、公路运输合同、航空运输合同、水上运输合同、海上运输合同及管道运输合同等。以承运人的多少为标准，运输合同可分为单一运输合同和多式联合运输合同。

一般地，广义的运输合同包括货物运输、旅客运输及通信运输。狭义的运输合同仅包括货物运输及旅客运输。

在运输合同中，将物品或旅客运输至约定地点并收取报酬的人称为承运人；就货物运输而言，将自己或他人的物品交付承运人运送并向承运人支付报酬（有些情况下可能由收货人支付报酬）的人称为托运人。在客运合同中，与承运人相对的当事人即旅客。

有些运输合同除承运人外，还有收货人或提货人，即从承运人处提取或收取货物的人。

（二）运输合同的法律特征

1. 运输合同的标的是运送行为。虽然运输合同必有运输之货物或旅客，但运输合同的标的不是货物或旅客，货物或旅客仅是运输的对象，因为运输合同双方当事人的权利义务均围绕运送行为而产生。

2. 运输合同多为双务有偿合同。在运输合同中，承运人负有将旅客或货物运送到约定地点的义务，旅客或托运人负有按规定支付票款或运费的义务，两种义务互为对价关系，故运输合同属于双务有偿合同。

3. 运输合同多为格式合同或定型化合同。运输合同多为承运人提供为了重复使用而预先拟定的格式条款，在订立合同时旅客或托运人只有同意或不同意的权利。特别是从事公共运输的承运人，由于具有自然垄断性质，为了平衡作为弱者的社会公众与往往处于垄断经营地位的公用事业单位的利益，《民法典》第810条规定："从事公共运输的承运人不得拒绝旅客、托运人通常、合理的运输要求。"

二、客运合同、货运合同、多式联运合同

（一）客运合同

1. 客运合同的概念、订立及生效。客运合同，即旅客运输合同，是指当事人约定由承运人将旅客及其行李安全运输到约定地点，旅客为此支付相应报酬的合同。旅客运输合同基于双方合意成立，车、船或机票是旅客运输合同的简易书面凭证。

一般地，旅客运输合同自承运人向旅客交付乘用运输设备的票证时成立。《民法典》第814条规定："客运合同自承运人向旅客出具客票时成立，但是当事人另有约定或者另有交易习惯的除外。"运输合同的成立有"先买票后乘车"的，此时合同自购票后成立；也有"先上车后买票的"，此时合同则自旅客登上运输设备时起成立。

2. 客运合同的效力。

（1）承运人的主要权利为收取运费及检、验票等。其主要义务如下：

承运人有按约定的时间和班次运输旅客的义务及告知义务。依据《民法典》第820条，"承运人应当按照有效客票记载的时间、班次和座位号运输旅客。承运人迟延运输或者有其他不能正常运输情形的，应当及时告知和提醒旅客，采取必要的安置措施，并根据旅客的要求安排改乘其他班次或者退票；由此造成旅客损失的，承运人应当承担赔偿责任，但是不可归责于承运人的除外"。客票是证明旅客运输合同有效成立的书面凭证，客票上所载明的时间、班次经承运人和旅客双方当事人意思表示一致，从而成为合同内容的重要组成部分，对此，双方均应按约定履行。承运人只有按客票载明的时间、班次运输，才属于全面、适当地履行了合同。对于承运人未按客票载明的时间和班次进行运输的，旅客有权要求安排改乘其他班次、变更运输路线以到达目的地或者退票。

承运人在运输过程中的救助义务。《民法典》第822条规定："承运人在运输过程中，应当尽力救助患有急病、分娩、遇险的旅客。"如果承运人对患有急病、分娩、遇险的旅客不予救助，因其不作为即可被要求承担民事责任。

承运人的安全运送义务。运输合同生效后，承运人负有将旅客安全送达目的地的义务，即在运输中承运人应保证旅客的人身安全。《民法典》第823条规定："承运人应当对运输过程中旅客的伤亡承担赔偿责任；但是，伤亡是旅客自身健康原因造成的或者承运人证明伤亡是旅客故意、重大过失造成的除外。前款规定适用于按照规定免票、持优待票或者经承运人许可搭乘的无票旅客。"需注意的是，除上述旅客外，对于无票乘车又未经承运人许可的人员的伤亡，因没有合法有效的合同关系存在，承运人不承担违约的赔偿责任。关于客运合同中旅客随身物品或行李，《民法典》第824条规定："在运输过程中旅客随身携带物品毁损、灭失，承运人有过错的，应当承担赔偿责任。旅客托运的行李毁损、灭失的，适用货物运输的有关规定。"可见，承运人负有安全运输旅客自带物品的义务。

【案例20-1】阿卜杜勒·瓦希德诉中国东方航空股份有限公司航空旅客运输合同纠纷案[1]

法院生效裁判认为：原告阿卜杜勒是巴基斯坦国公民，……我国和巴基斯坦都是《经1955年海牙议定书修订的1929年华沙统一国际航空运输一些规则的公约》（以下简称《1955年在海牙修改的华沙公约》）和1961年《统一非立约承运人所办国际航空运输的某些规则以补充华沙公约的公约》（以下简称《瓜达拉哈拉公约》）的缔约国，故这两个国际公约对本案适用。

---

[1]　最高人民法院指导案例51号。该案判决书编号为"（2006）沪一中民一（民）终字第609号"。

……阿卜杜勒所持机票，是由国泰航空公司出票，故国际航空旅客运输合同关系是在阿卜杜勒与国泰航空公司之间设立，国泰航空公司是缔约承运人。东方航空公司与阿卜杜勒之间不存在直接的国际航空旅客运输合同关系，也不是连续承运人，只是推定其根据国泰航空公司的授权，完成该机票确定的上海至香港间运输任务的实际承运人。阿卜杜勒有权选择国泰航空公司或东方航空公司或两者同时为被告提起诉讼；在阿卜杜勒只选择东方航空公司为被告提起的诉讼中，东方航空公司虽然有权要求国泰航空公司参加诉讼，但由于阿卜杜勒追究的航班延误责任发生在东方航空公司承运的上海至香港段航程中，与国泰航空公司无关，根据本案案情，衡量诉讼成本，无需追加国泰航空公司为本案的当事人共同参加诉讼。故东方航空公司虽然有权申请国泰航空公司参加诉讼，但这种申请能否被允许，应由受理案件的法院决定。……

……2004 年 12 月 31 日的 MU703 航班由于天气原因发生延误，对这种不可抗力造成的延误，东方航空公司不可能采取措施来避免发生，故其对延误本身无需承担责任。但还需证明其已经采取了一切必要的措施来避免延误给旅客造成的损失发生，否则即应对旅客因延误而遭受的损失承担责任。阿卜杜勒在浦东机场时由于预见到 MU703 航班的延误会使其错过国泰航空公司的衔接航班，曾多次向东方航空公司工作人员询问怎么办。东方航空公司应当知道国泰航空公司从香港飞往卡拉奇的衔接航班三天才有一次，更明知阿卜杜勒一行携带着婴儿，不便在中转机场长时间等候，有义务向阿卜杜勒一行提醒中转时可能发生的不利情形，劝告阿卜杜勒一行改日乘机。但东方航空公司没有这样做，却让阿卜杜勒填写《续航情况登记表》，并告知会帮助解决，使阿卜杜勒对该公司产生合理信赖，从而放心登机飞赴香港。鉴于阿卜杜勒一行是得到东方航空公司的帮助承诺后来到香港，但是东方航空公司不考虑阿卜杜勒一行携带婴儿要尽快飞往卡拉奇的合理需要，向阿卜杜勒告知了要么等待三天乘坐下一航班且三天中相关费用自理，要么自费购买其他航空公司机票的"帮助解决"方案。根据查明的事实，东方航空公司始终未能提供阿卜杜勒的妻子杜琳在登机前填写的《续航情况登记表》，无法证明阿卜杜勒系在明知飞往香港后会发生对己不利的情况仍选择登机，故法院认定"东方航空公司没有为避免损失采取了必要的措施"是正确的。东方航空公司没有采取一切必要的措施来避免因航班延误给旅客造成的损失发生，不应免责。阿卜杜勒迫于无奈自费购买其他航空公司的机票，对阿卜杜勒购票支出的 5480 港元损失，东方航空公司应承担赔偿责任。

在延误的航班到达香港机场后，东方航空公司拒绝为阿卜杜勒签转机票，其主张阿卜杜勒的机票系打折票，已经注明了"不得退票，不得转签"，其无须另行提醒和告知。法院认为，即使是航空公司在打折机票上注明"不得退票，不得转签"，只是限制购买打折机票的旅客由于自身原因而不得退票和转签；旅客购买了打折机票，航空公司可以相应地取消一些服务，但是旅客支付了足额票款，航空公司就要为旅客提供完整的运输服务，并不能剥夺旅客在支付了票款后享有的乘坐航班按时抵达目的地的权利。本案中的航班延误并非由阿卜杜勒自身的原因造成。阿卜杜勒乘坐延误的航班到达香港机场后肯定需要重新签转机票，东方航空公司既未能在始发机场告知阿卜杜勒在航班延误时机票仍不能签转的理由，在中转机场亦拒绝为其办理签转手续。因此，东方航空公司未能提供证据证明损失的产生系阿卜杜勒自身原因所致，也未能证明其为了避免损失扩大采取了必要的方式和妥善的补救措施，故判令东方航空公司承担赔偿责任。

（2）旅客的主要权利是乘用约定的运输设备及免费或以优惠价格携带一定物品或儿童，其主要义务如下：

购买客票或支付费用的义务。 这是旅客的主要义务。客票为表示承运人有运送其持有人义务的书面凭证，是承运人收到旅客承运费用的收据。客票并非旅客运输合同的书面形式，而是证明旅客运输合同的凭证。《民法典》第 815 条规定："旅客应当按照有效客票记载的时间、班次和座位号乘坐。旅客无票乘坐、超程乘坐、越级乘坐或者持不符合减价条件的优惠客票乘坐的，应当补交票款，承运人可以按照规定加收票款；旅客不支付票款的，承运人可以拒绝运输。实名制客运合同的旅客丢失客票的，可以请求承运人挂失补办，承运人不得再次收取票款和其他不合理费用。"近年来中国高铁发展迅速，铁路客运车票亦已实名，该条最后一句的规定可谓合理。

不随身携带或者在行李中夹带违禁物品的义务。 《民法典》第 818 条规定："旅客不得随身携带或者在行李中夹带易燃、易爆、有毒、有腐蚀性、有放射性以及可能危及运输工具上人身和财产安全的危险物品或者违禁物品。旅客违反前款规定的，承运人可以将危险物品或者违禁物品卸下、销毁或者送交有关部门。旅客坚持携带或者夹带危险物品或者违禁物品的，承运人应当拒绝运输。"

（二）货运合同

1. 货运合同的概念和特征。货运合同是指当事人约定承运人将托运人交付运输的货物运送到约定地点，托运人支付相应运费的合同。货运合同为运输合同的一种，除具有运输合同的一般特征外，还具有如下重要特征：

（1）货运合同往往涉及第三方。货运合同由托运人与承运人双方订立，托运人与承运人为合同的当事人，但托运人既可以为自己的利益托运货物，也可以为第三人的利益托运货物。托运人既可自己为收货人，也可以将第三人作为收货人。在第三人为收货人的情况下，收货人虽不是订立合同的当事人，但却是合同的利害关系人。在此情况下的货运合同即属于为第三人利益订立的合同。

（2）货运合同以将货物交付给收货人为履行完毕。货运合同与客运合同一样，均是以承运人的运送行为为标的。但是，客运合同中承运人将旅客运输到目的地义务即履行完毕；而货运合同中，承运人将货物运输到目的地，其义务并不能完结，只有将货物交付给收货人后，其义务才告履行完毕。

2. 货运合同的效力。

（1）承运人的主要权利是收取运费以及托运人不支付运费、保管费等费用时的留置权（参见《民法典》第836条，但该留置权可以约定排除），其主要义务包括：

安全运输义务。《民法典》第832条规定："承运人对运输过程中货物的毁损、灭失承担赔偿责任。但是，承运人证明货物的毁损、灭失是因不可抗力、货物本身的自然性质或者合理损耗以及托运人、收货人的过错造成的，不承担赔偿责任。"第833条规定："货物的毁损、灭失的赔偿额，当事人有约定的，按照其约定；没有约定或者约定不明确，依照本法第五百一十条的规定仍不能确定的，按照交付或者应当交付时货物到达地的市场价格计算。法律、行政法规对赔偿额的计算方法和赔偿限额另有规定的，依照其规定。"

【案例20-2】大连保税区源盛化工贸易有限公司与被申请人东莞市辉明石化产品有限公司以及深圳市永丰海实业有限公司、乐清市东方海运有限公司水路货物运输合同货差纠纷案[1]

［最高人民法院认为］"本案系水路货物运输合同货差纠纷。永丰海公司与辉明公司签订的**水路货物运输合同，虽因永丰海公司未依法取得水路运输许可证，违反我国水路运输特许经营的规定而无效。但是，永丰海公司在事实上已经作为承运人履行了该水路货物运输合同。原审判决认定永丰海公司作为承运人，源盛公司和东方公司作为实际承运人，并无不当。**……

根据《中华人民共和国合同法》第三百一十一条的规定，承运人应对运输过程中货物的毁损、灭失承担赔偿责任，除非其证明该货物毁损、灭失是因货物本身的自然性质或者合理损耗以及托运人、收货人的过错等原因造成。本案中，辉明公司作为托运人和收货人，向永丰海公司申报货物为汽油，**虽然源盛公司、永丰海公司、东方公司所提供的证据显示涉案货物在抵达目的港后的蒸汽压测试结果为109.4KPa，超过国家标准车用汽油 GBl7930-2006 中关于蒸汽压不大于72KPa 的要求，但仅此不足以证明辉明公司托运的货物与申报的货物名称'汽**

---

〔1〕 最高人民法院（2012）民监字第389号民事裁定书。

油'不符，也不足以证明 8 天运输途中短量 109.92 吨即为货物自身原因所致。在未提供充分证据证明涉案货物短少系货物自身特性所致的情形下，东方公司、源盛公司和永丰海公司作为承运人和实际承运人应对运输途中货物损耗超过约定的允许损耗 3‰之外的部分承担赔偿责任。"

承运人的通知义务。《民法典》第 830 条规定："货物运输到达后，承运人知道收货人的，应当及时通知收货人，收货人应当及时提货。收货人逾期提货的，应当向承运人支付保管费等费用。" 当然，承运人只有在知道或应当知道收货人的通讯地址或联系方法的情况下，方负有上述通知义务，如果因为托运人或收货人的原因，如托运人在运单上填写的收货人名称、地址不准确，或者收货人更换了通讯地址或联系方式而未告知承运人的，承运人免除上述通知义务。

（2）托运人的主要义务包括：

及时交付交运货物及告知有关信息的义务。托运人需按约定向承运人交付托运的货物。《民法典》第 825 条规定："托运人办理货物运输，应当向承运人准确表明收货人的姓名、名称或者凭指示的收货人，货物的名称、性质、重量、数量，收货地点等有关货物运输的必要情况。因托运人申报不实或者遗漏重要情况，造成承运人损失的，托运人应当承担赔偿责任。"

支付运费、保管费等费用的义务。不过，有时托运人可能与承运人约定运费由收货人支付。但货物在运输过程中因不可抗力灭失，未收取运费的，承运人不得要求支付运费；已收取运费的，托运人可以要求返还（见《民法典》第 835 条）。同时，托运人或者收货人不支付运费、保管费以及其他运输费用的，承运人对相应的运输货物享有留置权，但当事人另有约定的除外（见《民法典》第 836 条）。

适当包装的义务。《民法典》第 827 条规定："托运人应当按照约定的方式包装货物。对包装方式没有约定或者约定不明确的，适用本法第六百一十九条的规定。托运人违反前款规定的，承运人可以拒绝运输。"

危险品申报及告知义务。《民法典》第 828 条规定："托运人托运易燃、易爆、有毒、有腐蚀性、有放射性等危险物品的，应当按照国家有关危险物品运输的规定对危险物品妥善包装，做出危险物标志和标签，并将有关危险物品的名称、性质和防范措施的书面材料提交承运人。托运人违反前款规定的，承运人可以拒绝运输，也可以采取相应措施以避免损失的发生，因此产生的费用由托运人负担。"

按规定向承运人提交审批、检验等文件的义务。《民法典》第 826 条规定："货物运输需要办理审批、检验等手续的，托运人应当将办理完有关手续的文件提交承运人。"

（3）收货人的主要义务包括：

及时提货的义务。收货人虽然没有直接参与货物运输合同的签订，但受承运人、托运人双方签订的货物运输合同约束。根据《民法典》第830条，货物运输到达后，承运人知道收货人的，应当及时通知收货人，收货人应当及时提货。收货人逾期提货的，应当向承运人支付保管费等费用。又根据《民法典》第837条的规定，收货人不明或者收货人无正当理由拒绝受领货物的，承运人依法可以提存货物。

在一定期限内检验货物的义务。《民法典》第831条规定："收货人提货时应当按照约定的期限检验货物。对检验货物的期限没有约定或者约定不明确，依据本法第五百一十条的规定仍不能确定的，应当在合理期限内检验货物。收货人在约定的期限或者合理期限内对货物的数量、毁损等未提出异议的，视为承运人已经按照运输单证的记载交付的初步证据。"

三、多式联运合同

（一）概念及种类

当事人可能约定由两个或两个以上的承运人通过衔接运送，用同一凭证将货物运送到指定地点，由托运人支付运输费用，从而成立联合运输合同，简称联运合同。联运合同包括单式联运合同和多式联运合同。

单式联运合同是指当事人约定由两个或两个以上承运人以同一种运输方式将货物运至约定地点，托运人支付运费的货物运输合同。根据《民法典》第834条，两个以上承运人以同一运输方式联运的，与托运人订立合同的承运人应当对全程运输承担责任；损失发生在某一运输区段的，与托运人订立合同的承运人和该区段的承运人承担连带责任。

多式联运合同，即多式联运经营人与托运人订立的，约定以两种或者两种以上的不同运输方式，采用同一运输凭证将货物运输至约定地点的货物运输合同。

多式联运方式提供"一次托运、一次收费、一票到底、一次保险、全程负责"的"门到门"服务，由于节省交易费用而逐渐兴起。多式联运合同是该种交易形式的法律体现。

多式联运合同种类很多，有铁路、水路、公路联合运输，还有与航空、海运联合运输的情况，有国内的联合运输，也有国际的联合运输。目前众多的"物流公司"或所谓的"货运代理"均提供该种服务，而且存在众多的"无船（或其他运输工具）"的承运人，其仅负责收集客户信息，由其他拥有运输工具的人实际承担运输，这也是分工日益细化的体现。

（二）法律特征

1. 承运方由两个以上采取不同运输方式的承运人共同构成，而多式联运合同对该等承运人均有约束力。其中多式联运承运人对全程负责，各区段承运人对该区段负责。根据《民法典》第 838 条，多式联运经营人负责履行或者组织履行多式联运合同，对全程运输享有承运人的权利，承担承运人的义务。又依据第 839 条，"多式联运经营人可以与参加多式联运的各区段承运人就多式联运合同的各区段运输约定相互之间的责任；但是，该约定不影响多式联运经营人对全程运输承担的义务"。

2. 一次性支付费用以及只有一张运输凭证。虽然多式联运合同中存在两种以上的运输方式，实际履行运输义务的承运人可能也在两个以上，但旅客或托运人仅向其中的一个人，即多式联运经营人，支付费用，而由该多式联运经营人开具同一运输凭证。

【案例 20-3】北京和风国际物流有限公司与宜兴市明月建陶有限公司多式联运合同纠纷案[1]

[最高人民法院认为] 本案是具有涉外因素的多式联运合同纠纷，当事人对于二审判决适用中国法律并无异议。根据多式联运提单的记载，明月公司为托运人，和风公司为多式联运经营人。二审判决认定法律关系及当事人的法律地位正确。涉案运输合同中天津新港至南非德班港为海运段，属于《中华人民共和国海商法》第四章第八节调整的多式联运合同，应当适用《中华人民共和国海商法》的规定确定本案当事人的权利义务。该法第一百零五条规定：货物的灭失或者损坏发生于多式联运的某一运输区段，多式联运经营人的赔偿责任和责任限额，适用调整该区段运输方式的有关法律规定。**本案纠纷源于货物抵达德班港海运区段完成后，和风公司没有完成德班至 Likasi 的内陆运输，造成明月公司提起诉讼。明月公司主张的货物灭失发生于内陆运输区段，应当适用调整内陆区段的法律确定和风公司的赔偿责任及责任限额。二审判决适用《中华人民共和国合同法》的有关规定，适用法律正确。**

……

关于和风公司应当如何承担违约责任。本案中，和风公司是在陆路运输区段中止运输，二审判决依照《中华人民共和国海商法》第一百零五条的规定，认定和风公司的赔偿责任和赔偿限额应当适用《中华人民共和国合同法》的相关

---

[1] 最高人民法院（2011）民申字第 417 号民事裁定书。

规定并无不当。根据《中华人民共和国合同法》第一百零七条的规定，当事人一方不履行义务或者履行义务不符合约定的，应当承担继续履行，采取补救措施或者赔偿损失等违约责任。鉴于明月公司在一审期间已经将要求判令和风公司继续履行的诉讼请求变更为要求和风公司赔偿损失的诉讼请求，且涉案货物已被和风公司出售，涉案运输合同已经不可能继续履行，和风公司应当赔偿因其违约所造成的全部损失。根据《中华人民共和国合同法》第三百一十二条的规定，"货物的毁损、灭失的赔偿额，当事人有约定的，按照其约定；没有约定或者约定不明确，依照本法第六十一条的规定仍不能确定的，按照交付或者应当交付时货物到达地的市场价格计算"。涉案货物虽然没有实际毁损、灭失，但是被和风公司长期滞留在运输途中，始终未交付收货人，且现已经被出售，故和风公司应当赔偿明月公司因此遭受的损失。

【本章思考题】

1. 试述运输合同的种类。
2. 客运合同中承运人与旅客各有什么权利义务？
3. 货运合同中有几方当事人？其各自的权利义务如何？
4. 什么是联合运输合同？分为哪几种？
5. 试述多式联运合同中承运人的责任承担。
6. 运输合同中危险品的运输有哪些规定？
7. 请了解货运代理及无船承运的现状、管制及相关法律关系。

第二十一章

技术合同

　　技术合同是当事人就技术开发、转让、许可、咨询或者服务订立的确立相互之间权利和义务的合同。在技术合同中，当事人约定一方进行技术开发及技术转让，或提供技术咨询或技术服务，另一方则支付报酬或价款。技术合同包括技术开发合同、技术转让合同、技术咨询合同和技术服务合同。技术咨询合同包括就特定技术项目提供可行性论证、技术预测、专题技术调查、分析评价报告等合同。技术服务合同是指当事人一方以技术知识为另一方解决特定技术问题所订立的合同，但不包括建设工程合同和承揽合同。其中重点是技术开发合同及技术转让合同，应重点掌握双方当事人的权利与义务。

一、技术合同概述

　　《民法典》第 843 条规定："技术合同是当事人就技术开发、转让、许可、咨询或者服务订立的确立相互之间权利和义务的合同。"

　　在技术合同中，一方当事人进行技术开发及技术转让、许可，或提供技术咨询或技术服务，另一方则支付报酬或价款。

　　随着科学技术的逐渐发达、科学技术作为一种产品进入市场，技术合同也逐渐成为一种越来越重要的典型合同。

　　技术合同具有以下特征：

　　1. 技术合同的标的物是技术成果。与其他合同相比，技术合同的标的不是有形的物，也不是一般的服务，而是技术成果或技术服务。因此，在技术合同中债务人的给付总与技术有关。技术具有无形性、容易复制，并且可以为多人重复使用，因此技术合同与一般的商品买卖合同、承揽合同相比有其独特的特点。根据《技术合同纠纷司法解释》（2020）第 1 条，"技术成果，是指利用科学技术知识、信息和经验作出的涉及产品、工艺、材料及其改进等的技术方案，包括专利、专利申请、技术秘密、计算机软件、集成电路布图设计、植物新品种等。技术秘密，是指不为公众所知悉、具有商业价值并经权利人采取相应保密措施的技术信息。"

2. 技术合同法律调整的多样性。技术合同作为一种有名合同，由合同法调整。但同时，由于技术成果或服务总与知识产权相关，因此，也受相关知识产权法，比如著作权法、专利法、商标法甚至反不正当竞争法等的调整。

3. 技术合同一般为双务、有偿、诺成合同。技术开发合同、技术转让合同及技术许可合同均为要式（书面）合同（《民法典》第851、第863条），但对技术咨询和技术服务合同，民法典并未明文要求书面形式。

二、技术合同的分类

我国《合同法》将技术合同分为以下种类：

1. **技术开发合同**。技术开发合同是指当事人之间就新技术、新产品、新工艺或者新材料及其系统的研究开发所订立的合同。技术开发合同包括委托开发合同和合作开发合同（《民法典》第851条）。其中，委托开发合同类似于委托合同，而合作开发合同类似于合伙合同。

2. **技术转让合同和技术许可合同**。技术转让合同包括专利权转让、专利申请权转让、技术秘密转让等合同，技术许可合同则包括专利实施许可合同、技术秘密使用许可等合同（《民法典》第863条），类似于买卖合同或租赁合同。

3. **技术咨询合同和技术服务合同**。依据《民法典》第878条，技术咨询合同是当事人一方以技术知识为对方就特定技术项目提供可行性论证、技术预测、专题技术调查、分析评价报告等所订立的合同；技术服务合同是指当事人一方以技术知识为另一方解决特定技术问题所订立的合同。

三、技术开发合同

（一）技术开发合同概述

《民法典》第851条规定："技术开发合同是当事人之间就新技术、新产品、新工艺、新品种或者新材料及其系统的研究开发所订立的合同。技术开发合同包括委托开发合同和合作开发合同。技术开发合同应当采用书面形式。"根据《技术合同纠纷司法解释》第17条，"'新技术、新产品、新工艺、新品种或者新材料及其系统'，包括当事人在订立技术合同时尚未掌握的产品、工艺、材料及其系统等技术方案，但对技术上没有创新的现有产品的改型、工艺变更、材料配方调整以及对技术成果的验证、测试和使用除外。"

技术开发合同分为委托开发合同和合作开发合同。委托开发合同，是委托方委托开发方进行技术研究开发而委托方支付报酬的合同。合作开发合同，是当事人各方就共同进行技术研究开发订立的合同。

（二）技术开发合同的特征

技术开发合同具有以下特征：

1. 技术开发合同的标的物是研究开发具有创新性的技术成果。技术开发合同各方当事人订立合同的目的是研究开发出创新性的技术成果。该成果可能是某种新技术、新产品、新工艺、新品种或者新材料及新系统。需说明的是，这种"新"的技术成果，不一定具备专利法所要求的"新颖性"，或其仅具有时间、空间上的新颖性，但应当是当事人在订立合同时不掌握的，而且须是经过研究开发人的研究行为才能取得的。因此，因作为技术开发合同标的技术已经由他人公开，致使技术开发合同的履行没有意义的，当事人可以解除合同（《民法典》第857条）。

2. 技术开发合同是双务、有偿、诺成、要式合同。根据上引《民法典》第851条规定，技术开发合同应当采用书面形式，因此属要式合同；技术开发合同一般双方当事人意思表示一致即成立并生效，不以标的物的交付作为成立要件，因此属诺成合同；技术开发合同双方均有权利义务，一方从另一方取得利益均需向对方支付对价，因此为双务、有偿合同。

3. 技术开发合同中研究开发失败的风险负担。既然是研究开发，由于技术条件等限制，开发失败的风险是存在的。《民法典》专门针对技术开发失败的风险负担作出规定："技术开发合同履行过程中，因出现无法克服的技术困难，致使研究开发失败或者部分失败的，该风险由当事人约定；没有约定或者约定不明确，依据本法第510条的规定仍不能确定的，风险由当事人合理分担。当事人一方发现前款规定的可能致使研究开发失败或者部分失败的情形时，应当及时通知另一方并采取适当措施减少损失；没有及时通知并采取适当措施，致使损失扩大的，应当就扩大的损失承担责任。"（《民法典》第858条）

（三）技术开发合同的效力

1. 委托开发合同当事人的权利义务。

委托人的权利义务。委托开发合同中，委托人的主要权利义务是按照约定支付研究开发经费和报酬，提供技术资料，提出研究开发要求，接收开发人提交的其所研究开发的技术成果（《民法典》第852）。

开发人的主要权利义务。委托开发合同中，开发人的主要权利是获取开发经费及报酬。根据《民法典》第853条，开发人的主要义务如下：①委托开发合同的研究开发人应当按照约定制定和实施研究开发计划。研究开发人应当亲自按照约定进行研究开发，并保证研究开发成果符合委托人的要求，未经委托人同意，开发人不得将研究开发的主要工作交由第三人完成；②合理使用研究开发经费。研究开发人应当按照约定合理使用研究开发经费，不得擅自改变经费的用途，不得不合理地支出研究经费；③按期完成研究开发工作，交付研究开发成果，提供有关的技术资料和必要的技术指导，帮助委托人掌握研究开发成果。

2. 委托开发之技术成果的归属。《民法典》第859条规定，"委托开发完成的发明创造，除法律另有规定或当事人另有约定外，申请专利的权利属于研究开发人。研究开发人取得专利权的，委托人可以依法实施该专利。研究开发人转让专利申请权的，委托人享有以同等条件优先受让的权利。"这一规定的原则与著作权法及专利法的有关规定一致。《著作权法》（2020最新修正）第19条规定："受委托创作的作品，著作权的归属由委托人和受托人通过合同约定。合同未作明确约定或者没有订立合同的，著作权属于受托人。"《专利法》（2020年最新修正）第8条规定："两个以上单位或者个人合作完成的发明创造、一个单位或者个人接受其他单位或者个人委托所完成的发明创造，除另有协议的以外，申请专利的权利属于完成或者共同完成的单位或者个人；申请被批准后，申请的单位或者个人为专利权人。"

同时，《民法典》第861条规定："委托开发或者合作开发完成的技术秘密成果的使用权、转让权以及收益的分配办法，由当事人约定；没有约定或者约定不明确，依据本法第510条的规定仍不能确定的，在没有相同技术方案被授予专利权前，当事人均有使用和转让的权利。但是，委托开发的研究开发人不得在向委托人交付研究开发成果之前，将研究开发成果转让给第三人。"就"当事人均有使用和转让的权利"，《技术合同纠纷司法解释》第20条规定："包括当事人均有不经对方同意而自己使用或者以普通使用许可的方式许可他人使用技术秘密，并独占由此所获利益的权利。当事人一方将技术秘密成果的转让权让与他人，或者以独占或者排他使用许可的方式许可他人使用技术秘密，未经对方当事人同意或者追认的，应当认定该让与或者许可行为无效。"此外，该解释21条规定："技术开发合同当事人依照民法典的规定或者约定自行实施专利或使用技术秘密，但因其不具备独立实施专利或者使用技术秘密的条件，以一个普通许可方式许可他人实施或者使用的，可以准许。"

3. 合作开发合同当事人的权利义务。合作开发合同类似于合伙合同。根据《民法典》第855条，合作开发合同当事人的主要义务如下：①合作开发合同的当事人应当按照约定进行投资，其中包括以技术进行投资，也可以资金、材料、设备、场地等投资，并有各自的投资比例；②分工参与研究开发工作；③协作配合研究开发工作。根据《民法典》第856条，合作开发合同的当事人违反约定造成研究开发工作停滞、延误或者失败的，应当承担违约责任。

4. 合作开发技术成果的归属。根据《民法典》第 860 条，合作开发完成的发明创造，除当事人另有约定的以外，申请专利的权利属于合作开发的当事人共有；当事人一方转让其共有的专利申请权的，其他各方享有以同等条件优先受让的权利；合作开发的当事人一方声明放弃其共有的专利申请权的，可以由另一方单独申请或者由其他各方共同申请。申请人取得专利权的，放弃专利申请权的一方可以免费实施该专利。合作开发的当事人一方不同意申请专利的，另一方或者其他各方不得申请专利。

【案例 21-1】钦州锐丰钒钛铁科技有限公司与北京航空航天大学技术合同纠纷案[1]

[最高人民法院认为] "根据本案一审判决及钦州锐丰公司的上诉理由，本案的主要争议焦点是：钦州锐丰公司能否依据合同法第五十四条第二款之规定，撤销其与北航大学签订的《技术开发（委托）合同》及技术附件、《合同附件（1）》《合同附件（2）》《补充技术附件》（统称涉案合同）。

……判断涉案合同是否构成一方以欺诈的手段，使对方在违背真实意思的情况下订立的合同，必须从两个方面予以分析：一是北航大学是否实施了欺诈行为；二是钦州锐丰公司是否因受欺诈而陷于错误判断，并在此基础上做出了违背其真意的意思表示。

（一）关于北航大学是否实施了欺诈行为的问题

……在技术委托开发合同领域，对于受托方是否告知虚假情况或隐瞒真实情况的判断，须充分考虑技术开发活动本身的特性。技术开发活动具有阶段性，其结果具有不确定性。从实验室试验，到半工业试验、工业试验，再到成熟的工业生产，研发阶段的不断递进不只是产量和规模的简单递增，更是不断克服已知和未知困难的复杂过程，技术开发活动中的某些困难可能难以预见、难以预防、难以控制、难以克服。每一个研发阶段的成功都只是为后续研发提供了基础性条件，至于下一个研发阶段是否亦能成功，乃至于技术成果能否最终获得，都不可确知。故对于技术委托开发合同中受托方欺诈行为的认定，必须尊重技术开发活动本身的特点和规律，区分技术开发的不同阶段，以合同签订之时的已知事实和受托方当时可以合理预知的情况作为判断其是否告知了虚假情况或隐瞒了真实情况的标准。

本案中，涉案合同是关于钒钛磁铁砂矿综合利用技术规模化工业试验阶段的

---

〔1〕　最高人民法院（2015）民三终字第 8 号民事判决书。

技术开发合同，其所涉前续研发阶段是该项技术的半工业试验阶段。关于北航大学是否向钦州锐丰公司告知了虚假情况或隐瞒了真实情况的判断，主要应考虑两个方面的问题：一是北航大学是否向钦州锐丰公司完整告知了半工业试验阶段钒钛磁铁砂矿综合利用技术的真实情况；二是北航大学是否向钦州锐丰公司完整告知了钒钛铁分离技术工业化示范项目的真实规划。

......

综上，北航大学完整地告知了钦州锐丰公司钒钛磁铁砂矿综合利用技术半工业试验阶段的真实情况，其未对涉案技术在这一研发阶段的情况实施欺诈；且依据现有证据难以认定《鉴定证书》所载钒钛磁铁砂矿综合利用技术系虚假技术。一审法院对《鉴定证书》予以采信，对钦州锐丰公司关于重新鉴定的申请未予支持，并无不当，本院予以确认。......

北航大学在《示范项目申请报告》中关于产品的陈述与《鉴定证书》不矛盾，与涉案合同相一致，应当认定其并未虚报项目产品。......

综上，**本院认为，北航大学向钦州锐丰公司完整告知了钒钛磁铁砂矿综合利用技术规模化工业试验阶段的真实规划，其未对涉案技术在这一阶段的研发计划实施欺诈。**

鉴于北航大学完整告知了钒钛磁铁砂矿综合利用技术半工业试验阶段的真实情况，以及钒钛铁分离技术工业化示范项目的真实规划，本院认为，北航大学不构成对钦州锐丰公司的欺诈。

......

技术开发活动具有阶段性，其结果具有不确定性。**对于技术委托开发合同中委托方是否因受欺诈而陷于错误判断，并在此基础上做出违背其真意的意思表示的认定，也应在充分尊重技术开发活动固有特性的前提下，综合考虑委托方对合同项目的认知能力、委托方的信息来源、委托方所能合理预知的情况等因素，认定其是否陷于错误判断，以及其错误判断与受托方的欺诈行为是否具有因果关系。**......"

四、技术转让合同与技术许可合同

（一）技术转让合同与技术许可合同概述

技术转让合同是当事人就专利权转让、专利申请权转让、技术秘密转让所达成的合同。一般认为，广义的技术转让合同包括专利权转让、专利申请权转让、技术秘密转让、专利实施许可合同。狭义的技术转让合同不包括专利实施许可合同。与原合同法采用了广义的技术转让合同的概念（即将技术许可合同包含于技术转让合同）不同，民法典在合同编第 20 章中将技术转让合同与技术许可合同分别列出，应该说，这一规则改进具有合理性。

《民法典》第 862 条规定，"技术转让合同是合法拥有技术的权利人，将现有特定的专利、专利申请、技术秘密的相关权利让与他人所订立的合同。技术许可合同是合法拥有技术的权利人，将现有特定的专利、技术秘密的相关权利许可他人实施、使用所订立的合同。技术转让合同和技术许可合同中关于提供实施技术的专用设备、原材料或者提供有关的技术咨询、技术服务的约定，属于合同的组成部分。"

《技术合同纠纷司法解释》（2020）第 22 条进一步解释："就尚待研究开发的技术成果或者不涉及专利、专利申请或者技术秘密的知识、技术、经验和信息所订立的合同，不属于《民法典》第 862 条规定的技术转让合同或者技术许可合同。

技术转让合同中关于让与人向受让人提供实施技术的专用设备、原材料或者提供有关的技术咨询、技术服务的约定，属于技术转让合同的组成部分。因此发生的纠纷，按照技术转让合同处理。

当事人以技术入股方式订立联营合同，但技术入股人不参与联营体的经营管理，并且以保底条款形式约定联营体或者联营对方支付其技术价款或者使用费的，视为技术转让合同或者技术许可合同。"

（二）技术转让合同与技术许可合同的特征

技术转让合同及技术许可合同具有以下特征：

1. 标的是物已经存在的现有技术成果。技术转让合同拟交易的对象须是现有的，能够为当事人独占或具有不公开性，能够在生产经营中加以利用并产生经济效益。该技术成果可能已经申请了专利，也可能只是技术秘密或技术诀窍。已经失效专利或已经公开的技术秘密，一般不能成为技术转让的标的物。《民法典》第 865 条规定，"专利实施许可合同仅在该专利权的存续期限内有效。专利权有效期限届满或者专利权被宣告无效的，专利权人不得就该专利与他人订立专利实施许可合同。"依据前引《技术合同纠纷司法解释》（2020）第 22 条，"就尚待研究开发的技术成果或者不涉及专利、专利申请或者技术秘密的知识、技术、经验和信息所订立的合同，不属于《民法典》第 862 条规定的技术转让合同或者技术许可合同。"同时，依据《民法典》第 876 条，"集成电路布图设计专有权、植物新品种权、计算机软件著作权等其他知识产权的转让和许可"，参照适用技术转让合同和技术许可合同一节的规定。

2. 技术转让合同或技术许可合同所转让的是该技术的"所有权"[1]或使用权，且不得限制技术竞争和技术发展。"技术转让合同和技术许可合同可以约定实施专利或者使用技术秘密的范围，但是不得限制技术竞争和技术发展"（《民法典》第 864 条）。

3. 技术转让合同与技术许可合同是双务、有偿、诺成及要式合同。在技术转让合同中，转让方系"将现有特定的专利、专利申请、技术秘密的相关权利让与他人"，技术许可合同，系"合法拥有技术的权利人，将现有特定的专利、技术秘密的相关权利许可他人实施、使用所订立的合同"（《民法典》第 862 条）；作为对价，受让方或被许可方需就此向转让方支付价金或向许可方支付使用费或授权许可费用，故为双务、有偿合同。技术转让或许可合同的成立并不以技术成果的实际交付为要件，故为诺成合同；技术转让或许可合同应以书面为之（见《民法典》第 863 条），因此为要式合同。

（三）技术转让合同与技术许可合同的效力

1. 技术合同转让方（让与人）与许可方的权利与义务。技术合同的转让方或许可方应保证其是所提供的技术的合法拥有者，并保证该技术的完整、无误、有效，能够达到约定的目标（见《民法典》第 870 条）。

专利实施许可合同的许可人应当按照约定许可被许可人实施专利，交付实施专利有关的技术资料，提供必要的技术指导（见《民法典》第 866 条）。

技术秘密转让或许可合同的让与人或许可人应当按照约定提供技术资料，进行技术指导，保证技术的实用性、可靠性，承担保密义务（见《民法典》第 868 条）。

需注意的是，专利实施许可合同只在该专利权的存续期间内有效。专利权有效期限届满或者专利权被宣告无效的，专利权人不得就该专利与他人订立专利实施许可合同（见《民法典》第 865 条）。

让与人未按照约定转让技术或者许可人未按照约定许可技术的，应当返还部分或者全部使用费，并应当承担违约责任；违反约定的保密义务的，应当承担违约责任（见《民法典》第 872 条）。

2. 技术合同受让人与被许可人的权利与义务。技术转让合同的受让人和技术许可合同的被许可人应当按照约定的范围和期限，对让与人、许可人提供的技术中尚未公开的秘密部分，承担保密义务（见《民法典》第 871 条）。技术转让或许可合同的标的技术成果，作为一种智慧产品，具有易于复制的特点，即使是

---

[1] 需要说明的是，严格地说，技术转让合同转让的是"特定的专利、专利申请、技术秘密的相关权利"，并不是相关技术的"所有权"，因为所有权作为物权，只能成立于动产或不动产或法律允许的权利之上。

专利许可，也会存在实施专利的一些技术诀窍或未公开的秘密，转让方或许可方为保护其利益，一般会要求受让方或被许可人对有关技术成果进行保密。

依据《民法典》第873条，"被许可人未按照约定支付使用费的，应当补交使用费并按照约定支付违约金；不补交使用费或者支付违约金的，应当停止实施专利或者使用技术秘密，交还技术资料，承担违约责任；实施专利或者使用技术秘密超越约定的范围的，未经许可人同意擅自许可第三人实施该专利或者使用该技术秘密的，应当停止违约行为，承担违约责任；违反约定的保密义务的，应当承担违约责任。受让人承担违约责任，参照适用前款规定。"

3. 关于后续改进技术成果的权益分享。另外，《民法典》第875条对技术转让合同中后续改进的技术成果的分享作出了规定："当事人可以按照互利的原则，在合同中约定实施专利、使用技术秘密后续改进的技术成果的分享办法；没有约定或者约定不明确，依据本法第510条的规定仍不能确定的，一方后续改进的技术成果，其他各方无权分享。"

【案例21-2】 北京福瑞康正医药技术研究所与济川药业集团股份有限公司技术转让合同纠纷案[1]

[最高人民法院认为] "《中华人民共和国合同法》第349条规定，技术转让合同的让与人应当保证自己是所提供的技术的合法拥有者，并保证所提供的技术完整、无误、有效，能够达到约定的目的。**作为技术受让方，济川公司对从福瑞研究所受让而来的技术的真实性有着合理的期待。双方在合同中对此也约定，'因福瑞研究所技术原因，导致该新药申报失败，福瑞研究所应在责任判定后十日内全额退回已收技术转让费给济川公司'、'福瑞研究所负有保证技术内容与有关数据的真实与可靠性的义务'。因此，福瑞研究所作为新药研发的技术出让方，应当知晓其向济川公司所提供相关技术资料的用途，并应当负有保证该转让品种的技术内容与有关数据的真实性与可靠性的义务。此外，作为药品注册申请人，应当对申报资料内容的真实性负责。**《药品注册管理办法》规定，药品注册申请人应当提供充分可靠的研究数据，证明药品的安全性、有效性和质量可控性，并对全部资料的真实性负责。济川公司与福瑞研究所共同申报了盐酸罗哌卡因项目的新药证书、生产批件，共同提交了稳定性研究实验资料。而联合申报的技术资料的来源是福瑞研究所依据本案技术转让合同所提供的。本院认为，**福瑞研究所向济川公司提供真实可靠的技术资料，不仅是双方合同的约定，也是其作为药品注册申请人的法定义务。**一、二审判决关于福瑞研究所未严格依照合同约

---

[1] 最高人民法院（2013）民申字第718号民事裁定书。

定履行其义务，向济川公司提供了不真实的技术资料，构成违约行为的认定，并无不当。

……作为临床批件的技术出让方，其应当保证延续生产中的技术数据的稳定性。本案中，**申请新药证书及生产批件过程中出现的不真实的药学图谱资料来源于福瑞研究所申请临床批件的药物稳定性研究的试验资料，而该资料已经由福瑞研究所依技术转让合同的约定提供给了济川公司。由于负有法定和约定义务的福瑞研究所所提供的药学试验资料存在真实性的问题，致使该新药的有效期、安全性和临床药效无法确定，无法确定该新药的技术是否稳定可靠，直接导致济川公司签订的技术转让合同目的落空，福瑞研究所理应承担违约责任。**

……双方签订的技术转让合同约定福瑞研究所不仅需要提供临床批件和技术资料，还包括指导济川公司生产出合格产品、协助济川公司申报生产与申领新药证书、生产批件等，同时，最后一期技术转让费10万元是以济川公司获得新药证书和生产批件并生产出合格产品后十日内作为支付条件的。**由于济川公司最终未能获得新药证书和生产批件的原因在于福瑞研究所违反约定向济川公司提供了不真实的技术资料，致使济川公司无法获得新药证书和生产批件并生产出合格产品，合同目的无法实现，济川公司有权要求解除本案的技术转让合同。**根据合同约定，'因福瑞研究所技术原因，导致该新药申报失败，福瑞研究所应在责任判定后十日内全额退回已收的技术转让费给济川公司'。一、二审判决解除技术转让合同，并返还技术转让费，法律适用正确。"

五、技术咨询、服务合同

（一）技术咨询合同

技术咨询合同是一方以技术知识为对方就特定的技术项目提供可行性论证、技术预测、专题技术调查、提供分析评价报告等订立的合同（《民法典》第878条）。技术咨询合同本质上属于技术性承揽合同，即由受托方按照委托方的要求提供技术咨询并交付工作成果。

技术咨询合同的双方当事人包括技术咨询的委托方及受托方。

技术咨询合同的委托方的主要义务是：按照约定阐明咨询的问题，提供技术背景材料及有关技术资料；接受受托人的工作成果，支付报酬（见《民法典》第879条）。技术咨询合同的委托人未按照约定提供必要的资料，影响工作进度和质量，不接受或者逾期接受工作成果的，支付的报酬不得追回，未支付的报酬应当支付（见《民法典》第881条）。

技术咨询合同的受托方的主要义务是：应当按照约定的期限完成咨询报告或

者解答问题；提出的咨询报告应当达到约定的要求（见《民法典》第 880 条）。技术咨询合同的受托人未按期提出咨询报告或者提出的咨询报告不符合约定的，应当承担减收或者免收报酬等违约责任（见《民法典》第 881 条）。

由于技术咨询合同的受托人系按照委托人的意思提交咨询报告及意见，因此，受托人提交了符合约定要求的咨询报告和意见，技术咨询合同的委托人据此作出决策所造成的损失，由委托人承担，但当事人另有约定的除外（见《民法典》第 881 条）。

【案例 21-3】北京瑞华赢科技发展有限公司与江苏新世界信息科技有限公司技术咨询合同纠纷案[1]

［最高人民法院认为］"**第一，涉案合同约定的内容符合技术咨询合同的特质。**……本案中，《苏州轨道交通项目技术咨询服务合同》第一条明确约定，新世界公司和瑞华赢公司双方利用各自领域的资源优势，合作参加苏州轨道交通项目的投标及中标后的项目推进与落实，新世界公司向瑞华赢公司或其合作单位提供该项目中标前有关信息、技术及资源的咨询服务，并努力促成瑞华赢公司中标；瑞华赢公司或其合作单位中标后，根据瑞华赢公司的要求，新世界公司继续提供该项目有关的商务信息、资源等咨询服务。可见，**涉案合同约定的内容系为特定技术项目提供信息、技术及资源的咨询服务，符合技术合同的内容要求。**

第二，**新世界公司的履行行为符合技术合同受托人的主要义务。技术咨询合同受托人的主要义务是按照约定的期限完成咨询报告或者解答问题。从涉案合同的履行情况看，新世界公司通过发送电子邮件、参加技术协调会、咨询磋商等方式为瑞华赢公司提供了技术咨询服务。**这些技术咨询服务包括提供苏州地铁项目信息化建设方案设计汇报交流报告、苏州地铁 OA（办公）网核心使用 C6500 系列交换机的技术原因分析、苏州地铁信息系统网络性能要求评估等文件。上述文件的内容涉及项目整体规划、信息化建设总体方案设计、网络架构、网络性能评估、网络及服务器产品选型、系统配置以及信息平台建设、网络安全要求、OA系统以及视频会议等系统的平台化、标书的设计与撰写。此外，新世界公司还提供了与项目相关的核心网络数据。中标后，新世界公司参加了瑞华赢公司组织的技术协调会，以研究中标后涉及的相关技术问题，并提供技术咨询建议。可见，**瑞华赢公司的履行行为符合技术咨询合同受托人的主要义务，依约完成了提供技术咨询的义务。**

第三，瑞华赢公司中标涉案项目并在中标后以买方身份认可确认函，这一行

---

[1]　最高人民法院（2015）民申字第 608 号民事裁定书。

为亦可进一步表明新世界公司提供了相应咨询服务。瑞华赢公司于 2011 年 6 月 17 日与苏州轨道交通有限公司签订《苏州市轨道交通一号线工程信息网络系统采购项目合同》，瑞华赢公司中标涉案苏州轨道交通项目。2011 年 6 月 20 日，瑞华赢公司即以卖方身份与新世界公司共同确认《思科网络产品商务确认函》。这一行为表明，瑞华赢公司对于新世界公司提供咨询服务的行为在当时并未提出异议。在瑞华赢公司没有提供进一步证据的情况下，一、二审法院认定涉案合同性质为技术咨询合同、新世界公司履行了技术咨询义务，并无不当。"

（二）技术服务合同

技术服务合同是指当事人一方以技术知识为另一方解决特定技术问题、另一方为此支付报酬所订立的合同，但不包括建设工程合同和承揽合同（《民法典》第 878 条）。

技术服务合同在实践中可以是技术辅助服务合同、技术中介或技术培训等合同。

技术服务合同的委托人的主要义务是：应当按照约定提供工作条件，完成配合事项，接受工作成果并支付报酬（见《民法典》第 882 条）。技术服务合同的委托人不履行合同义务或者履行合同义务不符合约定，影响工作进度和质量，不接受或者逾期接受工作成果的，支付的报酬不得追回，未支付的报酬应当支付（见《民法典》第 884 条）。

技术服务合同的受托人的主要义务是：应当按照约定完成服务项目，解决技术问题，保证工作质量，并传授解决技术问题的知识（见《民法典》第 883 条）。技术服务合同的受托人未按照合同约定完成服务工作的，应当承担免收报酬等违约责任（见《民法典》第 884 条）。

（三）新技术成果的归属及费用负担

在技术咨询合同、技术服务合同履行过程中，受托人利用委托人提供的技术资料和工作条件完成的新的技术成果，属于受托人。委托人利用受托人的工作成果完成的新的技术成果，属于委托人。当事人另有约定的，按照其约定（见《民法典》第 885 条）。

依据《民法典》第 886 条，技术咨询合同和技术服务合同对受托人正常开展工作所需费用的负担没有约定或者约定不明确的，由受托人负担。

【本章思考题】

1. 试述技术合同的种类。

2. 委托开发合同与合作开发合同中双方各有什么权利义务?

3. 开发技术合同中技术成果如何归属？

4. 什么是技术转让合同？分为哪些种类？简述技术转让合同与技术许可合同的区别。

5. 技术转让合同中，后续改进技术成果的权益如何分享？

6. 试述技术咨询合同的效力。

7. 试述技术服务合同的效力。

第二十二章

保管合同与仓储合同

一、保管合同

保管合同又名寄存合同或寄托合同，系保管人保管寄存人交付的保管物，并返还该物的合同。寄存人到保管人处从事购物、就餐、住宿等活动，将物品存放在指定场所的，视为保管，但是当事人另有约定或者另有交易习惯的除外（《民法典》第888条）。保管人是为他人保管物品的人，又称受寄托人；寄存人是将物品交保管人保管的人，又称寄托人；被保管的物品即保管物。

保管合同一般是实践合同（《民法典》第890条），可以是有偿合同也可以是无偿合同，属于不要式合同。保管合同较为简单，应重点掌握保管人与寄存人双方的权利义务，应区分有偿情况与无偿情况，及保管人留置权产生的情形。

（一）保管合同的特征

保管合同具有以下法律特征：

1. 保管合同的标的是提供保管服务。当事人订立保管合同的目的是由保管人为寄存人保管保管物，而非保管人获得保管物的所有权或处分权。

2. 保管合同一般为实践合同。《民法典》第890条规定："保管合同自保管物交付时成立，但当事人另有约定的除外。"可见，保管合同自保管物交付时方才成立，因此为实践合同。

3. 保管合同可以是无偿合同，也可以是有偿合同。《民法典》第889条规定，"寄存人应当按照约定向保管人支付保管费。当事人对保管费没有约定或者约定不明确，依照本法第510条的规定仍不能确定的，视为无偿保管。"

4. 有关保管合同是要式合同还是不要式合同，存有争议。有人认为保管合同是要式合同，依据是《民法典》第891条，即"寄存人向保管人交付保管物的，保管人应当出具保管凭证，但另有交易习惯的除外。"因为在合同法上，合同的形式主要是为了证明合同的存在，即具有证据意义。保管合同中的保管凭证具有证明保管合同存在的作用，因此可认为保管合同是要式合同[1]。但本书以为，保管合同属不要式合同，因为上引民法典关于保管合同的规定，并不如其他要式合同那样，法律明确规定了合同的形式，且不容例外，比如"技术开发合同应当采用书面形式"（《民法典》第851条）、"技术转让合同和技术许可合同应当采用书面形式"（《民法典》第863条）等等。

（二）保管合同的效力

1. 保管人的主要义务。

（1）交付保管凭证的义务。如上引《民法典》第891条的规定，寄存人向保管人交付保管物的，保管人应当出具保管凭证，但另有交易习惯的除外。

（2）妥善亲自保管保管物的义务。根据《民法典》第892条的规定，保管人应当妥善保管保管物。当事人可以约定保管场所或者方法。除紧急情况或者为了维护寄存人利益的以外，不得擅自改变保管场所或者方法。此外，又根据《民法典》第894条，保管人不得将保管物转交第三人保管，但当事人另有约定的除外。保管人违反规定，将保管物转交第三人保管，对保管物造成损失的，应当承担损害赔偿责任。

（3）不得擅自使用保管物的义务。《民法典》第895条规定，保管人不得使用或者许可第三人使用保管物，但当事人另有约定的除外。

（4）当事人主张权利时的通知和返还义务。《民法典》第896条规定，第三人对保管物主张权利的，除依法对保管物采取保全或者执行的以外，保管人应当履行向寄存人返还保管物的义务。第三人对保管人提起诉讼或者对保管物申请扣押的，保管人应当及时通知寄存人。

2. 寄存人的主要义务。

（1）如保管为有偿保管，则寄存人有支付保管费的义务。根据上引《民法典》第899条，寄存人应当按照约定向保管人支付保管费。当事人对保管费没有约定或者约定不明确，依照《民法典》第510条的规定仍不能确定的，保管是无偿的。

（2）就保管物情况的告知义务。《民法典》第893条规定，寄存人交付的保管物有瑕疵或者按照保管物的性质需要采取特殊保管措施的，寄存人应当将有关情况告知保管人。寄存人未告知，致使保管物受损失的，保管人不承担损害赔偿责任；保管人因此受损失的，除保管人知道或者应当知道并且未采取补救措施的以外，寄存人应当承担损害赔偿责任。

（3）寄存贵重物品的声明义务。《民法典》第898条规定，寄存人寄存货

---

〔1〕 参见孔祥俊：《合同法教程》，中国人民公安大学出版社1999版，第641页。

币、有价证券或者其他贵重物品的，应当向保管人声明，由保管人验收或者封存。寄存人未声明的，该物品毁损、灭失后，保管人可以按照一般物品予以赔偿。

（三）保管物的领取及保管费的支付

1. 保管物的领取。寄存人可以随时领取保管物。当事人对保管期间没有约定或者约定不明确的，保管人可以随时要求寄存人领取保管物；约定保管期间的，保管人无特别事由，不得要求寄存人提前领取保管物（《民法典》第899条）。保管期间届满或者寄存人提前领取保管物的，保管人应当将原物及其孳息归还寄存人（《民法典》第900条）。

保管人保管货币的，可以返还相同种类、数量的货币。保管其他可替代物的，可以按照约定返还相同种类、品质、数量的物品（《民法典》第901条）。

2. 保管费的支付。如上所述，有偿的保管合同，寄存人应当按照约定的期限向保管人支付保管费。当事人对支付期限没有约定或者约定不明确，依照《民法典》第510条的规定仍不能确定的，应当在领取保管物的同时支付（《民法典》第902条）。

如果寄存人未按照约定支付保管费以及其他费用的，保管人对保管物享有留置权，但当事人另有约定的除外（《民法典》第903条）。

二、仓储合同

仓储合同是保管人储存存货人交付的仓储物，存货人支付仓储费的合同（《民法典》第904条）。

仓储合同本质上属于保管合同的一种——依据《民法典》第918条，仓储合同一章"没有规定的，适用保管合同的有关规定"。保管仓储物的一方称为保管人或仓储营业人，被保管的物品称为仓储物，委托仓储人保管仓储物的人为存货人。仓库营业是专为他人储藏、保管货物的营业活动。本章的重点是仓储合同的特征及其效力，需注意与一般的保管合同进行区别。

（一）仓储合同的特征

1. 保管人应是拥有仓储设备、从事仓储营业的人。这是仓储合同与保管合同的重要区别。在一般的保管合同，对保管人的身份一般并无限制，而仓储合同中的保管人须为仓库营业人，即一般须经注册登记取得营业执照，符合一般商法所谓的"商人"或商主体的特征。

2. 仓储物为动产。不动产一般不能成为仓储合同的标的物。

3. 仓储合同是诺成、要式、有偿、双务合同。

（1）仓储合同自保管人和存货人意思表示一致时成立（《民法典》第905条），因此其为诺成合同，从而与一般的保管合同为实践合同（即交付保管物方才成立）不同。仓储合同之所以为诺成合同，与仓储合同为有偿合同、保管人为从事仓储营业有关，保管人拥有仓储设施，一旦答应为存货人提供仓储服务，就应做好准备，否则应承担违约责任，而存货人一旦要求保管人提供仓储服务，就应及时交付货物和按约定支付仓储费用，否则也应承担违约责任。而一般的保管合同可能是无偿的，保管人也不是经营仓储业的，并不具备专业的仓储设施，因此为实践合同。仓储合同的这一特点，决定其适用的规则与一般的保管合同不同。

（2）仓储合同是要式合同。《民法典》第908条规定，"存货人交付仓储物的，保管人应当出具仓单、入库单等凭证。"仓单、入库单等凭证同其他书面的"协议"或合同书一样，是仓储合同的证明，因此仓储合同是要式合同，即应当以"仓单"等书面形式为之。

（3）仓储合同是双务、有偿合同。仓储合同保管人有储存存货人交付的仓储物的义务，存货人有支付仓储费的义务，因此为双务、有偿合同。有偿的保管合同与仓储合同类似。

【案例22-1】庆丰集团松原嘉丰粮食经贸有限公司与营口港务股份有限公司、营口港务股份有限公司第四分公司港口货物保管合同纠纷案[1]

[最高人民法院认为]"……本案系港口货物保管合同纠纷。……本案要解决的争议焦点为：庆丰集团是否有权依据《仓储协议》请求营口港务公司和营口港务公司第四分公司交付涉案乙醇；涉案5000吨乙醇是否被松原市中级人民法院在查封吉安生化和乾安公司的乙醇时一并查封、执行。

关于庆丰集团是否有权依据《仓储协议》请求营口港务公司和营口港务公司第四分公司交付涉案乙醇的问题。本案中庆丰集团和营口港务公司第四分公司签订的《仓储协议》系双方当事人真实的意思表示，且不违反法律规定，依法有效。依据《合同法》第四十四条规定，该《仓储协议》自成立时即对双方当事人产生拘束力。关于《仓储协议》第二条的约定，'本合同以货物的所有权转至甲方（庆丰集团）名下为合同开始日，本合同期限为4个月，如有需要自动顺延'，本院认为，该条款系关于仓储合同履行时间的约定，即以涉案乙醇所有权转移至庆丰集团名下作为营口港务公司第四分公司开始履行仓储义务的时间，并不影响仓储合同的效力。二审判决以涉案乙醇所有权未转移至庆丰集团名下，第

---

〔1〕　最高人民法院（2013）民申字第1065号民事裁定书。

二条约定的条件尚未成就为由认定《仓储协议》尚未生效有失妥当。

依据《合同法》的规定，**仓储合同并非以标的物的交付为合同生效条件，但仓储人仓储义务的履行则应以存货人实际交付货物为前提。**依据《仓储协议》第二条的约定，涉案乙醇的所有权转移至庆丰集团名下，视为庆丰集团向营口港务公司第四分公司履行交货义务，营口港务公司第四分公司即开始履行仓储义务。因此庆丰集团是否有权请求营口港务公司第四分公司交付货物的关键在于案涉乙醇所有权是否已有效转移至庆丰集团名下。

依照原审查明的事实，庆丰集团通过与吉安新能源签订《乙醇货权转移证明》受让涉案乙醇。该《乙醇货权转移证明》系双方当事人真实的意思表示，并不违反法律规定，依法有效。吉安新能源通过《乙醇货权转移证明》转让的乙醇系存储于营口港务公司第四分公司的货物，依据《物权法》第二十六条规定，吉安新能源可以通过让与其对营口港务公司第四分公司返还乙醇的请求权履行交付义务，从而实现涉案货物所有权的转移。庆丰集团与吉安新能源在《乙醇货权转移证明》亦明确约定以此种指示交付的形式实现案涉乙醇所有权的转让。……因吉安新能源擅自处分案外人财产，构成无权处分，庆丰集团签订《乙醇货权转移证明》时虽属善意，但因其尚未取得涉案乙醇的占有，动产交付的条件未成就，庆丰集团亦不能依据《物权法》第一百零六条的规定主张善意取得涉案乙醇的所有权。综上，因涉案乙醇的所有权并未转移至庆丰集团名下，依据双方当事人的约定，案涉《仓储协议》尚未实际履行，庆丰集团无权依据《仓储协议》请求营口港务公司第四分公司返还涉案货物。"

（二）仓储合同的效力

1. 保管人的义务。

（1）验收及保管义务。《民法典》第907条规定，"保管人应当按照约定对入库仓储物进行验收。保管人验收时发现入库仓储物与约定不符合的，应当及时通知存货人。保管人验收后，发生仓储物的品种、数量、质量不符合约定的，保管人应当承担赔偿责任。"

《民法典》第917条规定，"储存期内，因保管不善造成仓储物毁损、灭失的，保管人应当承担赔偿责任。因仓储物本身的自然性质、包装不符合约定或者超过有效储存期造成仓储物变质、损坏的，保管人不承担赔偿责任。"

（2）出具仓单等凭证的义务。根据《民法典》第908及第909条，存货人交付仓储物的，保管人应当出具仓单、入库单等凭证。保管人应当在仓单上签字或者盖章。仓单包括下列事项：①存货人的名称或者姓名和住所；②仓储物的品种、数量、质量、包装及其件数和标记；③仓储物的损耗标准；④储存场所；

⑤储存期限；⑥仓储费；⑦仓储物已经办理保险的，其保险金额、期间以及保险人的名称；⑧填发人、填发地和填发日期。

仓单是提取仓储物的凭证。存货人或者仓单持有人在仓单上背书并经保管人签名或者盖章的，可以转让提取仓储物的权利（《民法典》第 910 条）。根据《民法典》第 440 条（物权编担保物权分编质权章）的规定，仓单上可成立权利质权。

（3）同意权利人检查仓储物或提取样品的义务。根据《民法典》第 911 条，保管人根据存货人或者仓单持有人的要求，应当同意其检查仓储物或者提取样品。

（4）特定情况的通知义务。仓储人的通知义务包括：一是《民法典》第 912 条规定，保管人发现入库仓储物有变质或者其他损坏的，应当及时通知存货人或者仓单持有人；二是《民法典》第 913 条规定，保管人发现入库仓储物有变质或者其他损坏，危及其他仓储物的安全和正常保管的，应当催告存货人或者仓单持有人作出必要的处置。因情况紧急，保管人可以作出必要的处置，但事后应当将该情况及时通知存货人或者仓单持有人。

【案例 22-2】 湛江市凯利佳有限公司与广东储备物资管理局八三〇处、湛江市商业银行股份有限公司乐都支行仓储合同纠纷案[1]

[最高人民法院认为] "在《仓储监管协议》签订的同一日，凯利佳公司与八三〇处另行签订了《储存质押物品协议书》作为《仓储监管协议》的附合同。因此**虽然《仓储监管协议》约定由八三〇处单独监管质押物，但在《储存质押物品协议书》第十一条中约定'甲方（凯利佳公司）和山东建丞煤炭有限公司必须为储存质物的仓库提供安全的保管、保卫措施，乙方（八三〇处）只是一个监管质押物的质量和总价值的作用，至于质押物的装卸、保管保养则由甲方和山东建丞煤炭有限公司承担。由于甲方和山东建丞煤炭有限公司保管、保养、保卫等发生的质押物质量下降，质押物灭失或不可抗力因素造成的损失，由甲方和山东建丞煤炭有限公司承担全部责任'。由此可以看出，凯利佳公司与八三〇处明确了质押煤的保管、保养责任实际应由凯利佳公司和山东建丞煤炭有限公司承担，八三〇处对凯利佳公司和山东建丞煤炭有限公司保管、保养、保卫不力等发生的质押物质量下降、灭失等造成的损失并不承担责任。**该《储存质押物品协议书》作为凯利佳公司与八三〇处自愿签订的文件，并不存在违反法律、行政法规的禁止性规定的情形，对协议双方具有约束力。因此，凯利佳公司就其与八三〇

---

〔1〕　最高人民法院（2013）民申字第 920 号民事裁定书。

处之间的法律关系向八三〇处主张权利时，应受《储存质押物品协议书》约定的约束。二审判决在并无证据显示质押煤的灭失是因八三〇处进行处置造成的情况下，按照凯利佳公司与八三〇处的约定，认定在质押煤的保管、保卫责任应由凯利佳公司和山东建丞煤炭有限公司承担，判决驳回凯利佳公司关于八三〇处承担质押煤灭失部分的诉讼请求，是有事实根据和法律依据，凯利佳公司申请再审的理由不成立。"

【案例 22-3】 中国外运天津集团新河储运公司与义联国际货运代理有限公司、天津宝翔钢材市场管理有限公司仓储合同纠纷案[1]

[最高人民法院认为] "……原审查明，案外人天津日增钢铁贸易有限公司（以下简称日增公司）出具《货权转移书》，将涉案螺纹钢 913 件共计 3551.57 吨的货权转移给义联公司。义联公司与新河公司签订了《仓库保管协议书》，明确约定货量以义联公司提供的货权交接单为准。**义联公司持有新河公司就涉案螺纹钢开具的 8 张客户名称为义联公司的《储存凭证》。该凭证记载了货物的名称、规格、数量和重量。上述记载与《货权转移书》的记载一致。据此，二审判决认定新河公司与义联公司存在仓储合同法律关系，并依据《中华人民共和国合同法》中仓储合同的相关条款判定新河公司的法律责任，并无不当。**案外人日增公司已经出具《货权转移书》，将涉案螺纹钢的所有权转移至义联公司。义联公司有权依据《仓库保管协议书》和《储存凭证》向新河公司主张提取涉案螺纹钢。新河公司不能按照《储存凭证》记载的数量和重量交付，应当承担相应的赔偿责任。义联公司与日增公司之间的法律关系并不属于本案审查范围，亦不能免除新河公司在仓储合同中的交货义务。**新河公司以义联公司与案外人日增公司等存在借贷合同关系，涉案螺纹钢为借贷合同的担保物，以及义联公司不能直接就担保物主张所有权为由，认为原审判决适用法律错误，缺乏法律依据。**"

2. 存货人的主要义务。

（1）存货人的首要义务是支付仓储费。

（2）对仓储物的说明义务。《民法典》第 906 条规定，储存易燃、易爆、有毒、有腐蚀性、有放射性等危险物品或者易变质物品，存货人应当说明该物品的性质，提供有关资料。存货人违反前款规定的，保管人可以拒收仓储物，也可以采取相应措施以避免损失的发生，因此产生的费用由存货人承担。保管人储存易燃、易爆、有毒、有腐蚀性、有放射性等危险物品的，应当具备相应的保管

---

[1] 最高人民法院（2015）民申字第 3086 号民事裁定书。

条件。

（3）及时提货义务。《民法典》第916条规定，储存期限届满，存货人或者仓单持有人不提取仓储物的，保管人可以催告其在合理期限内提取；逾期不提取的，保管人可以提存仓储物。

3. 仓储物的提取。当事人对储存期间没有约定或者约定不明确的，存货人或者仓单持有人可以随时提取仓储物，保管人也可以随时要求存货人或者仓单持有人提取仓储物，但应当给予必要的准备时间（《民法典》第914条）。

储存期间届满，存货人或者仓单持有人应当凭仓单、入库单等提取仓储物。存货人或者仓单持有人逾期提取的，应当加收仓储费；提前提取的，不减收仓储费（《民法典》第915条）。

【本章思考题】

1. 试述保管合同的概念。保管合同有哪些特征？
2. 保管合同是单务合同还是双务合同？无偿的保管合同又如何？
3. 保管人和寄存人各有哪些权利义务？
4. 《民法典》就贵重物品的寄存有什么特别规定？
5. 《民法典》就保管物的领取有什么特别规定？
6. 试述仓储合同的概念和特征。
7. 仓储合同与保管合同有什么异同？
8. 什么是仓单？仓单上主要记载什么内容？
9. 仓单可以转让吗，如果可以，如何转让？
10. 仓单可以用于提供担保吗？
11. 试述仓储合同的效力。

第二十三章

委托合同

一、委托合同概述及其特征

民法典关于委托合同的定义比较简单："委托合同是委托人和受托人约定，由受托人处理委托人事务的合同。"（《民法典》第919条）委托合同一般又称委任合同。

由于在现实生活中，一个人不可能每件事都亲自处理，因此，委托他人帮助处理事务的委托合同比较常见。法律行为或事实行为都可能被委托，但一般认为，具有人身属性的行为不得委托。

委托合同制度与代理制度密切联系，但又相互区别。特别的，我国委托合同规则中规定了间接代理制度（《民法典》第925、第926条），对民法典总则编规定的"委托代理"（《民法典》第165~172条）（直接代理）形成了补充。需注意的是委托合同制度与代理制度的关系[1]，直接代理与间接代理的关系[2]。

委托合同具有以下法律特征：

1. 委托合同以双方的信任关系为基础。委托人委托受托人为委托人处理事务，是以对受托人的能力及信誉等的信任为基础的，而受托人一般也是基于对委托人的了解和信任，才愿意为委托人处理事务。

---

〔1〕 我国民法典沿用已废止的《民法通则》的表述，在总则编设代理章，规定"代理包括委托代理和法定代理"（《民法典》第163条）。"委托代理"的表述使得与委托合同关系容易混淆——意定代理（或称委托代理）中代理人的代理权来源于被代理人的单方授权行为，授予代理权的原因，可能有委托合同的存在，也可能是有雇佣合同或合伙合同等法律关系的存在，因此就"委托代理"，也许用"意定代理"的表述更加合适，可以参见翟新辉：《民法总则：原理·案例·资料》，中国政法大学出版社2019年版，第264~267页。

〔2〕 应该说，民法典关于"代理"一词的使用可以再斟酌：其在总则编第163条称"代理包括委托代理和法定代理"，民法总则中所谓之代理均为直接代理或显名代理，即代理人以被代理人名义实施行为；但在合同编委托合同章又称受托人以自己的名义行为时受托人与委托人之间亦为"代理关系"（《民法典》第925条）（俗称间接代理或隐名代理），确实易生混淆。

2. 委托合同的标的是处理委托事务。就受托人接收委托人的委托处理事务而言，与承揽合同中的承揽人及雇佣合同中的受雇人的地位类似，但受托人不必像承揽人那样最终需向委托人提交物化的工作成果，雇佣合同一般强调受雇人提供劳务，而委托合同的目的是处理事务。**就委托事项而言**，委托人可以特别委托受托人处理一项或者数项事务，也可以概括委托受托人处理一切事务；**就委托内容而言**，委托事项可以是事实行为，也可以是法律行为；**就委托形式而言**，受托人可以依约定以委托人名义实施行为，也可以依约定或交易习惯以受托人自己的名义实施行为。受托人如以委托人名义并且基于委托人对其授权，与第三人的关系则有民法典总则编所谓的"委托代理"相关规则；若受托人以自己名义行为，与第三人的相关权利义务规则主要见《民法典》第925、第926条。

3. 委托合同为诺成、不要式及双务合同，但可以是有偿合同，也可以是无偿合同。根据《民法典》第928条，"受托人完成委托事务的，委托人应当按照约定向其支付报酬。因不可归责于受托人的事由，委托合同解除或者委托事务不能完成的，委托人应当向受托人支付相应的报酬。当事人另有约定的，按照其约定。"因此委托合同可以是有偿的，即委托人向受托人支付报酬，也可以是无偿的即不支付报酬的。但即使委托合同是无偿的，"委托人应当预付处理委托事务的费用。受托人为处理委托事务垫付的必要费用，委托人应当偿还该费用并支付利息"（《民法典》第921条）。因此委托合同为双务合同。

二、委托合同的效力

（一）委托人的主要义务：按约支付报酬（如有）及偿付费用

如上所述，依据《民法典》第921及第928条，委托人应当预付处理委托事务的费用，受托人为处理委托事务垫付的必要费用，委托人应当偿还该费用并支付利息；委托合同如果是有偿的，委托人应当按照约定向受托人支付报酬。

（二）受托人的主要义务

1. 受托人应当按照委托人的指示处理委托事务。依委托人的指示办理委托事务，是受托人的基本义务。

《民法典》第922条规定："受托人应当按照委托人的指示处理委托事务。需要变更委托人指示的，应当经委托人同意；因情况紧急，难以和委托人取得联系的，受托人应当妥善处理委托事务，但事后应当将该情况及时报告委托人。"

2. 受托人应当亲自办理委托事务。《民法典》第923条规定："受托人应当亲自处理委托事务。经委托人同意，受托人可以转委托。转委托经同意或者追认的，委托人可以就委托事务直接指示转委托的第三人，受托人仅就第三人的选任及其对第三人的指示承担责任。转委托未经同意或者追认的，受托人应当对转委托的第三人的行为承担责任；但是，在紧急情况下受托人为维护委托人的利益需要转委托的除外。"

3. 受托人应当在受托权限内为委托人处理事务。委托人可以特别委托受托人处理一项或者数项事务，也可以概括委托受托人处理一切事务。但无论如何，受托人应在委托范围内处理委托人的事务，不能超越委托范围。《民法典》第929条第2款规定："受托人超越权限造成委托人损失的，应当赔偿损失。"

4. 报告义务。《民法典》第924条规定："受托人应当按照委托人的要求，报告委托事务的处理情况。委托合同终止时，受托人应当报告委托事务的结果。"

5. 忠诚及勤勉义务。受托人在处理委托事务时，应忠诚、勤勉地处理委托事务，为委托人的利益考虑。受托人违反忠诚义务，给委托人造成损失的，须负赔偿责任，但对于有偿与无偿的，委托合同受托人的注意义务不同，有偿委托合同中受托人自然应有更高的注意义务。《民法典》第929条第1款规定："有偿的委托合同，因受托人的过错造成委托人损失的，委托人可以要求赔偿损失。无偿的委托合同，因受托人的故意或者重大过失造成委托人损失的，委托人可以请求赔偿损失。"

【案例 23-1】 湖南康帅房地产开发有限公司与深圳天骜投资策划有限公司（以下简称天骜公司）委托合同纠纷案[1]

[最高人民法院认为]"……康帅公司关于天骜公司未完成相关前期策划、市场调查等工作的主张，一、二审法院在康帅公司已经签收了相关前期策划、市场调查、项目定位等材料的基础上，认定天骜公司已经完成了相关前期市场调查工作，理据充分，本院对此予以确认。康帅公司对此加以否定的再审申请主张，与事实不符，本院不予支持。

……康帅公司将开发案涉少帅府楼盘项目的前期策划、市场调查、项目定位以及销售委托给天骜公司和泛亚公司，并签订了《委托合同》，双方均应按照合同约定履行各自的义务。虽然《中华人民共和国合同法》第四百一十条规定：'委托人或者受托人可以随时解除委托合同。因解除合同给对方造成损失的，除不可归责于该当事人的事由以外，应当赔偿损失。'但是**就案涉有偿合同而言，该条所规定的任意解除权可以基于合同当事人的合意予以排除。当事人通过合同就任意解除权不得行使的约定具有法律约束力，当事人均应按照约定履行自己的义务。案涉《委托合同》第四条甲方职责第三项约定**，在合同签订生效后，康

---

〔1〕 最高人民法院（2015）民申字第990号民事裁定书。

帅公司不再委托第三方或自行进行策划销售。因此，根据该项约定，自《委托合同》生效之后，康帅公司即不得再将《委托合同》的策划销售事务委托他人或者自行完成，既不再享有任意解除委托合同的权利。经查明，在天骜公司已经完成了少帅府楼盘项目的前期策划、市场调查、项目定位等相关工作后，**康帅公司并未将少帅府楼盘后期策划销售、组织工作交由天骜公司来完成，而是自行销售，故康帅公司违反了《委托合同》关于康帅公司不再委托第三方或自行策划销售的约定，构成违约。**一二审法院认定康帅公司构成违约，理据充分。康帅公司关于一二审法院认定其构成违约属于认定事实错误的再审申请理由，本院不予采信。

……康帅公司的自行销售行为构成根本违约，应当承担违约损失赔偿责任。《中华人民共和国合同法》第一百一十三条第一款规定，当事人一方不履行合同义务或者履行合同义务不符合约定，给对方造成损失的，损失赔偿额应当相当于因违约所造成的损失，包括合同履行后可以获得的利益，但不得超过违反合同一方订立合同时预见到或者应当预见到的因违反合同可能造成的损失。**就康帅公司应承担的违约损失赔偿责任而言，应包括两个方面的内容：一方面，天骜公司为完成委托合同实际进行的投入损失；另一方面，天骜公司因康帅公司违约而丧失的可得利益。**就前者而言，天骜公司应证明其实际完成前期投入的具体成本价值；就后者而言，天骜公司的可得利益还应扣除其获得可得利益应投入的成本及天骜公司在康帅公司构成根本违约的情况下应主动通过其行为避免损失扩大的部分。但是，就本案而言，一方面，**康帅公司与天骜公司之间的《委托合同》并没有对违约应当承担的责任作出约定；另一方面，天骜公司也没有证据证明其已经完成的实际投入，更没有明确提供证据证明其为继续履行完合同所应付出的成本。**基于此，一审法院基于天骜公司已经实际完成的前期市场调查、项目策划、项目定位等工作情况，结合天骜公司的实际工作成本以及当地的市场状况，酌情决定康帅公司的赔偿数额 100 万元。对此裁量，康帅公司并未提供证据证明有所失当，或者违反公平原则，故**康帅公司关于一二审判决其承担 100 万元赔偿额的认定有误的再审申请理由，本院不予支持。**"

【案例 23-2】衡水中直房地产开发有限公司与天津创致房地产销售有限公司委托销售合同纠纷案[1]

[最高人民法院认为] "一、《代理合同》约定，创致公司有权就代理销售和出租的房屋提取佣金。关于房屋销售的佣金提取条件。首先，《代理合同》第五

---

〔1〕 最高人民法院（2013）民申字第 2256 号民事裁定书。

条 5.3.4 约定，'在本代理期内已交齐定金、签署认购书，并在本代理期结束后30 日内支付首期房款的单位，视为乙方取得的成交客户'。因此，**中直公司主张以签订《商品房买卖合同》、办理过户登记为佣金提取条件缺乏合同依据**。其次，《有关大营裴都世贸城项目商铺销售底价确认事宜》是创致公司致中直公司要求明确溢价佣金计算基数的函，其主要目的在于确认《大营裴都世贸城项目商铺销售底价表》。虽然创致公司在该函中表示'在签署《商品房买卖合同》成功销售商铺后'获取佣金，但结合上下文及该函的整体意思，不能理解为双方已就佣金提取条件作出变更。**中直公司依据《有关大营裴都世贸城项目商铺销售底价确认事宜》主张应以签订《商品房买卖合同》作为房屋销售佣金提取条件亦不能成立。**

关于房屋出租的佣金提取条件。《代理合同》第五条 5.2 约定为'招商租赁的成交'。经查明，创致公司已代理签订商铺租赁协议 284 户，租期 2 年，故应当认定上述商铺租赁已经成交，创致公司有权提取佣金。**在租赁合同已经签订的情况下，交付租赁物应当是出租人中直公司的义务。现中直公司以未向承租人交付租赁物为由不履行对创致公司的合同义务，本院不予支持。**

一、二审查明，《代理合同》签订前中直公司曾对外销售 VIP 金卡，此后部分客户在购房时以卡内金额冲抵了房款。本院认为，**中直公司的售卡行为虽对创致公司房屋销售起到了一定积极作用，但售卡行为并不等同于实际售出房屋，故中直公司主张客户以 VIP 金卡冲抵的购房款属于自己在《代理合同》签订前的售房业绩，应当在创致公司的业绩中予以扣除的理由并不充分**。不仅如此，中直公司在明知已售出部分 VIP 金卡的情况下，却未在《代理合同》中与创致公司就该部分业绩如何计算作出特殊约定。而且，《代理合同》第四条 4.1.8 '本代理服务为独家服务，项目所有成交客户均作为乙方业绩，（甲乙双方协商并在甲方并出具书面确认函后并由乙方负责人同意后签字确认的特殊客户，甲方仅向乙方支付基本代理费 0.7%并不涉及整体均价之中。）甲方均支付乙方服务佣金。注：此特殊客户仅限从未到现场垂询并成交价格低于销售均价客户'的约定，亦未将持卡购房的客户纳入'特殊客户'在创致公司的业绩中予以扣除。综合上述分析，**二审判决对持卡购房客户业绩未从创致公司的业绩中扣除并无不当，本院予以维持。**"

三、间接代理（隐名代理）——受托人以自己名义订立的合同

（一）直接代理与间接代理

民法典总则编规定的委托代理属于直接代理，与英美法系的"显名代理"

类似，即受托人（代理人）以委托人（被代理人）的名义实施行为，法律后果由委托人（被代理人）承担。其特征是披露委托人的姓名、被代理人的身份公开，并且受托人以委托人的名义实施行为。

但现实生活中还存在大量的受托人接受委托人委托，不以委托人的名义而以受托人自己名义发生的"代理"，称为间接代理，其特点是不披露委托人的姓名，甚至不披露间接代理的关系。间接代理包含了隐名代理。间接代理还分成两种情况，即虽不披露委托人的姓名，但受托人可能告诉当事人隐名代理的关系，也可能根本不告诉当事人隐名代理的情况而使当事人认为就是与受托人自己进行交易。

我国民法典合同编委托合同一章中对间接代理进行了规定。

（二）间接代理法律后果的归属

民法典沿用原合同法的规则，根据间接代理的三种不同情况，作出了不同的规定：

1. 由委托人直接承担后果。《民法典》第 925 条规定："受托人以自己的名义，在委托人的授权范围内与第三人订立的合同，第三人在订立合同时知道受托人与委托人之间的代理关系的，该合同直接约束委托人和第三人，但是，有确切证据证明该合同只约束受托人和第三人的除外。"这种情况的要点是第三人知道间接代理关系，例外是如果确切证据证明该合同只约束受托人和第三人的，则仍应由受托人承担责任。

2. 由受托人承担后果，但委托人有介入权，第三人有选择权。《民法典》第 926 条规定："受托人以自己的名义与第三人订立合同时，第三人不知道受托人与委托人之间的代理关系的，受托人因第三人的原因对委托人不履行义务，受托人应当向委托人披露第三人，委托人因此可以行使受托人对第三人的权利。但是第三人与受托人订立合同时如果知道该委托人就不会订立合同的除外。受托人因委托人的原因对第三人不履行义务，受托人应当向第三人披露委托人，第三人因此可以选择受托人或者委托人作为相对人主张其权利，但是第三人不得变更选定的相对人。委托人行使受托人对第三人的权利的，第三人可以向委托人主张其对受托人的抗辩。第三人选定委托人作为其相对人的，委托人可以向第三人主张其对受托人的抗辩以及受托人对第三人的抗辩。"

根据上述规定，对于隐名代理，原则上由受托人（代理人）承担后果，因为受托人以自己的名义与第三人签订了合同，受托人是合同的一方当事人，由受托人承担合同责任符合合同法的原理，但这种情形下，受托人作为代理人有披露的义务（即应当告诉委托人关于第三人的情况，或者告诉第三人关于委托人的情况），从而委托人可以介入，第三人也有权选择委托人或受托人作为相对人主张权利但不得变更其选定的相对人。

间接代理在我国以前的外贸代理中比较常见，民法典的该等规定比较有特色。

需注意的是，委托人行使介入权的条件是：①受托人因第三人的原因对委托人不履行义务；②不存在第三人与受托人订立合同时如果知道该委托人就不会订立合同的情形。第三人行使选择权也有条件：①受托人因委托人的原因对第三人不履行义务；②第三人一旦选定以受托人或委托人作为相对人后，不得变更选定的相对人。

3. 直接由受托人承担后果。这种情况存在于行纪合同的情形，行纪合同实际是委托合同的一种。《民法典》第 958 条规定："行纪人与第三人订立合同的，行纪人对该合同直接享有权利、承担义务。第三人不履行义务致使委托人受到损害的，行纪人应当承担损害赔偿责任，但是行纪人与委托人另有约定的除外。"

【案例 23-3】广东群兴玩具股份有限公司与汕头市航星国际物流有限公司、阳明海运股份有限公司货运代理合同纠纷案[1]

[最高人民法院认为]"本案是货运代理合同纠纷，**再审审查期间的争议焦点是航星公司在涉案货物运输中是多式联运经营人还是货运代理人。**

群兴公司主张其与航星公司之间成立多式联运合同，航星公司是多式联运经营人。而航星公司主张二者之间成立货运代理合同，其只是群兴公司的货运代理人。双方当事人没有签订书面合同，**其法律关系应根据托运单的记载以及合同实际履行情况进行判断。**航星公司向群兴公司收取了文件费、海运费、THC 费等费用，没有区分代收费用与报酬，但涉案托运单明确载明，装货港蛇口、目的港孟买、承运人阳明（公司），**群兴公司委托航星公司向阳明公司订舱、代为办理涉案货物海上运输事宜的意思表示明确；**在实际履行中，**航星公司没有向群兴公司签发运输单证，而是由阳明公司作为承运人签发了提单，群兴公司在接受航星公司转交的提单时没有异议。该提单证明，阳明公司与群兴公司之间直接成立海上货物运输合同，航星公司不是运输合同当事人，与托运单的记载相一致，能够相互印证。**二审法院认定群兴公司与航星公司就涉案运输成立货运代理合同，是群兴公司的货运代理人，事实依据充分。《中华人民共和国合同法》第四百零二条规定，受托人以自己的名义，在委托人的授权范围内与第三人订立的合同，第三人在订立合同时知道受托人与委托人之间的代理关系的，该合同直接约束委托人和第三人，但有确切证据证明该合同只约束受托人和第三人的除外。**法律并不禁止货运代理人以间接代理的方式办理代理事项，航星公司以自己的名义向阳明公**

---

[1] 最高人民法院（2011）民申字第 1410 号民事裁定书。

司订舱的事实，不能改变其与群兴公司之间货运代理合同的性质。群兴公司主张《运费对账单》、《委托书》、《收款收据》是伪证，但没有提交证据证明自己的主张。**航星公司安排一鼎通公司将货物从澄海运至装货港深圳蛇口，属于为完成海上货物运输而进行的短途运输，没有超出货运代理合同的范围，就此事实不能证明航星公司就是承运人。**群兴公司关于本案存在《中华人民共和国民事诉讼法》第一百七十九条第一款第（二）、（三）两项规定情形的主张，没有事实依据，本院不予支持。"

四、委托合同的解除与终止

1. 委托人或者受托人可以随时解除委托合同。因解除合同给对方造成损失的，除不可归责于该当事人的事由以外，无偿委托合同的解除方应当赔偿因解除时间不当造成的直接损失，有偿委托合同的解除方应当赔偿对方的直接损失和合同履行后可以获得的利益（见《民法典》第 933 条）。

2. 委托人或者受托人死亡、终止、丧失民事行为能力、终止的，委托合同终止；但是，当事人另有约定或者根据委托事务的性质不宜终止的除外（见《民法典》第 934 条）。

3. 因委托人死亡或者被宣告破产、解散，致使委托合同终止将损害委托人利益的，在委托人的继承人、遗产管理人或者清算人承受委托事务之前，受托人应当继续处理委托事务（见《民法典》第 935 条）。

4. 因受托人死亡、丧失民事行为能力或者被宣告破产、解散，致使委托合同终止的，受托人的继承人、遗产管理人、法定代理人或者清算人应当及时通知委托人。因委托合同终止将损害委托人利益的，在委托人作出善后处理之前，受托人的继承人、遗产管理人、法定代理人或者清算人应当采取必要措施（见《民法典》第 936 条）。

【本章思考题】

1. 试述委托合同的概念及特征。
2. 委托合同中双方当事人各有什么权利与义务？
3. 委托合同制度与《民法典》总则编规定的委托代理制度有何区别及联系？
4. 什么是间接代理或隐名代理？
5. 间接代理中受托人与当事人的合同责任由谁承担？
6. 直接代理与间接代理有何区别？
7. 试述我国《民法典》关于委托合同解除的几种处理规则。

第二十四章

物业服务合同

随着中国城镇化进程的不断推进，中国的建筑物区分所有制度逐步完善，人们逐渐从之前独门独户的居住模式，转变为住宅小区中部分建筑单位的"业主"，或者一栋商业物业部分建筑单位的"业主"，物业"管理"或物业"服务"的理念开始普及，物业纠纷也日渐增多。

相较已废止的合同法，民法典新增加了物业服务合同作为典型合同。

【资料】"物业管理"、"物业管理服务"到"物业服务"的演进

随着中国房地产市场的起步，"物业管理"的概念最初出现于深圳、上海等沿海城市的地方性法规或经济特区法规。最早深圳市人民代表大会常务委员会于1994年7月11日颁布《深圳经济特区住宅区物业管理条例》（现已废止）[1]，根据该条例52条，"写字楼、商住楼等物业的管理可参照本条例执行"。随后诸多省市颁布了有关物业管理的地方性法规，上海市于1997年6月9日颁布《上海市居住物业管理条例》（现已废止）[2]，根据该条例64条，"物业管理区域内的非居住物业管理，参照本条例执行。"

国务院在2003年颁布行政法规《物业管理条例》（2018年最新修订）[3]2003年的《物业管理条例》虽然使用了"物业服务费用"、"物业服务收费"和"物业服务合同"的用语，但该条例第2条却规定："本条例所称物业管理，是指业主通过选聘物业管理企业，由业主和物业管理企业按照物业服务合同约定，对房屋及配套的设施设备和相关场地进行维修、养护、管理，维护相关区域内的环境卫生和秩序的活动。"物业服务合同中提供"物业管理服务"的主体仍使用了"物业管理企业"的表述，而依据该条例32条，"从事物业管理活动的企业应当

---

〔1〕 原《深圳经济特区住宅区物业管理条例》经多次修改，后为经济特区法规《深圳经济特区物业管理条例》（2007）所废止，《深圳经济特区物业管理条例》最新修正为2019年。

〔2〕 原《上海市居住物业管理条例》被地方性法规《上海市住宅物业管理规定》（2004）所废止，《上海市住宅物业管理规定》最新修正为2020年。

〔3〕 《物业管理条例》曾于2007年物权法颁布时进行修改，其最新于2018年修订。

具有独立的法人资格。国家对从事物业管理活动的企业实行资质管理制度。具体办法由国务院建设行政主管部门制定。"随后原建设部依据该条例颁布行政规章《物业管理企业资质管理办法》（2004 年 3 月 17 日建设部令第 125 号，现已废止)〔1〕，对物业管理（服务）企业资质设置行政许可。

"物业管理服务"、"物业管理活动"、"物业管理企业"、"物业服务合同"、"物业服务收费"等用语的混乱，从某种程度上体现了人们观念的模糊。到底是"物业管理"还是"物业服务"抑或"物业管理服务"？

2007 年物权法颁布，并未使用"物业管理"一词，而是使用了"物业服务"及"物业服务企业"的用语，国务院随后颁布《国务院关于修改〈物业管理条例〉的决定》（国务院令 504 号），将《物业管理条例》中的"物业管理企业"修改为"物业服务企业"，与之前的"物业服务合同"一致，但仍沿用了"物业管理活动"、"物业管理服务"等表述。随后最高人民法院的司法解释均用"物业服务"、"物业服务合同"及"物业服务企业"的表述，而未出现"物业管理"的表述。

至民法典，不再有"物业管理"的表述，而是"物业服务"、"物业服务合同"和"物业服务人"的表述，但"物业服务人包括物业服务企业和其他管理人"（《民法典》第 937 条第 2 款）。

以上演进，是中国改革开放进程的一个小小的缩影，体现了业主权利意识的觉醒，也体现了中国政府市场经济改革的决心及成果。

一、物业服务合同的概念与特征

（一）概念

《民法典》第 937 条规定："物业服务合同是物业服务人在物业服务区域内，为业主提供建筑物及其附属设施的维修养护、环境卫生和相关秩序的管理维护等

---

〔1〕 2004 年的原建设部《物业管理企业资质管理办法》，该办法对物业管理企业的资质进行了规定并设置行政许可，在物权法颁布后，建设部于 2007 年随《物业管理条例》的修正也进行了修正，将"物业管理企业"修改为"物业服务企业"，原《物业管理企业资质管理办法》也更名为"《物业服务企业资质管理办法》"。随着中国体制改革的深入，国务院颁布《国务院关于第三批取消中央指定地方实施行政许可事项的决定》（国发〔2017〕7 号）和《国务院关于取消一批行政许可事项的决定》（国发〔2017〕46 号），随后住房和城乡建设部于 2018 年颁布《住房城乡建设部关于废止〈物业服务企业资质管理办法〉的决定》（住房和城乡建设部令第 39 号）废止了该办法，从而取消了物业服务企业资质的审批。依据《住房城乡建设部办公厅关于做好取消物业服务企业资质核定相关工作的通知》（2017 年 12 月 15 日），"各地不再受理物业服务企业资质核定申请和资质变更、更换、补证申请，不得以任何方式要求将原核定的物业服务企业资质作为承接物业管理业务的条件"，"加强物业服务行业事中事后监管"，"加快推进物业服务行业信用体系建设，建立信用信息共享平台，定期向社会公布物业服务企业信用情况"。

物业服务，业主支付物业费的合同。物业服务人包括物业服务企业和其他管理人。"

由以上规定可知，物业服务合同的主体一方为物业服务人，另一方为业主。

《民法典》第284条规定："业主可以自行管理建筑物及其附属设施，也可以委托物业服务企业或者其他管理人管理。对建设单位聘请的物业服务企业或者其他管理人，业主有权依法更换。"因此，一个建筑区划内的业主可以自行管理其建筑物及附属设施，不必然有物业服务合同的存在。比如《上海市住宅物业管理规定》（2020）第53条规定，"经物业管理区域内专有部分面积占比2/3以上的业主且人数占比2/3以上的业主参与表决，并经参与表决专有部分面积过半数的业主且参与表决人数过半数的业主同意，业主可以自行管理物业……"

广义的物业服务合同包括前期物业服务合同和（普通）物业服务合同。在业主大会及业主委员会成立之前，一般应有前期物业服务合同，前期物业服务合同由建设单位（一般为房地产开发企业）依法与物业服务人订立；当业主为多人并满足一定条件时，则应成立业主大会与业主委员会，由业主委员会与（由业主大会选聘的）物业服务人订立（普通）物业服务合同。民法典在合同编"物业服务合同"章包含了这两种物业服务合同，并将建设单位依法与物业服务人订立的物业服务合同特别称为"前期物业服务合同"，而一般意义上的物业服务合同由业主委员会或者业主与物业服务人订立。

但无论是建设单位与物业服务人订立的前期物业服务合同，还是业主委员会与业主大会依法选聘的物业服务人订立的物业服务合同，均对业主具有法律约束力（《民法典》第939条）。

（二）特征

物业服务合同系要式、诺成、双务、有偿、持续性合同。

依据《民法典》第938条，"物业服务合同应当采用书面形式"，故物业服务合同为要式合同；物业服务仅需合同意思表示一致、无需标的物的交付即可成立，故物业服务合同为诺成合同；物业服务合同中，服务人提供物业服务，业主则应按照约定支付物业费，且一般持续时间较长（实践中多以年为单位计），故其为双务、有偿、持续性合同。

物业服务合同的主体及其订立具有特殊性。物业服务合同的双方，一方为业主，另一方为物业服务人。但前期物业服务协议却系建设单位（开发商）依法与物业服务人订立；一般的物业服务合同多系业主委员会与物业服务人订立，当然物业服务人应由业主大会选聘，只有业主数量较少、无需成立业主大会和业主委员会的情况下，由业主直接与物业服务人订立。如前所述，中国政府已经取消对物业服务企业的资质以及从业人员资质的管制，从而取消了市场准入限制，但对物业服务的行政监管仍然存在而且必要。

就物业服务合同的性质，其与委托合同、承揽合同有类似之处，但又有区别。三类合同均为一方为另一方提供服务、劳务或完成工作，但物业服务合同中，物业服务内容复杂而且广泛，包括但不限于安保、绿化及养护、维修、维护等内容，且物业服务人与业主或业主委员会以各自名义进行民事活动，业主或业主委员会一般不会为物业服务人的民事活动承担法律责任，当然物业服务人在授权范围内从事的一些民事活动产生的法律后果会由业主委员会代表业主承担，比如紧急情况下的一些维修费用。因此与行纪和中介（居间）合同不同，该两种合同系委托合同的一种，依据《民法典》第 960 条及第 966 条参照适用委托合同的有关规定，而物业服务合同虽规定于委托合同之后、行纪及居间合同之前，但民法典并未规范物业服务合同参照适用委托合同的有关规定。

二、物业服务合同的订立及效力

（一）前期物业服务合同的订立

民法典对前期物业服务合同的订立未做详细规定。但行政法规及地方性法规等有较为详细的规定。

根据《物业管理条例》（2018），"国家提倡建设单位按照房地产开发与物业管理相分离的原则，通过招投标的方式选聘物业服务企业。住宅物业的建设单位，应当通过招投标的方式选聘物业服务企业；投标人少于 3 个或者住宅规模较小的，经物业所在地的区、县人民政府房地产行政主管部门批准，可以采用协议方式选聘物业服务企业。"（第 24 条）"在业主、业主大会选聘物业服务企业之前，建设单位选聘物业服务企业的，应当签订书面的前期物业服务合同"（第 21 条）。"建设单位与物业买受人签订的买卖合同应当包含前期物业服务合同约定的内容"（第 25 条）。依据《上海市住宅物业管理规定》（2020），"建设单位应当通过公开招标方式选聘物业服务企业，签订书面的前期物业服务合同，并作为房屋销售合同的附件。"（第 40 条）

由于建设单位（一般为房地产开发企业）在对其开发建设的房地产进行销售[1]时，尚未有业主大会及业主委员会的存在，因此法律、法规规定由建设单位制定"临时管理规约"并由建设单位自行选聘前期物业服务企业，"建设单位应当在物业销售前将临时管理规约向物业买受人明示，并予以说明。物业买受人在与建设单位签订物业买卖合同时，应当对遵守临时管理规约予以书面承诺"〔《物业管理条例》（2018）第23条〕。

可见，住宅物业的前期物业服务合同，一般应通过招投标方式订立；其他情况可以由建设单位提供协议方式选聘物业服务人。

各地也有相应地方法规就前期物业作出了规定。就前期物业服务费用的承担，依据《上海市住宅物业管理规定》（2020）第49条，"前期物业服务合同生效之日至出售房屋交付之日的当月发生的物业服务费用，由建设单位承担。出售房屋交付之日的次月至前期物业服务合同终止之日的当月发生的物业服务费用，由物业买受人按照房屋销售合同约定的前期物业服务收费标准承担；房屋销售合同未约定的，由建设单位承担。"有意思的是，依据《北京市物业管理条例》（2020），"建设单位承担前期物业服务责任。建设单位销售房屋前，应当选聘前期物业服务人，签订前期物业服务合同。前期物业服务合同应当就前期物业服务是否收费、服务内容以及收费标准进行约定，约定的内容作为房屋买卖合同的附件或者直接纳入房屋买卖合同"，"前期物业服务合同期限最长不超过二年"（第19条）。

就"物业承接查验"，依据《上海市住宅物业管理规定》（2020）第54条，"建设单位在申请物业交付使用前，应当与物业服务企业共同对物业管理区域内的物业共用部分进行查验，共同确认现场查验的结果，签订物业承接查验协议，并向业主公开查验的结果。物业承接查验可以邀请业主代表以及物业所在地的房管机构参加。承接查验协议应当对物业承接查验基本情况、存在问题、解决方法及其时限、双方权利义务、违约责任等事项作出约定。对于承接查验发现的问题，建设单位应当在30日内予以整改，或者委托物业服务企业整改。物业承接

---

〔1〕 依据中国的《城市房地产管理法》（2019最新修正），中国大陆的房地产销售包括"期房"的预售和"现房"的销售，预售之"期房"是指房地产开发商在满足法律、法规规定的预售条件并取得预售许可证后，对正在施工建设的房地产进行预售，该等预售除需满足法律、法规规定的预售条件、取得预售许可证之外，预售合同需进行备案登记，并取得相应的民事效力（一般来说，依据《民法典》第221条，这种登记属于预告登记，使"期房"的房地产买受人对开发商之债权有了相应的"物权"效力），所谓"期房"，其重要标志是未取得房地产权证，即使建筑已经竣工验收合格，但在开发商在竣工验收合格后向房地产管理主管机关提交相关资料并取得建筑物的房地产权证（所谓的"大产证"）之前，开发商的销售均属"预售"范畴，不过实践中开发商一般会在广告中以"准现房"称呼其已经建设完成但尚未取得"大产证"之不动产。

查验协议应当作为前期物业服务合同的补充协议。物业承接查验的费用由建设单位承担，但另有约定的除外。"

【案例24-1】佛山市丽园物业管理有限公司与广发银行股份有限公司开平支行物业服务合同纠纷案[1]

[最高人民法院认为]"再审归纳本案争议的焦点问题是：1、本案物业管理费数额如何确定；2、原判决认定广发行开平支行向丽园物业公司支付的滞纳金是否过高、是否超出当事人诉讼请求；3、丽园物业公司主张的部分物业管理费是否超过诉讼时效期间。

（一）关于本案物业管理费数额如何确定问题。本院认为，该问题主要涉及物业管理费的起算时间、计算标准和物业面积三个方面的问题。

1、物业管理费的起算时间。本案诉争商铺是2000年12月29日，广发行开平支行与丽园房地产公司通过签订《以物抵债协议》及三份《商品房购销合同》后获得。同日，广发行开平支行即以房屋所有权人身份将购买的涉案商铺出租给丽园房地产公司，并与之签订《房屋租赁合同》，租赁期限从2001年1月1日起至2003年12月31日，租赁费第一年为250万元，以后每年递增50万元。双方对此不持异议，丽园房地产公司对租赁使用房屋的事实认可。2002年1月16日，广发行开平支行以房屋所有权人的身份在《羊城晚报》上发布抵债资产处置项目推介公告，对包括本案商铺在内抵债所得的九处资产拟通过公开招标、转让、租赁、委托租赁、托管等手段予以处置。因未办理房屋产权证，涉案商铺曾被原房屋所有权人丽园房地产公司的债权人申请查封，但可以使用。事实上，在2007年10月19日，155号判决（广发行开平支行确权之诉）作出之前，广发行开平支行即与案外人粤财公司于2006年10月31日签订《抵债资产转让协议》，将涉案商铺转让给粤财公司。**广发行开平支行上述行为说明，自2001年1月起，涉案商铺虽未办理房产证，但广发行开平支行已实际占用该房屋，并以房屋所有权人的身份进行出租、获得收益、予以处分。据此，再审判决依据《最高人民法院关于审理建筑物区分所有权纠纷案件具体应用法律若干问题的解释》第一条第二款'基于与建设单位之间的商品房买卖民事法律行为，已经合法占有建筑物专有部分，但尚未依法办理所有权登记的人，可以认定为物权法第六章所称的业主'的规定，认定广发行开平支行应自2001年1月1日合法占有商铺之日起缴纳物业管理费，并无不当。**广发行开平支行申诉称应自155号判决生效后（即2008年1月11日）开始计算物业管理费依据不足，本院不予支持。

---

[1]　最高人民法院（2014）民提字第184号民事判决书。

2、**物业管理费计算标准。广发行开平支行与丽园房地产公司签订的《前期物业管理协议》、丽园房地产公司与丽园物业公司签订的《物业管理委托合同》均约定物业管理服务费按照建筑面积每平方米 40 元计取。**根据《最高人民法院关于审理物业服务纠纷案件具体应用法律若干问题的解释》第一条规定：'建设单位依法与物业服务企业签订的前期物业服务合同，以及业主委员会与业主大会依法选聘的物业服务企业签订的物业服务合同，对业主具有约束力。'据此，**双方均应按合同约定履行义务。**虽然佛山市物价局对丽园商业广场（包括涉案商铺在内）作出的《154 号批复》载明物业管理服务费每平方米 11 元，但该收费标准并不包括小区（楼宇）内的公共水电费。**《154 号批复》系政府主管部门的文件，本身并非物业管理合同，该批复的内容也没有体现在合同条款之中。且依据2004 年广东省物价局、广东省建设厅颁发的《关于贯彻实施国家发展改革委、建设部〈物业服务收费管理办法〉的通知》，自 2004 年 3 月 1 日起，涉案商铺的物业管理费实行市场调节价，不再执行政府指导价。**据此，广发行开平支行认为《154 号批复》应视为合同组成部分，按照不高于每平方米 11 元的标准支付物业管理费的理由不能成立，本院不予支持。

3、物业管理费计取的房屋面积。广发行开平支行与丽园房地产公司双方签订的《商品房购销合同》中约定的涉案房屋建筑面积是 8902.78 平方米，对此，广发行开平支行在原一、二审法院审理期间均没有提出异议。再审期间，广发行开平支行提供广东省佛山市禅城区房地产档案馆保存的《商品房屋情况表》，认为涉案商铺应按照 8645.88 平方米计算。该面积来源于佛山市房地产交易所的初步测绘，初步测绘与《最高人民法院关于审理建筑物区分所有权纠纷案件具体应用法律若干问题的解释》第八条规定"对于尚未进行物权登记的，暂按测绘机构的实测面积计算"尚不能完全相符。且依照 2010 年 4 月 1 日实行的广东省物价局、广东省住房和城乡建设厅印发《广东省物价局、广东省住房和城乡建设厅关于物业服务收费管理办法的通知》第十五条的规定，物业服务收费根据法定产权建筑面积按月计收。已办理房产证的，以房产证记载的建筑面积为准。房产证未记载建筑面积或未办理房产证的，以物业买卖合同中约定的建筑面积为准。涉案商铺至今未办理房屋产权证，再审法院依据双方签订的《商品房购销合同》中约定的建筑面积收取物业管理费并无不当。广发行开平支行称再审判决对物业管理费计取的房屋建筑面积认定错误的申诉理由不能成立，本院不予支持。

（二）关于原判决认定广发行开平支行向丽园物业公司支付的违约金是否过高、是否超出当事人诉讼请求问题。本院认为，广发行开平支行与丽园房地产公司双方在签订的《前期物业管理协议》第十一条约定，如不能按约履行缴费义务，则应支付欠款利息，利率为月息 15‰。广发行开平支行在原二审审理期间，以约定违约金过高为由，要求予以调整。原二审判决对该项请求予以支持，认定广发行开平支行应按照中国人民银行规定的金融机构计收逾期贷款利息的标准支付滞纳金。广发行开平支行再审认为滞纳金明显偏高，要求按照中国人民银行同期存款利率的标准予以调整缺乏充分依据，本院不予支持。……"

（二）一般物业服务合同的订立

如上所述，物业服务合同的一方为物业服务人，另一方为业主。在业主较多的情况下，应成立业主大会并选举业主委员会，由业主委员会与业主大会选聘的物业服务企业签订书面的物业服务合同。

依据《物业管理条例》（2018）第10条，"同一个物业管理区域内的业主，应当在物业所在地的区、县人民政府房地产行政主管部门或者街道办事处、乡镇人民政府的指导下成立业主大会，并选举产生业主委员会。但是，只有一个业主的，或者业主人数较少且经全体业主一致同意，决定不成立业主大会的，由业主共同履行业主大会、业主委员会职责。"

实践中，何时以及如何成立业主大会、选举业主委员会是个困难的课题。《物业管理条例》（2018）并未详细规定，不少地方法规作出了较具操作性的规则，并设定了相应的义务人。比如依据《上海市住宅物业管理规定》（2020），"一个物业管理区域内，房屋出售并交付使用的建筑面积达到50%以上，或者首套房屋出售并交付使用已满两年的，应当召开首次业主大会会议，成立业主大会。但只有一个业主的，或者业主人数较少且经全体业主一致同意，决定不成立业主大会的，由业主共同履行业主大会、业主委员会职责"（第13条），"建设单位应当在30日内向物业所在地的乡、镇人民政府或者街道办事处提出成立业主大会的书面报告，……建设单位未及时提出书面报告的，业主可以向乡、镇人民政府或者街道办事处提出成立业主大会的书面要求"（第14条），"乡、镇人民政府或者街道办事处应当在接到建设单位书面报告或者业主书面要求后的60日内组建筹备组"（第15条）。《北京市物业管理条例》（2020）则规定，"一个物业管理区域内，已交付业主的专有部分达到建筑物总面积50%以上的，5%以上的业主、专有部分占建筑物总面积5%以上的业主或者建设单位均可以向街道办事处、乡镇人民政府提出成立业主大会的申请，居民委员会、村民委员会也可以组织达到前述条件的业主或者建设单位提出成立业主大会的申请。"（第30条）

依据《民法典》第278条和《物业管理条例》（2018）第11条，"选聘和解聘物业服务企业"由业主共同决定，"应当由专有部分面积占比2/3以上的业主且人数占比2/3以上的业主参与表决"，且"应当经参与表决专有部分面积过半数的业主且参与表决人数过半数的业主同意。"

就业主大会选聘物业服务企业的方式，民法典及物业管理条例并未规定，依据《上海市住宅物业管理规定（2020）》第40条，"鼓励业主大会采用招投标方式，公开、公平、公正地选聘物业服务企业。采取招投标方式选聘物业服务企业的，应当通过本市统一的物业管理监管与服务信息平台进行招标。"《北京市物业管理条例》（2020）第64条规定："业主共同决定由物业服务企业提供物业服务的，可以授权业主委员会或者物业管理委员会进行招标，继续聘用原物业服务企业的除外。鼓励业主通过市住房和城乡建设主管部门建立的招投标平台选聘物业服务企业。"但续聘原物业服务企业，则一般由业主大会决议后由业主委员会与该续聘之物业服务企业订立新的物业服务合同。

（三）物业服务合同的效力

依据《民法典》第939条，无论是建设单位依法与物业服务人订立的前期物业服务合同，还是业主委员会与业主大会依法选聘的物业服务人订立的物业服务合同，均对业主具有法律约束力。

依据《民法典》第938条，"物业服务合同的内容一般包括服务事项、服务质量、服务费用的标准和收取办法、维修资金的使用、服务用房的管理和使用、服务期限、服务交接等条款。物业服务人公开作出的有利于业主的服务承诺，为物业服务合同的组成部分。"

1. 物业服务人的主要权利与义务。物业服务人的主要权利当然是按照物业服务合同的约定收取物业服务费等费用的权利。

物业服务人可以将物业服务区域内的部分专项服务事项委托给他人，但其应当就该部分专项服务事项向业主负责，比如水箱的清洗、电梯的维护等；但不得将其应当提供的全部物业服务转委托给第三人，或者将全部物业服务肢解后分别转委托给第三人（《民法典》第941条）。

物业服务人的维修、维护及安保义务。物业服务人应当按照约定和物业的使用性质，妥善维修、养护、清洁、绿化和经营管理物业服务区域内的业主共有部分，维护物业服务区域内的基本秩序，采取合理措施保护业主的人身、财产安全（《民法典》第942条）。物业服务企业未能履行物业服务合同的约定，导致业主人身、财产安全受到损害的，应当依法承担相应的法律责任〔《物业管理条例》（2018）第35条〕。

报告义务。物业服务人应当定期将服务的事项、负责人员、质量要求、收费项目、收费标准、履行情况，以及维修资金使用情况、业主共有部分的经营与收益情况等以合理方式向业主公开并向业主大会、业主委员会报告（《民法典》第943条）。

验收及交接义务。《依据物业管理条例》（2018）第36条，"物业服务企业承接物业时，应当与业主委员会办理物业验收手续。业主委员会应当向物业服务企业移交本条例第29条第1款规定的资料。"这些资料包括建筑物的竣工验收资料及设备相关资料等。"物业服务合同终止时，物业服务企业应当将物业管理用房和本条例第29条第1款规定的资料交还给业主委员会。物业服务合同终止时，业主大会选聘了新的物业服务企业的，物业服务企业之间应当做好交接工作"[《物业管理条例》（2018）第38条]。依据《民法典》第949条，物业服务合同终止的，原物业服务人应当在约定期限或者合理期限内退出物业服务区域，将物业服务用房、相关设施、物业服务所必需的相关资料等交还给业主委员会、决定自行管理的业主或者其指定的人，配合新物业服务人做好交接工作，并如实告知物业的使用和管理状况。

物业服务合同终止后，新的物业服务人接收前继续提供服务的义务。依据《民法典》第950条，"物业服务合同终止后，在业主或者业主大会选聘的新物业服务人或者决定自行管理的业主接管之前，原物业服务人应当继续处理物业服务事项，并可以请求业主支付该期间的物业费。"

2. 业主的主要权利与义务。业主的主要权利是依法要求物业服务人依约提供物业服务、依法选聘、续聘或解聘物业服务人（《民法典》第947、第948条）。

业主应当按照约定向物业服务人支付物业费。物业服务人已经按照约定和有关规定提供服务的，业主不得以未接受或者无需接受相关物业服务为由拒绝支付物业费。但物业服务人不得采取停止供电、供水、供热、供燃气等方式催交物业费（《民法典》第944条）。依据《物业纠纷司法解释》（2020）第2条，"物业服务人违反物业服务合同约定或者法律、法规、部门规章规定，擅自扩大收费范围、提高收费标准或者重复收费，业主以违规收费为由提出抗辩的，人民法院应予支持。业主请求物业服务人退还其已经收取的违规费用的，人民法院应予支持。"

业主装饰装修房屋的，应当事先告知物业服务人，遵守物业服务人提示的合理注意事项，并配合其进行必要的现场检查。业主转让、出租物业专有部分、设立居住权或者依法改变共有部分用途的，应当及时将相关情况告知物业服务人（《民法典》第945条）。

【案例24-2】肖吕宏与龙湖物业服务集团有限公司南京分公司物业服务合同纠纷案[1]

---

〔1〕 江苏省高级人民法院（2020）苏民申6089号民事裁定书。

[江苏省高级人民法院认为]"关于肖吕宏主张涉案物业服务合同无效的问题，业主委员会与业主大会依法选聘的物业服务企业签订的物业服务合同，对业主具有约束力。涉案物业服务合同盖有小区业委会公章，应视为小区业委会与龙湖物业签订的物业服务合同。涉案物业服务合同并不存在法定无效情形，对全体小区业主具有法律约束力。肖吕宏系涉案小区业主，且接受了物业服务，理应按该合同约定履行缴纳物业服务费的义务。肖吕宏以涉案物业服务合同无效为由不及时缴纳物业服务费，于法无据。

关于肖吕宏所提的物业服务低质故收费标准应予降低的问题，根据一、二审查明的事实，**龙湖物业进驻涉案小区前，小区物业存在诸多问题，栅栏、标牌破损严重，车辆乱停堵塞消防通道，灌、乔木枯死，甚至违章搭建、毁绿（地）、占绿（地）有蔓延之势等等，诸如此类问题的解决需要循序渐进。物业服务过程中业主和物业公司可加强沟通，共同促进小区物业服务质量的提高。物业服务公司履行服务义务过程中需要人力和资金的投入，肖吕宏不及时缴纳物业服务费，也不利于尽快提高物业服务质量。肖吕宏仅以物业服务低质为由，主张降低物业服务收费标准，缺乏事实和法律依据。**"

【案例 24-3】杨昌胜诉上海华高物业有限公司物业服务合同纠纷上诉案[1]

[上海市第一中级人民法院认为]"……**上诉人杨昌胜主张华高公司在管理小区过程中存在保安、保洁方面的瑕疵并为此提供了相应证据予以佐证，但是，上诉人华高公司提出的证据尚不足以充分、有效地证明其全面履行了物业服务合同中约定的相关义务，亦不足以推翻和否定上诉人杨昌胜关于小区安保、保洁方面存在瑕疵的主张**，故本院对华高公司的上诉主张不予采信。上诉人杨昌胜主张 XX 小区第四届业主委员会系非法成立、涉案期间（2016 年 1 月 1 日至 2017 年 12 月 31 日）的《物业服务合同》无效、华高公司系非法入驻，但是，上诉人杨昌胜未能就前述主张提供充分、有效证据予以证明，相反，华高公司提供的证据能够证明涉案期间（2016 年 1 月 1 日至 2017 年 12 月 31 日）的《物业服务合同》合法有效，故本院对杨昌胜的上诉主张依法不予采信。**一审法院根据双方当事人的举证和质证情况，依照法律规定，并结合相关事实，运用逻辑推理和日常生活经验法则，认定华高公司在保安和保洁服务方面存在瑕疵并在综合考虑相关因素的基础上对杨昌胜应当支付的物业管理费酌情予以调整，以及考虑到杨昌胜拖欠物业管理费系不满华高公司的服务，非恶意拖欠，故不支持滞纳金，均是正确且合理的，应予维持。**"

---

[1] 上海市第一中级人民法院（2018）沪 01 民终 12377 号民事判决书。

【案例24-4】厦门世家物业管理服务有限公司、高金荣物业服务合同纠纷案[1]

[福建省高级人民法院] 经审查认为，**根据《鹭江新城物业服务合同》约定，世家物业公司应负责维护该小区范围内公共秩序并协助做好安全防范工作，**现高金荣所居住的房屋已遭同一盗窃嫌疑人至少两次入室盗窃，且最后一次的入室路径是从该栋楼的楼顶坠绳进入，但小区的监控摄像头均未拍及盗窃嫌疑人的行踪画面，保安巡逻时也未发现盗窃嫌疑人在楼顶坠绳入户的行为。更为重要的是，**根据《鹭江新城物业服务合同》附件五《物业服务事项和标准》第五点"安全防范"第2点"门岗"第（2）项"封闭管理小区对外来人员或送货人员进行记录，劝阻未经业主许可的外来人员进入小区"的约定，鹭江新城小区采取的是封闭式管理，外来人员均应进行记录，但世家物业公司提供的案发前后的访客登记中均没有盗窃嫌疑人的来访记录，世家物业公司对此亦未能作出合理解释，其主张盗窃嫌疑人系通过非正常路径进入被盗房屋但未提供证据证实。**由上几点分析，实难认定世家物业公司在协助做好小区安全防范工作上已经尽到约定义务，世家物业公司主张监控摄像头安装位置系由小区业委会指定，但即便如此，亦不能免除世家物业公司协助做好安全防范工作的义务，二审判决认定世家物业公司未能完全履行合同约定的安全防范义务并无不当。对于世家物业公司应承担的赔偿责任范围，虽然高金荣就其被盗物品未能完全举证证明明细和价值，但根据高金荣先后两次在公安机关所作的询问笔录，其中提及被盗财产的价值与其在本案中主张的损失金额基本吻合，具备一定的可信度，二审判决将之作为参照确定财产损失的依据并结合世家物业公司的过错程度，**酌情确定世家物业公司承担5%的赔偿责任，已臻公平。**

【案例24-5】刘红于、李伟明物业服务合同纠纷再审案[2]

[四川省高级人民法院] 本院再审开庭期间，观看了车辆被盗期间的录像，从录像可以看出，被盗车辆在小区出口自动报警，近在咫尺，值班人员无任何反应，被盗车辆在小区入口被人抬杠而出，联华物业公司无值班人员。

本院再审认为，**根据刘红于与联华物业公司签订的《光华国际地面停车位管理服务协议》的约定，刘红于、李伟明与联华物业公司之间的法律关系系物业服务法律关系，根据《物业管理条例》第四十六条"物业服务企业应当协助做好物业管理区域内的安全防范工作"的规定，**物业服务企业对小区的管理应尽到必

---

[1] 福建省高级人民法院（2018）闽民申4257号民事裁定书。

[2] 四川省高级人民法院（2018）川民再478号民事判决书。

要的安全防范义务。从监控录像可看出，联华物业公司没有尽到应有的安全防范义务，且联华物业公司也未提供证据证明尽到相应的管理服务义务，因此，**联华物业应就其服务过程中存在的瑕疵承担相应的责任。结合本案的具体情况，本院酌定联华物业公司承担刘红于、李伟明车辆被盗损失5%的责任。**

关于失窃车辆的赔偿额。本院认为，应以裸车价格为基数进行计算，其他装饰款、服务费、购置税等均不属于直接损失，不属于赔偿范围。故联华物业公司所应支付的赔偿额为 179800 元×5% = 8990 元。

三、物业服务合同的终止

（一）前期物业服务合同的终止

依据《民法典》第 940 条，建设单位依法与物业服务人订立的前期物业服务合同约定的服务期限届满前，业主委员会或者业主与新物业服务人订立的物业服务合同生效的，前期物业服务合同终止。

（二）物业服务合同因期满而终止

物业服务合同因合同约定的期限届满而终止。但物业服务期限届满后，业主没有依法作出续聘或者另聘物业服务人的决定，物业服务人继续提供物业服务的，原物业服务合同继续有效，但是服务期限为不定期。当事人可以随时解除不定期物业服务合同，但是应当提前 60 日书面通知对方（《民法典》第 948 条）。

（三）物业服务合同因解除而终止

如果物业服务合同为不定期，则双方当事人可提前书面通知对方随时解除合同，已如上述。

业主依照法定程序共同决定解聘物业服务人的，可以解除物业服务合同。决定解聘的，应当提前 60 日书面通知物业服务人，但是合同对通知期限另有约定的除外。依据前款规定解除合同造成物业服务人损失的，除不可归责于业主的事由外，业主应当赔偿损失（《民法典》第 946 条）。

（四）物业服务合同终止后物业服务人的配合义务

依据《民法典》第 949 条，物业服务合同终止的，原物业服务人应当在约定期限或者合理期限内退出物业服务区域，将物业服务用房、相关设施、物业服务所必需的相关资料等交还给业主委员会、决定自行管理的业主或者其指定的人，配合新物业服务人做好交接工作，并如实告知物业的使用和管理状况。原物业服务人违反前款规定的，不得请求业主支付物业服务合同终止后的物业费；造成业主损失的，应当赔偿损失。

【本章思考题】

1. 你认为相关法律、法规中"物业管理"到"物业服务"表述的转变有何意义？

2. 物业服务合同有哪些种类？

3. 物业服务合同有哪些特征？其与委托合同有哪些异同？

4. 物业服务合同的订立有什么特点？

5. 物业服务合同有何效力？物业服务人和业主、业主委员会在物业服务合同法律关系中有何权利与义务？

6. 物业服务合同何时终止？物业服务合同终止后，物业服务人有何权利与义务？

第二十五章

行纪合同与中介合同

一、行纪合同

（一）行纪合同的特征

根据《民法典》第 951 条，行纪合同是行纪人以自己的名义为委托人从事贸易活动，委托人支付报酬的合同。

其中，以自己的名义为委托人从事贸易活动的人，称为行纪人；委托行纪人为自己从事贸易活动并向行纪人支付报酬的人，为委托人。

行纪合同与委托合同都是一方为另一方办理委托事务的合同，都以处理委托事务为目的，以当事人之间的互相信任为基础。行纪合同实质上是委托合同的一种，因此《民法典》第 960 条规定："本章没有规定的，参照适用委托合同的有关规定。"

行纪的典型是寄售商店，寄售店以自己的名义为委托人销售寄托销售的物品。行纪合同还大量存在于证券及期货行业，但应首先适用相关的特别法。

行纪合同有如下特征：

1. 行纪合同是行纪人以自己的名义为委托人从事贸易活动。行纪人为委托人对外从事贸易活动，是以行纪人自己的名义进行的，行纪人与相对人或当事人之间订立合同，行纪人作为该合同的当事人，而委托人不是该合同的当事人，从而与一般的委托合同不同（参见前述委托合同章有关间接代理的讨论）。

2. 行纪人为委托人从事贸易活动。行纪人虽以自己的名义与相对人订立合同，但目的是委托人，如以自己的名义出售委托人寄售的物品，或为委托人购买物品。

3. 行纪合同是诺成、双务、有偿合同。行纪合同自当事人意思表示一致而成立，不以物的交付为必要；行纪合同中，委托人及行纪人互负义务，故为双务合同；委托人须按约定向行纪人支付报酬，因此为有偿合同。

4. 一般认为，行纪人须有营业资格，甚至特许资格，与一般的委托合同对受托人并无特别要求不同。行纪合同属于商事合同。

【案例 25 - 1】 中地种业（集团）有限公司与黑龙江省鹤山农场合同纠纷案[1]

［最高人民法院认为］……本案主要涉及两个焦点问题：一、案涉合同性质；二、购牛进口增值税如何承担。

一、关于案涉合同性质问题

因案涉合同的内容是鹤山农场委托中地公司从新西兰进口奶牛，故就鹤山农场与中地公司之间的关系而言，是委托合同关系。进出口代理合同属于委托合同中的一种。鹤山农场系由于无外贸经营权而委托具有外贸经营权的中地公司来办理进口奶牛的相关事务，符合进出口代理合同的特征，故案涉合同也属于进出口代理合同。行纪合同是行纪人以自己的名义为委托人从事贸易活动，委托人支付报酬的合同。案涉合同系约定由中地公司受鹤山农场委托，以中地公司名义对外购买奶牛，根据合同约定，鹤山农场向中地公司支付的购牛价款不仅包括中地公司对外购买奶牛的价款，也包括了委托购买的费用。因此，案涉合同也符合《中华人民共和国合同法》中有关行纪合同的构成要件。在行纪合同中，行纪人和委托人也存在委托关系，《中华人民共和国合同法》第四百二十三条规定，"本章没有规定的，适用委托合同的有关规定"，故行纪合同关系并不排除委托人与行纪人之间的委托合同关系。

因案涉合同以鹤山农场委托中地公司进口奶牛为目的、合同内容均系约定中地公司与鹤山农场之间的权利义务，合同条款亦不涉及中地公司、鹤山农场与奶牛出卖人之间的权利义务关系，故将案涉合同性质认定为进出口代理合同，更有利于确定中地公司与鹤山农场之间的权利义务关系。但无论案涉合同性质是进出口代理合同，还是行纪合同，均不影响合同当事人就相关税费承担主体作出特别的约定。本案中，鹤山农场与中地公司有关进口增值税承担主体的约定系当事人之间的真实意思表示，应优先适用于合同法的规定。

（二）行纪合同的效力

1. 行纪人的主要义务。

（1）依委托人的指示进行交易活动。因为行纪人是为委托人的利益进行贸易活动，因此需执行委托人的意志。《民法典》第 955 条规定："行纪人低于委托

---

[1] 最高人民法院（2014）民提字第 23 号民事判决书。

人指定的价格卖出或者高于委托人指定的价格买入的，应当经委托人同意；未经委托人同意，行纪人补偿其差额的，该买卖对委托人发生效力。行纪人高于委托人指定的价格卖出或者低于委托人指定的价格买入的，可以按照约定增加报酬；没有约定或者约定不明确，依照本法第 510 条的规定仍不能确定的，该利益属于委托人。委托人对价格有特别指示的，行纪人不得违背该指示卖出或者买入。"

此外，《合同法》第 419 条规定："行纪人卖出或者买入具有市场定价的商品，除委托人有相反的意思表示的以外，行纪人自己可以作为买受人或者出卖人。行纪人有前款规定情形的，仍然可以要求委托人支付报酬。"可见，从广义的"代理"关系看，行纪合同并不禁止行纪人"自己代理"。

（2）负担交易费用的义务。行纪人处理委托事务支出的费用，由行纪人负担，但当事人另有约定的除外（《民法典》第 952 条）。

（3）妥善保管和处置委托物。行纪人占有委托物的，应当妥善保管委托物（《民法典》第 953 条）。委托物交付给行纪人时有瑕疵或者容易腐烂、变质的，经委托人同意，行纪人可以处分该物；和委托人不能及时取得联系的，行纪人可以合理处分（《民法典》第 954 条）。

（4）直接承担与第三人的合同后果，因第三人不履行义务须对委托人承担赔偿责任。行纪人与第三人订立合同的，行纪人对该合同直接享有权利、承担义务。第三人不履行义务致使委托人受到损害的，行纪人应当承担损害赔偿责任，但行纪人与委托人另有约定的除外（《民法典》第 958 条）。

【案例 25-2】徐德全与四川万禾中药饮片股份有限公司行纪合同纠纷案[1]

[最高人民法院认为]"徐德全与万禾公司之间的货物交付流程为：徐德全在购买好货物后，便将货物存放在新繁大鹏冻库，随后再通知万禾公司有代购货物已经存放在新繁大鹏冻库，同时要求万禾公司对存放的货物进行检验提货。万禾公司在接到徐德全通知后，再到存放货物的库房对代购货物进行检验提货。新繁大鹏冻库，既是万禾公司自新都大鹏药材加工厂承租而来存放代购货物的仓库，亦是新都大鹏药材加工厂的自用仓库，二者在仓储堆放上未作区分，且新都大鹏药材加工厂亦从事中药材加工经营活动。**徐德全具有案涉《中药材代购协议》行纪人和新都大鹏药材加工厂法定代表人的双重身份，其收购药材并存放于新繁大鹏冻库的行为，难谓究系履行行纪事务的行为抑或履行法定代表人的职务行为。**徐德全申请再审虽称其在行纪合同约定的期限内采用电话、座谈等形式多次催告万禾公司验收、提取代购货物，但并未提供证据证明，不能成立。一、二

---

〔1〕 最高人民法院（2014）民申字第 262 号民事裁定书。

审法院结合前述身份混同情形，**在徐德全未依循其与万禾公司在先交易流程履行通知义务的情况下，认定徐德全未全面履行行纪合同，并无不当。由此，徐德全后续处置货物的行为，亦难以认定系其以行纪人身份处置代购货物。**在徐德全未能提供证据证明其曾在合同期限内通知万禾公司验收、提取货物，亦未提供证据证明万禾公司经通知催告拒绝受领代购货物的情形下，一、二审法院根据《中华人民共和国合同法》第四百一十七条、第四百二十条之规定，认定其处分行为不符合行纪合同法律规定，亦无权向万禾公司主张赔偿损失，合法有据，本院予以维持。"

2. 委托人的主要义务。

（1）及时受领委托物的义务。行纪人按照约定买入委托物，委托人应当及时受领。经行纪人催告，委托人无正当理由拒绝受领的，行纪人可以依法提存委托物。委托物不能卖出或者委托人撤回出卖，经行纪人催告，委托人不取回或者不处分该物的，行纪人也可以依法提存委托物（《民法典》第957条）。

（2）按约定支付报酬的义务。行纪人完成或者部分完成委托事务的，委托人应当向其支付相应的报酬。委托人逾期不支付报酬的，行纪人对委托物享有留置权，但是当事人另有约定的除外（《民法典》第959条）。

二、中介合同

（一）中介合同的特征

中介合同，又称为居间合同，即中介人（或居间人）向委托人报告订立合同的机会或者提供订立合同的媒介服务，委托人支付报酬的合同（《民法典》第961条）。其中，报告订立合同的机会或者提供订立合同的媒介服务的一方，称为中介人或居间人；支付报酬的一方，为委托人。

居间或中介是一项历史悠久的商业服务。中介人专为促成交易双方的交易提供服务，并收取报酬，又称为居间。中介人是受委托人的委托促成委托人订立合同的。

中介合同有以下特征：

1. 中介合同是由中介人提供中介服务的合同。中介人同委托合同中的受托人、行纪合同中的行纪人一样，都是接受委托人的委托，为委托人提供服务，但中介人专门提供中介服务。所谓中介服务，是向委托人报告订约机会，即为委托人寻找交易对手，或提供订立合同的媒介服务，在双方之间斡旋、促成交易。居间人仅是委托人与第三人之间交易的中间人，并不是任何一方的代理人，也不是交易的当事人，中介人的意思不决定交易双方的权利义务。从而中介合同与委托合同及行纪合同不同，后两种合同中受托人或行纪人要么以委托人的名义订立合同、要么以自己的名义代理合同，都直接参与到与当事人的交易中；而且中介人可从交易双方收取报酬，而委托合同的受托人及行纪合同的行纪人只能为委托人的利益考虑、听从委托人的指示。

2. 中介合同是双务、有偿、诺成及不要式合同。

3. 中介合同中委托人的报酬支付义务不确定。中介人未促成合同成立的，不得要求支付报酬，但可以按照约定要求委托人支付从事中介活动支出的必要费用（《民法典》第 964 条）。

（二）中介合同的效力

1. 中介人的主要义务。中介人的主要义务是按照约定提供中介、居间服务。中介人应当就有关订立合同的事项向委托人如实报告。中介人故意隐瞒与订立合同有关的重要事实或者提供虚假情况，损害委托人利益的，不得请求支付报酬并应当承担赔偿责任（《民法典》第 962 条）。

2. 委托人的主要义务。委托人的主要义务是支付报酬或返还费用。但需注意的是，如上所述，中介人是否促成委托人与当事人之间的合同成立，有关报酬及费用的支付规定不同。

中介人促成合同成立的，委托人应当按照约定支付报酬。对中介人的报酬没有约定或者约定不明确，依照《民法典》第 510 条的规定仍不能确定的，根据中介人的劳务合理确定。因中介人提供订立合同的媒介服务而促成合同成立的，由该合同的当事人（即委托人和第三人）平均负担居间人的报酬。中介人促成合同成立的，中介活动的费用，由中介人负担（《民法典》第 963 条）。

【案例 25-3】 上海中原物业顾问有限公司诉陶德华居间合同纠纷案[1]

【裁判要点】

房屋买卖居间合同中关于禁止买方利用中介公司提供的房源信息却绕开该中介公司与卖方签订房屋买卖合同的约定合法有效。但是，当卖方将同一房屋通过多个中介公司挂牌出售时，买方通过其他公众可以获知的正当途径获得相同房源信息的，买方有权选择报价低、服务好的中介公司促成房屋买卖合同成立，其行为并没有利用先前与之签约中介公司的房源信息，故不构成违约。

【裁判理由】

法院生效裁判认为：中原公司与陶德华签订的《房地产求购确认书》属于

---

[1] 最高人民法院指导案例 1 号，（2009）沪二中民二（民）终字第 1508 号。

居间合同性质，其中第2.4条的约定，属于房屋买卖居间合同中常有的禁止"跳单"格式条款，其本意是为防止买方利用中介公司提供的房源信息却"跳"过中介公司购买房屋，从而使中介公司无法得到应得的佣金，该约定并不存在免除一方责任、加重对方责任、排除对方主要权利的情形，应认定有效。根据该条约定，衡量买方是否"跳单"违约的关键，是看买方是否利用了该中介公司提供的房源信息、机会等条件。**如果买方并未利用该中介公司提供的信息、机会等条件，而是通过其他公众可以获知的正当途径获得同一房源信息，则买方有权选择报价低、服务好的中介公司促成房屋买卖合同成立，而不构成"跳单"违约。本案中，原产权人通过多家中介公司挂牌出售同一房屋，陶德华及其家人分别通过不同的中介公司了解到同一房源信息，并通过其他中介公司促成了房屋买卖合同成立。因此，陶德华并没有利用中原公司的信息、机会，故不构成违约，**对中原公司的诉讼请求不予支持。

【本章思考题】

1. 行纪合同中双方当事人各有什么权利与义务？
2. 行纪合同、中介合同与委托合同制度有何区别及联系？
3. 行纪合同与间接代理或隐名代理是什么关系？
4. 行纪合同中行纪人是否可以直接与委托人交易？与直接代理禁止自己代理的原则有何不同？为什么？
5. 行纪合同关系中，行纪人与第三人交易时因委托人不能履行义务责任如何承担？
6. 试述证券及期货行业的行纪关系。
7. 中介合同中双方当事人各有什么权利与义务？
8. 中介合同中，中介人在什么情况下可以要求委托人支付报酬或费用？
9. 中介人是否可以从委托人及第三人双方均收取报酬？行纪合同呢？
10. 目前房屋中介可提供哪些服务？有无收费标准或惯例？

第二十六章

合伙合同

一、概述

（一）合伙合同的概念

依据民法典，合伙合同是两个以上合伙人为了共同的事业目的，订立的共享利益、共担风险的协议。

合伙是一种古老的契约形式，世界上不少民法典都在其契约法部分规定了合伙合同。中国民法典之前，在已废止的民法通则中对个人合伙及企业间的联营作了相应的规定，1997 年出台了《合伙企业法》（2006 年最新修订），现已废止的 1999 年的合同法并未规定合伙合同。2017 年的民法总则在民事主体部分的"非法人组织"一章规定了合伙企业作为一种非法人组织的相关规则，出台的民法典沿用了原民法总则关于合伙企业作为一种非法人组织的规定，而将合伙合同作为一种典型合同规定于合同编。

合伙在中文语境，含义之一，是一种行为，即为共同事业目的而共担风险的法律行为；含义之二，则有一定的"组织"性，比如合伙利润、合伙债务。合伙企业则系民事主体，合伙企业法主要是组织法，主要规定合伙企业的种类、设立、财产，合伙企业的内部事务如合伙事务的执行、入伙、退伙规则，合伙企业与第三人的关系，以及合伙企业的解散清算规则。合同编的合伙合同，主要规则是合伙人之间的权利义务关系，而合伙人因合伙与第三人之间的法律关系，是更基础的法律规则。合伙企业法中规定的合伙人间的合伙协议，当然属于合伙合同。

【案例 26-1】 林为曾、陈永河合伙协议纠纷再审案[1]

---

〔1〕 最高人民人民法院（2017）最高法民再 228 号民事判决书。

［最高人民法院］再审认为：

（一）关于《股东协议》的性质问题。1、从《股东协议》约定的内容分析，三方当事人系就案涉东泥沟煤矿的合作事宜约定共同出资、共同经营，并共享收益。（1）《股东协议》第一条投资项目中的第1项约定了三方共同投资东泥沟煤矿项目的投资种类、总投资额，以及各自的投资额及占比。三方对东泥沟煤矿的投资种类分别是，林为曾以其签约时控制的东泥沟煤矿投资，陈永河、林钦以现金投资；三方对合伙经营项目的总投资额约定为2.3亿元，其中，陈永河、林钦分别投入8000万元和5000万元现金，林为曾投资的东泥沟煤矿折价为1亿元；三方约定对合伙项目投资占比分别为陈永河占35%、林钦占22%、林为曾占43%。（2）《股东协议》第二条、第三条约定了双方各自分工，共同生产、共同经营。协议第二条约定，林为曾负责具备开工条件所需的排土场、煤场、开采所需的爆破材料，解决理顺与政府各相关部门、相邻各矿以及当地村民的关系和生产经营，负责煤矿项目的整体管理配合，收取的入股金主要用于该项目的初步设计、环评、土地征用、采矿权价款等相关费用的支付，负责提供销售所需的一切手续；陈永河、林钦负责财务管理、煤炭销售、支付采矿工程款、生产管理开支、流动资金，负责严格管理生产经营过程所发生的成本费用，作好报表清单、专款专用。协议第三条约定，任何一方不独自决定重大事务，包括土石方单价、煤炭单价等，均需共同商讨决定。（3）《股东协议》第一条第3项约定各方共享收益，即对本案煤炭项目开采地超出1000亩的部分，由各方按成本价共同享受利益。2、从《股东协议》的履行情况看，三方当事人亦实际共同经营了东泥沟煤矿，并共享了经营收益。（1）本案审查期间，林为曾陈述三方共同对《股东协议》中约定的1000亩开挖地进行了丈量，煤矿场地所涉搬迁也是三方共同负责；陈永河陈述场地搬迁费用是煤炭销售后支付的。（2）陈永河陈述，其与林钦负责工程和销售，财务上三个人同时签字就可以使用。（3）三方自2011年1月起共同对东泥沟煤矿进行了开采、销售，并已取得利润，至2012年4月，陈永河、林钦共分得利润4413万元，林为曾分得3387万元。（4）本案审查及再审中，就东泥沟煤矿的现状，双方当事人均陈述自停产后一直由双方留守人员共同看守。根据民法通则第三十条、第三十四条规定，个人合伙是指两个以上公民按照协议，各自提供资金、实物、技术等，合伙经营、共同劳动；个人合伙的经营活动，由合伙人共同决定，合伙人有执行和监督的权利。**无论是陈永河、林钦与林为曾签订《股东协议》的约定内容，还是该协议的实际履行情况，均体现的是法律规定的合伙合同所具有的共同出资、共同经营、共享利润的特征。本案《股东协议》应认定为合伙合同。**

《股东协议》签订时，东泥沟煤矿由林为曾实际控制，但尚未取得采矿权，……二审判决依上述约定认定《股东协议》属于名为合作经营，实为采矿权购买及权益分配，适用法律不当。

（二）关于《股东协议》的效力问题。《股东协议》主要内容涉及陈永河、林钦、林为曾三方合作开发东泥沟煤矿，具体包括三方合伙投资总额、各自投资比例、投资款项用途，以及三方合作开发中各方权利义务等，上述内容不违反法律和行政法规的禁止性规定，故《股东协议》应当确认为有效合同。至于能否实际取得东泥沟煤矿的采矿权证，是《股东协议》履行中的问题。合伙各方在尚未取得采矿权证的情形下即进行无证开采，则属于《股东协议》履行中的行为，虽应承担相应法律后果，但不影响《股东协议》的效力。二审判决认定《股东协议》系采矿权转让，进而依照矿产资源法第六条规定认定该协议无效，适用法律不当。

（三）关于陈永河、林钦的诉讼请求应否予以支持问题。陈永河、林钦一审中诉请解除本案《股东协议》，判令林为曾返还陈永河、林钦合作项目投资款1.3亿元及利息。由于本案合伙属协议合伙，未形成合伙组织，合伙主体仅为三人，作为合伙人的陈永河、林钦提出解除《股东协议》，将导致原为三人的合伙仅剩林为曾一人，本案合伙势必解散或终止。因此，如同陈永河、林钦一审陈述其诉讼请求的逻辑前提是退伙，上述诉讼请求的实质应是以解除《股东协议》的方式终止合伙，进而实现退伙的目的。根据民法通则意见第52条规定，合伙人退伙，书面协议有约定的，按书面协议处理；书面协议未约定的，原则上应予准许。本案中，《股东协议》对退伙事项没有约定，各方合伙经营的东泥沟煤矿一直未取得采矿许可证，且该煤矿自2012年4月起因当地政府通知不得生产后至今一直处于停产状态。故依据上述法律规定以及结合《股东协议》的履行情况，对于陈永河、林钦提出解除《股东协议》的诉讼请求，本院予以准许。

《股东协议》解除后，合伙终止。但因《股东协议》已经履行，陈永河、林钦原投入合伙事务的资金已经转化为合伙财产，由合伙各方共同共有。根据民法通则意见第54条规定，合伙人退伙时分割的合伙财产，应当包括合伙时投入的财产和合伙期间积累的财产，以及合伙期间的债权和债务。因此，陈永河、林钦退伙导致合伙终止后，在全体合伙人未对合伙财产及合伙债权债务清算前，陈永河、林钦不能主张由林为曾退还其原投入合伙事务的资金。也即只有在三方对合伙财产清算后，陈永河、林钦才可依据合同约定或法律规定请求分割合伙财产。故陈永河、林钦在本案中主张由林为曾直接返还已投入合伙项目的合伙款，缺乏法律依据，本院不予支持。

顺予指出，合同法第一百二十三条规定，"其他法律对合同另有规定的，依照其规定。"故在民法通则及民法通则意见就合伙另有规定的情形下，即便案涉

《股东协议》无效，亦不能简单就合伙合同无效后的处理适用合同法第五十八条的规定。

综上，**案涉《股东协议》系合伙合同，且合法有效。二审判决认定《股东协议》名为双方合作经营实为采矿权购买及权益分配，进而认定合同无效，并判决林为曾与陈永河、林钦互相返回案涉投资款及收益款，适用法律不当，本院予以纠正。**一审判决关于《股东协议》性质与效力的认定正确，认为陈永河、林钦不能直接主张返还投资款而应先行清算亦无不当。但在陈永河、林钦明确请求退伙，且本案合伙事务事实上已不能继续的情形下，一审判决未支持陈永河、林钦关于解除《股东协议》的请求不当，本院予以纠正。

（二）合伙合同的特征

1. 合伙人有一定限制。一般的合伙合同当然要求合伙人须有相应的民事行为能力。但如拟成为《合伙企业法》所谓的普通合伙人，则有法律禁止性资格限制，《合伙企业法》（2006）第 3 条规定："国有独资公司、国有企业、上市公司以及公益性的事业单位、社会团体不得成为普通合伙人。"

已废止的《民法通则》第 52 条曾规定企业、事业单位之间的联营，现《民法典》并无类似规定。虽然有《合伙企业法》（2006）第 3 条的上述限制，但这些企业订立一般的"合伙合同"或联营合同是否也适用该禁止性限制，仍然存疑。

2. 合伙人为了共同的事业目的共享利益、共担风险。合伙合同的当事人即合伙人是为了共同的事业目的，当然该事业目的须合法，可为营利，也可为非营利。此与其他合同，如典型的买卖合同有很大区别。买卖合同中买卖双方的利益或目的或者说权利义务是对立的，而合伙合同中当事人的目的或者说权利义务则是一致的，并且共享利益、共担风险。

3. 合伙合同法律关系具有高度的人合性。

【案例 26-2】 北京鼎典泰富投资管理有限公司、邢福荣合伙协议纠纷、合伙企业财产份额转让纠纷上诉案[1]

［最高人民法院］认为，根据当事人的诉辩情况，本案的争议焦点是：未经全体合伙人一致同意的案涉《转让协议书》效力及履行问题。该争议焦点问题又涉及以下几个方面问题：

（一）关于合伙人之间合伙财产份额转让特约的效力问题。

---

［1］ 最高人民人民法院（2020）最高法民终 904 号民事判决书。

在《合伙企业法》关于有限合伙企业的法律规定中，并无合伙人之间转让合伙企业财产份额的规定。《合伙企业法》……并未规定合伙协议对合伙人之间转让财产份额进行特别约定的效力。即使是即将生效的《中华人民共和国民法典》合伙合同章中，也未涉及合伙人之间财产份额转让特约的效力问题，而在本案当事人之间转让合伙财产份额有特别约定的情况下，首先需要对该合伙财产份额转让特约的效力进行认定。对此，需要结合合伙经营方式或合伙组织体的性质及立法精神加以判断。

合伙是两个以上合伙人为了共同的事业目的，以订立共享利益、共担风险协议为基础而设立的经营方式或组织体。合伙人之间的合作建立在对彼此人身高度信赖的基础之上，故合伙事业具有高度的人合性。比如，合伙人的债权人不得代位行使合伙人的权利；合伙人死亡、丧失民事行为能力或者终止的，合伙合同终止，而非合伙人的资格或财产份额可以继承。由于合伙事业高度强调人合性，故应尊重合伙人之间的意思自治。因此，就合伙人之间的财产份额转让而言，如果合伙协议有特别约定，在该约定不违反法律、行政法规的强制性规定，也不违背公序良俗的情况下，则应认定其合法有效，合伙人应严格遵守。

（二）关于案涉《合伙协议》中有关合伙人之间财产份额转让特别约定的效力问题。

案涉新能源基金为有限合伙。《转让协议书》约定的转让标的为有限合伙人邢福荣所持有的新能源基金19.04%的财产份额。对合伙人之间转让合伙财产份额，案涉《合伙协议》明确约定"需经全体合伙人一致同意"，具体体现为：《合伙协议》第27.6条约定，有限合伙人转让或出质财产份额，除另有约定外，应须经全体合伙人一致同意。第33条约定，除非法律另有规定或全体合伙人达成一致同意的书面决定，有限合伙人不能转变为普通合伙人，普通合伙人亦不能转变为有限合伙人；该条针对本案所涉邢福荣转让有限合伙财产份额给普通合伙人的情形，进一步明确需要经全体合伙人一致同意。而该协议第29.1条则约定，经全体合伙人同意，有限合伙人可以向新能源基金其他有限合伙人，也可以向满足条件的其他自然人或法人转让在合伙企业中的全部或者部分财产份额，但转让后需满足本协议的有关规定。该约定进一步印证，合伙人之间对于合伙财产份额转让的慎重。故自上述《合伙协议》关于合伙财产份额的约定可以明确，新能源基金之合伙人在订立《合伙协议》时，已经基于合伙经营的人合性属性，明确要求合伙人之间转让合伙财产份额需经全体合伙人一致同意。

在《合伙协议》系订约各合伙人真实意思表示的情况下，该协议中关于合伙人之间转让合伙财产份额的特约，并不违反法律、行政法规的强制性规定，也不违背公序良俗，合法有效。邢福荣关于《合伙协议》中对合伙人之间转让财

产份额需要"经全体合伙人同意"的约定与《合伙企业法》的规定相悖，该约定客观上限制了《合伙企业法》赋予合伙人依法转让财产份额的法定权利，故对各方不具有约束力的抗辩主张，于法无据；且前已述及，该理由恰恰与合伙经营方式或组织体之人合性所强调的合伙人高度自治之精神相悖，故本院不予采纳。

（三）关于案涉《转让协议书》的效力及履行问题。

案涉《转让协议书》在邢福荣与鼎典泰富公司之间签订，且系邢福荣与鼎典泰富公司之真实意思表示，依照《中华人民共和国合同法》第二十五条关于"承诺生效时合同成立"之规定，该《转让协议书》自当事人意思表示一致时即成立。但是，在案涉《合伙协议》已经明确约定合伙人之间转让合伙财产份额需经全体合伙人一致同意的情况下，该《转让协议书》欲生效，尚需要满足全体合伙人一致同意的条件。而在其他合伙人未对该合伙财产份额转让明确同意之前，案涉《转让协议书》属于合同成立未生效的状态。在本案审理过程中，新能源基金有限合伙人吉林省城建实业有限公司和红佳投资有限公司向本院提交书面《情况说明》，均明确不同意邢福荣向鼎典泰富公司转让合伙财产份额。此节事实说明，案涉《转让协议书》关于合伙财产份额转让事宜，已经确定不能取得全体合伙人同意，故该《转让协议书》确定不生效，不能在当事人之间产生履行力。

在本案诉讼中，邢福荣诉请履行《转让协议书》，系以《转让协议书》合法有效及具有履行力为前提。在案涉《转让协议书》已经确定不生效的情况下，邢福荣诉请履行该《转让协议书》，缺乏事实基础和法律依据，应予驳回。一审法院认定案涉《转让协议书》合法有效，判决鼎典泰富公司继续履行该协议书，违反《合伙协议》约定的合伙财产份额转让需要征得全体合伙人一致同意的共同意思表示，也违反《合伙协议》关于未经全体合伙人一致同意有限合伙不能转变为普通合伙、普通合伙不能转变为有限合伙的共同意思表示，认定事实及适用法律均错误，应予纠正。

鼎典泰富公司主张案涉《转让协议书》无效，而本院认定案涉《转让协议书》不生效及不存在无效事由。从结果上看，合同确定不生效所产生的合同不具有履行力的法律效果，与合同无效所产生的合同不具有履行力的法律效果是相同的，即均产生邢福荣请求继续履行该《转让协议书》的诉讼请求不能成立的法律后果，故鼎典泰富公司关于应驳回邢福荣继续履行《转让协议书》、支付转让价款诉讼请求的上诉主张，理据充分，本院予以支持。

4. 合伙合同系不要式、持续性合同。合伙合同原则上系不要式合同，即意思表示一致即可成立。但合伙企业法中合伙人的合伙协议则系要式合同、以书面订立［《合伙企业法》（2006 修正）第 4 条］。

合伙合同一般系持续性合同，会持续一定期间至合伙目的完成或因合伙合同解除而终止。

二、合伙合同的效力

（一）合伙人的出资义务

依据《民法典》第 968 条，合伙人应当按照约定的出资方式、数额和缴付期限，履行出资义务。

就合伙人的出资方式而言，可为货币、实物、知识产权、不动产用益物权（如建设用地使用权或土地经营权），也可以劳务出资，也可以其他财产权如股权、债权等出资［《合伙企业法》（2006 修正）第 16 条］。但有限合伙的有限合伙人不得以劳务出资［《合伙企业法》（2006 修正）第 64 条］。

就知识产权而言，可以是著作权、商标权、专利权或者技术诀窍、技术秘密或商业秘密等。就不动产用益物权而言，主要是建设用地使用权和土地承包经营权、土地经营权等，通过出让方式取得之建设用地使用权出资限制较少（见《民法典》第 353 条），土地承包经营权及土地经营权亦可出资（见《民法典》第 334、第 339 条），但受到管制比如不得用于非农建设等。合伙人以货币以外的形式（包括劳务）出资，需经合伙人协商确定或进行评估作价。

（二）合伙财产

依据《民法典》第 969 条，合伙人的出资、因合伙事务依法取得的收益和其他财产，属于合伙财产。合伙合同终止前，合伙人不得请求分割合伙财产。

（三）合伙事务的执行

依据《民法典》第 970 条，合伙人就合伙事务作出决定的，除合伙合同另有约定外，应当经全体合伙人一致同意。合伙事务由全体合伙人共同执行。按照合伙合同的约定或者全体合伙人的决定，可以委托一个或者数个合伙人执行合伙事务；其他合伙人不再执行合伙事务，但是有权监督执行情况。合伙人分别执行合伙事务的，执行事务合伙人可以对其他合伙人执行的事务提出异议；提出异议后，其他合伙人应当暂停该项事务的执行。

（四）合伙利润分配及亏损分担

《民法典》第 972 条规定，"合伙的利润分配和亏损分担，按照合伙合同的约定办理；合伙合同没有约定或者约定不明确的，由合伙人协商决定；协商不成的，由合伙人按照实缴出资比例分配、分担；无法确定出资比例的，由合伙人平均分配、分担。"

（五）合伙人对合伙债务的连带责任及追偿权

《民法典》第 973 条规定，合伙人对合伙债务承担连带责任。清偿合伙债务超过自己应当承担份额的合伙人，有权向其他合伙人追偿。

但特殊的普通合伙中合伙人的连带责任承担规则（《合伙企业法》第 57 条）以及有限合伙中有限合伙人的责任（《合伙企业法》第 77 条）应适用合伙企业法的规定。

【案例 26-3】吴惠龙仲裁裁决其他执行纠纷案[1]

[上海市高级人民法院认为] 根据《最高人民法院关于民事执行中变更、追加当事人若干问题的规定》第十四条第一款之规定，**作为被执行人的合伙企业，不能清偿生效法律文书确定的债务，申请执行人申请变更、追加普通合伙人为被执行人的，人民法院应予支持。本案被执行人格嘉投资作为合伙企业，在其不能清偿生效法律文书确定的债务前提下，申请执行人吴惠龙提出申请，二中院裁定追加格嘉投资的普通合伙人刘洋为被执行人，对（2017）沪仲案字第 1246 号裁决书所确定的格嘉投资应承担的债务承担清偿责任符合法律规定，并无不当。**

关于复议申请人所称其并非格嘉投资的普通合伙人，不应对合伙企业债务承担责任的问题。经查，刘洋所提要求撤销将其登记为格嘉投资出资人、执行事务合伙人的行政行为的诉讼，经过一、二审，其诉请均未得到支持。故复议申请人的复议请求缺乏事实和法律依据，本院不予支持。

（六）合伙事业的人合性效力

"除合伙合同另有约定外，合伙人向合伙人以外的人转让其全部或者部分财产份额的，须经其他合伙人一致同意"（《民法典》第 974 条）。

"合伙人的债权人不得代位行使合伙人依照本章规定和合伙合同享有的权利，但是合伙人享有的利益分配请求权除外"（《民法典》第 975 条）。

以上两条体现了合伙事业的人合性特征，合伙合同当事人之间存在较强的信赖关系，合伙事业依赖合伙人的个人特质。

（七）合伙的期限及不定期合伙

依据《民法典》第 976 条，合伙期限届满，合伙人继续执行合伙事务，其他合伙人没有提出异议的，原合伙合同继续有效，但是合伙期限为不定期。合伙人对合伙期限没有约定或者约定不明确，依据《民法典》第 510 条的规定仍不能确

---

〔1〕　上海市高级人民法院（2020）沪执复 36 号执行裁定书。

定的，视为不定期合伙。合伙人可以随时解除不定期合伙合同，但是应当在合理期限之前通知其他合伙人。

三、合伙合同的终止及清算

（一）合伙合同因合伙人死亡、丧失行为能力等原因终止

依据《民法典》第977条，合伙人死亡、丧失民事行为能力或者终止的，合伙合同终止；但是，合伙合同另有约定或者根据合伙事务的性质不宜终止的除外。

但依据《合伙企业法》（2006）第79条，作为有限合伙人的自然人在有限合伙企业存续期间丧失民事行为能力的，其他合伙人不得因此要求其退伙。

（二）合伙合同因解除而终止

合伙合同的解除应当适用合同解除的一般规则，包括法定解除和约定解除。合伙人解除合伙合同，该合伙人退伙，若导致合伙人不足两人，则合伙合同终止。合伙企业法关于合伙人退伙有较详细的规则，此处不再赘述。

（三）合伙合同终止后应进行清算

依据《民法典》第978条，合伙合同终止后，合伙财产在支付因终止而产生的费用以及清偿合伙债务后有剩余的，依据《民法典》第972条的规定进行分配，即按照约定或按照出资份额比例或者平均分配、分担。

如果是合伙企业（有人称之为"组织型合伙"），则应按照合伙企业法的规定进行清算。

【本章思考题】

1. 合伙合同有哪些特征？

2. 你如何理解合伙合同的人合性？

3. 合伙企业法规定有哪些合伙企业类型？其中各种合伙企业的各类合伙人的责任如何承担？

4. 试述合伙合同在哪些情况下可以解除。

5. 合伙合同在哪些情况下终止？终止后如何处理？

第三分编　准合同

准合同：无因管理与不当得利

中国民法典未严格采用德国民法典的五编制模式，与沿袭德国民法典体例的日本民法典及我国民国时期的民法典以及我国澳门特别行政区民法典不同，中国民法典不设债编、亦无债法总则或通则，中国民法典的处理是，有关债法部分的规则分置于民法典的第三编合同与第七编侵权责任中。

但罗马法基于债的发生原因而总结的意定之债与法定之债的原理以及债的一般规则具有科学性，德国民法典五编制的安排，设置债编，设置债法的一般规则及各种之债（含意定之债即合同及法定之债）亦有其科学性。中国民法典由于不设债编，有关债法的规则仅有合同与侵权两编，合同法就在某种程度上承担了债法一般规则的功能。因此，中国的合同法（即民法典中的合同一编）如上所述除了有一部分债法的一般规则（如多数人之债、选择之债、债的保全、变更、转让、终止等规则）外，主要是合同法相关规则，同时，将法定之债中的无因管理与不当得利亦作为"准合同"纳入合同一编作为第三分编。准合同这种处理及其表述，应该是借鉴了法国民法典。三编制的法国民法典，在其第三编"取得财产的各种方法"中，继承罗马法基于债的发生原因区分法定之债与意定之债的原理，将债分为"契约或合意之债"与"非因合意而发生的债"，并将无因管理与不当得利之债称为因"准契约"所生之债[1]。

一、无因管理

（一）概述

《民法典》第 979 条规定："管理人没有法定的或者约定的义务，为避免他人

---

〔1〕　参见《拿破仑法典（法国民法典）》，李浩培等译，商务印书馆 1979 年第 1 版，"第三编取得财产的各种方法"之第三章"契约或合意之债的一般规定"及第四章"非因合意而发生的债"，该第四章专设一节为"准契约"，包括了无因管理和不当得利的相关规则，见 1370~1381 条，第 188~189 页。

利益受损失而管理他人事务的，可以请求受益人偿还因管理事务而支出的必要费用；管理人因管理事务受到损失的，可以请求受益人给予适当补偿。管理事务不符合受益人真实意思的，管理人不享有前款规定的权利；但是，受益人的真实意思违反法律或者违背公序良俗的除外。"

【案例 27-1】沈阳恒宇房地产开发有限公司、沈阳市大东区城市建设局无因管理纠纷再审案[1]

[最高人民法院] 经审查认为，根据恒宇公司的再审申请，本案再审审查的重点为：**案涉纠纷是否构成无因管理纠纷及管理人是大东区城建局还是东强公司**；二审判决恒宇公司向大东区城建局给付工程垫付款 46912772 元及利息，认定事实和适用法律是否错误；是否有新证据证明二审判决认定基本事实或裁判结果错误。

（一）关于案涉纠纷是否构成无因管理纠纷及管理人是大东区城建局还是东强公司的问题

《中华人民共和国民法通则》第九十三条规定："没有法定的或者约定的义务，为避免他人利益受损失进行管理或者服务的，有权要求受益人偿付由此而支付的必要费用。"**案涉工程项目系由恒宇公司建设开发，大东区城建局并无法定或约定的义务为恒宇公司继续案涉工程的后续建设，大东区城建局垫付建设资金并委托东强公司进行案涉工程的后续建设，虽然其直接目的是维护社会稳定，但客观上避免或减轻了恒宇公司因未能正常履约而对施工方、动迁居民或购房者所承担的违约责任，实际上产生了避免恒宇公司利益受损失的效果。恒宇公司承认，其当时即知道案涉工程由大东区城建局接管但未表示反对。**东强公司明确表示，其系受大东区城建局委托而实际接手案涉工程后期建设，相关资金均由大东区城建局拨付，应由大东区城建局行使相关权利。**基于上述事实，原审判决按照无因管理之债性质认定大东区城建局与恒宇公司之间的法律关系，并认定大东区城建局为无因管理中的管理人，并无明显不当。**恒宇公司有关大东区城建局基于垫付资金这一事实与恒宇公司间未产生权利义务关系、即使构成无因管理关系也是存在于恒宇公司与东强公司之间的再审申请理由，本院不予支持。

（二）关于恒宇公司是否应向大东区城建局支付 46912772 元费用及利息

《最高人民法院关于贯彻执行〈中华人民共和国民法通则〉若干问题的意见（试行）》第 132 条规定："民法通则第九十三条规定的管理人或者服务人可以要求受益人偿付的必要费用，包括在管理或者服务活动中直接支出的费用，以及在

---

[1] 最高人民法院（2019）最高法民申 4796 号民事裁定书。

该活动中受到的实际损失。"为继续案涉工程的后续建设，大东区城建局分别于2008年8月1日、2008年10月21日、2008年12月3日、2009年1月23日共计拨付财政资金5000万元，并于2009年6月22日收到东强公司退款300万元。截至2009年10月30日，**大东区城建局实际为该项目共垫付资金4700万元。二审中，东强公司自认个别公务人员领补助费合计87228元，二审法院认定该笔费用应予以扣除，据此认定大东区城建局垫付的建设资金数额为46912772元（4700万元－87228元）。上述款项本金系大东区城建局在管理活动中直接支出的费用，自实际拨付之日起的利息，亦系大东区城建局在该管理活动中受到的实际损失，大东区城建局可以要求恒宇公司偿付，**原审判决有关认定并无明显不当。

对于大东区城建局向东强公司拨付的上述款项是否均已用于案涉工程后续建设，大东区城建局及东强公司提供了相关合同和票据等证据，一审法院已组织各方当事人逐项进行质证，在此基础上认定截至2009年10月30日大东区城建局垫付的资金已全部用于支付案涉工程46项费用。恒宇公司称原审认定的土建工程费、监理费、电视电话安装费、管理费、法律服务费、保安费和广告费等费用在真实性、合法性、关联性方面均存在问题，但未提供足够理据加以反驳，其有关再审申请理由并不充分。**对于土建工程支出中有以欠条或借据入账和部分票据为"白条"的问题，**大东区城建局与东强公司称，是因为案涉工程合同系由恒宇公司与施工方签订，大东区城建局或东强公司均非相关合同一方主体，故施工方不能向大东区城建局或东强公司开具正式发票，只能出具收款收据；以欠条或借据入账，是因为东强公司不清楚恒宇公司此前已经向施工方支付的工程款数额且当时无法与恒宇公司确认，故暂以借款形式向施工方支付，待恒宇公司与施工方结算时再多退少补，其中部分款项系在当地派出所见证下垫付的农民工工资。**大东区城建局与东强公司的上述解释，符合建筑行业交易惯例，原审法院予以采信，并无明显不妥；**恒宇公司在向大东区城建局支付有关费用后，仍可按照其以施工方的合同约定凭相关借据和票据向施工方主张权利并要求其开具正式发票。恒宇公司称大东区城建局和东强公司尚未向其移交案涉工程项目，支付无因管理费用的条件尚不具备，但一方面，**无因管理费用的支付在法律上并不以管理或者服务活动全面完成为前提；**另一方面，各方当事人在本院审查期间均承认除本案纠纷之外，双方还有其他相关未了纠纷，恒宇公司所称移交案涉工程项目问题可另行解决。

（二）无因管理与"见义勇为"

无因管理即平常所谓无法定或约定义务而帮助他人的"好人好事"。平常所谓的"见义勇为"，本质上亦属之。《民法典》第183、第184条有所谓"见义勇为"条款，应视为有关无因管理的特别规定，符合法定条件，见义勇为人所受之损害可以要求受益人补偿。《民法典》第 183 条规定："因保护他人民事权益使自己受到损害的，由侵权人承担民事责任，受益人可以给予适当补偿。没有侵权人、侵权人逃逸或者无力承担民事责任，受害人请求补偿的，受益人应当给予适当补偿。"《民法典》第 184 条规定："因自愿实施紧急救助行为造成受助人损害的，救助人不承担民事责任。"但《民法典》第 184 条的规定一直存有争议。

【资料】 王泽鉴论无因管理之规范意旨[1]

无法律上的义务而为他人管理事务（真正无因管理），究竟应如何规范，首先必须考虑的是，此乃干预他人事务（如修缮他人房屋，出租他人房屋），原则上应构成侵权行为。惟人之相处，贵乎互助，见义勇为，乃人群共谋社会生活之道。因此法律一方面需要维护"干涉他人之事为违法"的原则，一方面又要在一定条件下，容许他人事务得阻却违法，俾人类互助精神，得以发扬。显然，对此问题有不同的思考方法及解决途径。

无因管理（Negotionrun Gestio）是罗马法原创的制度，前已论及。罗马法上虽具个人主义精神，但个人主义从未成为罗马人的理念，认为协助他人（纵使未经请求），符合社会伦理规范者，应经由法律合理规定当事人间的权利关系。立法者及法学家所应致力者，乃如何调和上开"禁止干预他人事务"及"奖励人类互助精神"两项原则，此涉及无因管理的体系构成问题。（摘自王泽鉴：《债法原理（一）基本理论·债之发生》，中国政法大学出版社 2001 年版，第 327~328 页）

【案例 27-2】 郑绍军、苏桂飞生命权、健康权、身体权纠纷上诉案[2]

[贵州省毕节市中级人民法院] 认为，根据当事人的上诉和答辩意见，本案二审争议的焦点是：1、平山镇政府和水务局对郑爽的死亡有无过错，应否承担赔偿责任；2、郑爽的死亡赔偿金等应否纳入本案赔偿范围。

关于平山镇政府和水务局对郑爽的死亡有无过错，应否承担赔偿责任的问题。平山镇政府和水务局虽系案涉水库的管理者，但根据平山镇政府和水务局在一审中提交的证据，平山镇政府和水务局已经对案涉水库尽到了必要、合理的管理义务，且郑爽系因施救罗某和朱伦而溺水死亡，平山镇政府和水务局对案涉水库的管理行为与郑爽的死亡无因果关系，也未对郑爽实施侵权行为，一审未判决平山镇政府和水务局对郑绍军、苏桂飞主张的损失承担赔偿责任并无不当。

---

[1] 王泽鉴：《债法原理第一册基本理论·债之发生》，中国政法大学出版社 2001 年版，第 327~328 页。

[2] 贵州省毕节市中级人民法院（2020）黔 05 民终 2832 号民事判决书。

关于郑爽的死亡赔偿金等应否纳入本案赔偿范围的问题。本案中，**郑爽舍生忘死拯救罗某和朱伦生命的行为属于见义勇为**，为国家和社会鼓励和倡导，应当肯定和褒扬。《中华人民共和国民法总则》第一百八十三条规定"因保护他人民事权益使自己受到损害的，由侵权人承担民事责任，受益人可以给予适当补偿。没有侵权人、侵权人逃逸或者无力承担民事责任，受害人请求补偿的，受益人应当给予适当补偿。"因郑爽对落水的罗某和朱伦施救时，其二人均处于危急状态，对于郑爽施救朱伦的行为，因朱伦落水系罗某的侵权行为造成，罗某是朱伦的侵权人；对于郑爽施救罗某的行为，罗某虽对郑爽不构成侵权，但罗某是郑爽施救行为的受益人。本案中，罗某不仅要承担其作为侵权人对郑爽的赔偿责任，还要承担其作为受益人对郑爽的补偿责任。

对于郑爽施救朱伦的部分，因为罗某对朱伦实施了侵权行为，**罗某应当对郑爽的损失承担赔偿责任**，但罗某已经被判处有期徒刑一年二个月，根据《最高人民法院关于适用〈中华人民共和国刑事诉讼法〉的解释》第一百五十五条第一款"对附带民事诉讼作出判决，应当根据犯罪行为造成的物质损失，结合案件具体情况，确定被告人应当赔偿的数额。犯罪行为造成被害人人身损害的，应当赔偿医疗费、护理费、交通费等为治疗和康复支付的合理费用，以及因误工减少的收入。造成被害人残疾的，还应当赔偿残疾生活辅助具费等费用；造成被害人死亡的，还应当赔偿丧葬费等费用"的规定，罗某承担的侵权民事赔偿责任以其侵权行为造成的物质损失为限。**另因罗某实施侵权行为时系不满十八周岁的未成年人**，虽然本案诉讼时罗某已经年满十八周岁，但本案并没有证据证明罗某有财产或者经济能力，根据《中华人民共和国侵权责任法》第三十二条的规定："无民事行为能力人、限制行为能力人造成他人损害的，由监护人承担侵权责任。监护人尽到监护责任的，可以减轻其侵权责任。有财产的无民事行为能力人、限制民事行为能力人造成他人损害，从本人财产中支付赔偿费用。不足部分，由监护人赔偿。"和《最高人民法院关于贯彻执行〈中华人民共和国民法通则〉若干问题的意见（试行）》第一百六十一条第一款："侵权行为发生时行为人不满十八周岁，在诉讼时已满十八周岁，并有经济能力的，应当承担民事责任；行为人没有经济能力的，应当由原监护人承担民事责任。"的规定，郑爽因施救朱伦而遭受的物质损失，应由罗某的监护人罗中洪、郎菊菊承担赔偿责任。

对于郑爽施救罗某的部分，罗某作为被施救者，显然是受益人，另因罗某被施救时系不满十八周岁的未成年人，罗中洪、郎菊菊作为罗某的父母对罗某负有法定监护义务，故罗中洪、郎菊菊也是罗某被郑爽施救的受益人，罗某、罗中洪、郎菊菊均应当对郑爽因施救罗某而遭受的各项损失承担补偿责任。一审法院未考虑郑爽的行为性质，也未仔细审查罗某承担刑事责任的原因，简单以罗某承担了刑事责任为由，不支持郑绍军、苏桂飞主张的残疾赔偿金和精神损害抚慰金确有不当，本院予以纠正。

综上所述，郑爽年轻而短暂的生命已定格在其实施见义勇为的时候，为弘扬郑爽舍己为人的精神和弥补郑爽亲属的损失，结合罗某、罗中洪、郎菊菊的经济状况和赔偿能力，本院认为，对于因郑爽死亡造成的各项损失，由罗中洪、郎菊菊连带赔偿郑绍军、苏桂飞**丧葬费** 33976 元，并由罗某、罗中洪、郎菊菊连带补偿郑绍军、苏桂飞**死亡赔偿金、精神损害抚慰金**等其他损失共计 68000 元。

【案例 27-3】谭千雍、谭千正与邓菊香、马世琼等生命权纠纷上诉案[1]

[重庆市第四中级人民法院]认为，本案双方当事人争议的主要焦点为：一、马世琼对谭祥信是否具有安全保障义务；二、**被上诉人对谭祥信的救助行为是否存在过错，应否承担赔偿责任**。现作如下评述。

一、马世琼对谭祥信是否具有安全保障义务。《中华人民共和国侵权责任法》第三十七条第一款规定："宾馆、商场、银行、车站、娱乐场所等公共场所的管理人或者群众性活动的组织者，未尽到安全保障义务，造成他人损害的，应当承担侵权责任。"该条对安全保障义务的侵权责任作出规定，根据损害发生的原因，针对两种不同情况进行了规定：一是如果相关社会活动安全保障义务人未尽到安全保障义务，导致他人损害的，其应承担损害赔偿责任；二是如果受害人的损害系由第三人的侵权行为所致，安全保障义务人有过错的，应当承担相应的补充赔偿责任。安全保障义务包括两个方面的内容：一是人身安全保障义务，体现为应配备适当的人员为参与社会活动的他人提供预防处界及第三人侵害的保障；二是财产安全保障义务，体现为保管、维护及配备义务。**本案中，谭祥信系自身疾病突发意识障碍，其损害并非马世琼未尽到安全保障义务而造成，故马世琼对谭祥信自身疾病造成的损害不具有安全保障义务，但马世琼在家里提供麻将供他人从事娱乐活动，对谭祥信因自身疾病突发意识障碍后，具有合理的救助义务。**

二、被上诉人对谭祥信的救助行为是否存在过错，应否承担赔偿责任。《中华人民共和国侵权责任法》第六条第一款规定："行为人因过错侵害他人民事权益的，应当承担侵权责任。"本案中，**从查明的事实可以看出，马世琼虽然没有在家，但在得知谭祥信因自身疾病突发意识障碍后，及时联系了同一栋楼上的秦文春、刘安洪进行救助**，被上诉人采取了以下救助措施：孙红卫拨打 120 急救电话求助；秦文春和刘安洪共同采取背、抬的方式将谭祥信护送至离 120 最近的距

---

[1] 重庆市第四中级人民法院（2020）渝 04 民终 33 号民事判决书。

离；邓菊香、刘安洪随同急救车将谭祥信送至医院抢救等。被上诉人的救助措施没有主观故意或重大过失，符合一般人的救助方式，尽到一般人的谨慎注意义务；救助人不具有专业的救助知识，实施的是合理的救助行为，不要求达到一定的救助效果，不对合理救助的结果承担法律责任。**被上诉人邓菊香、马腾兹、孙红卫、周华对谭祥信的救助属于自愿救助行为，自愿救助的行为人没有法定的救助义务。自愿救助行为要求救助人实施的救助行为是自愿且善意的；救助行为是助人为乐的社会美德，值得提倡，对自愿救助行为的肯定有利于鼓励见义勇为、保护救助人。综上，上诉人主张被上诉人对谭祥信的救助行为存在过错，应承担赔偿责任的理由不成立**，本院不予支持。

（三）无因管理的效力

1. 基于受益人利益，管理人不得中断管理的义务。《民法典》第981条规定，管理人管理他人事务，应当采取有利于受益人的方法。中断管理对受益人不利的，无正当理由不得中断。

2. 管理人及时通知受益人的义务。《民法典》第982条规定，管理人管理他人事务，能够通知受益人的，应当及时通知受益人。管理的事务不需要紧急处理的，应当等待受益人的指示。

3. 管理人向受益人报告管理事务的义务。《民法典》第983条规定，管理结束后，管理人应当向受益人报告管理事务的情况。管理人管理事务取得的财产，应当及时转交给受益人。

4. 受益人事后追认，无因管理适用委托合同的规定。《民法典》第984条规定，管理人管理事务经受益人事后追认的，从管理事务开始时起，适用委托合同的有关规定，但是管理人另有意思表示的除外。

二、不当得利

（一）概述

民法作为裁判规范，需做到对市民生活中的利益归属划定清晰规则，一方面清晰界定产权有利于资源优化配置，另一方面也要解决纠纷并因此维护社会秩序。因此，市民生活中，凡得到利益须有法律依据，即使是无主物也须通过先占规则取得从而具有法律依据。没有法律依据而得到利益，可能构成不当得利，须返还因此受有损失之人。

此外，不当得利制度还有补充救济功能，权利受损害之人，检索其请求权基础，不当得利制度是其最后的希望。

《民法典》第 985 条规定，**得利人没有法律根据取得不当利益的，受损失的人可以请求得利人返还取得的利益**，但是有下列情形之一的除外：①为履行道德义务进行的给付；②债务到期之前的清偿；③明知无给付义务而进行的债务清偿。

基于以上规定可以看出，构成不当得利需有以下要件：①有人得利；②得利之人取得利益没有法律根据；③有人受损；④受损之人的损失与得利人没有法律根据取得利益具有因果关系。上述《民法典》第 985 条规定了三种排除不当得利请求权的情形。

我国台湾地区"民法"第 179 条的规定为："无法律上之原因而受利益，致他人受损害者，应返还其利益。虽有法律上之原因，而其后已不存在者，亦同。"其 180 条规定了四种不得请求返还的情形，包括了上述《民法典》第 985 条规定的三种情形。

王泽鉴指出，"无法律上原因是不当得利制度上最基本、最重要的概念，必须确实加以澄清"，"无法律上原因获得利益，致他人受损害者，应负返还义务，此项概括条款，适用于具体案件之际，必须加以具体化。然而欲求法律适用的安定，必须依照一定的观点，将各种不当得利的情形组成类型。'最高法院'将不当得利分为基于给付及基于给付外二种基本类型，诚属正确……"，但王泽鉴同时指出，"上面所提出的不当得利的类型结构，不是闭锁的、固定不变的，而是开放的，具有弹性的，因事态的变化，可以根据'现行法'规定，参酌有关立法例，随时加以调整，容纳新的不当得利类型。不当得利类型化，还可以使我们更清楚认识各种不当得利的成立要件，尤其是最有争论的直接损益变动性理论，对于法律的解释适用，甚有助益"[1]。

以上王氏所论殊为中肯，成文法典以抽象概念书写规则，必然无法涵盖丰富生活现实，需要不断归纳现实判例进行类型化，而且这种归纳不应僵化，也应不断与时俱进。

【案例 27-4】 大连天洋污水处理有限公司、欧阳志诚不当得利纠纷再审案[2]

[最高人民法院] 认为，本案为申请再审的审查案件，应当针对大连天洋的申请再审理由是否成立进行审查。

一、关于原判决认定的基本事实是否缺乏证据证明的问题

---

〔1〕 王泽鉴：《民法学说与判例研究》（第一册），"无法律上原因之财产损益变动"，中国政法大学出版社 1998 年版，第 422~427 页。

〔2〕 最高人民法院（2020）最高法民申 3004 号民事裁定书。

《中华人民共和国民法总则》第一百二十二条规定："因他人没有法律根据，取得不当利益，受损失的人有权请求其返还不当利益"。**依照该条规定，不当得利的构成要件为一方获利，他方受损，一方受利与他方受损具有因果关系，获利无合法根据。在上述构成要件中，前三项要件属于积极事实，应由欧阳志诚承担举证责任。**根据原判决查明的事实，欧阳志诚自 2007 年 8 月 13 日至 2008 年 5 月 23 日间，先后 12 次向大连天洋资本金账户汇款港币 8827000 元，能够证明欧阳志诚财产减少了相应数额，大连天洋确认收款入账，因此获益，且两者具有因果关系。对于第四项构成要件，即大连天洋获利无合法根据则属于欧阳志诚对消极事实的主张，通常情况下，当事人对消极事实无法直接予以证明，需要从相关事实中予以推导判断，其中，获利方对消极事实主张的抗辩，会成为认定消极事实主张是否成立的直接证据。本案中，大连天洋抗辩欧阳志诚是代表天洋公司向大连天洋出资，故大连天洋需举证证明存在天洋公司委托欧阳志诚向大连天洋出资的事实，方可构成有效抗辩。大连天洋的举证中仅验资报告中的委托函可直接证明该委托关系的存在，但在欧阳志诚否认该委托函的真实性并申请司法鉴定的情况下，大连天洋及天洋公司均不能提供原件进行司法鉴定，且本案并无其他证据能够佐证该委托函或委托关系的存在，故**大连天洋应承担举证不能的法律后果，原判决据此认定大连天洋的抗辩不能成立，其占有案涉款项属于不当得利，具有事实依据，并无不当。**因此，大连天洋认为原判决认定基本事实缺乏证据证明的申请再审理由不能成立。

二、关于原判决适用法律是否错误的问题

本案系不当得利纠纷案件，因此原判决适用《中华人民共和国民法总则》第一百二十二条的内容进行认定，法律适用并无不当。**即使验资报告证明该款项已被大连天洋用作资本金缴纳出资，但并不影响大连天洋占用欧阳志诚财产构成不当得利，依法应予返还相同数额财产的责任认定。**因此本案与公司注册资本金的性质无涉，大连天洋主张适用《中华人民共和国公司法》缺乏依据，不能成立。

大连天洋关于天洋公司系本案实际受益人且应承担不当得利责任的主张，缺乏事实依据，即使大连天洋与天洋公司因出资问题存在纠纷，也不属于本案审理范围。因此大连天洋关于原判决法律适用错误的申请再审理由不能成立。

【**案例 27-5**】中广核实华燃气有限公司、江西实华燃气集团有限公司不当得利纠纷再审案[1]

---

[1]　最高人民法院（2020）最高法民申 3422 号民事裁定书。

[最高人民法院]经审查认为,根据本案事实及相关法律规定,燃气公司的再审申请理由不能成立。

(一)关于燃气公司应否返还案涉 1500 万元款项

2016 年 12 月 29 日,工业发展公司向燃气公司支付 1500 万元。**燃气公司以该款系政府支付的奖励款为由主张该款项无须返还**,其提交的主要证据是安福县人民政府于 2016 年 12 月 20 日出具的《抄告单》。该抄告单载明县政府经研究由县财政给予燃气公司一次性奖励 1500 万元。**首先,政府给予企业奖励必须要有相关政策或合同依据,不能凭空给予奖励。本案中,燃气公司一直坚称该 1500 万元系政府奖励款**,但始终未能提交证据证明政府给予其该项奖励的政策或者合同依据,以及其符合相关政策规定或合同约定奖励条件的证据材料。其次,安福县人民政府向一审法院出具《关于涉及中广核实华燃气公司 1500 万元款项问题的复函》(以下简称《复函》)称,燃气公司当时准备招拍挂一块土地,土地挂牌成功后,县政府按照有关规定可奖返部分土地出让金;2016 年底为完成燃气公司绩效,在其未实际取得土地情况下,县政府提前下发了奖励 1500 万元抄告单,并由实华公司先行垫付该款项;但后期燃气公司未取得土地使用权,也就没有达到县政府返还部分土地出让金的要求和条件。《复函》系安福县人民政府收到一审法院调查函后,经过调查核实后出具,在燃气公司没有证据予以推翻的情况下,可以作为认定本案事实的依据。再次,燃气公司虽在本案中否认燃气公司的上级单位中广核节能公司出具的《审计报告》的真实性,但其在江西省高级人民法院(2020)赣民终 141 号中明确认可该证据的真实性。一、二审判决对该《审计报告》予以采信并无不当。该《审计报告》载明的有关 1500 万元奖励款情况与上述《复函》内容基本一致。因此,**在燃气公司至今不具备政府返还1500 万元奖励的条件下,其应当返还案涉 1500 万元。**

(二)关于案涉 1500 万元是否应当返还给实华公司

如前所述,燃气公司应当返还收到的 1500 万元。根据一、二审查明事实,案涉 1500 万元系实华公司支付给工业发展公司,再由工业发展公司以奖励款名义支付给燃气公司。2018 年 9 月 4 日,工业发展公司向燃气公司出具《关于退还江西实华燃气 1500 万元资金的函》明确要求燃气公司将 1500 万元退给实华公司。由此表明,工业发展公司认可燃气公司应当将 1500 万元直接退给实华公司。此外,一审法院曾向安福县人民政府调查相关事实,工业发展公司作为县政府下属企业,其在知道本案诉讼后亦未对实华公司要求燃气公司直接返还 1500 万元提出任何异议。因此,一、二审判决燃气公司直接向实华公司返还案涉 1500 万元并无不当。

针对燃气公司提出实华公司为了避免业绩补偿而支付案涉 1500 万元的问题。

燃气公司申请再审所称的业绩补偿金额仅为 147.2 万元，实华公司为了避免 147.2 万元的损失，而自愿给付 1500 万元，显然不符合正常商业逻辑。

【案例 27-6】北京银行股份有限公司中关村支行、营口万都房地产综合开发有限公司不当得利纠纷再审案[1]

北京银行中关村支行申请再审称：（一）北京银行中关村支行系案涉房产所有权人，万都房地产公司在人民法院判决返还后仍占有、使用案涉房产用于酒店经营，不属于二审法院认定的无因管理行为，而属于典型的不当得利。万都房地产公司没有代北京银行中关村支行管理案涉房产的意思表示。无因管理行为多是维持资产基本存续的行为，大规模改造、装修以及高风险的经营行为不属于无因管理行为。（二）万都房地产公司未将案涉房产租赁给他人使用，而是用于自身经营，其原本应支付的租金免于支付，属于消极的获利。只要受益人尚有财产可供执行，即可认定有现存利益。无论万都房地产公司经营案涉房产是亏损还是获利，其无权占有案涉房产而免于支付的租金是固定的，故应予返还的不当得利金额也是固定的。无权占用他人土地、房屋等不动产，损失和受益的认定均不需要考虑受益人是否有经营、使用不动产的计划，更不需要考虑权利人和受益人之间是否存在租赁合同。（三）二审法院依据《中华人民共和国物权法》第二十八条，将（2003）高刑终第 120 号刑事判决书核准生效的时间作为北京银行中关村支行取得案涉房产所有权的时间，系对《中华人民共和国物权法》第二十八条的错误解读，属于法律适用错误。……（四）北京银行中关村支行始终要求万都房地产公司返还案涉房产，或者折价返还相应的价款，从未同意万都房地产公司在协商、谈判期间可以无偿使用案涉房产。万都房地产公司不存在任何移交上的困难，也不存在所谓"被迫经营"的必要。二审判决认定万都房地产公司的行为构成无因管理缺乏基本证据支撑，亦是对无因管理相关规定的错误理解和适用。同时，二审法院针对消极获利中现存利益的界定，以及可以导致物权变动的生效法律文书范围，存在法律理解和适用错误。……

……

［最高人民法院］经审查认为，本案再审审查的主要问题为：北京银行中关村支行主张万都房地产公司支付其占用案涉房产期间的损失及给付利息的诉讼请求应否得到支持。

北京银行中关村支行作为本案的原告，主张万都房地产公司支付其占用案涉房产期间的损失及给付利息，**本案应依据北京银行中关村支行的诉讼请求确定请**

---

[1] 最高人民法院（2020）最高法民申 4467 号民事裁定书。

求权基础。北京银行中关村支行主张本案应为不当得利纠纷，依据《中华人民共和国民法总则》第一百二十二条关于"因他人没有法律根据，取得不当利益，受损失的人有权请求其返还不当利益"的规定，现应考虑万都房地产公司是否取得不当利益及如何返还。

根据一审法院查明的事实，2003年9月26日，北京市高级人民法院作出（2003）高刑终字第120号刑事判决书，判处霍海音死刑，同时判决在案扣押的款项、动产、不动产、股权等分别予以没收、发还或变价后发还北京银行中关村支行。其中发还的财产包括土地房屋29316.6m² 及营业设备。**北京市高级人民法院（2003）高刑终字第120号刑事判决书判令发还的上述不动产产权当时登记在万都房地产公司名下，其中的营业设备也为万都房地产公司名下财产，该不动产及营业设备原本亦不属于北京银行中关村支行的财产，只不过因该不动产及营业设备属于刑事犯罪赃款转化所形成的资产，北京市高级人民法院判决发还北京银行中关村支行以填补其财产损失，北京银行中关村支行依法应在该判决关于发还有关财产的内容执行后取得有关财产权利。在（2003）高刑终字第120号刑事判决关于在案扣押不动产等财产发还的判项实际执行前，北京银行中关村支行尚不能取得上述不动产的产权。在（2003）高刑终字第120号刑事判决关于在案扣押不动产等财产发还的判项实际执行之后，如果万都房地产公司对案涉房产进行管理，在扣除经营管理成本后存在收益的情况下，则通过司法审计鉴定后，北京银行中关村支行依法有权请求返还该纯收益。**但在一审重审中，北京银行中关村支行明确拒绝人民法院提出的对万都房地产公司经营管理案涉房屋期间纯收益金额进行司法鉴定的建议，坚持不论万都房地产公司经营管理案涉房产是否具有纯收益，都必须按照出租房产收取租金的标准向其给付收益补偿。而北京银行中关村支行与万都房地产公司从未建立租赁法律关系，不存在租赁法律事实，二审法院据此认定北京银行中关村支行的主张缺乏事实和法律依据，对其不予支持，并无不当。

（二）不当得利的效力

1. 善意得利人因取得之利益不再存在而免除返还义务。依据《民法典》第986条，得利人不知道且不应当知道取得的利益没有法律根据，取得的利益已经不存在的，不承担返还该利益的义务。

此条情形下，若善意之得利人取得之利益不再存在，但该得利人因此取得对价之利益，应予以返还。

2. 恶意得利人的返还义务。依据《民法典》第987条，得利人知道或者应当知道取得的利益没有法律根据的，受损失的人可以请求得利人返还其取得的利益并依法赔偿损失。

得利人知道或者应当知道取得的利益没有法律根据的，应属"恶意"，受损失之人有权要求得利人返还，无论其取得之利益是否仍然存在。

3. 无偿受赠之第三人的返还义务。依据《民法典》第 988 条，得利人已经将取得的利益无偿转让给第三人的，受损失的人可以请求第三人在相应范围内承担返还义务。

【本章思考题】

1. 我国《民法典》中所谓"准合同"包括哪些制度？该等制度为何置于我国民法典合同编？

2. 什么是无因管理？其有哪些要件？

3. 无因管理人有哪些权利与义务？

4. 无因管理与"见义勇为"有什么关系？

5. 什么是不当得利？不当得利制度有何规范功能？

6. 不当得利人有何义务？

7. 试研究、归纳不当得利的类型。